高等学校新形态规划教材

大学游泳与救生

主　编：郭　汉　宋耀伟　任　晨
副主编：孙美晨　王志峰　林　丽

西北工业大学出版社
西　安

【内容简介】 本书内容包括游泳运动基础理论课程、游泳初级课程、游泳中级课程、游泳高级课程（一）、游泳高级课程（二）、游泳竞赛规则课程、游泳救生课程、游泳专项训练课程、水中运动康复课程、游泳健身课程等。

本书以大学体育与健康类游泳系列课程学生为主要读者对象，既可作为高等院校游泳与救生课程教材，也可供广大游泳爱好者自学参考。

图书在版编目（CIP）数据

大学游泳与救生 / 郭汉，宋耀伟，任晨主编.

西安 ： 西北工业大学出版社，2024. 12. -- ISBN 978-7-5612-9674-5

Ⅰ. G861.1

中国国家版本馆CIP数据核字第2024Y1J226号

DAXUE YOUYONG YU JIUSHENG

大学游泳与救生

郭汉　宋耀伟　任晨　主编

责任编辑：隋秀娟		策划编辑：杨　军	
责任校对：马　丹		装帧设计：高永斌　董晓伟	

出版发行：西北工业大学出版社

通信地址：西安市友谊西路 127 号　　　　邮编：710072

电　　话：（029）88491757，88493844

网　　址：www.nwpup.com

印 刷 者：兴平市博闻印务有限公司

开　　本：720 mm × 1 020 mm　　　　1/16

印　　张：32.375

字　　数：546 千字

版　　次：2024 年 12 月第 1 版　　　　2024 年 12 月第 1 次印刷

书　　号：ISBN 978-7-5612-9674-5

定　　价：98.00 元

P 前 言
Preface

　　游泳是在人类社会不断发展、人对自然环境不断适应的情况下产生的。人类自诞生以来，就与水有着分不开的关系。游泳是一项重要的生存技能，这种技能在特殊环境下可以保证生命安全。

　　随着社会经济的快速发展和人们健身需求的日益增长，游泳运动已经从竞技项目转为大众健身活动。在游泳运动的长期发展中，人们对各种游泳姿势和技术的拓展为该活动增添了许多趣味性，这也造就了游泳运动老少皆宜的特性。游泳集安全、健身、娱乐、竞技于一体，具有促进身心健康的作用，是人们休闲娱乐、陶冶情操的运动项目。具体来说，游泳能够改善呼吸和循环系统的功能，改善肌肉系统的能力，塑造健美体形，预防疾病，助益康复治疗，促进心理健康和智能发展。作为一项生存技能，游泳能够保障人们的生命财产安全。随着人们生活水平持续提高，参与游泳运动的人越来越多，人们学习游泳专业知识和掌握正确技术的需求与日俱增。同时，近年来越来越多的高校把游泳作为主干体育课程之一。

　　《大学游泳与救生》新形态教材旨在为广大大学生提供一本全面、系统、实用的游泳与救生学习指南。本教材结合现代教学理念和技术手段，注重理论与实践相结合，旨在帮助学生掌握游泳技能，提高自救能力，培养健康的生活方式。

教材特色

内容丰富：教材内容涵盖了游泳基础知识、游泳技能训练、救生技能培养等多个方面，内容全面、系统。

图文并茂：教材采用大量精美的图片和示意图，直观地展示游泳动作和救生技巧，便于学生理解和掌握。

理论与实践相结合：教材注重实践教学，通过丰富的案例分析、实操练习等方式，帮助学生将理论知识转化为实际操作能力。

互动式学习：教材采用新形态教学模式，用二维码融入视频等多媒体资源，方便学生进行自主学习和互动交流。

教材结构

游泳基础知识：介绍游泳的起源与发展、游泳的益处、游泳装备的选择与使用等内容，为学生学习游泳打下坚实的理论基础。

游泳技能训练：详细讲解各种游泳姿势、呼吸技巧、动作要领等，帮助学生逐步掌握游泳技能。

救生技能培养：重点介绍救生知识、救生器材的使用、紧急情况下的自救与互救等，提高学生的自救能力和应对突发情况的能力。

游泳与救生实践：通过案例分析、实操练习等方式，让学生在实践中巩固所学知识，提高游泳与救生技能。

本书是在西北工业大学游泳通识通修课程基础上编撰而成的，主要读者对象为体育与健康类游泳系列课程的学生，可作为游泳综合素养类和素质拓展类课程教材使用，同时也可作为游泳爱好者了解游泳运动的参考用书。本书涵盖内容较多，有足够的广度。考虑到学生的现有知识水平和应用价值与实际意义，因此对本书的很多内容并未进行深度探究。笔者结合当前社会对于大学生游泳技术和生存技能储备的需求，集中在水中救生救护部分加入了很多具有实践意义的内容。

本书由郭汉、宋耀伟、任晨担任主编，具体编写分工为：宋耀伟编写第一章，孙美晨编写第二、三章，任晨编写第四至八章，林丽编写第九章，王志峰编写第十章，全书由郭汉统稿。书中照片拍摄于西北工业大学游泳馆，拍摄人员及示范人员为本教材编写组成员以及学生等，书中的手绘图均由编写组成员绘制。

在本书的编写过程中，我们参考并引用了参考文献中的部分研究成果与资料，在此向其作者表示衷心的感谢。

虽然我们努力使本书内容充实、知识先进，但是在科学技术飞速发展的今天，每时每刻都会有新理论、新技术、新方法的出现，因此书中如有不妥之处，敬请读者指正，以便再版时修正并补充。

编　者

2022年12月

目　录
Contents

第十章　游泳健身课程

第一章

游泳运动基础理论课程

本章导言

本章简单介绍游泳运动的发展、分类、锻炼价值，学习游泳技术的原则与步骤，游泳运动的力学原理特点，以及游泳前后需要注意的事项。通过四节的学习，学生初步对游泳运动的发展、分类方法和特点有了基本了解，为后面章节学习打下良好基础。

第一节　游泳运动概述

◆ **本节导言**

　　游泳运动是一种靠自身肢体动作的配合，利用水的自然特性，使身体在水中移动的技能活动。游泳运动是人们锻炼身体、陶冶情操、休闲娱乐的重要途径，让人们在享受阳光、空气、水的无穷乐趣的同时，充分展现人体运动的流畅和优美。本节主要阐述了游泳运动的起源、发展、分类与功能。

◆ **学习内容**

一、游泳运动的起源

二、游泳运动的发展

三、游泳运动的分类与价值

一、游泳运动的起源

　　人类要在水中洗浴、捕捞食物、猎取动物和躲避野兽的伤害，躲避洪涝灾害的袭击，就免不了要跋山涉水。地球上70%以上的面积被水覆盖，人类就是在与大自然的搏斗和生活中，模仿水栖动物的姿势和动作，逐渐学会了在水中漂浮、游动、潜水等各种活动技能，这就是最早的游泳。

游泳运动起源

　　根据史料考证，国内外较一致的看法是早在远古时代。原始人狩猎时，为求取食物而跋山涉水，在与人或兽的战争及格斗时，游泳是最基本的技能之一。因此，游泳是在社会发展和人类劳动过程以及在征服自然和改造自然的斗争中产生的。

　　人类未掌握游泳技能之前，无不视江、河、湖、海为险地。人类掌握了游泳技能之后，不但消除了沉溺的威胁，还扩大了水中捕鱼以及其他活动的范围。居住在江、河、湖、海一带的古代人为了生存，必然要和水打交道，并在水中捕鱼等，在长期的生产劳动和与大自然的斗争中，逐渐学会了游泳。现代游泳运动起源于英国。据史料记载，17世纪60年代，英国不少地区的游泳活动就开展得非常活跃。1828年，英国在利物浦乔治码头修造了第一个室内游泳池。1869年，在伦敦成立了大城市游泳俱乐部联合会（即现在的英国业余游泳协会的前身），并把游泳作为一个专门的运动项目正式固定下来。1846年在澳大利亚举行了游泳比赛，这是英国本土以外较早举行的游泳比赛之一。

二、游泳运动的发展

随着人类活动范围的扩大、人类文明的不断发展、社会物质财富的不断积累，游泳运动逐渐扩展到人类生活的方方面面，从最初的生存技能扩展到军事、生产劳动、休闲娱乐等各个领域。

（一）古代游泳运动

自古以来，游泳在军队中就占有极重要的位置。在古代波斯军事训练中，游泳是强制实施的项目之一。古希腊关于水中活动的资料很丰富，在不少古希腊文物与作品中，有许多与游泳有关的实物与记述。在希腊索伦法律中，曾规定儿童须学习希腊文与游泳。在罗马，人们认为不会游泳就与无知一样愚蠢，因此在罗马青年训练中就设有一些游泳项目。我国江南地区，善游泳者众多，在封建社会早期，就开始有了人工采珍珠的生产操作。随着原始社会的瓦解、国家的出现和文化教育的发展，人们生活水平不断提高，历代帝王都派有"采珠太监"和官吏监督渔民开采珍珠，选择精品运回宫室。凡入水采珠者，必须通习水性和潜泳之术。

古代游泳运动发展

我国是世界上有着五千多年历史的文明古国之一，游泳历史亦源远流长。在5 000多年前我国的古陶器中就可以看出雕刻着人潜入水中猎取水鸟和类似现代爬泳的图案。同时，从旧石器时代的遗址中发现有渔缥之类的工具。这说明当时人依水靠山、依山吃水、依水捕食，以求生存的状况，这些就表明了我国古代游泳运动的起源。4 000多年前，就有夏禹治水的功绩，可见当时人们在与洪水搏斗中已掌握了不少泅水方法。早在春秋战国时期诸侯各国之间的纷争除了战车、骑士、短兵相接，还有新颖的水攻、火攻等手段。尤其在江南的历代诸侯迭起之战，水战和熟悉水性成为决定战争胜败的主要因素之一。在我国第一部诗歌集《诗经》中，就有关于游泳活动的记载。《诗经·邶风·谷风》的一篇诗中写道："就其深矣，方之舟之；就其浅矣，泳之游之。"意思是说水深的地方用筏、船渡过去，水浅的地方就在水中游泳或潜水过去。这就说明我国古人早就已经掌握了游泳技术，并能利用游泳技术来克服江、河的天然屏障。《淮南子·说林训》对游泳的方法作了概括："游者以足撅，以手拨。"这就说明了游泳是用足蹬水、用手拍水或划水。在魏晋时代，也有"拍浮"游泳之说。这些都是关于游泳姿势最早的记载。可见，那时人们已掌握了熟练的游泳技能。隋唐时期，在宫廷中设立可供在水中进行跳水、抛水球、游泳等项目的"水殿"。北宋时期的《日·喻》中有记载："南方多没人，日与水居也，七岁而能涉，十岁而能浮，十五岁而能没矣。夫没者岂苟然哉，必将有得于水之道者。日与水居，则十五而得其道。"涉，指在水中行走；浮，指在水中漂浮、游泳；没，指在水下潜泳。可见，当时临水而居的人们，已经很熟悉水性，并能掌握较高的泅水技能了。随着生产力的发展，人类生活水平的稳定与提高，游泳又与娱乐紧密地联系在一起了，这是游泳得到发展的另一个原因。古时人们将游泳作为游戏活动多是从沐浴开始，继而在水中嬉戏，逐渐形成古代游泳的泅水、泅泳、涉、浮、没、潜等多种形式。

（二）现代游泳运动发展概况

随着高科技的发展，游泳在竞技、大众各个方面得到了很大提高。竞技游泳的观赏性、竞赛的激烈程度不断提高，同时大众游泳普及率也逐步攀升。

现代游泳运动发展

1.世界竞技游泳运动的发展

现代竞技游泳运动起源于英国，19世纪中叶，随着西方文化传入各英国殖民地而传遍全世界。1828年，英国在利物浦乔治码头修造了第一个室内游泳池。伴随着游泳池在英国各大城市的相继出现，游泳组织和比赛也应运而生。1837年，英国伦敦成立了第一个游泳组织，同时举办了英国最早的游泳比赛。

1896年，雅典第1届现代奥林匹克运动会（简称"奥运会"）将男子100 m、500 m和1 200 m自由泳列为比赛项目。1908年伦敦第4届奥运会，成立了国际业余游泳联合会，并审定了当时的世界纪录，制定了国际游泳规则。1912年的第5届奥运会，正式设立了女子游泳比赛项目。

第二次世界大战后，游泳在全世界有了飞速的发展。从1948年第14届奥运会到1964年第18届奥运会，游泳比赛的项目和参加比赛的运动员都逐届增多。1952年，国际规则正式将蛙泳和蝶泳分成两个项目进行比赛。从此，竞技游泳形成了蝶泳、仰泳、蛙泳和自由泳4种姿势。国际泳联每两年分别举办一次长池及短池世界游泳锦标赛。游泳已成为奥运会上令人瞩目的观赛大项之一。从1968年第19届奥运会到1988年第24届奥运会，是世界竞技游泳运动全面发展、游泳训练逐渐走上科学化道路的阶段。从1992年第25届奥运会到2012年第30届奥运会，游泳金牌之争愈演愈烈。2008年新增了公开水域两枚金牌，男女均为10 km马拉松游泳，使得游泳金牌总数达到34枚。第32届日本东京奥运会，游泳项目增设男子800 m自由泳、女子1 500 m自由泳，以及男女混合4×100 m混合泳接力赛，奥运会游泳比赛奖牌数将增至37枚，游泳项目仍然是仅次于田径运动的奥运会金牌大户。

随着游泳运动的不断发展，国际泳联认为四年一度的奥运会游泳比赛相隔时间太长，因此决定在两届奥运会之间增添世界游泳锦标赛。世界游泳锦标赛是由国际游泳联合会（简称"国际泳联"）主办的最高级别国际性游泳赛事，1973年在南斯拉夫贝尔格莱德举行第1届比赛，1978—1998年举行间隔、年数屡有变化，自2001年起恢复每两年举行1届。2011年在中国上海的上海东方体育中心举行了第14届世界游泳锦标赛。2019年，在韩国光州举行了第18届世界游泳锦标赛。

国际泳联于1993年起，决定每2年举行1届世界短池游泳锦标赛。第1届世界短池游泳锦标赛在西班牙帕尔马举行；2006年，在中国上海举行了第8届世界短池游泳锦标赛；2018年，在中国杭州举行了第14届世界短池游泳锦标赛。游泳比赛的另一个国际赛事是世界杯短池游泳系列赛，它是一个国际系列短池（25 m）游泳比赛，由国际泳联主办，参加成员为国际泳联会员。世界杯短池游泳赛每年分站的比赛，由最终获得前三名的运动员获得奖金。其比赛项目共包含男女各五个单项的比赛。2011年11月在中国首都北京举行了短池游泳世界杯的年度首站比赛，11月的最后一站在新加坡举行。短池游泳世界杯系列赛项目设置如下：

（1）自由泳：50 m、100 m、200 m、400 m、800 m（女）、1 500 m（男）；

（2）仰泳：50 m（非奥运会项目）、100 m、200 m；

（3）蛙泳：50 m（非奥运会项目）、100 m、200 m；

（4）蝶泳：50 m（非奥运会项目）、100 m、200 m；

（5）个人混合泳：100 m（非奥运会项目）、200 m、400 m。

50 m、100 m、200 m和400 m分预赛和决赛两个阶段进行。400 m个人混合泳、800 m和1 500 m自由泳则在预赛与决赛之间适当延长间隔时间，分两天举行。

2.我国游泳运动的发展

（1）群众游泳活动的发展。自古以来，游泳就是我国广大人民群众喜爱的运动项目之一。早在二十世纪三四十年代，中国共产党在自己领导下的苏区和解放区里，即使在炮火连天的岁月，也十分重视开展群众性游泳活动。抗日战争时期，延河被当成了"天然游泳池"，清凉山下凸出的石崖成了练习跳水的跳台。延安体育会经常组织游泳辅导活动。许多机关、学校和部队也经常组织各种形式的游泳比赛。在1942年举行的"九一"扩大运动会上，除了自由泳、蛙泳比赛外，还有骑兵武装渡河、步兵武装渡河、水中寻物、水中救人、潜水、跳水等表演活动。许多人正是在延河里学会游泳，尔后以强健的体魄投身于民族解放和人民革命事业中。新中国成立后，游泳运动受到党和政府的高度重视。在20世纪60年代初，毛泽东主席不仅向全国人民发出了"游泳是同大自然作斗争的一种运动，你们应该到大江大海去锻炼"的号召，同时还身体力行，多次横渡长江，极大地激发了全国人民参与游泳活动的热情。20世纪90年代以后，我国颁布了《全民健身计划纲要》，极大地推动了群众体育的开展。游泳运动适合各种年龄的人群，健身健美效果极佳，防御疾病作用明显。近些年我国游泳条件有了很大的改善，新建了大批人工游泳池、馆，促使我国城乡再次兴起了大众游泳的热潮。

（2）竞技游泳运动的发展。19世纪中后期，随着西方国家的侵入，我国的竞技游泳运动首先开始于香港、广州等地，尔后逐渐在沿海的福建、上海、青岛等地开展起来并扩展到内地。1887年，广州沙面修建了中国第一个室内游泳池，开启了我国近代的游泳竞赛活动。在消化和吸收国外先进的训练理论与方法的基础上，并探索游泳训练规律，我国竞技游泳运动逐步形成了自己的训练理论与方法体系，水平不断提高。我国竞技游泳的发展经历了三个高潮阶段。

第一阶段：1957—1960年，戚烈云、穆祥雄、莫国雄3人5次打破男子100 m蛙泳世界纪录，男子100 m自由泳、100 m蝶泳和200 m蛙泳先后达到世界前10名水平。

第二阶段：1980—1994年。1982年第9届新德里亚运会，我国运动员在游泳比赛中仅获得3枚金牌。1986年第10届汉城（现首尔）亚运会，中日游泳金牌总数对比10：17。1988年在广州举行的第3届亚洲游泳锦标赛上，杨文意以24秒98的成绩打破了女子50 m自由泳世界纪录，并以25：6的金牌比例，结束了日本游泳独霸亚洲泳坛58年的历史。1990年第11届北京亚运会，中国游泳队勇夺23枚金牌，全面战胜日本，中国游泳以较大的优势居于亚洲领先地位，标志着中国游泳冲出了亚洲。1988年第24届汉城奥运会，中国队在游泳比赛中夺得4枚银牌，3人1队进入前八，女子团体总分世界第三。1992年第25届奥运会，中国游泳队夺得4金（林莉200 m混合泳、庄泳100 m自由泳、钱红100 m蝶泳、杨文意50 m自由泳）、5银，2项第4名、1项第8名，创2项世界纪录的好成绩，这也是我国游泳运动员首次在奥运会游泳比赛中赢得金牌。1994年9月，在第7届世界游泳锦标赛上，中国游泳队获得12枚金牌，破5项世界纪录，女子团体总分居第一位，标志着我国竞技游泳进入世界先进行列。

第三阶段：1994年至今。这一时期，我国竞技游泳走了一段弯路，游泳运动水平有所下降。在1996年第26届亚特兰大奥运会游泳比赛中，我国运动健儿夺得1金、3银、2铜；在1998年第8届世界游泳锦标赛中，夺得3金、2银、3铜，并且曾启亮在男子100 m蛙泳比赛中获得第二名，成为我国男子游泳在世界游泳锦标赛上获得奖牌的第一位运动员。但在第13届曼谷亚运会游泳比赛中中国以13：15的金牌比例输给了日本。直到2002年第14届釜山亚运会以20：11的金牌比例战胜日本，中国游泳才重新崛起。2004年第28届雅典奥运会，罗雪娟夺取女子100 m蛙泳金牌。2006年第15届多哈亚运会，中国、日本各获16枚金牌，金牌数持平，但奖牌总数输给了日本。

　　2008年在北京举行的第29届奥运会上，我国游泳选手获得1金、3银、2铜的佳绩。刘子歌、焦刘洋夺女子200 m蝶泳金、银牌，刘子歌破该项目世界纪录；男子游泳也有突破性进展，张琳勇夺男子400 m银牌。2012年，在伦敦举行的第30届奥运会上，中国游泳队共获得5枚金牌、2枚银牌和3枚铜牌，并创造了2项新世界纪录，名列金牌榜第二位、奖牌榜第三位。孙杨先在男子400 m自由泳比赛中取得了中国男子游泳的第一块奥运金牌，后在1 500 m自由泳中再次夺冠，并创造了新的世界纪录。女子运动员叶诗文则包揽了200 m、400 m个人混合泳的金牌，并创造了400 m个人混合泳的新世界纪录，成为中国游泳史上首个在同一届奥运会比赛中摘得两项桂冠的选手。此外，焦刘洋在女子200 m蝶泳比赛中夺冠，再次表现出我国运动员在这个项目上的优势。2012年，中国游泳在伦敦奥运会上创造历史最佳战绩，5枚金牌的成绩超越巴塞罗那奥运会的4金纪录。孙杨一举夺得两枚男子金牌，1 500 m自由泳将自己在2011年上海世锦赛所创造的世界纪录提高了3秒12，400 m自由泳夺冠成绩也刷新了奥运会纪录，并实现了中国男运动员在奥运会游泳比赛中金牌零的突破，一举改写中国游泳长期"阴盛阳衰"的局面。叶诗文在女子200 m和400 m个人混合泳比赛中独揽两金，分别改写奥运会和世界纪录。焦刘洋在女子200 m蝶泳比赛中刷新了刘子歌保持的奥运会纪录并夺冠，中国游泳达到辉煌的顶点。伦敦奥运会后，中国游泳队先后参加了2012年迪拜长池亚锦赛和2012年伊斯坦布尔短池世锦赛，也都取得了不错的成绩。迪拜长池亚锦赛，中国队派出由孙杨领衔的队伍出战。孙杨出战200 m、400 m和1 500 m三项自由泳，均以明显优势夺冠。迪拜亚锦赛，中国队拿下33项冠军，包括16个男子冠军、17个女子冠军，总计改写11项赛会纪录。伊斯坦布尔短池世锦赛，中国队除孙杨外几乎全部主力参赛，夺得3金、5银、3铜的不错成绩，仅次于美国，位列奖牌榜第二。叶诗文在女子200 m混合泳比赛中夺冠并刷新赛会纪录和亚洲纪录，赵菁在女子50 m仰泳、陆滢在女子50 m蝶泳比赛中夺冠。2016年里约奥运会，中国队成绩有所下滑，取得1金、2银、3铜。孙杨夺取1金、1银，200 m自由泳夺冠，400 m自由泳屈居亚军。徐嘉余获得100 m仰泳银牌，实现了中国男子仰泳在奥运会奖牌零的突破。汪顺在200 m混合泳比赛中拿下一枚宝贵的铜牌。中国女队，傅园慧获得100 m仰泳铜牌，史婧琳获得200 m蛙泳铜牌。2017年世界游泳锦标赛，中国游泳队获得3枚金牌，分别是孙杨的200 m自由泳和400 m自由泳，徐嘉余的100 m仰泳。2019年世界游泳锦标赛，中国游泳队获得4枚金牌，辛鑫在女子10 km公开水域游泳比赛中夺冠，为中国队在公开水域项目上取得金牌零的突破，孙杨卫冕了200 m和400 m自由泳冠军，同时徐嘉余卫冕了100 m仰泳冠军。2021年，在东京奥运会上，中国游泳队全面开花，取得3金、2银、1铜。张雨霏一人获得4枚奖牌，分别是女子200 m蝶泳金牌、100 m蝶泳银牌，并与队友杨浚瑄、汤慕涵、李冰洁合作拿下女子4×200 m自由泳金牌，与队友徐嘉余、闫子贝、杨浚瑄合作获得男女4×100 m混合泳接力银牌。王顺获得男子200 m混合泳金牌，成为中国男运动员夺得混合泳奥运金牌的第一人，也是我国在奥运会获得游泳金牌的第二位男子运动员。李冰洁获得女子400 m自由泳铜牌。历届奥运会中国军团游泳金牌获得者及成绩见表1.1.1。

表1.1.1　历届奥运会中国军团游泳金牌获得者及成绩

时间地点	姓名	项目	成绩
1992年巴塞罗那奥运会	钱红	女子100 m蝶泳	00:58.62
1992年巴塞罗那奥运会	庄泳	女子100 m自由泳	00:54.64
1992年巴塞罗那奥运会	林莉	女子200 m个人混合泳	02:11.65
1992年巴塞罗那奥运会	杨文意	女子50 m自由泳	00:24.79
1996年亚特兰大奥运会	乐靖宜	女子100 m自由泳	00:54.50
2004年雅典奥运会	罗雪娟	女子100 m蛙泳	01:06.64
2008年北京奥运会	刘子歌	女子200 m蝶泳	02:04.18
2012年伦敦奥运会	叶诗文	女子200 m个人混合泳	02:07.57
2012年伦敦奥运会	叶诗文	女子400 m个人混合泳	04:28.43
2012年伦敦奥运会	焦刘洋	女子200 m蝶泳	02:04.06
2012年伦敦奥运会	孙杨	男子400 m自由泳	03:40.14
2012年伦敦奥运会	孙杨	男子1 500 m自由泳	14:31.02
2016年里约奥运会	孙杨	男子200 m自由泳	01:44.65
2021年东京奥运会	张雨霏	女子200 m蝶泳	02:03.86
2021年东京奥运会	汪顺	男子200 m混合泳	01:55.00
2021年东京奥运会	杨浚瑄　汤慕涵　张雨霏　李冰洁	女子4×200 m自由泳接力	07:40.33

随着游泳运动的发展和人类的需求，游泳的功能更加多元化，游泳已成为一项集竞赛、娱乐、健身、艺术、救生、休闲等于一身的运动项目。经过我国游泳运动员、教练员、科研人员、管理人员几十年的努力，目前，我国竞技游泳已经取得了长足的进步，成为世界泳坛上一支不可忽视的劲旅。

三、游泳运动的分类与功能

（一）游泳的分类

游泳活动，一直与人类的生存、生产、生活相联系。随着人类社会的发展和需求的变化，游泳的功能得到广泛开发，但游泳最本质的特征体现在，它是人类水上活动的基础技能，直接运用于军事、救生、娱乐、竞赛、健身和体育等方面，间接运用于帆船、滑水、帆板、航海、潜水等运动中。游泳的内容，是随着人类社会的发展、社会生产力的提高以及人们对文化娱乐生活的不断追求而发展变化的。游泳是人类在长期与大自然的斗争中逐步形成的，具有实用性价值。

游泳运动的分类

游泳发展至今，出现了多种多样的运动姿势，其中有的是因模仿动物的动作而得名，如蛙泳、狗爬泳、蝶泳、海豚泳等；有的是按人体在水中的姿势而得名，如仰泳、侧泳等；有的是按动作的形象而得名，如爬泳、踩水等。从目前游泳的管理上划定，国际游泳联合会（简称"国际泳联"）和我国游泳运动管理中心把竞技游泳、水球、跳水、花样游泳和大众游泳包括在游泳运动之中。但依游泳运动的目的和功能分类，游泳运动包括竞技游泳、实用游泳和大众游泳三类。

1.竞技游泳

竞技游泳是指有特定技术要求，按游泳竞赛规则规定进行竞赛的游泳项目。竞技游泳主要是以速度来决定名次。竞技游泳比赛包括自由泳、蛙泳、仰泳和蝶泳（又称海豚泳）4种姿势，及由这4种姿势组成的个人混合泳和接力，与各种距离组合成比赛项目。

竞技游泳分游泳池比赛和公开水域比赛两大类。公开水域游泳比赛，是指在江、河、湖、海等自然水域进行的游泳比赛，其不限姿势，按天然的条件确定比赛距离，很受人们喜爱，已经成为一个世界性的比赛项目。这类比赛各有特定的规则要求，但是没有严格的泳式要求，游泳运动员多采用自由泳参赛。公开水域10 km马拉松游泳比赛从2008年起正式列入奥运会游泳比赛项目。

游泳池比赛包括25 m短池和50 m长池的比赛。2015年世界游泳锦标赛游泳池比赛共设42项（长池）。世界游泳锦标赛游泳项目见表1 .1.2。

表1.1.2　世界游泳锦标赛游泳项目

分类	世界游泳锦标赛（长池）/m
自由泳	50、100、200、400、800、1 500
仰泳	50、100、200
蛙泳	50、100、200
蝶泳	50、100、200
个人混合泳	200、400
自由泳接力	4×100、4×200
自由泳接力	4×100（男、女，以及男女混合）

奥运会比赛在50 m池中进行。在现代奥运会的游泳比赛中，共有34个正式比赛项目（以北京奥运会为例），具体项目见表1.1.3。

表1.1.3　北京奥运会比赛项目

泳式	男子	女子
蝶泳	100 m、200 m	100 m、200 m
仰泳	100 m、200 m	100 m、200 m
蛙泳	100 m、200 m	100 m、200 m
自由泳	50 m、100 m、200 m、400 m、1 500 m	50 m、100 m、200 m、400 m、800 m
个人混合泳	200 m、400 m	200 m、400 m
混合泳接力	4×100 m	4×100 m
自由泳接力	4×100 m、4×200 m	4×100 m、4×200 m
公开水域马拉松游泳	10 km	10 km

一些基层的游泳比赛和划分年龄组的比赛，可以在表1.1.2和表1.1.3内项目的基础上，根据比赛的目的和参加者的具体情况设置不同的比赛项目，以及一些兴趣性比赛项目。随着游泳运动的普及和开展，目前又出现了更多的竞技游泳比赛项目，如成人分龄赛、公开水域游泳比赛、残疾人游泳比赛、冬泳比赛等。

2.大众游泳

大众游泳是以增强体质为宗旨，以丰富人们文化生活为目的的一种群众性游泳活动。第二次世界大战结束后，大众体育才随之兴起，游泳也成为名副其实的健身运动项目。大众游泳以健身、娱乐和休闲为主，形式多样，内容丰富，如康复游泳、健身游泳、减肥游泳、娱乐游泳、水中游戏、水上健身操、横渡江河海峡、冬泳等，已在世界各地蓬勃发展，成为现代游泳运动的重要组成部分。

目前，大众游泳已受到了广泛的欢迎。特别是在全民健身计划开展以来，国家体育总局游泳运动管理中心为了更好地调动大众参加游泳健身活动的积极性，促进游泳运动的普及和提高，制定了《全国业余游泳锻炼标准》，受到了广大民众的欢迎，人们争相参加达标和比赛活动。该锻炼标准在推行2年后，根据推广过程中存在的问题又进行进一步的改进，不仅对不同年龄的达标标准进行了细分，还根据中老年人健身的需要推出了30 min有氧游泳锻炼标准，提供了有氧游泳锻炼的适宜心率，为大众更科学地进行游泳健身锻炼提供了客观而科学的参考意见。

大众游泳还包括一类特殊游泳活动，它融竞技性、健身性、娱乐性为一体，以游泳为手段，锻炼体魄，检验人体的极限工作能力。这类游泳活动常以创造某项特殊世界纪录为目标，如最长时间踩水、最长时间游泳、最长距离游泳等。近年来，世界上还在兴起一种公开水域游泳比赛。此外，世界各地还经常举行一些渡海、渡江、渡湖和环岛游泳等活动，其中最著名的要数横渡英吉利海峡。我国著名游泳极限运动员张健于2000年8月8日成功横渡渤海海峡，创造了男子横渡海峡最长距离的世界纪录。这些活动参加人数或多或少，虽然不是正规比赛，却都要求参加者具有娴熟的游泳技艺、超凡的勇气和健壮的体魄。

3.实用游泳

在军事上、生产上、生活服务上使用价值较高的游泳方式称为实用游泳。

实用游泳伴随着人类生存、生产和生活等各种实际需求而产生，是人类生存的基本技能之一。依据不同需求而形成的实用游泳技术主要有爬泳（自由泳）、蛙泳、反蛙泳（仰泳）、侧泳、潜泳、踩水（立泳）等；依据不同目的和服务对象的游泳项目有水上救护、武装泅渡等。

水上救生受到社会的广泛重视。为提高我国救生技能，自1999年，我国每年定期举行全国救生（海浪）锦标赛，截至2023年已举办22届。2005年中国救生协会成立，2007年加入国际救生协会。随着游泳活动的开展，游泳池数量逐年增多，救生员需求不断扩大，救生员工作的重要性和业务水平已引起社会和主管部门的高度重视。为了规范管理，在对救生职业充分论证后，国家于2007年11月将其纳入人力资源和社会保障部的管理范畴，列入中国职业大典，救生员成为新的职业。武装泅渡是重要的军事素质训练科目。武装泅渡一般采用蛙泳，要求手臂划水时稍向下压，两腿蹬水时稍向后下方，小腹微收，使臀部浮起。蹬腿和划臂的力量要加大，呼吸充分且有节奏感。在军事训练中，应达到以下3点基本要求。

（1）坚持循序渐进原则，在熟练掌握游泳技能后，再着装游泳，并逐渐增加装备的佩戴，甚至进行水中射击。游程由近及远，逐渐增加训练距离和难度。

（2）坚持集体的成队训练。

（3）落实好安全措施。

实用游泳姿势在技术上不存在对与错，只有合理或不合理、省力或费力之分。现在，人们讲的实用游泳，通常是指经过长期的发展演变，动作比较统一的踩水、侧泳、潜泳、抬头爬泳、反蛙泳等，是水中生存与救生非常重要的手段。掌握这些实用游泳技能对我们在更大程度上获得水中活动的自由，有着重大的意义。

（二）游泳的功能

人类的游泳一直与人类的活动紧密相连，是人类为求生存，在与大自然作斗争的过程中产生的，并随着人类社会的发展而发展，逐渐成为体育运动的重要项目。学会游泳并经常进行游泳锻炼具有重要的健身价值和实用价值。大力开展游泳运动，对增强人民体质、提高我国体育运动技术水平，及对生产和国防建设都有着现实和深远的意义。

游泳的功能

1.游泳能保障生命安全

人类生活的地球上布满江、河、湖、海，生活中不可避免地要与水打交道。在一些特定的环境中，游泳这一技能成了我们保障生命的重要手段之一。人类的生活离不开水，但溺水事故却威胁着我们的生命安全。

据有关组织的统计，在全世界每年的意外死亡事故中，溺水死亡率居首位。在一些国家，少年儿童的溺水事故仅次于交通事故。在我们周围，少年儿童的溺水事故也时有发生。毫无疑问，预防溺水最有效的办法，并不是远远地躲开水，而是以积极的态度学会游泳，真正获得水中活动的自由。这样，在发生险情时，就有可能镇定地自救或互救。可以说，游泳是保证生命安全的重要手段，是人类的一种基本生存技能。在许多发达国家，为了保证少年儿童的生命安全，各级中小学都把游泳列为学生必须掌握的技能。

不论主动下水游泳、玩耍或者进行水上作业，还是被动地失足落水、乘船发生意外等状况，如果不会游泳，我们的生命就会受到威胁。反之，生命将会更有保障，不但可以自救，还可以救人。因此，掌握游泳技巧，不仅能在落水后自救，而且能通过施救来挽救他人的生命。游泳是实现自救和救人极其重要的生存技能之一。

2.游泳可以促进身心健康

（1）游泳可以增强体质。

1）提高呼吸系统的机能。水的密度是空气密度的800多倍。在水下，深度每增加1 m，每平方厘米面积上承受的重量就增加0.1 kg。人站在齐胸深的水中，感觉呼吸急促，就是因为胸腔承受着12～15 kg水的压力。这种压力使游泳者的呼吸比在陆上呼吸要费劲得多。陆上的平和呼吸，吸气时肋间外肌和膈肌收缩，胸腔扩大，肺内压下降低于外界大气压，在气压差的作用下气体进入肺部；呼气时肋间外肌和膈肌放松，胸腔由于自身的弹性而回缩，肺内压上升将气体排出肺部。而游泳时的呼吸，吸气时吸气肌必须用更大的力量收缩以克服水的压力使胸腔扩大，使气体进入肺部；呼气时由于要克服水的阻滞以加快呼气速度，除了吸气肌要放松外，肋间内肌和腹壁肌等呼气肌也要参与主动收缩。所以，游泳可以使吸气肌和呼气肌都得到锻炼。此外，游泳的呼吸节奏与游泳的肢体动作密切相关，它是一种处于高级神经中枢直接控制下的随意呼吸。经常进行游泳锻炼，可以增强呼吸肌的力量，增大肺的容量。普通人的肺活量只有3 000～4 000 mL，而游泳运动员一般可达4 000～6 000 mL，个别优秀运动员甚至高达7 300 mL。有研究表明，儿童在经过2年系统游泳锻炼后，肺活量可提高74%，而仅进行陆上锻炼的儿童，肺活量只提高了23%。可见，游泳是提高呼吸系统机能的一项很有效的运动。

2）改善心血管系统功能。心血管系统包括心脏、肺和负责将吸入的氧运送到肌细胞的血管。游泳时，人体处于平卧姿势，下肢、腹部与心脏基本上位于同一水平，减小了重力对血液循环的影响，再加上水的挤压作用，有利于下肢及腹部静脉血液的回流，有利于心室充满回心血液，这对提高心脏的泵血功能是非常重要的。适宜的运动都会改善心血管系统的功能，而游泳对心血管系统功能的改善主要是通过其自然特性实现的，主要从两个方面产生效果：其一是由于水温通常低于气温，冷水刺激使机体自动进行热量调节和新陈代谢，促进血液循环，同时水对皮肤的压力又形成一种按摩作用，使皮肤上的毛细血管更富有弹性。加之游泳时身体呈平卧姿势，肢体血液向心脏的回流比在陆地上直立状态下容易，从而使心率加快。其二是在水面游泳时，身体各个部分都处于运动之中，加之水的阻力较大，与同等距离的陆上运动相比，其能量消耗要大4倍。为维持运动，供给运动器官更多的营养物质，血液流动速度加快，增加了心脏的负荷，心跳频率加快，这些因素都会使心房和心室的肌肉组织得到锻炼，使心肌收缩强而有力；心腔的容量也能有所加大，整个血液循环系统功能得到改善。一般人的心率为70～80次/min，每搏输出量为60～80 mL。而经常游泳的人心率可达50～55次/min，很多优秀的游泳运动员，心率可达38～46次/min，每搏输出量高达90～120 mL。游泳时要克服水的阻力，这就需要动用较多的能量，从而使心率加快、心排血量增大。长期坚持游泳锻炼，心脏体积呈运动性增大，心肌收缩有力，安静心率减慢，每搏输出量增加，血管壁增厚，弹性加大，心血管系统的效率得到提高。

3）改善肌肉系统的机能。游泳是一项全身参与的运动，与其他运动项目相比，在游泳时可以动员更多的肌肉群参与代谢功能。因为在水中游泳需要克服较大的阻力，游泳又是周期性的运动，长期锻炼能够使肌肉的力量、速度、耐力和关节的灵活性都得到提高。此外，游泳还可以促进人体柔韧性的改善。

由于游泳时身体活动的范围较大，定期进行游泳活动的人都会变得更加灵活和柔软。正确的游泳技术要求肌肉在收缩用力前先伸长，有利于不断增强肌肉的柔韧性和力量。人们由于年龄限制而不能从事其他体育活动时，仍然能够继续游泳。

4）提高身体素质。身体素质是一个综合性的问题。一般而言，身体素质包括速度、力量、耐力、柔韧性和灵敏性。游泳能够全面地提高人体的素质，而且是少有的可以使人体各项素质齐头并进的"全面运动"之一。游泳已经成为广受欢迎的运动，被专家们称为"快乐运动"。人们的速度素质、力量素质、耐力素质、柔韧素质和灵敏素质，都可以通过游泳运动得到不同程度的提高。

5）塑造健美的体形。游泳是一种全身运动，游泳时臂、腿并用，四肢有节奏地做划水和打水动作，肌肉周期性地收缩与放松，肩带、胸、背、腰、腿部的大小肌群都参与工作。在各种游泳姿势中，相当一部分动作是左右交替或左右对称的。经常参加游泳锻炼，不仅能使人体颈、肩、脊柱、髋、膝、踝各关节及全身肌肉都得到锻炼，而且有利于矫正和改善身体姿势，使人体匀称协调地发展，塑造健美的形体。因为肌肉工作方式的影响，游泳运动员一般有修长的身材、宽阔的肩膀、灵活的腰肢、匀称的体形。虽然游泳不能塑造粗壮的、隆起的肌肉，但能够增强肌肉的力量和协调性，特别是增强躯干、肩带和上肢的肌肉力量，并且使肌肉充满弹性和柔韧性，塑造健美的身材。此外，由于人体在水中活动时的散热比陆上快得多，故游泳时消耗的能量比陆上运动多。这些能量要靠消耗体内的糖和脂肪来补充，尤其是较长时间的游泳，主要是靠消耗脂肪来提供能量。所以，经常进行游泳锻炼，可以消除体内多余的脂肪，有利于保持人体的健美。

事实证明，经过系统游泳锻炼的人，具有肩宽、胸厚、背阔、腰细、体形匀称、肌肉圆润而富有弹性等特点。此外，由于人体在水中活动时的散热比陆上快得多，故游泳时消耗的能量比陆上运动多。这些能量要靠消耗体内的糖和脂肪来补充，尤其是较长时间的游泳，主要是靠消耗脂肪来提供能量。所以，经常进行游泳锻炼，可以消除体内多余的脂肪，有利于保持人体的健美。

（2）游泳可以防病治病。

1）增强抵抗力。国际游泳竞赛规则规定，比赛时池水温度应为26℃（误差1℃），因而游泳是在冷水中进行的运动。人体在冷水中浸泡，散热快，耗能多，为尽快补充散发的热量，以供冷水刺激的需要，神经系统便迅速做出反应，促使人体新陈代谢过程加快，以改善和调节体温机能，从而增强机体对外界环境变化的适应能力，抵御寒冷，预防疾病。经常游泳能改善体温调节能力，使人体更能够承受外界温度的变化。特别是冬泳，对这方面的改善作用尤其明显。体温调节功能的改善，使人不容易伤风感冒，还能提高人体内分泌功能，使脑垂体功能增强，从而提高机体的抵抗力和免疫力。

游泳不仅适合健康人群，也适合于亚健康人群进行运动。

2）治疗病症。游泳是水浴、空气浴和日光浴三者相结合的运动。游泳时水的阻力、压力和浮力对身体能起到良好的按摩作用。当游泳与医疗体育相结合时还可以治疗某些病症。风湿性、类风湿性、外伤性关节炎，都很适合参加游泳体疗。关节炎患者在水中游泳时，水会对人体关节产生一种机械应力，起到良好的按摩作用，使僵硬的关节得到放松；游泳时的膝关节、踝关节等不必像在陆上运动时要连续不停地用力，因此，各个关节均能获得放松和休息，有助于炎症的消退和功能的康复。游泳时下肢在水中不停地运动，增大了腿部肌肉的张力，使静脉血管得到按摩，促进静脉血液的回流，消除淤血肿胀，从而起到治疗和预防静脉曲张的作用。在水中游泳时，水面及附近的空气中几乎没有什么灰尘和其他导致呼吸器官过敏的物质，所以是哮喘病人最适宜的自然运动环境；加之经常游泳可以增加肺活量，改善肺的呼吸功能，对防治哮喘病颇有裨益。

游泳是全身性运动，加速全身吐故纳新，使神经、循环、呼吸、消化和排泄等系统及内脏器官的功能得到改善和提高，特别是可以调整中枢和自主神经系统的兴奋与抑制，使之恢复平衡，因而可以较快地使失眠者或神经衰弱患者获得较好的锻炼和治疗效果。有些慢性病患者或患病初愈的人，如有高血压、神经衰弱、哮喘、便秘症状的人，慢性肠胃病患者，手术后恢复期的病人，身体下肢有残疾或疾病而不能行走的患者，都可通过游泳锻炼达到治病健身的目的。另外，游泳时身体舒张、放松，动作节奏明快。特别是滑行阶段，要求身体呈流线型，为减小阻力，中轴（脊柱）尽量伸展，伸肩伸臂等动作对矫正和预防驼背及脊柱侧弯效果良好。

（3）游泳可培养良好的心理品质。经常进行游泳锻炼，一方面可以激发人们为保持健康而积极参加体育运动的良好愿望和要求，另一方面还可以磨炼意志，锻炼竞争意识。

1）磨炼意志。游泳是在水环境中进行的，它与陆上运动相比，无论在运动条件还是运动形式上都有极大的差别。初学者由于身体失去固定支撑呈漂浮状态，出现呛水或溺水等情况，往往会产生怕水心理。但通过学习游泳，可熟悉水性，消除怕水心理，进而掌握游泳技能，具备对付一些种水情、风浪的能力。因此，游泳不仅可强健体魄，还能磨炼意志，培养自信、勇敢、顽强、临危不惧、克服困难、勇于进取的优良品质。对那些到江、河、湖、海中享受大自然乐趣和常年坚持冬泳的人来说，没有吃苦耐劳、敢拼敢闯的精神和顽强的意志是难以体会到其中的意趣的。

2）锻炼竞争意识。游泳运动大到奥运会，小到活动游戏，无不以强健体魄、增进心理健康和追逐胜利为目的。然而，游泳竞赛的残酷性又往往表现在成功、胜利只是相对的、暂时的，而挫折、失败才是经常的、普遍的。因此，一方面，游泳运动可以使每一位参与者在练习或比赛中建立竞争意识，领略到胜利的喜悦、失败的痛苦，树立胜不骄、败不馁，积极向上的人生观；另一方面，游泳运动的竞争是在严格的规则约束下进行的，每一位参与者都必须养成公平竞争的意识，并以公平的竞争方式应对人生中的每一次考验。

3.游泳具有很高的观赏价值

游泳是一项引人入胜的运动，具有很高的观赏价值。游泳给人们带来健康、快乐和朝气。人们在观赏游泳比赛的过程中，其心绪随着比赛情况的不断变化而跌宕起伏，可以体验到优美、协调、节律、昂扬、悲壮与谐趣等美学感受，进而在情感、情趣等方面得到升华。

4.游泳是一种重要的军事技能

游泳在军事上的价值历来为兵家所重视。古希腊人、斯巴达人和雅典人，都把游泳作为青少年军事训练的内容。在古罗马时代，游泳是武士训练的重要内容。在美索不达米亚的古代亚述帝国首都尼姆鲁德出土的公元前900年的浮雕上，就刻有士兵抱着羊皮浮袋游渡的图形。在我国古代兵书《六韬·奇兵》中，也有"奇技者，所以越深水、渡江河者也"的说法。春秋战国时期，我国南方各诸侯国都相继设立水师。齐桓公就采纳了管仲提出的"遏原流""立沼池""深渊垒池练扶身"的意见，"千金悬赏善泅之士"，组建了一支由五万善于游泳之勇士组成的水师，终于打败了越国，跃居五霸之首。我国明代的民族英雄郑成功在抗击督寇侵犯时，就曾专门训练了一支潜水队，战时潜入水下凿沉敌船，大显神威。

第二次世界大战至今，游泳受到世界各国的高度重视，至今仍是各国军事训练的一个重要科目。在我国的抗日战争和解放战争时期，各根据地的军民凭借水上功夫，神出鬼没地打击敌人的事例就很多。在现代战争中，也曾有过利用"蛙人"出奇制胜的战例。练就一套过硬的水上功夫，对于战时顺利战胜天然险阻，更好地保存自己，消灭敌人，具有十分重大的意义。

课后思考

（1）游泳的定义是什么？

（2）人类的游泳是怎样起源的？

（3）奥运会从第几届开始设立游泳比赛？共有多少项目比赛？

（4）游泳运动分为几大类？

（5）游泳运动对于你自身有何意义与作用？

第二节　在游泳技术中运用的流体力学原理

◆ 本节导言

水有什么特性？为什么有时大人不一定能游过小孩？为什么在水里用很大的力量划水非但游得不快有时反而会倒退？为什么初学游泳时总觉得自己要沉入水中，而真正要让其沉入水底时又沉不下去？国际泳联为什么要限制"鲨鱼皮"泳衣的使用？本节主要介绍了水的特性，游泳时怎样通过调整呼吸来改变自身的密度从而随意下潜或上浮，以及怎样通过改变自身在水中的位置从而克服水的阻力提高游泳的速度及游距。

◆ 学习内容

一、水的物理特性与人体在水中的沉浮现象

二、游泳时的阻力和推进力的分类与影响因素

三、高效游泳技术的总体特征

四、高科技泳衣

一、水的物理特性与人体在水中的沉浮现象

（一）水的压力

人在陆地上的呼吸是不自觉地完成的，一个健康的人不会想着要吸气或是该吐气。在水中则完全不一样，当人进入齐胸深的水中时，就会明显地感觉到呼吸急促，胸闷，必须用力来完成呼吸动作。当人潜入水下1 m左右时，耳朵就会有明显的感受，会感觉有东西压得耳朵痛，如果再向下继续潜水，可能会因剧烈的耳痛而放弃下潜。我们在水中感觉到的这个力就是水的压力（见图1.2.1）。

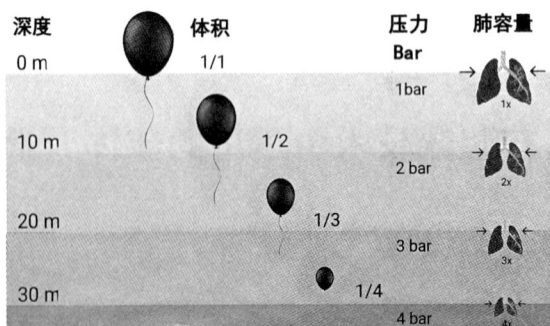

图1.2.1　水的压力

物理学中将物体单位面积所受到的压力的大小称为压强。压强是随着水的深度而增加的。即下潜越深，人体所受到水的压力越大，压强也就越大。由于人体全部浸入水中，身体四周都被水包围，所以当人体垂直地置于水中时，水

平位置相同的地方如前胸后背所受到的压力是相同的，压强亦同。由于离水面越近的地方压强越小而离水面越深的地方压强越大，所以头部与脚部所受到的压力和压强就不同，头部的压力和压强相对小一些，而脚部的压力和压强相对大一些，这一大一小就产生了压差，这个压差所产生的向上的一种力，我们就称其为浮力。例如：生活中我们常见的一个现象是从深海里打捞上来的鱼几乎没有一条是活的。解剖后发现，鱼的肺泡大部分都是破损的。原来由于深海水下的压强太大，当鱼被突然从深海中带出水面，鱼的肺泡会由于空气的压力突然变小而膨胀，从而发生炸裂导致死亡。另一个军事事故是40年前著名的418潜艇失事案，有10人从40 m水下逃生，并佩戴氧气瓶，不幸的是9个人由于上浮太快而导致死亡。唯一一位幸存者是由于其救生服漏气，同时又持有较多重物，上浮得较慢，使得身体有一个较长时间对水压力的适应才保住了性命。这两个例子说明水是有压力的，而且随着潜入水底的深度越深，物体所受到的压力就越大。

（二）水的黏滞性

黏滞性是所有液体的特性。它产生于物体分子之间的相互吸引，在流体力学里称为"内聚力"。当外力的作用大于液体内聚力的时候，液体层之间通过相互摩擦以抵抗外力，直至达到液体的重新平衡。液体黏滞性的大小会受到温度的影响。温度高时，液体分子间的吸引力减弱，其内聚力随之减小。温度下降时，液体分子间的吸引力加强，其黏滞性就会提高。液体的这种黏滞性是构成物体在水中运动时所受到的摩擦阻力和波浪阻力的根源。由于水属于液体，所以它具有所有液体所具备的同样特性。

（三）水的流动性

在没有任何辅助设施的情况下，人在齐腰深的水中往往会站立不稳。当人体悬浮在水中时，做陆上的跳跃动作，除了花样游泳运动员和水球运动员可以将身体的大部分位置跃出水面外，想必大部分人在没有经过专业训练的前提下，在水里是跳不起来或跳不高的。这是由于水所具有的流动性造成的。当人在水中对水施加一个力时，这个力就会被液体的流动性所转移、吸纳、消耗，从而得不到在陆地上相同的反作用力。因此人体在水中得不到固定的支撑，同时也难以表现出陆地上的爆发用力方式（见图1.2.2）。

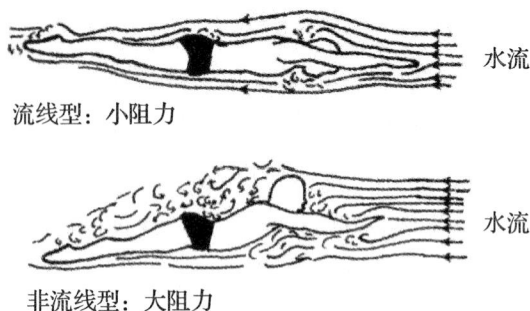

流线型：小阻力

非流线型：大阻力

图1.2.2　水的阻力

（四）水的密度

物理学中将物体单位体积的重量称为密度。其数学表达式为：$p=m/v$（密度=物体质量/物体体积）。水的密度是指当温度为4℃时，其密度为1 g/m³或1 000 kg/m³。为方便计算，国际上统一将1 cm³的1 g水的密度看作是1，其他物体的密度与水的密度进行比较。如海水的密度是1.02～1.07 g/cm³，铅的密度是11.34 g/cm³。在26℃和一个大气压的条件下，水的密度是997.05 kg/m³，而空气的密度仅为1.18 kg/m³。水的密度是空气密度的845倍，因而没有人能够在不借助任何物体助力的情况下，在空气中漂浮起来。但是在死海里，由于水中含有机物多，密度比海水大许多，所以人很容易在死海里漂浮起来。同样，人体也可通过改变自身的密度，轻松做到漂浮在水面上。

（五）水的难以压缩性

为了了解水的难以压缩性，先做一个简单的小实验。取一个注射器，将注射器的活塞往外拉出至最大刻度（此时注射器管内抽取的就是空气），然后将注射器出口堵住，千万不能漏气，一只手拿紧套管，另一个手大拇指用力往下推，推到推不动了，记录下刻度的值。第二次操作步骤同前，用同样的注射器，抽取同刻度的水。最后可以清楚地对比出来，装有水的注射器，无论你怎样用力推，其刻度也不发生变化。这就是水的难以压缩性。研究表明，水在每增加一个大气压时，体积仅仅缩小1/20 000。所以，无论怎样用力推注射器的活塞，活塞几乎不动。因此任何物体浸入水中时，水的体积不会缩小，而只能置换到物体等同体积的水。阿基米德浮力定律就是指：浸在液体里的物体受到向上的浮力，其大小等于物体排开液体所受的重力。

（六）人体在水中的沉浮现象

人们的直觉在告诉自己，木头可以轻易地浮在水面上，而铁却不能。但为什么用铁皮制造的船又能很容易地浮在水面上呢？可以说，大部分物体在水中都可以漂浮起来，条件是它能够排出足够多水的重量。物体可以通过改变形状在水中得到更多的浮力，如将铁块打制成铁皮，再制造成船型。人体能否在水中漂浮起来当然不能用改变身体形状作为代价。人体由肌肉组织、体液、骨骼及脂肪组成。人体的密度为0.96~1.05 g/cm³。当人吸足气体，肺泡充盈时，身体的密度为0.96~0.99 g/cm³，此时身体的密度小于水，很容易浮在水面上。当用力将肺内的气体排净，人体的密度为1.01~1.05 g/cm³，此时身体的密度大于水的密度，人体很容易沉在水底。因此，通过呼吸可以改变身体的密度，从而可以在水中自由沉浮。同时根据阿基米德浮力定律可知，排出的液体越多，物体所受到的浮力越大。人在水中游进时，应尽量多地使身体浸入水中，从而排出更多体积的水，得到更多的浮力。对于蝶泳技术、自由泳技术及仰泳技术中的空中移臂动作，应该缩短其在空中的停留时间，以减少肢体部分离开水面造成的浮力的丢失。另外在呼吸时，尽量不要做抬头较高的吸气动作。吸气要快而足，吸气结束后应有一个短暂的闭气阶段，通过调整自身的呼吸技术从而得到更多的浮力。

二、游泳时的阻力和推进力的分类与影响因素

（一）阻力

飞机、鸟儿、标枪在天空中飞行，都得益于空气的阻力，适宜的空气阻力可以使物体在空中飞行时得到适度的仰角从而飞得更远。但在水中则不同，水的密度比空气大845倍，因此

游泳时阻力和推进力
的分类与影响因素

要想在水中自由行进，克服阻力是关键。人体在水中游进时，水对人体产生的阻力有三个方面：外形姿态阻力、体表摩擦阻力和波浪阻力。其中外形姿态阻力是影响游泳速度最重要的因素，其次是波浪阻力和体表摩擦阻力。

1.外形姿态阻力

生活中人们只在疾跑中能感受到一些空气的阻力。由于阻力较小，一般不太会引起人们的注意。汽车的流线型不仅只是好看，同时还具备在疾驶中尽量减少空气阻力的功能。室内场地自行车运动员的衣着及公路自行车选手在比赛中组成的"V"字队形，也是通过减少空气阻力赢得速度。人体在水中前进是通过排开身体周围的水才得以向前运动的。人体在水中迎面对水面积，将决定人体在水中外形姿态阻力的大小。

2.体表摩擦阻力

生活中无处不显示出摩擦力的重要性。如果没有摩擦力我们喝水时拿的杯子就会滑落，汽车的刹车也会失灵。冰上运动项目要求摩擦力小一些，而体操运动员在上器械前手上一定要擦镁粉，以便增加摩擦力将器械握得更牢固。在水中运动时人体也会遇到摩擦力，我们称之为体表摩擦阻力。体表摩擦阻力是指当人在水中运动时，身体周边的水沿着身体表面轮廓向身体运动方向相反的方向流动时所产生的一种阻力。这种力的产生是由于水的黏滞性使流经身体的水分子微粒与皮肤相互作用发生摩擦而产生的。游泳时人体表面为非光滑面，在与水接触时，会有部分水分子附着于皮肤缝隙中，运动时由于水的内聚力作用，与相邻水层产生摩擦，造成水对人的拉力，也可以说人对水产生了吸力。因此，在以百分之一秒定胜负的游泳比赛中，人们想尽了一切办法减小体表摩擦阻力，如采用轻薄而光滑的织物做紧身的泳装及泳帽，赛前刮体毛等。

3.波浪阻力

波浪阻力是当物体通过水面或在水下接近水面的位置，沿水平面以较快的速度游进时，所产生的一种阻力。人体在水中游进时可以想象是从水的中间打开一个通道，这个通道的开始部分是前伸的手臂部分而结束部分是小腿及脚尖，类似于船头和船尾。人在水中游进时，手臂不断向前破开其前面的水，小腿后面会不断空出，手臂前面多余的水就会不断地补充到小腿后面的空体中，水从前向后的不断补充造成对身体前进的阻力。手臂引起水流向身体左右两方面的传播横波引起的阻力，也称之为波浪阻力，同时这个阻力也是压差阻力的一种。因此，为减少由于波浪而产生的阻力，我们在游进的过程中应尽量减少身体在水面的上下起伏，此外任何经空中移臂的入水技术如自由泳、仰泳、蝶泳，手臂在入水的瞬间都要尽量插入水中，切忌在入水时用手或手臂拍打水面。入水时是否产生了较大的波浪阻力，可通过手臂入水时带入气泡的多少来判断。正确的或引起较小波浪阻力的入水方法应是在手臂入水后眼睛在水下看到的气泡很少或看不到气泡。

（二）推进力

1.推进力分类

推进力分为阻力推进力、升力推进力、波浪推进力三种类型。

（1）阻力推进力。阻力推进力观点于20世纪60年代后期被提出，当时美国著名教练员康西尔曼博士和西尔维亚通过在水下观察游泳运动员的技术，发现运动员在水下不同阶段会交替做屈臂或伸臂划水，并认为运动员是利用了牛顿第三定律作为推进力原理。根据牛顿第三定律，施加在物体上的每一个作用力都会产生方向相反、大小相等的反作用力。当运动员运用肌肉力量向后推水时，水就会给人体大小相等方向相反的反作用力，推动身体前进。划水产生的推进力大小与运动员向后划水的水量及划水的距离直接相关。

（2）升力推进力。随着科技进步，水下摄影技术进入游泳训练中。人们发现许多高水平游泳运动员在水下划水阶段手臂并不是径直向后推水，其动作轨迹都是三维的S形曲线。康西尔曼等认为这样能产生更大的推进力。在划水时运动员肢体运动的速度必须快于水流动的速度才能持续产生推进力，但是这样做需要很大的力量，容易使运动员过早疲劳。如果不断改变手的动作方向，手臂就可以避开之前已经被划水搅动的水流，从而划到相对静止或流动较慢的水，这样不需要使用很大的力量，也能产生较大的推进力。而且划水时在手臂侧面和垂直面上的动作也会产生推进力，但这些推进力难以用牛顿的作用力和反作用力原理来解释，却可以用伯努利定理来解释。瑞士科学家伯努利首次发现了压力和流体速度之间呈反比关系。他发现，对于理想的流体，流速较快时压强降低，流速较慢时压强升高。在手臂划水时，手在一定攻角状态下流经手部两面的水流速度不同，手掌两面的压强也不同，造成手掌面高压区压强向手背面低压区传导，使手掌获得升力。

在过去的几十年中，关于游泳的推进力究竟来自于阻力还是升力，或者推进力中升力和阻力的比值，一直没有定论。目前比较一致的观点是，自由泳和仰泳划水中阻力起主导作用，蝶泳和蛙泳划水时升力的贡献增大。

（3）波浪推进力。最近一些专家认为，游蝶泳和蛙泳时身体波浪动作也能产生推进力。对运动员前进速度进行分析发现，蛙泳中存在一个推进力阶段，发生在移臂和收腿阶段。运动员在伸臂、收腿时速度减慢，此时水会填满运动员身体周围的空隙，由此产生的波浪会形成推进力。蝶泳中也出现类似的阶段，这一观点虽然被提出，但目前还没有得到广泛认同，其真实性和可靠性还有待验证。

2.游泳运动产生推进力的方式

经科学家的研究，游泳时产生的推进力大体分为三种。第一种为波浪式推进力。波浪式推进力是一种阻力小、推进力较好的游进方式，其动作为头部的运动幅度小，而尾部运动的幅度大，身体通过波浪运动能够较好地传递能量。运动员在出发和转身后，采用水下海豚腿、反海豚腿、侧向海豚腿技术，以及波浪式蛙泳技术和蝶泳技术。第二种为反作用力式推进力，如游泳的出发、转身、蛙泳蹬腿动作等，都是运用了反作用力式推进力方式。第三种为橹式推进力，主要表现在自由泳，仰泳划水动作中手臂划水角度和方向面变化，有类似于摇橹工作的方式。高水平的游泳运动员在游进过程中通过改变手的方向产生推进力，如划水阶段的最后推水阶段，自由泳和仰泳划水技术及蛙泳蹬夹水技术有类似于螺旋桨的动作。

三、高效游泳技术的总体特征

尽管流体力学在游泳中的解释还存在很大争议，但游泳科研人员在多年实践中通过对教练员和运动员的技术进行总结，提出了以下相对一致且便于操作的观点，作为自由泳、仰泳、蝶泳和蛙泳四种游泳姿势高效技术的总体特征。

高效游泳技术的总体特征

（一）减小阻力

（1）自由泳和仰泳中，整个身体围绕纵轴转动，使身体保持侧向直线。

（2）头部和躯干尽量成一条直线，减小形状阻力。

（3）蝶泳和蛙泳借助身体波浪动作前进，但身体波动不可过大。

（4）手臂和腿部所有的入水和移臂（收腿）动作都尽量轻柔平稳，减小波浪阻力。

（5）所有水下划水的第一部分，即下划与外划，均不产生推进力，因此这一部分动作应该尽量轻柔平滑，有效减小阻力。

（6）打腿不要过深、过高，蹬腿不要过宽，以利于减小阻力。

（二）增大推进力

（1）在形成高肘抓水位置后再向后对水发力。

（2）抓水时，手臂的弯曲约为90°。

（3）在各种划水动作的推进阶段，手掌及前臂下端成一条直线，如同一个整体。

（4）在水下划水的推进阶段，应沿对角线方向向后划水。

（5）从开始抓水至水下划水结束，在手部每一次明显转换方向时，应加速划水。

（6）当手靠近大腿划向水面的时候，准备出水不要再试图获取更大推进力。

四、高科技泳衣

国际泳联为保证游泳比赛的公平和公正，让游泳比赛回到游泳运动的基本和核心原则，宣布从2010年1月1日起，泳衣要回归到"纺织物"时代。纵观泳衣的发展历史，我们不难看出，从最初的遮体式泳衣，到实用性泳衣，再发展到最后的高科技"鲨鱼皮"泳衣，游泳比赛也从最初的比技术、比选材、比训练、比体能、比纯熟的技巧和顽强的意志，发展为现今的比高科技。泳衣高科技的不断升级，违背了国际泳联对泳衣的限定，即"泳衣不能给运动员提供额外的浮力"。但事实上各大品牌的泳衣都在努力通过采用高科技手段为运动员带来浮力或减少阻力。如采用纤维模仿鲨鱼皮肤结构（见图1.2.3），从而改变水流方向以减小摩擦阻力；通过在泳衣面料表层涂抹聚亚安酯，以提高泳衣的浮力；选用弹性超强的防氧弹性纱和特细尼龙纱面料，减少运动员在运动过程中的肌肉振动及能量损耗，同时超强的弹性面料可以压缩人体皮肤与水的接触面积，使人体

图1.2.3　鲨鱼皮泳衣

的形状更趋于流线型，此面料还可提升运动员呼吸的效率。

　　一件高科技"鲨鱼皮"泳衣的科技含量包含了仿生学、工业设计、人体工程学、材料科学等相关学科的最新成果，其售价高达7 000元人民币。最让人感到惊讶的是，和普通游泳衣长达数月的使用寿命相比，一件"鲨鱼皮"泳衣大约在使用6次以后就没法再穿了。"鲨鱼皮"的使用率之所以如此低，是因为运动员每一次使用后，都会对其纤维材料产生磨损，导致泳衣的功能性降低，弹性也迅速缩减。参加比赛项目多的夺金运动员大多都要准备20件以上，这对不发达国家的运动员来说，购买高科技泳衣成为泡影，在还没有开始比赛时就已输在了起跑线上。这使得游泳比赛缺乏公平性，同时也违背了奥运会倡导的公平竞争精神。

　　高科技泳衣的诞生使得世界纪录像一层薄薄的纸，一捅就破。仅在2008年一年时间内，国际泳坛涌现出的新世界纪录高达108项之多，其中79项是被身披"鲨鱼皮"的选手创造的。100 m自由泳世界纪录在近13个月内缩短近2 s。多个国家的游泳名帅纷纷上书国际泳联要求抵制"鲨鱼皮"泳衣，让游泳比赛回归到真正在没有助力的情况下进行。

　　2009年3月16日，国际泳联（FINA）发表了迪拜宣言，重新规范了选手在比赛中使用的泳衣，如泳衣的款式、厚度、浮力，泳衣的非渗透性，还有一次比赛只能穿一件泳衣，不得对游泳比赛选手量身定做泳衣，对泳衣实行年度检测等一系列限定。然而，新一轮高科技泳衣又在向国际泳联挑战，2009

年11月初SPEEDO公司宣布，它们又研制出第五代高科技泳衣——一件完全符合国际泳联对泳衣的全部规定的泳衣。无疑，这又将引发新一轮的泳衣竞赛。

课后思考

（1）人体在水中游泳时会受到哪些外力？

（2）游泳时受到阻力的分类与影响因素有哪些？

（3）高效游泳技术的总体特征是什么？

第三节　游泳技术学习的理论与方法

◆ 本节导言

本节主要介绍了游泳技术及游泳教学的特点、游泳教学的原则、游泳教学基本方法、游泳教学分组、游泳教学顺序、游泳教学文件的制定等内容。通过学习，学生可以了解游泳教学相关理论知识，掌握游泳教学的基本方法，遵循游泳教学原则，能够正确处理和解决游泳教学实践中的具体问题，具备进行游泳教学的基本能力。

游泳技能形成的规律与其他运动项目一样，是技术动作的反复练习在大脑皮层建立暂时性神经联系的过程，这一过程又可分为泛化、分化和自动化三个相互联系的阶段。根据人体动作技能形成的这三个阶段，游泳教学可以分为粗略掌握动作阶段、改进与提高动作阶段和熟练与巩固动作阶段。根据这些阶段的不同特点，结合不同的教学目标，进行合理的教学规划、科学的教学设计，应用相关的教学原则，选择不同的教学策略，施以恰当的教学方法，以达到最佳的教学效果。

◆ 学习内容

一、游泳技术学习的特点

二、在游泳技术学习中遵循的基本原则及关系

三、游泳技术的学习顺序及练习方法

一、游泳技术学习的特点

（一）游泳技术的主要特点

1.运动姿势

游泳是以俯卧、仰卧、侧卧等姿势在水中运动。由于运动姿势的改变，人们在陆上运动和日常生活中已形成的走、跑、跳、投等运动技能均不能在水中直接运用，几乎所有的游泳技能都需从头学起。游泳运动与人体所习惯的直立运动姿势和空间定向的正常感觉不同。另外，游泳时水经常会进入耳道，同时平卧姿势和水的刺激影响了前庭器官的感觉、分析，使初学者平衡感觉受到刺激强于运动感觉，进而干扰了学习者对所要学习的游泳动作的感知，增加了游泳技术的学习难度。

2.运动动力

人体陆上运动的动力来源于固定的支撑反作用力。进行游泳运动时，由于水的流动性，肢体在水中的动作失去了固定支撑，只能利用水对肢体所形成的不固定的支撑反作用力和升力来推动身体前进，加大了获取推进动力的难度。游泳教学中必须注意如何充分利用支撑反作用力和升力。

3.呼吸方式

人在陆地上的呼吸通常用鼻完成，呼吸动作自如，并且不需要手臂动作的配合。而游泳时呼吸的方法与陆地不同，它要求游泳者在水面用口吸气，在水中用口和鼻呼气。呼气和吸气之间，有一段短暂的闭气过程。吸气时为了对抗水对胸廓的压力，必须加大吸气肌的用力程度。游泳的呼吸还须在避免水进入呼吸道和在手臂动作的良好配合下有节奏地进行。因此，游泳时的呼吸更为复杂，对初学游泳者来说应注意呼吸技术的学习与掌握。

（二）游泳运动与教学的环境特点

游泳教学在水中进行，水的物理特性对游泳教学影响深刻。游泳时需要利用并克服水的压力、浮力、升力、阻力给学习游泳带来的正面和负面影响。人在水中会受到水的压力而呼吸困难，因此需要游泳者适应水的压力并且形成新的呼吸规律。另外，在齐胸深度的水中就会出现站立不稳，甚至引起呛水、喝水或溺水事故，并形成怕水心理和其他心理障碍。游泳教学中应关注环境的特点，并注意利用有利因素，及克服不利因素。

（三）教学对象主要心理特征

学习游泳者由于性格的不同，及之前有关游泳的经历不同，会产生不同的心理特点。学习游泳者的心理特点主要表现为四种类型：

第一种是对水有强烈兴趣的学习者。兴趣作为学习过程中最活跃的心理因素，将直接影响着游泳教学效果。这类学习者对游泳活动表现出积极的参与倾向，对游泳教学十分重要，但应注意加以诱导和保护。

第二种类型是缺乏兴趣和兴趣较差的游泳学习者。面对这类学生，应采用适当的教学手段来培养和激发他们的兴趣。

第三种类型是存在怕水心理的游泳学习者。此类心理特征是游泳教学过程中具有负面效应的不良心理因素，主要人群是初学游泳者。怕水心理的产生与学习者曾经体验过的经历有关，如在水中失去平衡、呼吸困难、呛水、喝水或溺水对自己身体健康的危害和安全的威胁；另外，间接原因，如看见或听说过游泳事故对他人的伤害，也会使游泳者产生怕水心理。这一类学习者害怕、恐惧水环境，学习中心理压力大，缺乏学习信心和积极性，并使大脑皮层产生保护性抑制，干扰游泳技术、技能的学习与掌握。在初学者的教学中，必须注意怕水心理的排除。

第四种类型是存在厌水心理的游泳学习者。厌水心理也是游泳教学中的不良心理因素。厌水心理出现在不同水平的教学对象中。原因包括学习动机不明确、意志品质差、对外界环境变化的适应能力弱等，学习环境、条件太差是产生厌水心理的主要原因。另外，运动量过大、教学方法单一也会使学习者出现厌水心理。这类学习者对游泳学习表现出冷漠、厌倦，缺乏学习热情，严重干扰游泳教学的正常进行。

（四）游泳教学的主要特点

游泳教学环境、对象心理和游泳运动的上述特点，使游泳教学形成了以下有别于其他体育项目教学的特点：

特点1：游泳教学是在学习者不熟悉，且对其安全具有潜在威胁的特殊环境中进行，确保安全是游泳教学必须考虑的首要问题。

特点2：游泳教学应先使学习者了解了水的特性，熟悉教学环境，消除怕水心理，在基本掌握了漂浮、滑行、呼吸等基础技能后，再进行某一泳式技术的教学。

特点3：游泳时的呼吸方法是教学中的重点和难点问题，应在水上教学之前，让学习者在陆地上充分练习，并使学习者充分重视游泳时的呼吸特点，将呼吸方法贯穿于教学的始终。

特点4：水中漂浮是游泳技术教学的基础条件，而腿的沉浮又是身体能否平浮的关键。因此，掌握水中漂浮是初学者学习的重点。每教一种泳式，均为先教腿部动作，打好基础。

特点5：每个技术动作的教学，均为让学习者先做陆上模仿练习，待熟练掌握后，再进行下水练习，做到"水陆结合，以水为主"。

二、在游泳技术学习中遵循的基本原则及关系

（一）以安全为中心的原则

游泳教学是在水中进行的。游泳教学必须始终以安全为中心，做好安全保障工作。游泳教学中为确保以安全为中心的原则的实现，需做好以下三方面工作：

首先，作为教师，要树立安全第一的教学指导思想，充分意识到安全问题对确保学生生命安全和顺利完成教学任务的重要作用，将安全问题置于教学中的一切问题之首。

其次，加强对学习者的安全教育，使学生充分认识到水对自己安全的潜在威胁，并对游泳事故予以高度的警惕，让学生了解游泳事故的发生原因和预防方法，能有效地对游泳事故加以防范，将游泳事故消灭在发生之前。

最后，做好安全保障措施，做好游泳教学过程中的监控、保护、救助等，充分了解游泳场地且能够正确使用场地，另外要因人而异地采用不同的安全保障措施，确保所有学习者的安全和游泳教学的顺利进行。

（二）自觉积极性原则

自觉积极性原则是指在游泳教学活动中，在教师主导下，充分发挥学习者主体作用，善于启发学生对学习的自觉性，充分调动学生的积极性、主动性和创造性。为充分发挥自觉积极性原则，在教学中应注意以下几方面：

首先要使学习者明确学习目的，端正学习态度，使学习者认识游泳运动的重要意义，增强学习游泳的自觉性和积极性，并使学习者了解教学的目的、任务、要求、考核项目与标准，使其始终能有目的地进行学习。

其次，除了通过思想教育端正学习态度外，要培养学习者对游泳学习的兴趣，消除学习者怕水心理，使学习者由怕水到爱水，增强学好游泳的信心。针对不同类型学习者采用不同的激励方法，同时丰富课的组织，多采用游戏、比赛等方法，激发学习者对游泳学习的兴趣。

再次，要善于了解和掌握学习者的心理活动规律，有针对性地解决教学过程中出现的不良心理现象和由此引发的问题。除应进行必要的思想教育外，还应根据产生不良心理的原因，因人而异地"对症下药"。

最后，要使学生自觉积极地学习，教师的主导作用尤为重要。教师应有高度的思想觉悟，热爱游泳教学工作，为人师表，教书育人。业务上应刻苦钻研，精益求精。对学生要严格要求，耐心指导，要真诚地关心和爱护学生，建立良好的师生关系。

（三）直观性原则

直观性原则指教学过程中充分利用各种直观方式和学习者已有经验，使学习者通过各种感官去感知事物，获得直接经验和丰富感性认识，获得生动的表现，增强观察和思维能力，并掌握所学知识和技能。要在游泳教学中做到直观性原则，需注意以下几方面内容：

首先，要综合运用各种感觉功能。学习者除了通过视觉、听觉来感知动作的形象、要领、结构外，还要通过皮肤触觉和肌肉本体感觉来感知动作要领、方位、肌肉的用力程度和方法，从而建立完整、正确的动作形象和概念。游泳教学中常用的直观教学方式有动作的正确示范、生动形象的讲解，配合手势的运用，给学习者的视觉、听觉以刺激，进而指导学习者练习。

其次，要充分运用现代教学手段。采用直观教具，体现游泳教学直观性原则，要善于利用挂图、照片、幻灯、电影、电视、录像、动画等直观教具提高教学效果。挂图、照片的运用较为方便，理论教学和技术教学中均可运用。幻灯片制作也较容易，多在理论教学中采用。电影、电视虽需一定的条件，但直观效果较佳，应创造条件充分运用。对某些结构复杂、速度较快而难以用示范和挂图等充分显示的动作（如爬泳的前滚翻转身动作、蝶泳的躯干和腿的海豚式波浪动作），若借用电影或录像的慢放和暂停技术，则能更好地显示其技术过程，收到更好的教学效果。将游泳教学信息通过计算机多媒体技术有序组织并适时地应用于教学，可以逐渐成为提高游泳教学质量的重要教学方法。

（四）因材施教原则

因材施教原则指教师从学生的实际出发，使教学的深度、广度、进度适合学生的知识水平和接受能力，同时考虑学习者的个性特点和个性差异，使每个人的才能品行获得最佳的发展。游泳教学中的因材施教原则体现在两个方面：一是"从实际出发"，二是"循序渐进"。

游泳教学中要从实际出发，对不同情况的学习者要做不同的教学设计，在教学的任务、内容、要求、组织教法和运动量的安排上，都要尽量符合学习者的年龄、性别、基础和身体发展水平，并符合场地、器材、设备和地区气候等实际情况，既让学习者能够接受，又便于教学工作的顺利进行。在教学过程中应做好以下几点：首先，要深入调查研究，切实掌握学生的情况，掌握学生的游泳基础、思想活动、意志品质、组织纪律、接受能力、身体情况等。既要掌握教学班中的一般情况，又要掌握个别学生的特殊情况。其次，一般要求与个别对待相结合。一般要求是根据游泳教学大纲的基本要求确定的，是全体学生都必须达到的。教师应把主要精力放在完成一般要求的教学活动上。对完成有困难和无困难的学生，教师均应区别对待，因材施教，使之达到一般要求或更高的要求。再次，注意场地、器材、设备、气候和水温情况。根据不同情况，在练习内容、教学方法、练习形式、练习数量上有所区别。最后，在教学中要善于根据学习者的情况，提出切合实际的要求，使学习者通过一定的努力能够完成，使其每一课都有新的体会和进步。对基础较差、进步较慢的学生，要多予鼓励和帮助，运用适合他们的教学方法，加快其掌握动作的过程；对基础好、进步快的学生，要适当提高教学要求，使他们能学到更多的知识、技术和技能。

在游泳教学中，应根据学习者认知活动的特点、人体机能和动作技能形成的规律，正确地安排教学内容，逐步增加运动量，由易到难，由简到繁，由浅到深，由小到大，逐步深化，逐渐增加，循序渐进，使学生能系统学习，逐步掌握知识、技术、技能和有效地增强体质。在游泳教学中要做到循序渐进，应注意以下几点：首先，在安排教学内容和组织教学时，要由易到难，由简到繁，由浅入深，循序渐进，逐步提高教学要求，以利于学习者接受。其次，要在巩固已学的知识、技术、技能的基础上学习新教材。课与课之间教学内容的衔接要系统连贯，能承上启下。再次，运动量应由小到大，逐渐上升，在保持一定的水平后，再逐步增加。最后，必须制订完整的教学工作计划文件（大纲、计划、进度、教案），保证游泳教学工作系统、有序地进行。

（五）巩固提高原则

巩固提高原则指教学中要使学习者牢固地掌握所学习的游泳知识和技能，通过各种手段，在巩固过程中不断地提高，逐渐完善，并建立正确的动力定型，不断提高身体素质，达到掌握技能、增强体质的目的。在游泳教学中运用巩固提高原则时应注意以下几方面：

第一，要集中安排游泳课，每周2～3次课为宜，使学习者在短时间内得到相对强烈的刺激，以利于运动技能的形成与巩固，避免因两次课间隔太久而发生技能消退的现象。

第二，反复练习，逐步增长游距。在教学过程中，组织学习者进行反复、经常的练习，通过短距离重复游和逐渐增长距离游，不断提高要求，累积数量和提高水感，使动作从量变到质变，达到正确的技术定型。

第三，有针对性地提出问题。提问是巩固所学知识、技能的有效手段，并可通过提问检查学生的学习效果，起到加深理解和巩固所学知识、技术的作用，又可促进新动作的学习。

第四，互相观摩，纠正改错。在教学的适当阶段，组织学习者间的动作观摩，并要指出所观察动作的优缺点，然后由教师进行点评、改错，以提高观摩者的观察、分析动作技术的能力，加深对所学知识、技术的理解，并使做动作者了解自己掌握动作的情况，以利于进一步改进和提高。

第五，改变练习形式，丰富教学手段，提高练习难度。同一练习目的，可改变练习形式，使学习者的运动技能得到发展和巩固，如发展爬泳腿技术可采用滑行打腿、扶板打腿、对顶打腿、仰卧打腿等形式。另外，教学过程中，每一单元均提出具体的技术要求和距离指标，逐渐提高练习难度，并进行技术评定和距离考查，促进技术、技能的巩固提高。通过游戏、测验比赛，巩固所学的技术、技能。教学测验和比赛，是在变换了学习环境和提高了难度的情况下进行的教学过程，对巩固学生所学的技术、技能有重要的作用。

（六）以水为主、水陆结合原则

以水为主、水陆结合原则是游泳运动教学中独有的特点和原则。游泳教学包括水上教学和陆上教学两部分，二者的相辅相成和有机结合构成了一个完整和完善的教学过程。水陆教学的有机结合，既可利用陆上的固定支撑，降低动作难度，并利用视觉，帮助动作形成正确动力定型；又可使学生通过水上练习，获得游泳技术动作的实感，从而有利于学习者快速形成动作技能和对动作技术顺利地掌握。运用以水为主、水陆结合原则时，应注意以下几方面：

首先，学习新泳式和新动作时，必须首先在陆上进行必要的模仿练习，基本建立起所学动作的概念后，再进行水中练习。

其次，学习新泳式和新动作，开始阶段陆上练习比例大于水中练习，随着学习者掌握动作程度的加深，逐渐加大水上练习比例，直到完全过渡到水上练习。

最后，水陆练习要适时转换。学习者在陆上练习中建立基本的动作概念后，即应转入水上练习。要切记陆上练习不能代替水中练习，如陆上练习时间过长，不仅会占用水上练习时间，影响水上动作实感的建立，而且还会加长教学过程，影响教学进度。

（七）游泳教学原则之间的关系

以上各教学原则在游泳教学过程中是相互联系、互为补充的，是反映教学同一过程各个方面的规律。这个过程依其特点来看是统一的，各原则的划分是相对的。以安全为中心原则，是实现其他各项原则的保障，学习者只有在安全得到保障的前提下，才有实现其他各项原则的可能。自觉积极性原则又是实现其他各原则的前提，只有学习者抱有自觉积极的学习态度，其他原则才得以实现。直观性原则是游泳教学的指南，学习者搞清所学知识和技能的概念、原理和方法，才能去掌握它们。因材施教原则和巩固提高原则及以水为主、水陆结合原则是游泳教学的手段，是教学过程中完成教学任务，达到教学目的的实际支撑方法。所以，在游泳教学中，必须全面、正确地运用各个教学原则。只有这样才能获得良好的教学效果，并使教学质量得到不断的提高。

三、游泳技术的学习顺序及练习方法

（一）游泳技术的学习顺序

游泳教学的特点要求初学游泳者必须先通过水性练习，获得在水中活动的基本能力后，转入学习具体的游泳技术。此时，如何选择教学顺序，将何种泳式作为首教泳式是提高教学质量的首要措施。教学顺序的确定应根据教学任务，学习时间，学习者的年龄、性别、技术基础、身体素质等多方面情况而定。

1.首学泳式

初学者首先学习哪种泳式，要根据具体的教学任务和学习者的各方面情况而确定。

（1）先学蛙泳。如教学任务要求学习者尽快掌握一种泳式，并能在较短的时间内游一定距离时，可首先选择学习蛙泳。通常情况下中等和高等学校的游泳教学课时不多，为保证学生的安全并快速取得成效，可先学蛙泳。这是因为蛙泳技术动作节奏明显，所采用的正面抬头呼吸动作自然，相对简单易学。同时每一个动作周期中有一次明显的滑行阶段，学习者在滑行中可以得到放松和休息，游起来也轻松省力，掌握了基本动作之后就能连续游较长的距离，从而获得水中自由活动的能力，降低溺水事故的发生概率。此外，蛙泳动作与踩水、反蛙泳动作相似，掌握蛙泳后迅速掌握踩水和反蛙泳等实用游泳技术，有利于保证学生的安全。

蛙泳动作结构相对复杂，臂、腿方向、路线变化多，完整配合技术难度较大，作为首学泳式存在弱点，需要较长时间才能掌握。

（2）先学爬泳。如教学任务是使学习者系统地学习和掌握竞技游泳蛙泳、爬泳、仰泳、蝶泳四种泳式，则可以首先学习爬泳。爬泳动作接近人的行走动作，结构相对简单，臂、腿动作路线清晰明确，其配合节奏也不如蛙泳要求高，相对容易学习掌握。此外，爬泳技术的熟练掌握，对于与爬泳动作结构相似的仰泳、蝶泳学习均有很大的帮助。

爬泳动作身体各部分动作衔接较紧凑，动作周期中没有明显间歇，加之侧转头呼吸难度较大，较难掌握，游进过程相对费力，因此作为先学泳式也存在不足之处。

（3）先学仰泳。通常情况下，少年儿童学习游泳时可将仰泳作为首学泳式。仰泳游进过程中脸部始终露出水面，呼吸方式简单，同时臂、腿及配合技术相对简单，易于掌握。学习者掌握了仰卧漂浮与滑行，学习了简单的打腿和划水技术，即能轻松地游较长距离。与此同时，由于仰泳动作与爬泳相似，掌握仰泳后便使爬泳的学习变得轻松。需要注意的是，将仰泳作为首学泳式时，必须结合踩水的学习，以保证学生的安全。

仰泳作为首学泳式也有缺陷，最关键的一点体现在仰泳的游进并没有涉及游泳教学中最难的呼吸动作，因此学会了仰泳也不能使学习者真正获得水中自由活动的能力。一旦由仰卧变为俯卧姿势，学习者往往不知所措，容易发生溺水事故。

2.一种泳式的教学顺序

每一种泳式的技术动作都包括腿部动作、臂部动作、臂与呼吸配合动作、臂腿配合动作和完整配合动作，通常情况下采用分解法—完整法进行教学。人体平卧水中时重心偏于下肢，浮心靠近上体，重力与浮力形成的力偶矩使下肢下沉，因此保持身体水平姿势是游泳技术的基本要求。基于此原因，每一种泳式的教学一般都是先从腿部动作开始，通过腿部动作使下肢上浮，形成水平游进姿势。待腿部动作掌握并使学习者身体姿势能够保持水平后，开始学习手臂动作，进而学习臂与呼吸配合动作。待手臂与呼吸动作掌握后，学习臂腿配合。在臂、腿配合协调的基础上，加上呼吸动作，逐步过渡到完整配合动作。

游泳单一泳式的教学，臂部动作是动力，腿部动作是基础，完整配合是重点，呼吸动作是难点。

3.单一动作的教学顺序

游泳单一动作的教学顺序为：

顺序1：教师讲解技术要领，示范正确技术动作，使学生建立动作表象，明确动作要领。

顺序2：学习者在教师的指导下做陆上动作模仿练习及半陆半水模仿练习，在简化教学条件、降低练习难度的情况下，使学习者建立动作概念，掌握动作要领。

顺序3：水中有固定支撑练习，如扶池边、池槽练习，或由教师、同伴扶持、牵引进行动作练习，还可站在浅水中或水中行进间练习，体会水中动作的肌肉用力感觉。

顺序4：水中无固定支撑练习，可以利用浮板、浮枕等助浮器材进行腿或臂部动作练习，或滑行打腿、拖腿划臂及徒手进行各种分解、配合练习。练习时应逐渐加大练习难度。

顺序5：逐步增长练习游距，纠正改进错误动作，提高动作实效，逐步巩固正确技术动作，使之趋于自动化、经济化。

4.四种竞技泳式的教学

（1）四种竞技泳式教学的顺序。随着社会的发展，学生对于全面掌握竞技游泳泳式的需求逐渐加大，帮助学习者系统全面掌握四种竞技泳式也将成为今后游泳教学发展的趋势。目前游泳教学实践中四种竞技泳式的教学顺序有以下几种模式：

模式1：熟悉水性→爬泳→仰泳→蛙泳→蝶泳；

模式2：熟悉水性→爬泳→仰泳→蝶泳→蛙泳；

模式3：熟悉水性→仰泳→爬泳→蝶泳→蛙泳；

模式4：熟悉水性→蛙泳→爬泳→仰泳→蝶泳。

（2）四种竞技泳式教学的安排。单一教学法：是指在一定的时间内，只教一种泳式，待学生掌握后，再转入另一泳式教学的方法。单一教学法的优点是重点突出，使学生能较快地掌握一种泳式。缺点是教学内容单一，容易引起学生部分肢体疲劳，使学生产生厌学情绪。因此，在安排教学时应增加游戏内容和丰富教学手段，以减轻局部肢体负担和提高学习兴趣。

综合教学法：是指在一段教学时间内几种泳式连贯地或几乎同时地进行教学。其中分为平行连贯教学法和相似教学法两种方法。平行连贯教学法是在一定的教学时间内，将四种泳式系统连贯地进行教学安排。优点是提高学生学习兴趣，避免局部肢体疲劳。相似教学法是指在游泳教学中，将各泳式中动作结构基本相同、技术环节大致相似的动作加以综合归类，例如踩水→蛙泳→反蛙泳→仰泳→爬泳→蛙式蝶泳→蝶泳。优点是运用相似动作的机能转移，能促使学生较快掌握多种游泳姿势技术，并可提高学生学习兴趣。

（二）游泳技术的练习方法

（1）重复练习法。重复练习法是根据练习任务的需要，在相对固定的条件下反复进行练习的方法。如仰泳腿重复游4～6次25 m或50 m距离等。连续重复某一动作、姿势练习，不仅有利于学生对动作的巩固，提高游泳所需的专项素质，增长游距，也利于教师观察，帮助学生改进动作。练习时，应注意控制重复练习的次数和重复练习的距离，同时调整好间歇休息的时间，以免负荷过大，使学生过早出现疲劳而影响技术动作的学习和掌握。

（2）变换练习法。变换练习法是根据教学的任务需要，在变换条件下进行练习的方法。如爬泳打腿25 m，再仰泳打腿25 m；25 m快游，再25 m慢游。由于练习条件和运动负荷的不断变换，有利于提高学生的适应能力和从事练习的积极性；有利于动作技术的学习和运动水平的提高。

（3）游戏法和比赛法。游戏法是以游戏的方式组织学生进行练习的方法；比赛法是在比赛的条件下组织学生进行练习的方法。前者具有较强的娱乐性，后者具有较强的竞争性。采用上述方法练习时，不仅可提高学生的兴趣，激发学生从事练习的积极性，加快学习掌握动作技术的进程，而且还可培养学生团结协作的团队精神和竞争意识。

课 后 思 考

（1）游泳教学特点有哪些？

（2）游泳教学中，应如何正确运用各项教学原则？

第四节 游泳注意事项及装备

◆ **本节导言**

游泳是一项深受人们喜爱的体育活动，也是现代人必备的一门重要生存技能。到游泳池游泳必须十分注意安全，自觉遵守游泳安全和卫生守则，防止发生意外事故和传染疾病。本节主要介绍游泳注意事项及装备等内容。学生通过学习，可了解游泳教学相关理论知识，掌握游泳教学的基本方法，遵循游泳教学原则。

◆ **学习内容**

一、游泳运动前、中、后期注意事项

二、抽筋的预防及处理

三、游泳的运动装备选择与穿戴方法

一、游泳运动注意事项

（一）游泳前的注意事项

1.健康检查

每名游泳锻炼的人都应该进行健康检查，根据检查结果确定是否适合进行游泳活动，从而保证健康，并预防传染性疾病通过泳池传播。凡患有心脏病、高血压、癫痫、活动性肺结核、传染性肝炎、皮肤病、红眼病、精神病、中耳炎、发烧、开放性创伤者，都不宜游泳。感冒发烧期间，也不宜游泳。女性月经期未采取措施不宜下水。

游泳前注意事项

2.饮酒、饱食后和饥饿、过度疲劳时不能游泳

酒精能刺激中枢神经系统使之处于过度兴奋或抑制状态，酒后游泳容易发生溺水事故。饱食后游泳会减少消化器官的血液供应，使消化器官功能降低，影响食物的消化和吸收。另外，由于水的温度和压力会使胃肠的蠕动功能受到影响，容易引起胃痉挛，出现腹痛或呕吐。因此，饭后不要马上游泳，一般需相隔半小时到一小时后再下水。饥饿时游泳也不好，因为空腹时人体血糖含量下降，游泳时易发生头晕或四肢无力现象，甚至有昏厥的可能。在剧烈运动或大强度体力劳动后，身体已经感觉疲劳，肌肉的收缩及反应减弱，动作不易协调，如果马上游泳就会造成疲劳的积累，容易引起抽筋，发生溺水事故。因此，在剧烈运动或强体力劳动后，应休息一会儿，待体力恢复正常后再游泳。

3.游泳前适当热身

在下水之前最好先在陆上做一些徒手体操和肌肉、韧带的牵拉伸展运动，提高神经系统的兴奋性，使心血管系统、呼吸系统预先得到准备，体温升高，从而增强肌肉和韧带的活动能力。通常游泳池的水温低于气温，加上水中散热速度快，如果没有经过充分热身，游泳时容易发生肌肉抽筋或拉伤等情况。

（1）基本热身。

头部运动：身体直立，两脚分开与肩同宽，双手叉腰，大拇指向后，四指朝前。根据节拍，有节奏地做头部屈伸运动，1拍和2拍头向前屈，3拍和4拍头向后伸，5、6和7、8拍节奏保持一致，头部屈伸的幅度要充分。

肩部运动：双脚与肩同宽站立，双臂外展90°，两肘屈曲，双手指放于两肩，以肩部为轴，两手臂由后向前绕环，完成相应的节拍后，手臂环绕方向变为右前向后。

扩胸运动：双脚与肩同宽站立，脚尖朝前，开始时，手臂与肩部保持同一高度，肘部弯曲，双手握拳于胸前，1拍和2拍向后震动双臂，将两肩关节充分打开，3和4拍双臂从胸前向两侧展开，肘部呈伸直状态，整个动作过程中，手臂与肩部保持齐平。

腰部运动：双脚与肩同宽站立，双手叉腰，大拇指向后，四指朝前。腰部做绕环运动，每两拍绕环一周，前两节由前往后绕环，后两节由后往前

绕环。

正压腿：双腿呈弓箭步，右腿在前，前腿弯曲，后腿伸直，双手重叠支撑于前腿膝盖上方，躯干保持挺直，有节奏地上下震压。完成两个八拍后，前后腿交换位置。

侧压腿：身体下蹲，将左腿向左侧伸出并保持伸直状态，右手放于右膝盖上方，左手按压在左膝上，此时身体重心位于右腿上，有节奏地上下震压，完成两个八拍后，左右腿交换位置。

（2）专项热身。

脊柱伸展：双脚与肩同宽站立，双手十指交叉，手臂伸直举过头顶，掌心向上，身体向上伸展的同时，躯干做向左侧屈，然后停留20 s。紧接着，身体向上伸展，躯干向右做侧屈，停留20 s。

上臂伸展：双脚与肩同宽站立，将左手臂前平举并内收，右手臂屈肘放于左肘关节处，持续向右肩方向施力，保持20 s。

双臂大绕环：双脚与肩同宽站立，两臂伸直，同时向前大绕环，接着向后绕环。

小腿伸展：身体呈俯卧支撑姿势，臀部位置要高，从侧面看像一个倒"V"字，左脚搭在右脚脚踝处，右脚脚跟完全踩实地面，保持20 s。完成一边后换另一边。

（二）游泳中的注意事项

（1）在游泳时要避免一切危险动作，如在浅水区跳水、互相打闹、过长时间地憋气潜水，或者是在湿滑的池边追逐打闹等。

游泳中注意事项

（2）下水游泳时，不要突然跳入水中，应从脚逐步开始慢慢地入水。初学者应在浅水区域活动，已会游泳者也要量力而行，不要逞强好胜。

（3）游泳时，如遇抽筋，应保持冷静，不要慌张，应立即上岸或在水中自我救治抽筋部位。与此同时，也可呼救，以便周围的人及时来帮助、救护。

（三）游泳后的注意事项

（1）游泳结束前应做些整理活动，如放松慢游、水中抖动肢体等，以使身体逐渐恢复安静状态。

游泳后注意事项

（2）起水后及时沐浴，要认真清洗眼睛和身体，要注意个人卫生，不要借用他人毛巾。

（3）起水后检查耳道内是否有积水，如果耳朵进水，应用软棉棒和毛巾清除或倾斜头部把水控出，避免引发炎症。

（4）冬季游泳时，游泳者的体温容易急剧下降，游泳锻炼结束后应注意及时防寒保暖。

（四）抽筋的预防及处理

抽筋即肌肉痉挛。游泳时容易抽筋的部位主要是小腿、大腿和脚趾。预防抽筋的最有效方法是认真做好热身，下水前充分牵拉。如果抽筋，不要惊慌，可以采取适当的方法排除。例如最容易发生小腿后部抽筋，这时，应先上岸，坐下，腿伸

抽筋的预防及处理

直，勾脚尖，一手向下压膝盖，一手向回拉脚趾，很快就能够缓解。之后可以再适当按摩抽筋部位。如果离岸边较远，难以上岸，可以吸一口气，仰浮在水面上，用抽筋腿同侧的手掌向下按压膝盖，另一只手握住抽筋腿的脚趾，用力向身体方向拉。待缓解后上岸休息，并进行按摩（见图1.4.1）。

图1.4.1　抽筋的预防及处理

二、游泳运动装备

1.必备游泳装备

（1）泳装。泳装是最基本的游泳装备。市面上的泳装种类、品牌和款式很多，建议同学们根据需要选择不同的泳装。根据使用人群和使用目的的不同，泳装可以分为竞技泳装、健身泳装和休闲泳装。竞技泳装的使用者主要是参加竞技游泳比赛的游泳运动员。为了减少阻力，竞技泳装的制造商不断选择和开发摩擦系数低、排水效果较好的面料，再精心设计，制造出造价昂贵的竞技泳装。竞技泳装由于需要紧密贴合身体，因此穿脱比较费力，使用寿命也较短。长期进行游泳锻炼的健身游泳者，最好使用健身泳装，这类泳装款式简洁，弹性较好，与身体的贴合度也较高，穿着舒适，对肢体运动的幅度没有限制。休闲泳装款式新颖，颜色亮丽，通常适合在海滨度假或温泉洗浴等娱乐休闲场所使用。

必备游泳装备

（2）泳镜和泳帽。除泳装外，泳帽和泳镜也是必备的游泳装备。佩戴泳帽可以保持池水的清洁卫生，避免脱落的头发对游泳池的清理造成困难。练习者戴上泳帽既能够保护头发，避免游泳池中的氯对头发的腐蚀，还可以避免长发进入眼睛、鼻子和耳朵，影响活动。泳镜不仅可以保护眼睛不受水中菌落和药物的污染，还能够使游泳者保持良好的视线，观察和纠正错误动作，避免与他人或池壁发生碰撞。

2.辅助游泳装备

由于游泳环境的特殊性，除泳装、泳帽和泳镜外，游泳者最好准备一些辅助装备，以保障安全和健康。这些装备包括毛巾、拖鞋、洗护用品等等。在游泳锻炼和训练中，为提高练习效果，循序渐进地进行教学，或增加训练难度，提高训练水平，会经常用到一些辅助训练器材，其中比较常用的包括打水板、浮漂、划手掌、牵引橡胶带、脚蹼、陆上橡皮拉力带等等。

辅助游泳装备

3.泳帽和泳镜的穿戴方法

常见泳帽穿戴的方法：一般我们都会选择布胶的游泳帽。将双手呈半圆状，以棱边为中间，插入帽子里，将帽子两边撑开，记住棱线要对着眉心，撑开后举起帽子从后向前戴，将有头发的部分尽量套住，如果有长头发，尽量将头发往帽子里塞（见图1.4.2）。

常见泳帽和泳镜佩戴方法

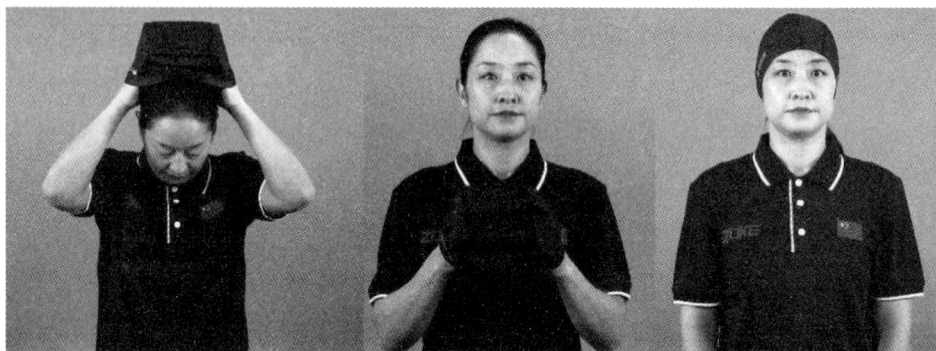

图1.4.2　泳帽的穿戴方法

　　常见的泳镜穿戴方法：佩戴的时候直接把泳镜扣在眼部，从前方往后佩戴，整理好头带。取下的时候将大拇指放入头带下，从后往前解除即可（见图1.4.3）。

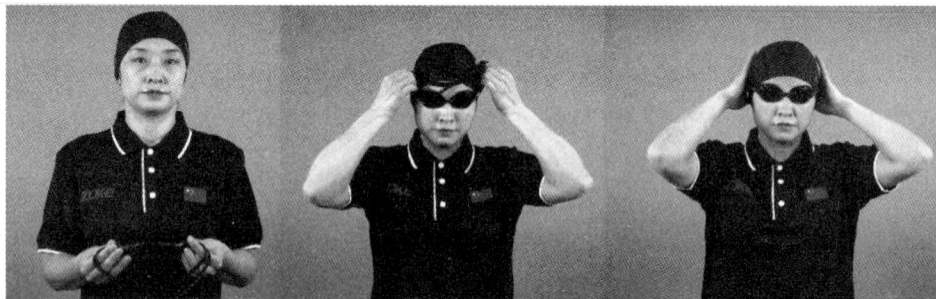

图1.4.3　泳镜的穿戴方法

第二章

游泳初级课程

本章导言

蛙泳是游泳的一种基础姿势，因其双臂和双腿同时向前推进的特点，被广大游泳爱好者所喜爱。这种游泳姿势对于初学者来说较为容易掌握，因此常常作为游泳初级课程的教学内容。

蛙泳的起源可以追溯到远古时代，当时人类为了生存需要适应水环境，逐渐学会了游泳。据史书记载，中国春秋时代就有泅水活动；古埃及和罗马帝国时期，人们也已经掌握了类似蛙泳的游泳姿势。随着时间的推移，游泳逐渐演变成一种体育运动，而蛙泳也成为游泳比赛中的重要项目之一。18世纪末，欧洲军事学校中开始设有专门教授蛙泳的课程，这也促进了蛙泳技巧的发展和普及。在1875年，英格兰的军人马修·韦布用蛙泳姿势成功横渡了英吉利海峡，这一壮举使得蛙泳得到了更多的关注和认可。此后，蛙泳逐渐成为游泳比赛中的正式项目之一，并在全球的游泳比赛中广受欢迎。

蛙泳的特点是双臂和双腿同时向前推进，让身体保持水平。蛙泳的技巧在于掌握正确的呼吸和动作要领。学习蛙泳不仅可以锻炼身体，提高心肺功能，还可以培养人的意志品质和自信心。通过不断地练习和磨炼，初学者可以逐渐掌握蛙泳的技巧，享受游泳带来的乐趣。

本章将系统介绍蛙泳的基本技巧、呼吸方法、动作要领等内容，并通过实际示范和练习，帮助大家逐步掌握蛙泳的正确姿势和技巧。

第一节　熟悉水性

◆ **本节导言**

人类习惯于生活在陆地环境中，而游泳是在水中进行。人在陆地上直立行走，而在游泳时通常是俯卧或者仰卧，游泳时不能"脚踏实地"，水的特殊性质往往使初学游泳的人感到很不适应。熟悉水性练习可以有效帮助初学者克服对水的恐惧。熟悉水性教学和练习能够使初学者在水中学习初步掌握平衡的方法，学会在水中呼吸的技巧，适应水的浮力、阻力、压力对人的影响，并利用或克服这些力在水中自如移动。

在水环境中，对动作的控制、协调能力和运用技术的能力，都与陆地上有很大差异。如果在没有熟悉水性的情况下直接学习游泳动作，不仅可能使初学者更加恐惧，还增大了安全隐患。因此，熟悉水性练习是游泳的基础，它与今后学习四种泳姿的快慢、标准程度、游进速度息息相关。所以要学会游泳，首先要熟悉水性。

◆ **学习内容**：水中站立、行走和跳跃，水中呼吸，漂浮与站立，水中滑行

◆ **学习重点**：水中呼吸、身体姿态

◆ **学习难点**：呼吸技巧

一、练习部分

（一）水中站立、行走和跳跃

水中站立与行走练习常作为初学者下水后的第一个练习，主要用于体会水对身体的压力、浮力和阻力，有助于掌握在水中维持平衡的方法，消除怕水心理，动作简单，容易掌握。

入池、水中行走
与跳跃

1.练习要求

水中行走时，身体应略往行进方向倾斜，大腿略为抬起，小腿和脚抬起来

后往行进方向伸出，下踏站稳后再抬另一条腿，同时，两臂在体侧轻轻拨水以此来保持身体的平衡。开始时，步子不宜太大，速度不宜太快。身体重心的移动要与腿的动作协调一致。行走过程中，保持有节奏的呼吸，以免发生呛水。

2.练习方法

（1）水中站立。站在水中，原地做下蹲、起立练习（见图2.1.1）。

图2.1.1 水中站立

（2）水中行走。

1）扶池边行走：站在水中，靠近池边位置，手扶池边做身体向前方、后方，以及侧向的行走练习。

2）手拉手行走：分组手拉手，同时向前、向后、侧向行走，熟悉后由不同方向的行走过渡到不同方向的跑步。

3）划手行走：双手放于体侧做划水动作。两手掌与水面垂直向前推水，向后行走；两手向后划水，向前行走。两手向划水方向相反的方向行走（见图2.1.2）。

双手扶池壁行走　　　　单手扶池壁行走　　　　划手行走

图2.1.2 水中行走

（3）水中跳跃。

1）手扶池边跳跃：双手扶池边下蹲，两脚蹬池底，向上跳起（见图2.1.3）。

图2.1.3　手扶池边跳跃

2）徒手跳跃：屈膝屈髋下蹲至肩部，双臂前伸平行于水中，两臂向下压水，脚蹬池底，向上进行跳跃（见图2.1.4）。

图2.1.4　徒手跳跃

（4）练习小游戏。

1）水中赛跑。两名以上的学生成一横排站立在浅水中，听到口令后向前跑，比谁先跑到对岸。人数多时也可以进行分组接力。

2）逆向转圈。将学生分成内、外两圈，手拉手站立于浅水中，开始时内圈顺时针、外圈逆时针转动，听到口令后内圈逆时针、外圈顺时针转动。

3）钻山洞。将学生面对面排成两路纵队。每2人的双手握在一起斜上举，搭成长长的"山洞"。从"山洞"的一头开始，2人1组依次从山洞中穿过，到达另一头后，接着山洞搭下去。

（二）水中呼吸

水中呼吸练习的目的是掌握在水中呼吸的专门技术。人们平时的呼吸动作是无意识的，用鼻子吸进呼出。水中呼吸则不同，是口吸口呼，或口吸，口、鼻呼。一个呼吸动作是由吸气、憋气、呼气组成的。当嘴露出水面时快速呼气后吸气，换气后低头稍憋气，然后慢慢地在水中吐气。

水中呼吸

1.练习要求

陆上练习时，要求学生张嘴吸气，用嘴吐气。水中练习时，要求学生把头脸浸泡在水中练习憋气、换气。换气练习时，当学生把头脸埋入水中吐气时，吐气要有一定力度，体会小腹用力，吐出的气体能够在水中产生看得见的水泡。

2.陆上模仿练习

（1）站立憋气练习。身体直立，双手下垂，全身放松，先用口吸气，憋气5～10秒后用口吐气，重复3～5次。吸气时嘴巴张大，吐气时想象要用力吹灭一根燃烧的蜡烛（见图2.1.5）。

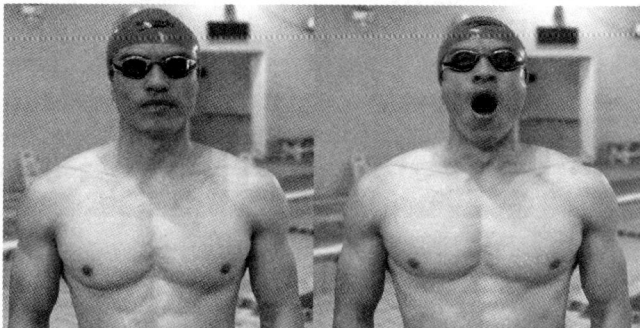

图2.1.5　站立憋气练习

（2）站立换气练习。成立正姿势，手掌放在口鼻处10 cm的位置，先用口吸气，闭气数秒后用口鼻同时吐气，重复3～5次，呼气时感受手掌上的气流。

（3）扶墙换气练习。身体前倾，双臂伸直双手扶墙，头夹在两臂中间目视正下方，然后进行换气练习。换气时头部要慢抬、快吸、快低头。身体、肩关节和肘关节要保持平直不能动。

3.水中练习方法

（1）半陆半水呼吸练习。俯卧在岸边，肩与池边平行，低头将脸放在水中吐气，再抬头吸气，重复进行，体会水中换气动作。练习时头部要浸入水中（见图2.1.6）。

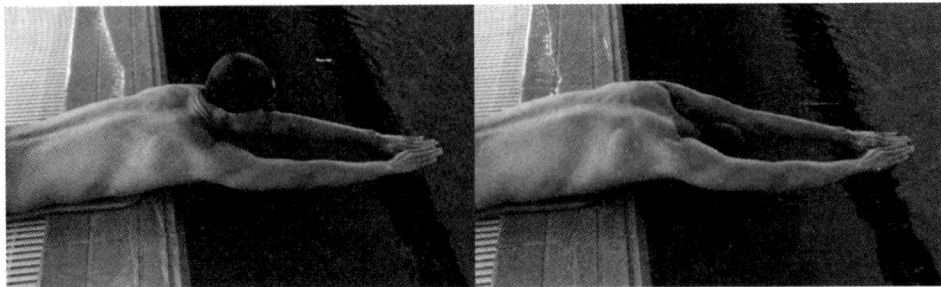

图2.1.6　半陆半水呼吸

（2）扶池边水中呼吸练习。双手扶池边站立，憋气后下蹲，将头部全部浸入水中。短暂憋气后再用鼻子或嘴、鼻同时呼气，吐气将尽时抬头，嘴露出水面后先用力将气呼完，再张口吸气。重复进行多次，巩固并熟练掌握水中呼吸动作（见图2.1.7）。

图2.1.7　扶池边水中呼吸

（3）扶膝呼吸练习。双手扶膝，身体前倾，全身放松。按照吸气—憋气—呼气的顺序进行练习。呼气时可用口或鼻口同步，不要全部呼出，要留一小口气在嘴里，呼气的同时抬头，以颈部为轴，身体不要有起伏，双手不能离开膝盖。当目视前方时，大声说"啪"把气喷出，然后迅速吸气低头（见图2.1.8）。

图2.1.8　扶膝呼吸

（4）憋气水下过障碍物练习。在水中设置障碍物时，学生需要在憋气的情况下从障碍物（例如水线）下方穿越。

4.练习小游戏

（1）吹乒乓球。站在水里，前方摆一个乒乓球。深吸一口气后，用力向乒乓球吹气，然后将乒乓球吹向前方，看谁是第一个将球吹到对岸的人。这项练习有助于学生更好地理解和掌握用力呼气动作。

（2）水中猜拳。两人面对面，深呼吸沉入水中，互相进行猜拳游戏，胜者可以上浮换一口气，而输家则继续在水下憋气。当游戏中有1名玩家无法继续憋气而进行换气时，这将被视为失败，此时游戏便宣告结束。该游戏需注意安全第一。

（三）漂浮与站立

这个练习主要目的在于体会水的浮力，初步掌握在水中漂浮、维持身体平衡及由浮体至站立的方法，增强学习游泳的信心，进一步消除怕水心理，同时对后阶段游泳技术的学习掌握具有重要作用。

漂浮

1.练习要求

漂浮时，要求臂、腿伸直，除腰、腹部肌肉要适度紧张外，全身放松。头放在两臂之间，两肩放松，两手指尖朝前，手掌向下，两臂尽量向前伸，使身体伸展成一块直板。注意头的位置应该是头顶和额头上沿之间与水平面接触，不要过度抬头或低头。

2.练习方法

（1）扶池边浮体练习。双手扶着池边或同伴的手进行练习。深吸气后下蹲，低头并将头部固定在双臂之间，确保头部没入水中。两脚轻蹬池底，然后伸展身体、双腿和手臂，身体俯卧水中后，要求学生在水中睁开眼睛，身体平直保持平衡（见图2.1.9）。

图2.1.9　扶池边浮体

（2）抱膝浮体练习。双脚并拢站立，深吸气后，低头含胸，同时两脚轻蹬池底，提膝、收腹、团身、双手抱紧膝盖，腹部朝池底，背朝天花板，自然漂浮于水中。站立时，两手松开，两臂前伸，手掌向下压水并抬头，同时两腿下伸，脚触池底后站立。两臂在体侧拨水维持身体的平衡（见图2.1.10）。

图2.1.10　抱膝浮体练习

（3）展体浮体练习。两脚开立，两臂放松前伸。深吸气后，身体前倾并低头，屈膝下蹲，两脚轻蹬池底，两腿放松上浮成俯卧展体姿势漂浮于水中。站立时，收腹、屈膝、收腿，两臂向下压水并抬头，同时两腿下伸，脚触底后站立，两臂在体侧拨水维持身体平衡（见图2.1.11）。

图2.1.11　展体浮体练习

（四）水中滑行

滑行练习要在掌握水中漂浮技巧的基础上进行，目的是使学生体会和掌握游泳时身体的水平位置和流线型姿势，为各种泳式腿部动作的学习打好基础。

水中滑行

1.练习要求

由于初学者在水中的身体平衡控制能力相对较弱，因此，水中滑行练习应让他们在齐腰深的水池中进行，以免因水深产生恐惧与紧张心理，从而降低练习效果。在练习过程中，需保持身体姿态的流线型，保持手臂与腿部伸直并拢，腰腹肌肉收紧，双臂向前伸展夹于头部两侧，指尖朝前，手掌朝下，使身体形成一条直线，以最大限度减小滑行时的阻力，延长滑行距离。

2.练习方法

（1）蹬底滑行练习。两脚前后开立，两臂前伸，两手并拢。深吸气后上体前倾并屈膝，当头和肩没入水中时前脚掌用力向后下蹬离池底，随后两腿并拢，使身体成俯卧、流线型姿势在水面下向前滑行（见图2.1.12）。

图2.1.12　蹬底滑行练习

（2）蹬池壁滑行练习方法。背对池壁，一手拉池槽或扶池边，一臂前伸，同时一脚站立，一脚紧贴池壁。深吸气后低头，上体前倾，臀部上提，向上收支撑腿，两脚紧贴池壁，臀部后移，两臂前伸、并拢，头夹于两臂之间，两脚用力蹬壁，使身体呈俯卧、流线型姿势在水面下向前滑行，提高滑行及在水中的平衡能力。

3.练习小游戏

（1）接力比赛。将学生分为两队，分隔5 m站立，听到信号后，各组第1人蹬壁出发向前漂浮滑行。摸到下一个人的手部后，下一人接棒蹬池底出发，以此类推。最先完成的组为胜。比赛的内容可以根据学生的学习进度和兴趣来制定。

（2）你追我赶。将学生分成人数相等的两队，前后相距5 m站立，左右间隔1.5 m。听到信号后，两队同时蹬池底滑行向前游进。抓到1人得1分。然后，两队互换角色继续游戏。

课后总结

在教学过程中，要将安全意识贯穿于教学的始终，准备好救生圈、救生杆、浮漂和浮板等救生器材。实时关注学生学习动态，循序渐进安排学习进度，通过鼓励式教学方法帮助学生克服怕水心理。

课后作业

课下及时复习所学内容，可以用洗脸盆练习"换气"来巩固水中呼吸技巧，趴在床上练习流线型姿态等。这样可以帮助学习者更快掌握技术动作，提高学习效率。

课后思考

（1）熟悉水性一共分为几个阶段，分别是什么？

（2）水中呼吸的学习要求是什么？

（3）漂浮的学习要求是什么？

（4）请说出两个熟悉水性阶段的练习方法。

第二节　蛙泳腿部动作学习与技术纠正

◆ **本节导言**

蛙泳是比较古老的一种泳姿，由模仿青蛙的游泳动作而得名，在民间广为流传。蛙泳属于"易学难精"的一种泳式，蛙泳游进过程中，身体位置随手腿动作不断变化，两臂和两腿的动作同时对称地进行。学习蛙泳通常先从腿部动作开始，然后再进行手臂、换气和完整的动作配合。

蛙泳的腿部动作很重要，它不仅起到保持身体平衡的作用，还可以产生较大推进力。蛙泳腿的动作可分为收腿、翻脚、蹬夹和滑行四个阶段，它们是紧密相连的完整动作。

◆ **学习内容：** 蛙泳腿部动作学习及技术纠正

◆ **学习重点：** 蹬夹腿

◆ **学习难点：** 翻脚

一、练习部分

（一）蛙泳腿部技术

蛙泳的腿部动作很重要，它不仅起到保持身体平衡的作用，还可以产生较大推进力。蛙泳腿的动作可分为收腿、翻脚、蹬夹和滑行四个阶段，它们是紧密相连的完整动作。

蛙泳腿部动作技术
组成与路线节奏

1.收腿

收腿是翻脚、蹬夹的准备动作。大腿放松，开始收腿的同时屈膝、屈髋，两腿慢慢地分开，小腿和脚应跟在大腿的后面。收腿时两腿的动作要放松、自然，力量要小，速度要慢。收腿结束后，大腿与躯干之间形成130°～140°角，膝关节收紧，脚跟靠近臀部，小腿与水面垂直，两膝与肩同宽（见图2.2.1）。

图2.2.1　收腿

2.翻脚

随着收腿的结束，两脚继续向臀部靠紧，大腿内旋使两膝内压的同时小腿向外翻，接着脚尖也向两侧外翻，使脚掌内侧正对蹬水方向。翻脚时膝关节内扣，勾脚旋外，脚跟尽量收至臀部。翻脚结束时小腿内侧及脚内侧对准水，从后面看像英文字母"W"（见图2.2.2）。

图2.2.2　翻脚

3.蹬夹

蹬夹包括蹬水和夹水两部分，它们是不可分割的整体。蹬夹水是由身体的核心力量及大腿同时发力完成伸髋、伸膝、伸踝动作。蹬水时应勾脚，使小腿内侧及脚内侧在蹬水时有较长时间的对水面。保持用脚跟做向外、向侧、向后的快速有力的蹬水动作。蹬水快结束后，双腿用力内收并拢，完成夹水动作。整个蹬夹水技术是一个由慢至快的鞭状蹬水技术（见图2.2.3）。

图2.2.3　蹬夹水

4.滑行

蹬夹结束后，由于蹬腿的惯性作用，两腿有一个短暂的滑行阶段。滑行过程中两腿应尽量伸直并拢，腿部肌肉和踝关节自然放松，为下一个动作周期做好准备（见图2.2.4）。

练习口诀：边收边分慢收腿，翻脚脚尖向两边。用力向后蹬夹水，两脚并拢漂一会儿。

图2.2.4 滑行

（二）蛙泳腿部技术练习方法

1.陆地上勾、绷脚练习

由于翻脚动作在日常生活中并不常见，为防止学生在水中因紧张混淆勾、绷动作，需先进行有视觉练习，此练习可以帮助初学者掌握脚部动作概念，强化勾脚、绷脚时的肌肉感觉，使学生体会勾脚、绷脚时踝关节周围肌肉用力的感觉。

蛙泳腿部动作练习
方法与步骤

练习方法：坐在地板上，双腿伸直，双手后撑。"1"做绷脚动作，类似"芭蕾脚"脚尖向下。"2"做勾脚练习，脚尖向上。要求体会勾脚、绷脚时踝关节周围肌肉用力的感觉（见图2.2.5）。

练习次数：10次一组，做4组。

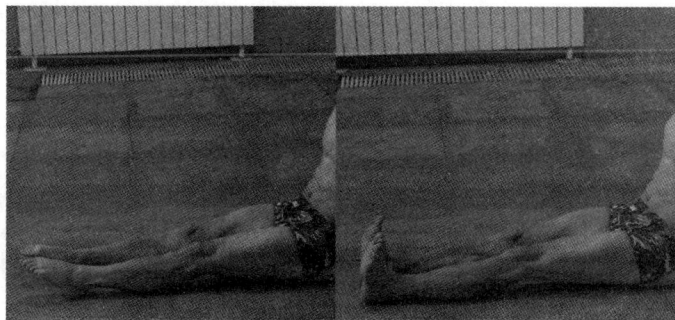

图2.2.5 勾、绷脚练习

2.陆地上坐撑蛙泳腿练习

陆地上坐撑蛙泳腿练习时，收腿、翻脚、蹬夹腿的动作完全在视野之内，动作完全可以通过视觉信息的反馈来支配完成。本练习要求收、翻、蹬夹、滑行四个环节的动作都要做到准确。

练习方法：坐姿，双腿伸直，身体后仰，双手后撑。"1"收腿，用眼观察收腿时双膝的宽度同肩宽。"2"翻脚，脚跟靠近大腿并翻在臀部外侧，脚尖朝外。"3"蹬夹，强调蹬水的路线是弧线。"4"滑行，双腿伸直并拢，脚尖绷直（见图2.2.6）。

练习次数：16次一组，做8组。

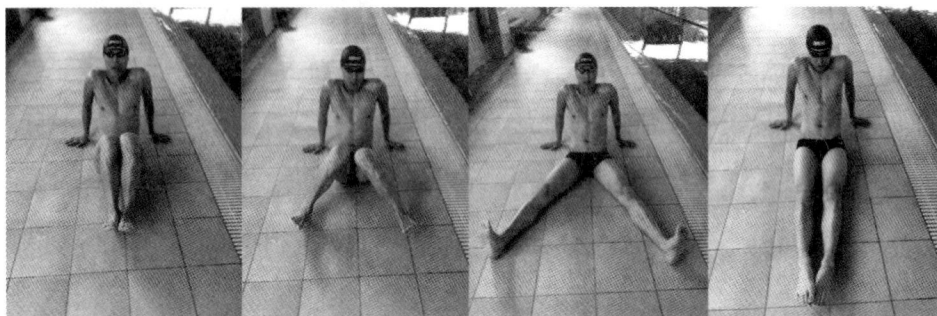

1.收腿　　　2.翻脚　　　3.蹬夹　　　4.滑行

图2.2.6　陆地上坐撑蛙泳腿练习

3.半陆半水俯卧蛙泳腿练习

此练习要求学生在半陆半水俯卧，与水中姿势基本相同。此练习可以在没有视觉帮助的条件下进行，依靠肌肉运动感觉掌握蛙泳腿动作，为水中练习做好准备。要求学生感受身体姿势和翻脚、蹬夹动作以及动作节奏的变化（见图2.2.7）。

练习方法：髋关节在池边处双手前伸，上体俯卧池边双腿在水中按收、翻、蹬夹、滑行四个步骤进行练习。

练习次数：20次一组，做5组。

1.收腿　　　2.翻脚　　　3.蹬夹水　　　4.滑行

图2.2.7　半陆半水俯卧蛙泳腿练习

4.扶池边漂浮蛙泳腿练习

体会身体在水中漂浮平衡的基础上做蛙泳腿的感觉,双手扶池边,目视下方,双臂伸直,闭气,身体平直地漂浮于水面,双腿做蛙泳腿(收翻蹬夹)动作。要求学生保持舒展身体姿势以及腿部动作的连续性,体会蛙泳腿节奏,"慢收翻,快蹬夹"(见图2.2.8)。

练习方法:双手扶池边,目视下方,双臂伸直,闭气,身体平直地漂浮于水面,双腿做蛙泳腿动作。

练习次数:5次一组,做12组。

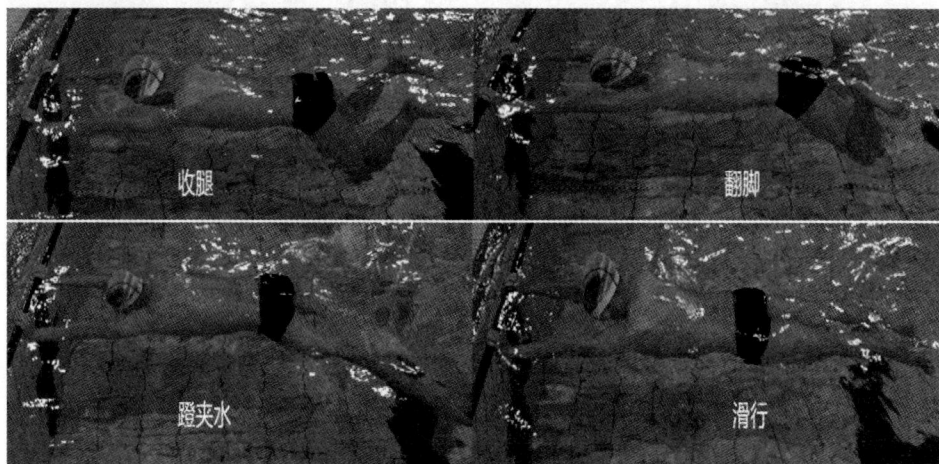

图2.2.8 扶池边漂浮蛙泳腿练习

5.水中浮板蛙泳腿练习

体会依靠自己蹬夹水的力量推动身体前进的感觉。两臂伸直,肩放松,双手扶板的边缘或双臂前伸。在保证身体平稳漂浮的条件下双腿做蛙泳腿动作。

要求学生身体平衡姿势放松,感受腿部动作的节奏和用力方法。

练习方法:两臂伸直,肩放松,双手扶板的边缘。在保证身体平稳漂浮的条件下双腿做蛙泳腿动作,蹬夹结束后漂浮时抬头吸气。初学者最好在腰部戴上浮漂,以帮助身体上浮,使脚的蹬夹水方向正确(见图2.2.9)。

练习次数:25 m一组,做10组。

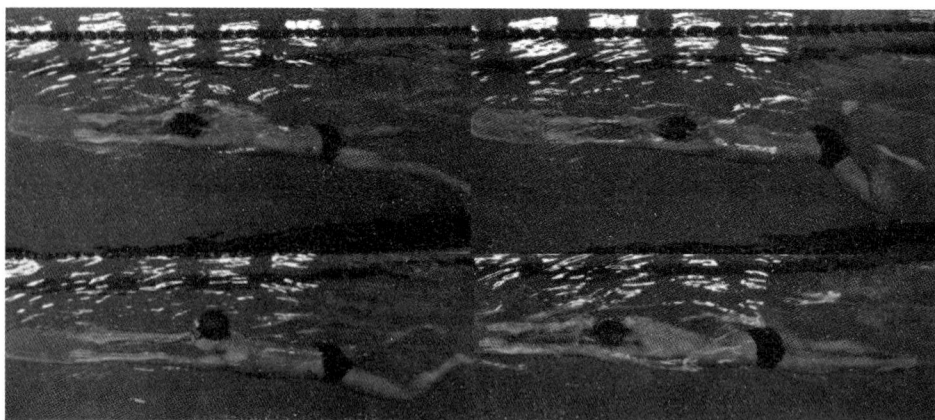

图 2.2.9　水中浮板蛙泳腿练习

6.徒手滑行蛙泳腿练习

体会无支撑条件下的蛙泳腿技术动作。此练习要求学生身体在水中保持流线型并感受蹬腿节奏（慢收快蹬）。如果漂浮节奏掌握得不好，蹬夹结束时自己默数三下后再进行下一次动作练习。

练习方法：蹬池边或者蹬池底滑行后做蛙泳腿的练习。身体自然放松，两腿蹬水后漂浮的时间稍长，注意体会蹬腿的效果及动作的节奏，并配合呼吸。

练习重点：动作节奏与用力方法，身体姿势的保持（见图2.2.10）。

练习次数：25 m一组，做8组。

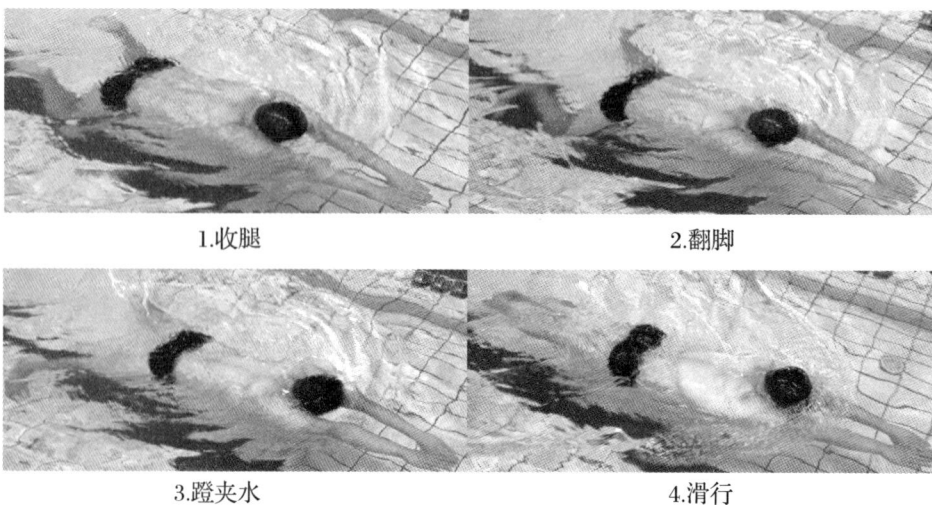

1.收腿　　　　　　　　　　　　2.翻脚

3.蹬夹水　　　　　　　　　　　4.滑行

图2.2.10　徒手滑行蛙泳腿练习

7.手碰脚跟蛙泳蹬腿练习

体会翻脚技术。强化翻脚及蹬腿路线。

练习方法：身体成俯卧姿势，双手置于体侧。翻脚时用双手手指碰触脚跟外侧。

练习次数：25 m一组，做8组。

二、纠错部分

在日常的蛙泳腿学习过程中，出现的错误动作较多，导致在游进过程中浪费体力并影响游进的速度，因此，要不断强化正确动作，纠正并消除错误动作。蛙泳腿部技术动作的学习，可以帮助学习者初步掌握蛙泳腿收腿、翻脚、蹬夹水和滑行的技术动作特征。但仍有一部分学习者会出现各种各样的错误动作，应在教学过程中通过讲解、多角度示范及时对其进行动作纠正。

蛙泳腿部常见错误
动作与纠正方法

（一）错误的扶板动作

有一些人把打水板当成了船，缩着肩膀，肘关节弯曲，拼命压打水板，想让小小的打水板支撑他的身体。这时要提醒他，要借助水的浮力漂起来：肩膀放松，肘关节伸直，肩膀放松了人也就漂起来了（见图2.2.11）。

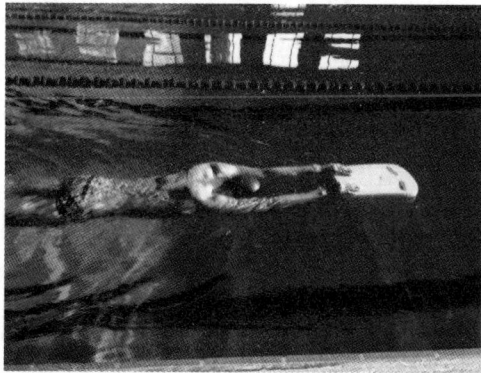

图2.2.11　正确的扶板动作

（二）收大腿、平收腿

1.错误动作分析

大腿收得多主要是动作概念不清，错误的动作可能在池边蛙泳腿练习时就存在了，形成的时间长，动作成了习惯，改起来也比较费力。如果收腿太用力，只收大腿，不收小腿，还会使人倒退。两膝之间太宽，大腿收得多，小腿收得少，往往会形成脚掌对水的动作（平收腿），减少了对水面积，动作效果不好（见图2.2.12）。正确的翻脚动作是后脚掌朝天。正确的收腿动作应是两膝与肩同宽，脚掌指向天花板（见图2.2.13）。

图2.2.12　错误收腿动作——收大腿　　图2.2.13　错误收腿动作——平收腿

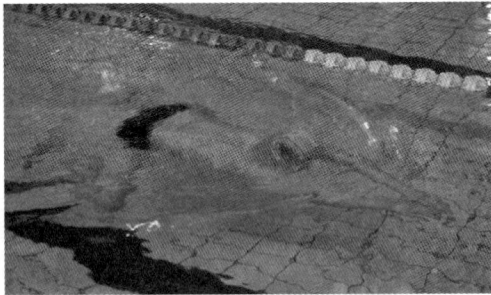

2.纠正方法

（1）通过池边模仿练习强化正确的动作概念。

（2）进行辅助练习，如池边坐撑双膝夹浮板和俯卧池边双膝夹浮板。

在池边，双手后撑，腿放在水里，双膝把打水板紧紧夹住，然后收小腿，脚后跟碰到池壁后双脚外展，划一个弧形后，双膝伸直双脚并拢，反复练习。这个练习也可以俯卧池边完成，要求相同。

（三）撅臀

1.错误动作分析

游蛙泳时撅臀部，主要是大腿收得太多、过猛，没有收小腿。很多人喜欢猛收大腿，形成了撅臀的动作（见图2.2.14），应展髋、收小腿。

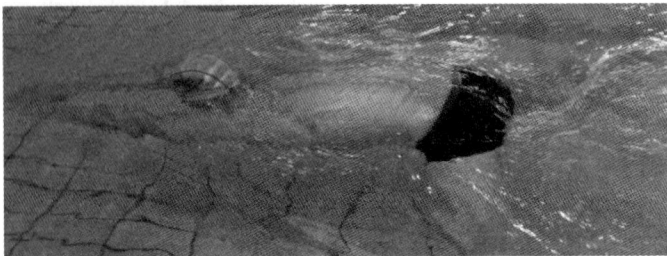

图2.2.14　错误动作——撅臀

2.纠正方法

运用语言提示法。这时可提示学习者脚后跟沿水面朝臀部收。如果脚掌露出水面，那就是小腿收得太多了，反之让其收大腿。可以提醒练习者要小腿朝臀部收，而不是膝盖朝肚子收。

（四）翻脚错误

1.错误动作分析

翻脚不是日常生活中的动作，开始做的时候会有些不习惯。翻脚类似于我们生活中勾脚的动作，很像用脚后跟走路，是教学中的难点。翻好的脚是脚尖朝外、脚心朝天、脚跟在臀部两侧附近，像英文字母W。有的人踝关节很硬，翻不过来，这时就可以让其加大两膝之间的宽度来弥补翻不过来的缺陷。还有的人在蹬水的过程中过早地把脚绷起来，就是俗称的"芭蕾脚"蹬水（见图2.2.15）。

图2.2.15 错误动作——芭蕾脚

2.纠正方法

强化翻脚的动作概念。反复进行勾、绷、翻脚练习，自己观察勾、绷、翻脚动作是否到位。坐在池边，臀线在池边的前沿。先伸直腿勾脚，然后收腿使脚跟碰池壁，注意观察是否保持了勾脚的姿势。还可以扶墙站立，另一只手下垂，做收腿和翻脚的动作，注意脚主动去碰手。在做蛙泳腿动作时勾、绷脚的动作是变换的，有的学生分不清楚，教师可以先一直让其勾着脚用脚跟蹬水。这样做也可以改正"芭蕾脚"的错误动作。

（五）松腿过早

1.错误动作分析

在翻脚过程中，大腿力量松懈，导致小腿与大腿逐渐分开，腿部逐渐放松伸直。

2.纠正方法

进行手碰脚跟蛙泳腿练习。每次动作注意收腿、翻脚时需要大腿与小腿充分折叠，每次翻脚结束后，需要双手触碰到脚跟后再进行蹬水。

（六）发力过早

1.错误动作分析

开始蹬腿的时候就把所有的力用了出来，这是把陆上的动作习惯带到了水中。注意不是爆发式地用力，而是加速蹬水。

2.纠正方法

作站立式蛙泳腿模仿，当脚内侧对准地面时再用力，用一只脚去拍打另一只脚。

（七）没有滑行

双腿并拢伸直停顿2～3 s，当脚开始下沉时顺势收腿。如果没有滑行的练习，就会给后面的配合练习埋下隐患。那种抬头的蛙泳动作的形成就是因为在学蛙泳腿动作的时候没有"滑行"这一动作的练习，双脚不停地蹬，双手就会跟着不停地划。几秒钟的滑行就可以完成呼吸动作，建立动作节奏，肌肉就可以有短暂的放松休息，增加游泳距离。

（八）两腿动作不对称

1.错误动作分析

两腿动作不对称，如右腿是正确的收腿，左腿是平收腿。这是由于在水中，人们不能够看到自己的动作，做错了也不知道。游泳是凭感觉做动作，这种感觉通过练习才能产生。初学者没有建立正确的动作概念，没有感觉到做错了动作，又没有及时纠正，一旦错误动作成了定型，改起来很难。

2.纠正方法

指导者仅握住练习者一条腿，摆出正确的姿势，让另一条腿复制，反复交替进行，直到被指导者能够自动做出正确的动作。纠正动作从模仿开始，在陆地上通过模仿就能够纠正，就不用再到水中纠正。

（九）蹬水方向错误

1.错误动作分析

蹬水的方向应该是向自己身后蹬，而不是向下蹬水。蹬水方向的错误通常发生在蛙泳脚蹬水效果比较急的情况下，即蛙泳脚的作用力偏向斜下方，而不是向后推水以产生前进的动力。完成换气伸臂后，紧接蛙泳脚做"侧翻""蹬、夹"动作。在蹬、夹过程中，初学者因紧张再加上做伸臂向上、抬头向上的动作，就可能蹬腿方向发生偏离，向下蹬水向上浮动，而不是向前游动（见图2.2.16）。

图2.2.16　蹬水方向错误动作

2.纠正方法

陆地上模拟蛙泳的蹬、夹腿动作，仔细体会翻脚、蹬、夹等动作的要领和过程，直到熟练掌握为止。可以采用站立蛙泳腿模仿练习进行纠正。

（十）蹬、夹不完全

1.错误动作分析

蹬水的路线不是弧形，而是先向外，在膝盖伸直后，两腿之间有较宽的距离，然后两腿再并拢夹水，蹬水结束后，两条腿呈八字打开，双腿没有并拢，或在双腿并拢后再次分开（见图2.2.17）。

2.纠正方法

可以采用半陆半水蛙泳腿模仿练习进行纠正。在练习过程中口头提醒学生双腿并拢，并感受脚尖并拢的感觉。

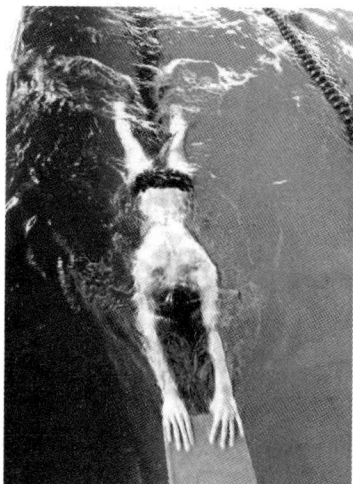

图2.2.17　双腿分开

课后总结

蛙泳的腿部动作较其他泳式重要，不仅起到保持身体平衡的作用，还可以产生较大的推进力。因此，在学习蛙泳腿部技术动作时要牢牢掌握其动作练习方法及步骤，掌握正确的蛙泳腿部动作，了解清楚错误动作产生的原因，有针对性地进行纠正，反复强化正确动作，达到正确动作的定型，为后续蛙泳呼吸及手臂动作的学习打好基础。

课后作业

课后可在垫子上或床上进行蛙泳腿部技术动作的模仿练习，20次为一组，完成4~6组，为下次水中练习做好准备。

课后思考

（1）蛙泳腿一共分为几个阶段，分别是什么？

（2）蛙泳腿的正确节奏是什么？

（3）蛙泳腿部技术的重点和难点是什么？

（4）蛙泳腿部常出现的错误技术动作有哪些？试举三例说明，并说一说错误动作产生的原因及纠正方法。

第三节　蛙泳呼吸动作学习与技术纠正

◆ **本节导言**

呼吸技术是学习蛙泳的难点，学习者必须将习惯的鼻式呼吸改为口式呼吸，这样才能适应水中环境的需要。蛙泳游进中采用正面抬头换气动作，在换气过程中可以有效观察前方及两侧是否有障碍物，确保游程安全。本节课主要学习蛙泳腿和呼吸的配合技术。

◆ **学习内容**：蛙泳的腿加呼吸技术

◆ **学习重点**：控制嘴巴来完成呼吸动作

◆ **学习难点**：避免呛水效果

一、练习部分

（一）半陆半水手持浮板蛙泳腿加呼吸模仿练习

通过这个练习，掌握蛙泳腿加呼吸配合的时机。

练习方法：趴在池边，髋关节与池边齐平，身体在岸上，腿在水中。双手扶打水板，按照收腿、翻脚、蹬夹水、滑行、抬头换气五个步骤进行练习，抬头换气时，猛吐气说"啪"字，紧接着快速深吸气，然后低头继续完成上述动作步骤，需要注意的是换气完成，头低入水中后再收腿。

练习次数：30次一组，做4组。

（二）扶池边蛙泳腿加呼吸练习

在水中有固定支撑的情况下，进一步熟练蛙泳腿与呼吸配合技术。

练习方法：俯卧身体姿态漂浮于水中，双手扶池边，进行收腿、翻脚、蹬夹水、滑行的蛙泳腿部动作练习。当蹬腿结束时，双脚并拢抬头换气，换气时要猛吐快吸，尽量缩短换气的时间。待头入水后再重复收腿、翻脚、蹬夹、滑行动作。注意呼吸与腿部动作配合的时机（见图2.3.1）。

练习次数：30次一组，做4组。

图2.3.1　扶池壁蛙泳腿呼吸练习

（三）蛙泳腿压板加呼吸练习

借助浮板进行游进蛙泳腿与呼吸练习，主要目的是在无固定支撑的情况下熟练蛙泳腿与呼吸配合技术，重点体会腿部与呼吸的配合节奏。强调抬头吸气时腿停留在身后伸直并拢不动，头部在水中时进行吐气，当嘴露出水面时应及时完成吸气动作。

练习方法：让学生站立在水中手拿浮板，随后下压浮板，感受向下压浮板所带来的浮力。熟悉后，手握住浮板尾部，随后双臂前伸，腿部伸展，进行蛙泳腿部动作练习。当蹬腿结束时，双脚并拢抬头换气，换气时要猛吐快吸，尽量缩短换气的时间。待头入水后再重复收腿、翻脚、蹬夹、滑行动作（见图2.3.2）。

练习次数：50 m一组，做8组。

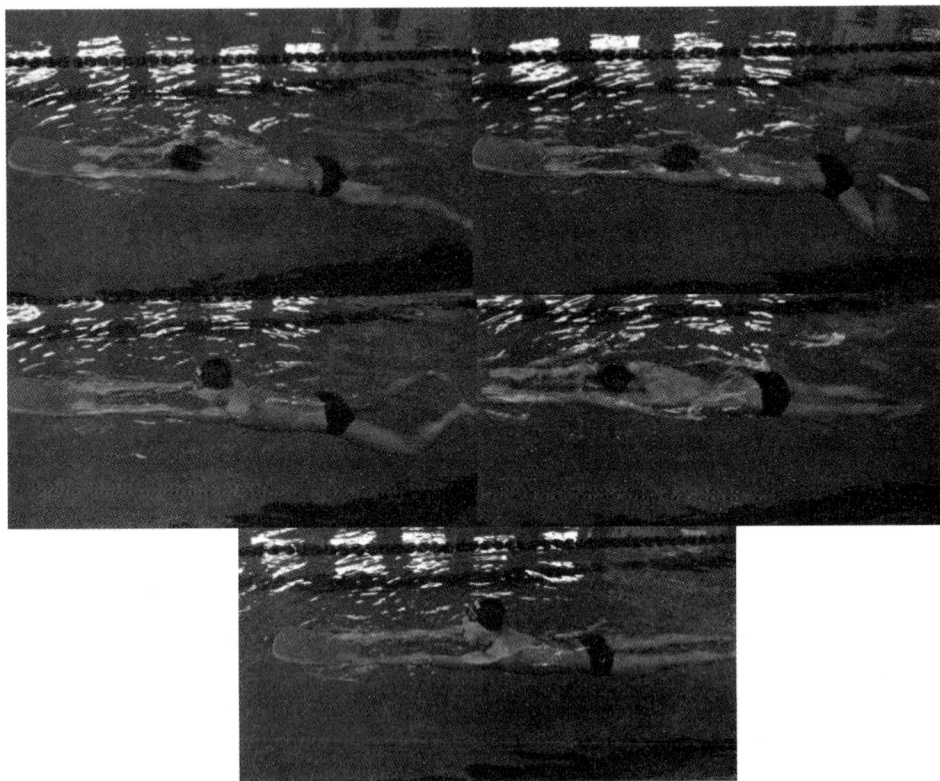

图2.3.2 蛙泳腿压板呼吸练习

（四）蛙泳腿徒手呼吸练习

不借助任何教学辅助工具进行蛙泳腿与呼吸练习，主要目的是在无辅助的情况下熟练蛙泳腿与呼吸配合技术。强调手臂自然伸直，抬头吸气时，肩部发力使手臂轻轻下压，头出水面后进行呼吸，手臂不做任何划水动作。当身体下沉时，紧接着做收腿动作。

练习方法：俯卧身体姿态漂浮于水中，双臂伸直，双手大拇指相扣，进行收腿、翻脚、蹬夹水、滑行的蛙泳腿部动作练习。当蹬腿结束时，双脚并拢，双手向下压水，抬头换气，注意在蛙泳腿蹬进过程中吐气，抬头吸气，尽量缩短换气的时间。待头入水后再重复蛙泳腿动作（见图2.3.3）。

练习次数：50 m一组，做8组。

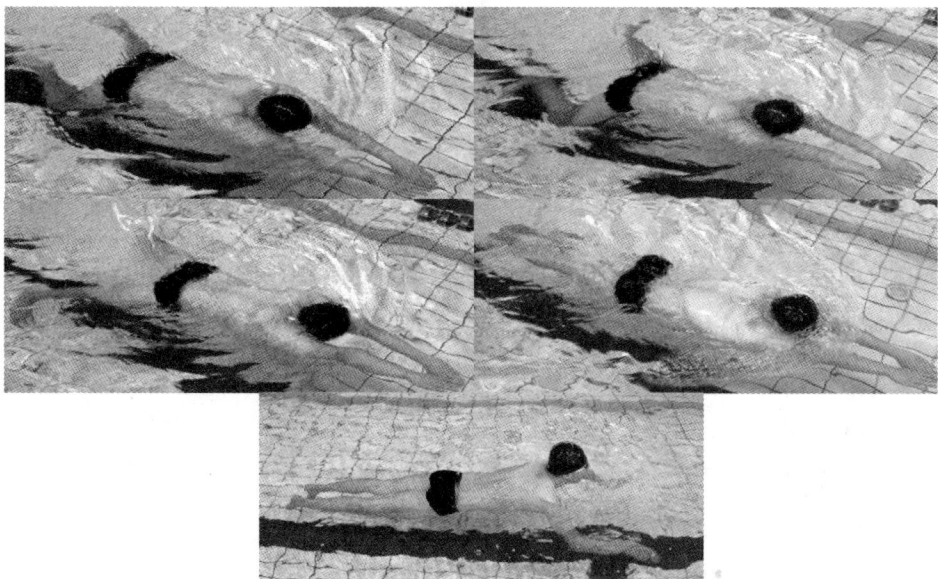

图 2.3.3　蛙泳腿徒手呼吸练习

二、纠错部分

人在陆地上直立行走，而游泳时通常是俯卧或者仰卧，人在水中无法呼吸，游泳时就需要掌握呼吸技术。呼吸技术很容易出现错误动作，本节课主要学习呼吸错误动作的纠正。

（一）换气动作过猛

1.错误动作分析

动作过快过猛，如猛抬头、屈肘、整个上半身都露出了水面。

2.纠正方法

在模仿练习的时候就要向学习者强调换气动作慢一些，换气时头后仰，不要刻意抬高头部，甚至抬高身体。

（二）没有吸到气，也称"假呼吸"

1.错误动作分析

有的人不敢把气吐光，担心没气了怎么办，总是留着半口气，这半口气占空间，几次换气后就再也吸不进气了，只好停下来。这样的呼吸动作被称作"假呼吸"。

2.纠正方法

尽早抬头吸气，或者在水中吐气，抬头吸气，延长换气的时间。

（三）鼻子进水

1.错误动作分析

有的人在呼吸的时候鼻子里进水，产生呛水。这是没有掌握正确的呼吸技术，没有用嘴呼吸，用鼻子呼吸。

2.纠正方法

鼻子进水的学习者可以增加一个补充练习，在水中用鼻子出气，嘴巴闭上，用鼻子发出"嗯"的声音，一边出气，一边身体下沉，当嘴露出水面时用力吐气。

（四）换气时间过长

1.错误动作分析

在水面下没有吐气，在水面上既吐气又吸气，换气时间长。

2.纠正方法

呼吸的全过程是吸气、憋气、吐气，在水下稍稍憋气后，就要像鱼一样地吐泡泡，如果看到自己嘴巴的周围有很多气泡，就对了。

课后总结

学习蛙泳的呼吸技术需要循序渐进地完成，首先熟练陆上吸气、憋气、吐气动作，呼吸时应该张开嘴巴用力吸气，然后低头稍憋气，头低入水中后开始吐气，再抬头换气时，猛吐气，吐出胸腔残余气体，紧接着用力深吸气。只有不断重复正确的呼吸动作，才能避免鼻子呛水、假呼吸等错误的出现。然后进行陆上蛙泳腿加呼吸练习，收腿、翻脚、蹬夹腿后，两腿并拢伸直进入滑行阶段，此时抬头完成换气。按由陆地到水中的顺序，最后在水中完成二者的配合。

课后作业

课后做蛙泳腿和呼吸配合陆地模仿动作练习，重点体会蛙泳腿与呼吸配合时机，30次为一组，完成4～6组。

课后思考

（1）蛙泳呼吸动作的正确节奏是什么？

（2）蛙泳呼吸技术的重点和难点是什么？

（3）蛙泳呼吸常出现的错误技术动作有哪些？试举例说明，并说错误动作产生的原因及纠正方法。

第四节 蛙泳手臂动作学习与技术纠正

◆ **本节导言**

蛙泳的手臂划水技术在整个游进过程中所产生的推进力，与腿部一样起着重要的作用。手臂力量虽然没有腿的力量强，但灵活性优于腿，在游进过程中同样可以达到良好的前进效果，同时可以辅助学生完成呼吸。当进行蛙泳手臂技术练习时，整个动作周期的各个环节是紧密衔接的，手臂动作逐渐加速完成，动作轨迹像一个椭圆形。蛙泳手臂动作包括外划、内划、前伸三个环节。

◆ **学习内容**：蛙泳手臂划水技术

◆ **学习重点**：划水动作的方向和幅度

◆ **学习难点**：划水与呼吸的配合

一、练习部分

（一）蛙泳手臂划水技术

1.外划

外划水实质上是向外、向后运动，产生向前的推进力。外划是指两臂从前伸开始，向身体外侧下方划出，臂内旋并屈肘，直至两手之间的距离达到最宽的动作过程。这一过程实际上是向外划水和下划抱水动作的紧密结合。

蛙泳手臂技术动作

动作方法：

（1）双臂伸直，双手并拢，外划水开始前手掌向内倾斜45°小拇指向上，开始外划动作。

（2）向外划水动作的速度较慢，手部保持横向运动，前臂保持向外划动方向，手臂划至与肩同宽，或略比肩宽时，屈臂高肘，小臂和大臂的屈角约为90°，指尖转向下方。

（3）在下划阶段，保持高肘，手不得超过肘，小臂和大臂的屈角不断变化。手和小臂几乎垂直于划水方向，获得较大的划水面，有较大的动作速度，能够产生较大的推进力（见图2.4.1）。

图2.4.1　外划

2.内划

内划是指手臂由外向内、向后做横向划水，并在胸前收夹并拢的动作过程，它是产生推进力的主要阶段（见图2.4.2）。

动作方法：

（1）屈臂向胸部前下方收夹，使胸部、背部和肩带肌群处于最有利的用力部位，产生很高的划水加速度。

（2）手臂对水面积大，当手掌和小臂内侧面与划水路线保持合适的角度时，获得较大的动力与升力推动身体前进。

（3）手臂各部位的运动路线和运动速度是不同的，肘关节是向内、后、下压水直至胸腹下方，手则是由外向内、后、上做弧线运动直至颌下，手的动作快于肘。

（4）两臂快速收夹，双手掌在胸前合十，身体上抬。

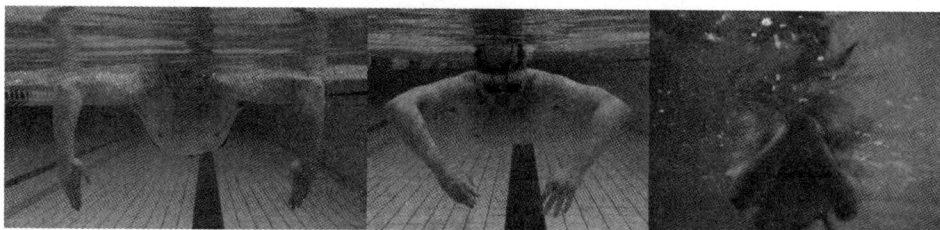

图2.4.2　内划

3.前伸

前伸是紧接着内划的连贯动作，从夹肘至体下时开始（见图2.4.3）。

动作方法：

（1）前伸的运动方向与身体前进方向一致，应尽量减少臂的挡水面，两手合掌贴近水面或从水上快速前伸。

（2）手伸得越快，腿蹬得就越有力量。

（3）伸手的同时必须快速低头没入水中，此时蹬腿结束，手脚完全伸直，身体呈流线型高速向前滑行。

图2.4.3　前伸

练习口诀：两臂同时外划水，抬头吸气紧相随，内划吸完要闭嘴，伸臂吐气要用嘴。

（二）蛙泳手臂划水技术练习方法

1.站立蛙泳手臂练习

该练习动作完全可以通过视觉信息的反馈来支配完成，有助于学生掌握蛙泳划手的动作概念。本练习要求外划、内划、前伸四个环节的动作都做到准确。

练习方法：双脚与肩同宽站立，身体前倾，双手向前伸直。按照口令"1"外划（T划手）。口令"2"内划，收手。口令"3"前伸（见图2.4.4）。

注意，外划时手臂充分向前伸展。手掌外划至最宽处时，掌心朝外，并且小拇指朝上。手在两肘的外侧。内划时手带动小臂加速内划，手由下向上在胸前并拢，形成手高肘低的动作。前伸时双手向前将肘关节伸直。

练习次数：30次一组，做4组。

图2.4.4　站立蛙泳手臂练习

2.站立蛙泳手臂加呼吸练习

通过陆上练习，学习划手与呼吸的配合时机。蛙泳的呼吸动作与手臂动作配合形式有两种，即早呼吸和晚呼吸。其中早呼吸是在手臂外划时进行抬头吸气，内划低头憋气，伸臂时呼气。早呼吸的吸气时间相对长些，比较容易掌握，初学者应采用早呼吸的方式，因为向外下方的划水会产生一个向上的力使头部露出水面进行吐吸气动作。而晚呼吸则是外划时呼气，身体随着手臂运动上升，头上升至水面最高处吸气，伸臂时憋气。这种技术要求有高效的手臂划水效率配合，有一定的技术难度，通常适用于专业运动员。

练习方法：双脚与肩同宽站立，身体前倾，双手向前伸直。口令"1"外划抬头吸气，"2"内划低头憋气，"3"双手前伸吐气。初学者往往吸气时抬头较晚，在向后划手的过程中才开始抬头，要求手外划的开始就抬头进行吸气，内划手阶段完成吸气并闭气，前伸手时应先伸手再低头吐气。

练习口诀：划手抬头吸，收手低头憋，伸手低头呼。

练习次数：30次一组，做4组。

3.俯卧池边蛙泳与呼吸划手练习

通过半陆半水练习熟练蛙泳划手动作，体会手掌小臂的对水感觉，同时熟悉蛙泳手臂与呼吸配合时机。

蛙泳手臂与呼吸
配合动作

练习方法：俯卧池边，头和上肢在水中，池边与腋窝齐平。先练划手，然后再加上呼吸。外划抬头吸气，内划低头稍憋气，前伸慢吐气（见图2.4.5）。

蛙泳手臂与呼吸
练习方法

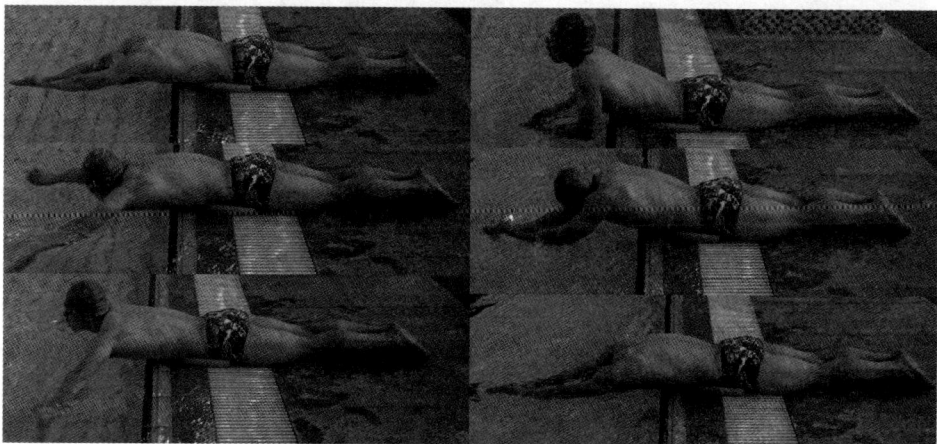

练习次数：30次一组，做4组。

图2.4.5 俯卧池边蛙泳与呼吸划手练习

4.水中蛙泳划臂练习

通过水中有固定支撑练习，学生体会高肘抱水划水时手臂与手掌推动身体前进的感觉，同时进一步加深蛙泳手臂技术动作与呼吸的配合时机。先进行不加呼吸的划臂练习，然后再做划手和呼吸配合练习。要求动作清晰完整。

练习方法：站立于水中，微屈身体，肩部没入水中，保持身体平衡，在水中进行蛙泳手臂练习。口令"1"外划，"2"内划，"3"前伸，要求动作与模仿练习一致。可以先进行原地划臂练习，再进行行进间划臂和呼吸配合，体会划水推动身体前进的感觉（见图2.4.6）。

练习次数：50 m一组，做8～10组。

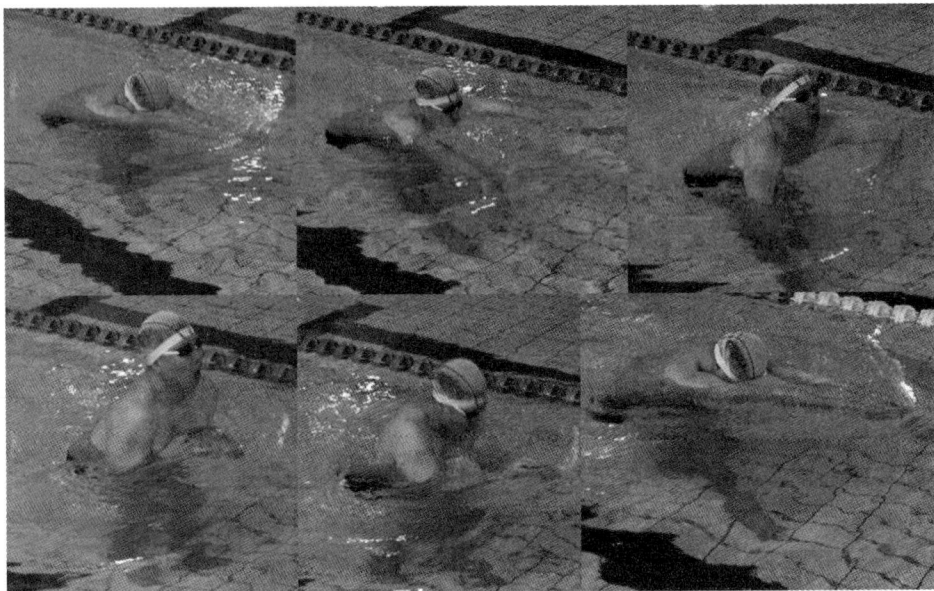

图2.4.6　水中蛙泳划臂练习

5.双人配合蛙泳手臂练习

通过双人配合水中无固定支撑练习，学生在保持身体平衡舒展的基础上，体会行进间蛙泳手臂与呼吸技术，重点体会在划臂过程中的划水路线及划水节奏。同时借助手臂划水时所产生的浮力以及动力进行换气动作。

练习方法：同伴扶住练习者脚踝部分，提供一定支撑力，蹬离池壁后身体俯卧于水中，保持身体平衡舒展，双臂前伸并拢，目视下方，双腿伸直，进行蛙泳手臂外划、内划、前伸技术练习。练习初期可憋气做多次蛙泳划手进行一次换气，熟练后逐渐过渡到一次蛙泳手臂一次呼吸练习。练习中应注意外划切勿过宽，内划切勿过长，前伸手速度要快，注意划水节奏（见图2.4.7）。

练习次数：50 m一组，做8～10组。

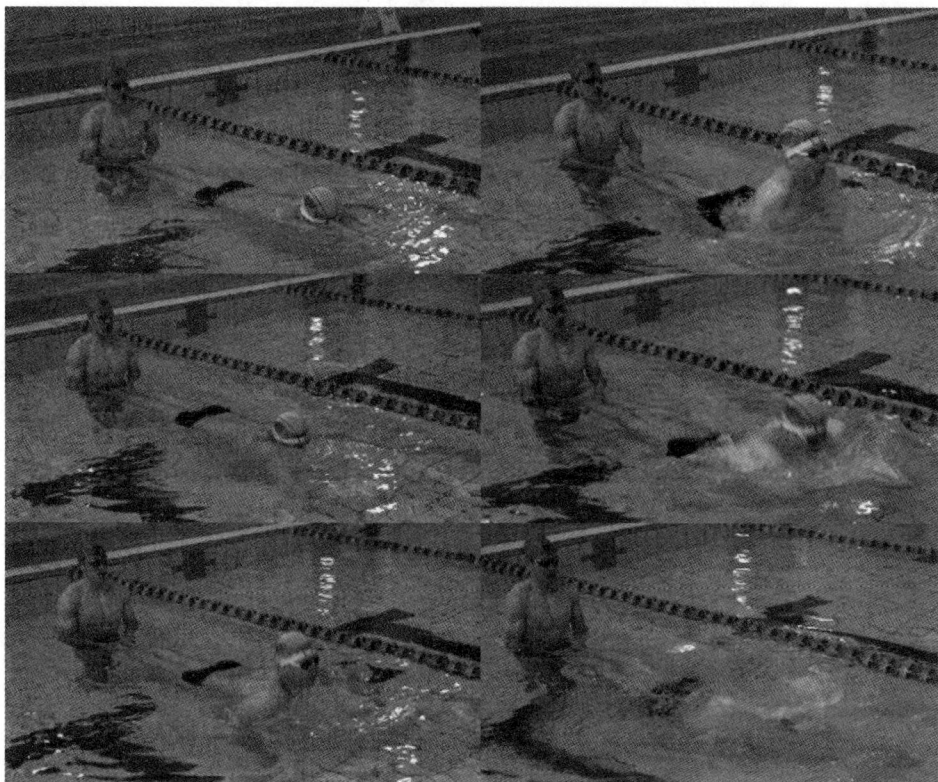

图2.4.7　双人配合蛙泳手臂练习

二、纠错部分

蛙泳手的动作可以概括成为三部分：外划、内收、前伸。如果按照两拍做"划手""前伸"，效果没有三拍好。练习中可能会因动作概念不清，造成错误动作。

蛙泳手臂与呼吸错误动作与改正方法

（一）外划臂距离过宽

1.错误动作分析

有些同学在蛙泳手臂练习时会过分外展手臂，这会导致水阻增加，影响游泳速度，并且容易造成手肩部受伤（见图2.4.8）。

图2.4.8　外划臂错误动作

2.纠正方法

首先需要明确动作概念，从池边模仿开始进行纠正。手外划在斜前方大约45°的时候就做收手的动作，也就是用眼睛的余光还能看到手的时候就要收手了，看不见手时再收手就晚了。

（二）内划臂距离过后

1.错误动作分析

向后划水时手掌划过髋关节，划至大腿时才进行收手（见图2.4.9）。

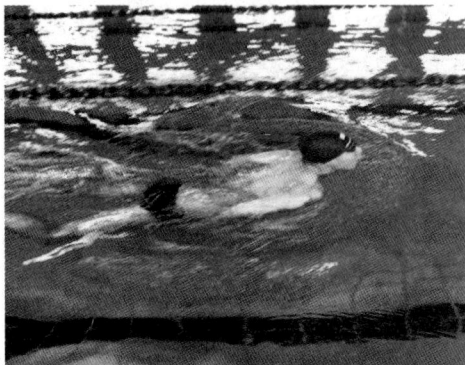

图 2.4.9　内划臂错误动作

2.纠正方法

加强陆上模仿和水中有固定支撑的练习，建立正确的动作定型，减小划水幅度，采用限制性手段，限制手臂后划过多，提早收手时机。

（三）直臂划水

1.错误动作分析

手臂外划后，未及时内旋、屈臂（见图2.4.10）。

2.纠正方法

陆上模仿和水中有固定支撑的练习，强调高肘向后划水，手臂外划后，手应及时向内、屈臂内划。

图2.4.10　直臂划水

（四）摸水划水

1.错误动作分析

划水时肘部下沉，如果手高肘低或手和肘一样平，就是摸水了（见图2.4.11）。

图2.4.11　摸水

2.纠正方法

陆上模仿和水中有固定支撑的练习，强调高肘向后划水。

（五）呼吸过晚

1.错误动作分析

双手划到肩的部位才抬头，没有了支撑，头抬不起来，所以就吸不到气了（见图2.4.12）。

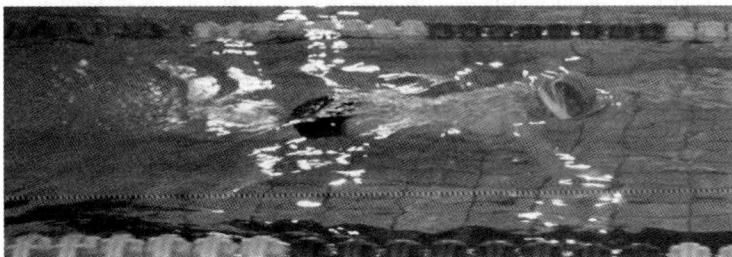

图2.4.12　呼吸过晚

2.纠正方法

通过模仿练习明确动作概念。手与呼吸配合的关键动作是手一动，一往外划，就必须抬头吸气，因为双手在前边有支撑，抬头吸气容易，这是早呼吸技术。初学者用早呼吸技术比较好，早呼吸的动作可以使学员的嘴露出水面。手一动（开始外划）就要抬头，当嘴露出水面时用力吐气，吹开嘴边的水换气，收手低头稍憋气，手前伸吐气，如此循环。

（六）抬头太高、太猛

1.错误动作分析

换气时身体上抬过猛，头抬得过高。这样的动作会引起下肢的下沉，吸完气后头部会下沉很多，再吸气时头就上不来了（见图2.4.13）。

2.纠正方法

呼吸只是很短的一瞬间的事，抬头时一定要把气吐光，紧接着快速吸气。可以做站在水中划臂和呼吸配合练习，这个练习一定要熟练掌握。

图2.4.13　起身太高，呼吸过猛

──── 课后总结 ────

蛙泳手臂划水动作分为外划、内划和前伸三个部分。在进行学习时，应按讲解、示范、陆上模仿练习、半陆半水模仿练习的顺序逐步掌握蛙泳划臂技术。在此基础上，将呼吸和划臂技术配合练习，最终熟练掌握呼吸和划臂动作。

──── 课后作业 ────

回顾本节课所学内容，明确蛙泳手臂动作概念、各环节动作要点。通过陆地模仿练习进一步巩固蛙泳划臂和呼吸配合。蛙泳手模仿练习15次为一组，完成4组，体会用力方法和动作节奏。蛙泳手加呼吸配合练习，15次为一组，完成4组。

──── 课后思考 ────

（1）简述蛙泳划手的技术动作要领及难点与重点。

（2）阐述蛙泳划水和呼吸教学的步骤和方法。

（3）简述蛙泳划手常见的错误动作及如何纠正。

第五节 蛙泳完整配合动作学习与技术纠正

◆ **本节导言**

蛙泳完整配合是指腿、划臂、呼吸的配合。在一个完整的蛙泳动作周期内采用"1∶1∶1"的配合节奏，即按腿蹬1次、臂划1次、呼吸1次的方式游进。完整配合可分解为腿与臂的配合和臂与呼吸的配合。

◆ **学习内容**：蛙泳完整配合
◆ **学习重点**：动作的熟练和连贯性
◆ **学习难点**：腿、臂、呼吸配合的时机

一、练习部分

（一）完整配合动作要点

蛙泳腿、划臂、呼吸的完整配合关键之处在于三者的配合时机。首先需要熟练掌握腿和臂的配合。腿、臂的配合程度对游进的速度影响很大。腿与臂如果正确配合，能使划水和蹬水紧密衔接，从而保证速度的发挥和动作的流畅。腿臂配合为外划时腿并拢伸直，内划开始屈膝收腿，手前伸蹬腿，脚并拢再开始外划，如此循环。总体来说，手的动作是先于腿的动作。其次，将臂、腿、呼吸进行完整配合，双手外划时抬头换气腿并拢伸直，手内划时收腿低头稍憋气，双手前伸过头时蹬腿吐气。

蛙泳完整配合技术
动作组成

练习口诀："划手腿不动，收手再收腿，先伸胳膊后蹬腿，并拢伸直漂一会儿。"

（二）完整配合练习方法

1.蛙泳站姿完整配合陆上模仿练习

通过此练习初步掌握蛙泳完整配合的节奏和方法，明晰蛙

蛙泳完整配合
练习方法

泳配合"先手后腿"的概念，为水中练习打好基础。

　　练习方法：双脚并拢站立，双臂并拢伸直，举过头顶。一条腿作为支撑腿，另一条腿按照口令完成相应动作。用口诀或口令进行练习。口令："1"外划，口令"2"内划，口令"3"收腿，口令"4"伸手，口令"5"蹬腿（见图2.5.1）。

　　练习次数：20次一组，做4组。

图2.5.1　蛙泳站姿完整配合陆上模仿练习

2.半陆半水蛙泳配合模仿练习

　　通过此练习掌握蛙泳游进时的整体配合时机，体会手臂划水或腿部蹬腿时的路线。

　　练习方法：俯卧于池边，髋关节在池沿处，双腿在水中，练习蛙泳完整配合动作。也可以胸部以下部分俯卧在池边，胸部以上部位及头部悬于水面上，池边与腋窝齐平，练习蛙泳配合动作。口令同前一个练习（见图2.5.2）。

　　练习次数：10次一组，做4组。

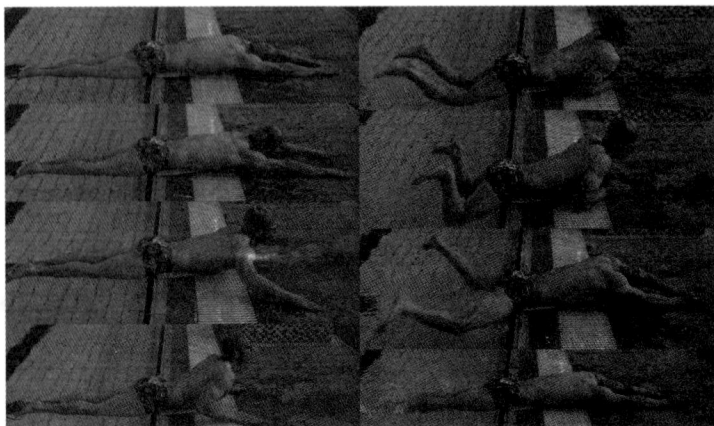

图2.5.2　半陆半水蛙泳配合练习

3.水中一次划水两次蹬腿练习

通过此练习强化蛙泳腿部动作在配合中的动作路线（见图2.5.3）。

练习方法：划臂一次呼吸后，低头蹬腿2～3次后滑行，停留数秒。注意体会划手呼吸的时机以及蹬腿后的推进力。

练习次数：50 m一组，做4～6组。

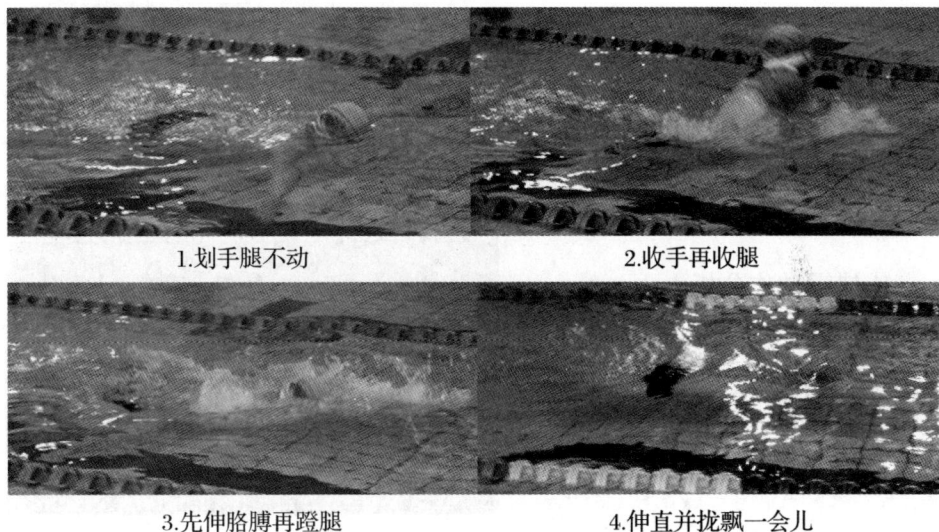

1.划手腿不动　　　　　　　　　　2.收手再收腿

3.先伸胳膊再蹬腿　　　　　　　　4.伸直并拢飘一会儿

图2.5.3　水中一次划水两次蹬腿练习

4.水中两次划水一次蹬腿练习

通过此练习感受划手和呼吸的动作路线。

练习方法：划手第一次不呼吸，第二次加上呼吸。划手结束后蹬腿一次，滑行停留数秒。注意体会手臂前伸时蹬腿动作产生的推进力和臂腿配合的时机（见图2.5.3）

练习次数：50 m一组，做4～6组。

5.水中同伴辅助练习

在同伴的帮助下学习1∶1∶1的配合练习。

练习方法：练习者听到开始口令后平躺伸展漂浮水面，辅助者站在练习者侧面，半蹲，双手轻托练习者腰腹部。按口令做蛙泳配合练习。

练习次数：50 m一组，做4～6组。

6.蛙泳配合练习

通过此练习牢固掌握蛙泳配合动作。

练习方法：按1∶1∶1的配合节奏进行蛙泳动作练习。动作要求慢而正确，要放松，不要急躁，不要紧张，以防动作变形（见图2.5.3）。

蛙泳完整配合错误
动作与改正方法

练习次数：50 m一组，做8～10组。

二、纠错部分

（一）抬头蛙泳

1.错误动作分析

有的人认为不练呼吸，抬着头也可以游蛙泳，其实这样游泳除了具有可以观察周围情况一个好处外，简直一无是处。可以这样说，不会在水中呼吸换气，就

图2.5.4　抬头蛙泳

没有真正掌握游泳技术，这样游泳的人一旦遇到特殊情况，极容易发生危险。把头放入水中不仅是为了练习呼吸技术，还可以使身体平衡，减少游进中的阻力（见图2.5.4）。

2.纠正方法

重新进行熟悉水性的呼吸练习，注意动作难度。在学习过程中，如果学习者觉得练习内容有困难，就要降低动作难度。

（二）游泳时费力不前进，动作效果差

1.错误动作分析

原因是收腿与蹬腿环节都在发力，收腿和蹬腿没有节奏感，处于同一速度。正确的做法是慢收腿，快蹬腿。游泳实际上就是利用阻力的过程。与前进方向一致的动作要少用力，与前进方向相反的动作多用力，如果掌握了这个原则，即使是倒着游，也会游得很好。

2.纠正方法

在学习蛙泳腿的时候一定要掌握如何发力，尤其是加速用力的动作要运用好，如果只是一味地用蛮力蹬腿，有可能会拉伸腿部肌肉，甚至导致腹股沟的拉伤。

（三）收手的同时收腿，伸手的同时蹬腿

1.错误动作分析

人的本能往往是手、腿同时行动，但在蛙泳中，这种本能动作节奏会导致划手时产生的部分动力与收腿时产生的阻力相互抵消，伸臂时产生的阻力也会与蹬腿时产生的动力相互抵消。这种节奏错误会导致动力不足，甚至造成没有动力的情况（见图2.5.5）。

图2.5.5　同手同腿

2.纠正方法

多做模仿练习，建立正确的动作概念，收手后再收腿，伸手后再蹬腿。先将不带呼吸的腿臂配合做熟练，再加入呼吸做完整配合，边练习边思考，提高练习质量。动作掌握好后再考虑如何发力。

（四）前伸手时低头过早

1.错误动作分析

在向前伸手之前，头部已经没入水面，正确动作应是先伸臂再进行低头憋气。如果游泳者没有正确掌握吸气和呼气的时间点，就容易在手臂内划还未完成时就急于低头，从而打乱整个呼吸和动作的配合节奏（见图2.5.6）。

图2.5.6　前伸手时低头过早

2.纠正方法

掌握好蛙泳的节奏和动作要领，理解手臂划水、腿部蹬夹和呼吸的配合关系。在练习时，注意控制低头的时间，确保在外划阶段进行低头动作。加强蛙泳的配合练习，通过反复练习来熟悉和掌握正确的配合方式。

课后总结

蛙泳的配合技术较为复杂，为了保持均匀、持续的游进速度，手臂动作和呼吸以及腿部动作的配合应尽量流畅、协调。认真练习本节课所学完整配合练习方法，逐步增加蛙泳完整配合距离。

课后作业

牢记口诀"划手腿不动，收手再收腿，先伸胳膊后蹬腿，并拢伸直漂一会儿"。

按照口令"1"外划，口令"2"内划，口令"3"收腿，口令"4"伸手，口令"5"蹬腿完成陆地模仿练习，20次为一组，完成4～6组。

课后思考

（1）简述蛙泳划手的技术动作要领及难点与重点。

（2）阐述蛙泳划水和呼吸教学的步骤和方法。

（3）简述蛙泳划手常见的错误动作及如何纠正。

第六节　蛙泳出发与转身技术学习

◆ **本节导言**

游泳转身技术是长距离游的一部分，距离越长，转身次数就越多。转身技术对比赛成绩有着举足轻重的影响。蛙泳的转身技术采用摆动式转身，难度不大，适合已经学会蛙泳，掌握一定水性的学生。

◆ **学习内容**：蛙泳出发技术、摆动式转身技术

◆ **学习重点**：摆动式转身技术

◆ **学习难点**：转身过程中主动收腿、团身

（一）蛙泳出发技术

在出发时，应面向池壁，双脚同时踩在出发台边缘，或一只脚在前，一只脚在后，身体保持水平。双手放在出发台上，宽度不得超过出发台边缘。出发信号发出后，需双手和双脚同时发力，迅速跳入水中（见图2.6.1）。

双脚出发

单脚出发

图2.6.1 蛙泳出发技术

（二）蛙泳转身技术

1.摆动式转身动作要点

（1）游近池壁不减速，双手触碰到池壁后迅速弯曲双臂，使上体接近池壁的同时，屈髋、屈膝使脚接近池壁。

（2）手推池壁，借助摆臂的力量，使身体转成俯卧，双手夹住头。

（3）身体俯卧在水中，双手并拢前伸，双脚用力蹬离池壁（见图2.6.2）。

2.摆动式转身陆上模仿练习

练习方法：

（1）触壁：双手同时接近墙。

（2）转体：双臂弯曲，肩部靠近墙壁后，推壁收腿团身，一前脚掌蹬壁。一手从水下，一手从水上摆动的同时转动身体，腹部朝下。

（3）蹬壁：双手夹头成流线型蹬出（见图2.6.3）。

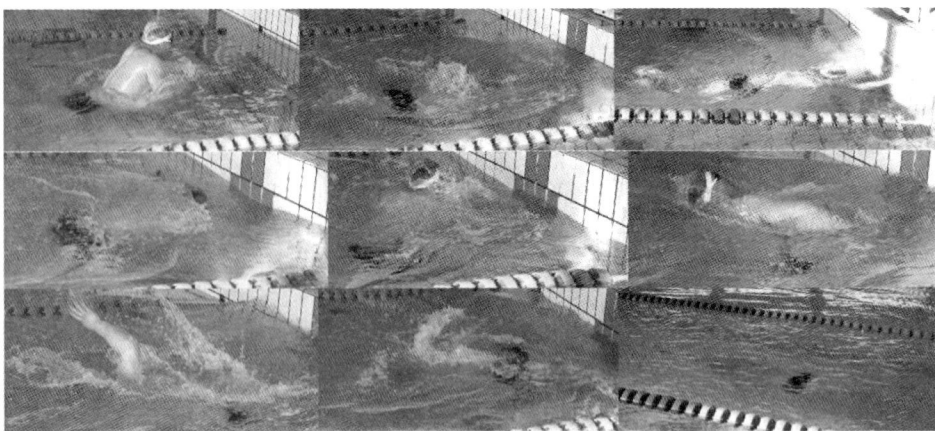

图2.6.2　蛙泳转身技术

图2.6.3　摆动式转身陆上模仿练习

3.水中摆动式转身练习

（1）接近池壁团身练习：俯卧于水中，双臂夹住头部，双手抓住池边，眼睛看池底。用力将身体拉向池边，借力屈髋、屈膝，使脚接近池壁。

（2）蹬离池壁练习：收下颌，双手拉住池边，保持肘关节微屈，团身脚蹬池壁。推壁身体后倒，一只手从水下，一只手从水上摆动的同时，身体转成侧卧蹬出。转动过程中，不应过早打开身体，这样会减慢转动速度，要在摆动手臂入水后再打开身体。

（3）将接近池壁团身练习和蹬离池壁练习结合起来反复练习（见图2.6.4）。

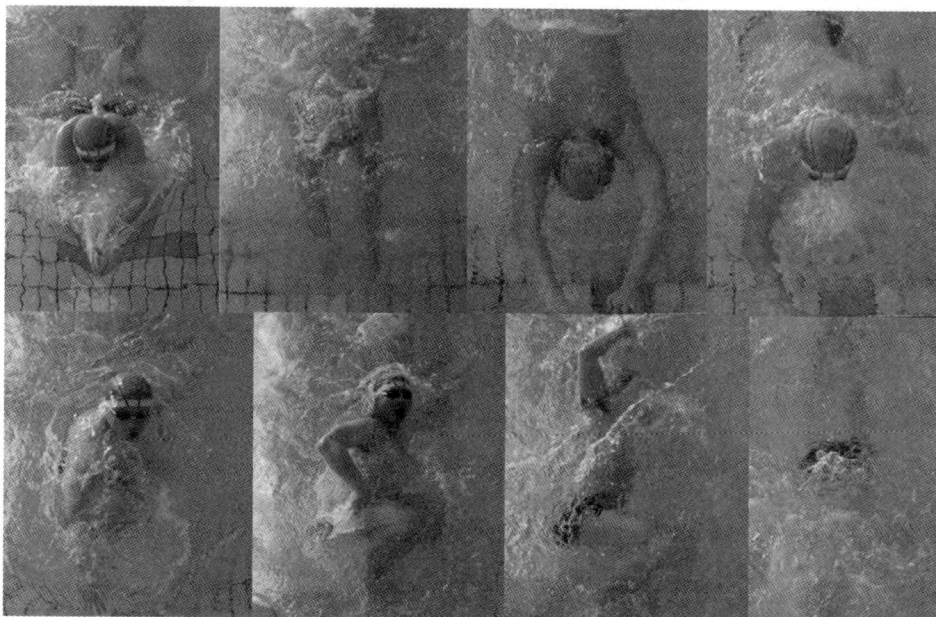

图2.6.4　水中摆动式转身练习

课后总结

本节课主要介绍蛙泳转身技术，所学内容存在一些难度，需要掌握一定的水性和熟练的蛙泳技术，在此基础上多加练习，便可以学会摆动式转身技巧。

课后作业

完整陆地模仿摆动式转身动作，10次为一组，完成3组。体会接近池壁时的收腿和转动时的手臂动作，注意要主动收腿团身。

课后思考

（1）简述蛙泳完整配合技术。

（2）请进行蛙泳完整技术教学。

（3）蛙泳完整配合口诀是什么？

第三章

游泳中级课程

本章导言

自由泳是竞技游泳比赛项目之一，严格来说不是一种游泳姿势，它的竞赛规则几乎没有任何限制。这种游泳姿势结构合理，阻力小，速度快而均匀，最省力。

自由泳的起源可以追溯到古代，早在公元前1000年左右，在亚述的浮雕上以及公元前750年的一个希腊花瓶上，就发现了两臂轮流划水的游法。另一种说法是，自由泳的历史可以追溯到公元前2000年左右的古埃及，当时人们已经开始使用蛙泳和侧泳的简单形式。随着时间的推移，游泳逐渐发展为一项运动，并在欧洲得到了广泛传播。据说，古希腊奥运会上的游泳比赛已经有人使用类似自由泳的泳姿。然而，真正的现代自由泳技术是在19世纪末和20世纪初逐渐形成的。在这个过程中，一些游泳者开始尝试两臂轮流划水，并配合两腿的上下打水动作，从而形成了自由泳的基本技术。

自由泳不仅要求游泳者具备出色的身体素质和技巧，更要求其拥有坚定的决心和持之以恒的毅力。通过本章的学习，我们将深入了解自由泳的基本技术特点，包括身体姿势、腿部动作和臂部动作等，同时，我们还将学习如何在游进中保持身体的平衡和稳定，以及如何利用臂部和腿部的协调动作推动身体前进。

第一节　长距离蛙泳健身

◆ **本节导言**

学会蛙泳后，每个初学者都想越游越远，这种来自征服水环境的心理欲望和对自己技术的自我肯定的迫切心情，成了进一步改进技术、提高技能的内动力。从锻炼身体的角度考虑，游泳练习者只有达到一定的游距，持续一定的时间才能起到锻炼身体的作用。因此，长游便成了学会游泳后的第一个目标。游得远是一个循序渐进的过程，是通过不断改进、提高技术和技能，增强体能逐步实现的。

◆ **学习内容**：蛙泳长距离健身

◆ **学习重点**：提高长距离游进的方法

蛙泳是一种适合不同年龄游泳爱好者长游的泳姿。由于蛙泳技术动作的特点，蛙泳游进中较其他游泳姿势浮力好、平衡好，从而省力，是长游中的主要游泳姿势。为了帮助初学者提高蛙泳长游的能力和水平，下面结合技术要求，介绍一些练习内容与方法。

（一）自然的呼吸

蛙泳长游的第一大障碍是呼吸，自然的呼吸是延长游泳距离的基本保证。初学者初步掌握了蛙泳基本动作后，往往呼吸动作尚没有达到自然、畅通、熟练的要求。在技术初学阶段的练习中，由于技术练习距离短，容易忽略呼吸技术，往往以憋气游较多，从而影响了呼吸技术在游进中巩固和提高。长游，既可以检查蛙泳呼吸技术是否过关，也可以巩固和提高呼吸技术。

保证自然的呼吸要做好两点：第一，在保证呼吸动作正确的前提下，首先解决呼气问题。对初学者来说，吸气不充分是导致呼吸不好的主要原因，而产生的根源则是呼气不充分。呼气不充分使残留在体内含二氧化碳高的气体较多，影响呼吸的质量，使人总感觉呼吸不顺畅，胸闷心慌。在吸气前加大呼气深度是突破呼吸障碍的关键。第二，呼吸动作要与手臂动作协调配合。不管是采用早呼吸还是晚呼吸技术，呼吸动作始终要服从于手臂动作，在手臂动作节奏的控制下进行有效的呼吸。蛙泳长游一般采用一次手臂一次呼吸的配合节奏。在整个游进过程中，呼吸动作保持快吸、短暂憋气、深呼气的节奏，并与手臂动作协调一致。

（二）协调有节奏的动作

动作节奏反映了动作结构内部的时间比例关系，而协调性则说明动作的依次顺序和连贯程度。两者都是对技术动作的定性描述，也是游得轻松、省力的基本要求。要想游得远首先应该游得放松省力，才能最大限度地减少消耗，节省能量。掌握正确的动作速度是蛙泳协调有节奏游进的基本前提，手臂动作速度应逐渐加速进行，即外划较慢并逐渐加速，内划时最快，手臂内收前伸不能停顿，且动作速度也应该快。手臂动作速度的正确与否直接影响配合的节奏和连贯。腿部动作速度主要以加速蹬夹水为主，收腿动作要强调大腿放松自然，小腿积极跟进折叠于大腿投影面之后。连贯紧凑的配合动作要求正确分配一个动作周期的时间比例，蛙泳一个动作周期包括划臂、蹬腿、滑行，配合的基本要求是：臂腿有效动作先后进行，不能同时开始和结束，手臂动作领先，腿部动作紧跟手臂动作，尤其在内划时手臂动作要迅速连贯，强调手臂动作领先半拍。

（三）逐步增长游距

逐渐增加游距是实现蛙泳长游的途径之一。游距不断延长对呼吸技术和配合技术以及体力都提出了更高的要求，同时也为巩固和提高蛙泳技术和技能创造了基本条件。一般说来，只有不断延长游进距离，才能使蛙泳技术更加熟练，更加有效，更加省力。增加游距的方法通常有延长臂腿动作练习距离和延长配合游距离两种。前者通过长距离练习扶板蹬腿、夹板划臂等动作提高局部动作的质量和力量耐力，为蛙泳配合长游奠定基础。后者是蛙泳长游的主要形式。蛙泳配合长游一般采用逐步增加距离的方法，初学时，争取每课都有增加，以后每周、每月增加游距，当接近现阶段个人体能承受的最高水平时，应维持一段时间，并根据个人闲暇时间的长短确定自己相对稳定的游距。增加游距的基本要求是：应以有利于巩固和提高蛙泳技术为前提，与自己现阶段的体能水平和身体状况相适应。

课后总结

持续的长距离游泳可以起到良好的健身功效，能够使心脏得到很好的锻炼，心肌收缩能力逐渐增强，血液循环机能得到提升，从而提高人体的新陈代谢能力。在练习控制上主要采用相对固定的指标控制负荷，如定时游、定距游，还有固定心率游和固定速度游，就是将心率和游速控制在一定的范围，对恢复体能、发展一般耐力水平有良好的效果。

课后作业

复习长距离游的练习方法，尝试定时游、定距游，还有固定心率游和固定速度游，逐渐增加游距，增强身体机能。

第二节　自由泳腿部动作学习与技术纠正

◆ **本节导言**

在竞技游泳比赛中，设有自由泳、仰泳、蛙泳、蝶泳比赛项目。游泳竞赛规则规定，自由泳项目比赛中，运动员可采用任何姿势。由于在所有的游泳姿势中，爬泳的速度最快，所以在自由泳项目比赛中，运动员都采用爬泳参赛。久而久之，人们就习惯把爬泳称为自由泳，自由泳和爬泳两个名称也就通用了。游自由泳时，身体俯卧在水面上，两臂轮流划水，两腿交替上下打水。本课程将从自由泳腿部动作、自由泳呼吸动作、自由泳手臂动作、自由泳完整配合等部分展开讲解。

自由泳技术
动作特点

◆ **学习内容**：自由泳腿部技术
◆ **学习重点**：自由泳打腿技术
◆ **学习难点**：打腿发力和放松的交替

一、练习部分

在自由泳技术中，腿部动作除了产生推动力外，主要起着维持身体平衡、抬高下肢以及协调配合双臂有力地划水的作用。

（一）自由泳腿部技术

1.身体位置

游泳时身体应在水中保持最佳的位置，这样可以最大限度地减小阻力，增大推进力。

动作要点：游自由泳时，身体俯卧水面成流线型，头部应自然略抬，两眼注视前下方，水平面接近于耳根部位，臀部接近水面，收腹，背部和臀部的肌肉保持适当紧张度，身体纵轴与水平面接近平行，不应产生过大角度。如果身体纵轴与水平面之间有夹角，主要原因可能是头部位置过低或过高。

自由泳腿部技术动作

2.腿部技术

两腿自然伸直，脚稍内旋，以髋关节为轴，大腿发力，带动小腿和脚上下交替做鞭状打水，向上打时直腿上抬，向下打时脚背向后下方用力，两脚打水幅度为30～40 cm。自由泳腿打水由向下打水和向上打水两部分交替构成，向下打水是主要产生推进力的动作。

（二）自由泳腿部技术练习方法

1.陆地勾、绷脚练习

鞭状打腿是自由泳腿部动作的精髓之一，通过大腿、小腿和脚掌依次发力下打水，整体动作像鞭子抽动一样。脚背在这

自由泳腿部动作练习方法

一动作中起到了很重要的作用，需要在踢水的过程中灵活运用脚背来增加下踢的力量和有效面积，从而提高推进效果。这个练习能够强化勾脚、绷脚动作，为自由泳脚背打水做准备。

练习方法：坐在地板上，双腿伸直并拢，双手后撑，"1"做绷脚动作，"2"做勾脚练习。这个练习方法与蛙泳腿勾、绷、翻脚练习相似。勾脚时脚尖指向上方，尽量向胫骨靠近，绷脚时脚尖向下，指向地面（见图3.2.1）。

练习次数：10次一组，做4组。

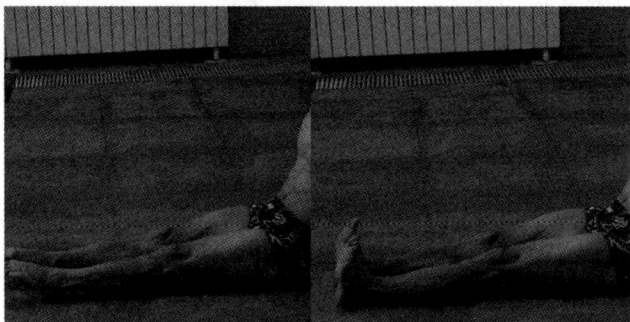

图3.2.1　陆地勾、绷脚练习

2.池边坐撑打腿模仿练习

自由泳脚背动作和蛙泳脚背动作有明显区别。自由泳主要是通过腿部和脚部向下的踢压水动作来推进身体前进，因此打水动作应连贯，不能有停顿。这个练习可以帮助提高踢水的效率和掌握技术要领。在这个过程中，要注意脚背的发力，要求脚趾应指向前方水面，不能勾脚背打水，要均匀有力地踢出水花。

练习方法：坐在池边，两腿伸直，双臂后撑，双脚略微内旋，脚尖相对，眼睛看脚做打腿动作。练习时大腿发力，带动小腿和脚交替上下打腿，打水幅度30~40 cm，打水的幅度不要过大或过小，然后逐渐加快打水速度（见图3.2.2）。

练习次数：每组持续20 s，做5组。

图3.2.2 池边坐撑打腿模仿练习

3.俯卧池边打水练习

这个练习因是俯卧于泳池边，眼睛看不到动作，所以是凭感觉来完成动作，容易出现大腿不动，仅是弯曲小腿打水的情况。练习中应该注意是上下打水，而不是前后蹬水。同时，要注重腿部的力量和协调性，腿部、脚背的发力和收缩以及腿部与腰部的协调配合。这个动作强调髋关节发力，大腿带动小腿，小腿带动脚腕，鞭状打腿（见图3.2.3）。

练习方法：俯卧在池边，两臂前伸，躯干和腰部应该保持放松，双腿伸直，做上提下打自由泳打水动作，练习过程中腿部需要略微放松，不能僵直，髋关节要打开后伸，这样才会有大腿上抬动作。

练习次数：每组持续20 s，做5组。

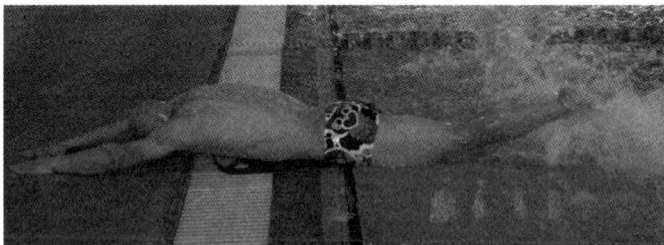

图3.2.3 俯卧池边打水练习

4.水中扶池边自由泳腿练习

自由泳的腿部动作主要是通过踢水来推动身体前进。在游泳过程中，踢水的力度和频率需要适当，一般来说，腿部的主要作用是提供身体的稳定和推进力，所以踢水的力度不应该过大，以免浪费过多的能量。注意打腿时大小腿屈曲角度要合理，强调脚背向后推水。通过此练习掌握正确的自由泳身体姿势和动作节奏及打水幅度。

练习方法：身体放松地俯卧于水面，双手轻扶池边，两臂前伸，头低入水中，使头与躯干成一条直线。两腿上下交替打水，每打水6次，抬头吸气一次，吸气时躯干仍然保持俯卧姿势，不要因吸气而停止打水动作（见图3.2.4）。打水仍然是直腿打腿，下打用力，上抬放松。

练习次数：每组持续20 s，做5组。

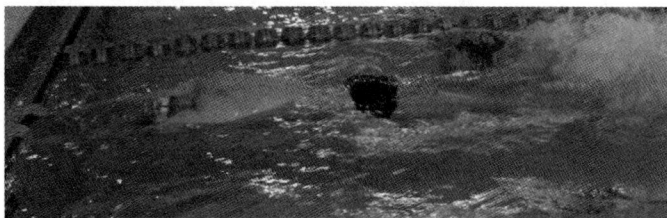

图3.2.4　水中扶池边自由泳腿练习

5.水中扶浮板自由泳腿练习

体会无固定支撑条件下的自由泳腿技术动作，让学生感觉前进速度，如果太慢或不行进，则表明打腿技术有问题。学生自己可以通过声音来辨别打水效果，如果打水时发出"咚咚"声，说明脚在向下打腿时带入过多空气，因此效率不佳，正确的鞭状打腿技术应发出"唰唰"声。在练习中应注意脚背向后下方打水，下打时，脚背不要离水面太高，以免带入过多的空气，影响打水效果（见图3.2.5）。

练习方法：俯卧在水中，双手扶浮板后部，两臂伸直。低头使头部与躯干成一条直线，眼睛看池底两腿交替快速打水，练习开始时可先做憋气打腿练习，熟悉后再进行浮板抬打腿，每打6次腿，抬头吸气。抬头吸气时肩膀要放松，不要耸肩。

练习次数：25 m一组，做8组。

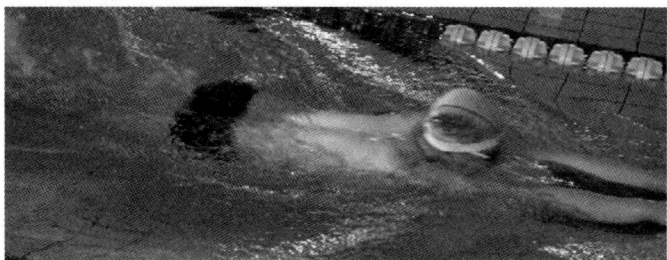

图3.2.5　水中扶浮板自由泳腿练习

6.徒手自由泳打腿练习

体会无支撑条件下的自由泳腿技术动作，此练习要求学生身体在水中保持流线型并感受打腿节奏与鞭状打水动作，强调打水方向为后下方。

练习方法：蹬离池壁后，身体呈俯卧姿势，手臂前伸，低头使头部与躯干成一条直线，眼睛看池底闭气，进行两腿交替快速打水（见图3.2.6）。

练习次数：15 m一组，做10组。

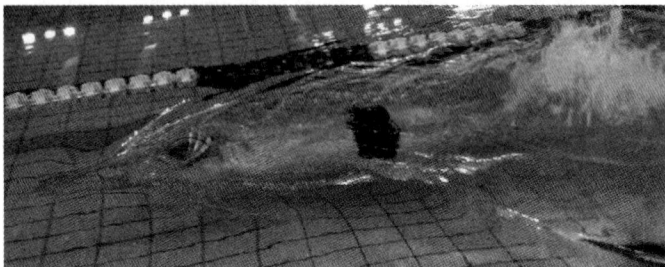

图3.2.6　徒手自由泳打腿练习

二、纠错部分

（一）腿部动作不协调

1.错误动作分析

两腿动作不协调，一条腿比另一条腿的动作幅度大，或力量大，或节奏快，这会影响身体的平衡和游泳速度。

自由泳腿部错误
动作及改正方法

2.纠正方法

可以通过陆上模仿练习，平衡两条腿的幅度与节奏；也可以通过单腿的练习，细化腿部动作；还可以使用踢腿板来练习，可以帮助维持腿部动作的协调性。同时，集中注意力在双腿的协调运动上，通过反复练习来逐渐调整动作，改善打水效果。

（二）打水屈膝过大

1.错误动作分析

上打时屈膝，将使小腿下端向前推水，造成臀部下沉，前进速度下降。

2.纠正方法

上打时，腿部应该保持伸直，只有当开始下打动作时，腿部才略弯曲。即在上打和下打刚开始时，腿上部的水压会自然使腿伸直，因此腿部在上打时不要屈膝。在下打刚开始的阶段，腿下面的水压使腿自然弯曲。在下打的最后完成阶段，要用力快速伸膝，对抗水的压力。通过池边半陆半水直腿打水练习进行纠正。

（三）脚踏自行车式打腿

1.错误动作分析

这种方式主要是在打水时，双脚就好像在水中踏车一样，不断屈髋、收缩大腿，促使两条腿在水中向后方踩踏。因为在收大腿时会产生一定的阻力，它与向后方踩踏时的推力相互抵消，就形成了一定的力量阻碍前进（见图3.2.7）。

2.纠正方法

俯卧池边半陆半水直腿打水，要求髋部展开，强调大腿上抬，然后再逐渐过渡鞭状打水。

图3.2.7　脚踏自行车式打腿

（四）"锄头脚"式打腿

1.错误动作分析

在打腿时脚踝没有伸直或脚踝勾起进行打腿，造成腿部动作就像一个锄头，促使阻力增大，造成身体向后退。

2.纠正方法

勾、绷脚练习，熟悉绷脚动作，形成肌肉记忆。在进行自由泳打腿动作时，脚踝一定要伸直。控制脚露出水面的高度即开始向下打水。平时多做踝关节灵活性练习（见图3.2.8）。

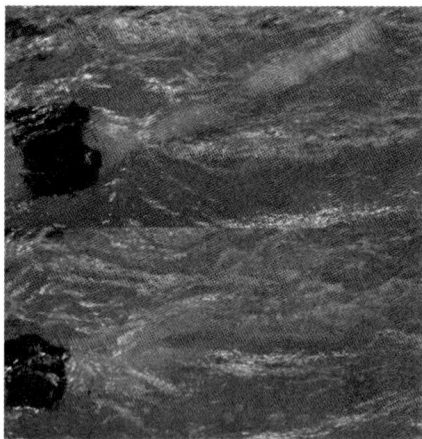

图3.2.8 "锄头脚"式打腿

（五）打腿身体后退

1.错误动作分析

上抬时主动屈髋和弯曲小腿。动作节奏错误，上抬和下打的作用力互相抵消（见图3.2.9）。

2.纠正方法

通过模仿练习纠正，俯卧池边打腿，采用直腿打腿的方法，强化大腿上抬和展髋的动作。扶板打水：直腿上抬，当膝盖接近水面时弯曲小腿，使脚和小腿的一半露出水面。由于小腿露出水面，下打的时候没有阻力，容易发力，上下之间的力产生了差别，自然就可以前进了。

图3.2.9 打腿身体后退

—— 课 后 总 结 ——

自由泳腿部动作非常重要，它主要是用来保护身体平衡，并且可以配合两个手臂的运动，最大限度地促进身体前进。自由泳打腿需要注意节奏，下打用力，动作由慢到快，加速打水，上抬时不用力。可先进行直腿打水，初学自由泳时采用直腿可自然做出大腿上下打的动作，避免了大腿不动，仅仅小腿动的错误。通过反复练习，慢慢就会过渡到鞭状打水的状态了。通过上述自由泳腿练习方法与常见错误分析，明确正确动作概念，掌握正确的打腿动作。

课后作业

（1）完成踝关节灵活性练习，对小腿肌肉进行拉伸。

（2）进行陆上坐撑自由泳打腿模仿练习，30 s为一组，完成3~5组。

课后思考

（1）自由泳腿部技术的重点和难点是什么？

（2）自由泳腿部常出现的错误技术动作有哪些？

（3）自由泳错误动作产生的原因及纠正方法是什么？

第三节 自由泳呼吸动作学习与技术纠正

◆ **本节导言**

自由泳呼吸是一个非常重要的技巧，正确的呼吸动作可以保持身体在水中有较好的平衡性，使身体处于相对放松的状态，提高游泳效率，为划臂和完整配合打好基础。

◆ **学习内容：** 自由泳呼吸技术

◆ **学习重点：** 转头呼吸技术

◆ **学习难点：** 身体围绕纵轴转动

一、练习部分

（一）自由泳呼吸技术

呼吸是自由泳的一个难点，采用人们所不习惯的侧向转头吸气动作。因此，呼吸一定要随身体的转动来完成，不能只依靠单纯的转头来吸气。正确的动作应该是转体，转肩，转头完成呼吸。

同侧臂划水时呼气，划水过程中将气呼完，划水结束同时转头，嘴转出水面时 张口吸气，移臂后段至入水前憋气回正。

（二）自由泳呼吸技术练习方法

1.站立位身体转动呼吸陆上模仿练习

陆上模仿练习可以帮助学生更好地理解自由泳的呼吸技术，掌握呼吸的节奏和动作，为水中呼吸技术练习打好基础。

练习方法：站姿，身体距离墙大概一臂。扶池边身体转动打水练习是一种非常有效的自由泳呼吸练习方法，可以帮助提高呼吸技术的同时，保持身体的平衡和稳定。以下是这种练习的基本步骤：臂前伸扶墙壁，左臂自然下垂紧贴左侧大腿。下肢练习自由泳打腿动作，6次踏步后，向左侧转髋、转肩、转头吸气。此时，右耳紧贴右臂，眼睛看向左后方，快速吸气后还原至起始姿势。

练习次数：20次一组，做4组。

2.扶池边身体转动打水练习

扶池边身体转动打水练习可以帮助学生提高呼吸技术，同时感受身体的平衡性和稳定性。

练习方法：身体俯卧于水中，单手扶池边，另一臂放在体侧。低头均匀地呼气，两腿打水6次。然后整个身体向扶池壁手臂的对侧转动，使身体成侧卧姿势，一侧肩与髋露出水面。头与身体像旋转门一样作为一个整体一起转动，使嘴露出水面吸气。保持这种姿势再打水6次，然后再转回俯卧姿势，重复练习。可以选择一边吸气，也可以选择两边吸气，根据学习者练习情况而定（见图3.3.1）。

练习次数：20次一组，做4组。

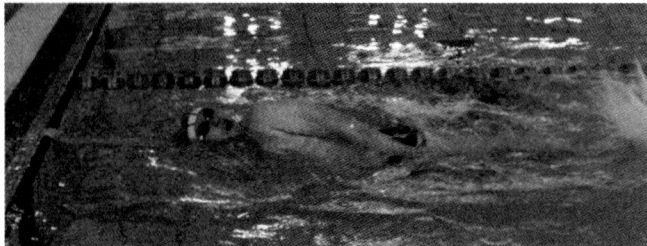

图 3.3.1　扶池边身体转动打水练习

3.扶板身体转动打水练习

扶板身体转动打水练习可以使学生在保持身体平衡的基础上，进一步感受自由泳腿打腿时所产生的推进力，同时可以使学生连续游进。

练习方法：一只手持浮板中间位置，另一只手放体侧打腿。呼吸时整个身体一起转动，使身体成侧卧姿势，一侧肩与髋露出水面。头与身体像旋转门一样作为一个整体一起转动，使嘴巴露出水面吸气，在转动过程中注意身体沿纵轴转动。吸气后头部还原（见图3.3.2）。

练习次数：25 m一组，做8组。

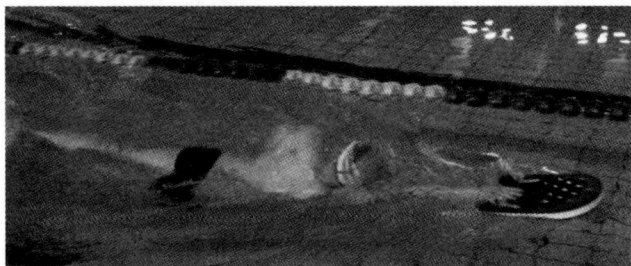

图3.3.2 扶板身体转动打水练习

二、纠错部分

常见的自由泳呼吸错误动作有抬头吸气、吸不到气。

（一）抬头吸气

1.错误动作分析

吸气时把脸抬出水面或呼吸时抬头太高，因此导致腿部下沉，造成身体摆动或起伏过度，形成较大阻力，多发生在初学者中。出现这个问题的主要原因是没有转动身体或身体纵轴转动不够，怕呛水，只能抬头向前呼吸（见图3.3.3）。

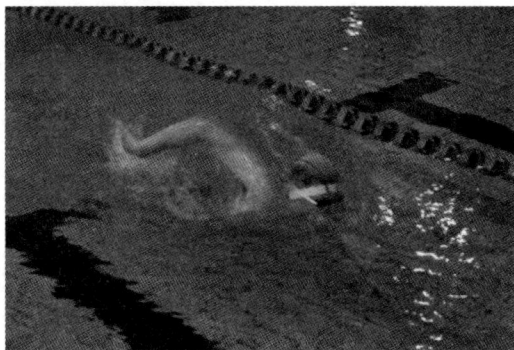

图3.3.3 抬头吸气

2.纠正方法

需要学习如何通过转动身体来转头，练习水中扶池边转体打水动作，保持头在水中，呼吸时只需将头部侧向一侧，将脸部露出水面吸气，眼睛朝向侧面或者稍微向上方，而不是抬头望向前方。这样可以保持身体的水平线，减少水阻力。

（二）吸气时转头向后，破坏水平直线性

1.错误动作分析

有些学习者吸气后，头没有回到身体中线位置，或者是转头回水中的速度太慢。

2.纠正方法

熟练呼吸动作，加强核心肌群稳定性。

（三）呼吸节奏不稳定

1.错误动作分析

学生在进行换气时，呼吸的时机过早或过晚，不稳定，导致呼吸时吸水或者呛水。

2.纠正方法

加强扶板身体转动打水练习来帮助稳定呼吸节奏。同时，通过反复练习，逐渐调整呼吸的节奏和深度，找到适合自己的呼吸节奏。

（四）吸不到气

1.错误动作分析

吸气时身体下沉，没有继续保持打腿动作，吸气动作过慢。

2.纠正方法

加强水中呼吸基本方法的练习，加强打腿能力练习，为呼吸提供持续推进力。

（五）头部转动不到位

1.错误动作分析

有些学生在呼吸时头部转动不到位，导致水进入口腔或鼻腔。

2.纠正方法

练习时要确保头部的转动范围足够，将头部转向侧面，使得嘴巴刚好露出水面，避免水进入口腔或鼻腔。适当练习颈部的柔韧性也可以帮助头部更好地转动。

课后总结

自由泳转头呼吸时，头部动作应与身体保持一致，呼吸动作随着身体的转动一起完成。并且，呼吸时打水不能停止。自由泳转头呼吸是自由泳技术的关键环节。只有反复练习，不断提升自由泳打腿效果，加强身体核心控制，才能更好完成转头呼吸动作。

课后作业

做站立位身体转动呼吸陆上模仿练习，15次一组，完成3～5组。

课后思考

（1）自由泳呼吸的基本步骤是什么？

（2）自由泳呼吸时有哪些常见的错误？

（3）自由泳呼吸和身体姿势有什么关联？

第四节　自由泳手臂动作学习与技术纠正

◆ **本节导言**

自由泳两臂的划水是推进力的主要来源。只有掌握正确的划水技术，才能较快地游进。两个手臂的基本动作是一样的。目前，大部分人都采用曲臂高肘的技术划水。划水动作可分为入水、抓水、抱水、推水、出水与移臂五部分，每个动作环节连贯完成，不应有停顿。

◆ **学习内容：**自由泳手臂技术

◆ **学习重点：**划水幅度

◆ **学习难点：**划手与呼吸的配合

一、练习部分

（一）自由泳手臂技术

1.入水

手臂入水时，肘关节略屈，并高于手，手自然并拢伸直，由大拇指领先，斜插入水，然后小臂和大臂依次入水。手的入水点应在肩的延长线上或身体中线和肩的延长线之间，按照大拇指、手、小臂、大臂的顺序入水。入水动作要轻柔、连贯。

自由泳手臂动作的
技术组成与
节奏路线

2.抓水

手臂入水后积极向前伸，小臂和大臂积极外旋，略向外、向下运动，并屈腕、屈肘。此环节的技术要点是抓水时应注意手臂积极向前伸，略向外向下划水，手臂要注意屈腕、屈肘，保持肘部高于手。

3.抱水

手和小臂向后向内划水，手臂像抱一个大圆球一样，逐渐屈肘，使大臂和手最大限度地向后推水。抱水动作肘高手低。

4.推水

当臂划至肩下时，手在身体中线下方，肘约成90°~120°；接着，大臂与小臂同时向后划去，一直划到大腿旁，在这个过程中肩向后移，肘靠向体侧，以加长划水路线。整个划水动作由慢到快，划水结束时达到最快。

5.出水与移臂

出水和移臂主要是为下一次水中划水作准备，这个过程不产生推动力。移臂要放松，使用力划水后的肌肉得到短暂的休息。划水动作结束后，提肩提肘使整个手臂出水，小臂和手腕放松，掌心向后上方，动作迅速而不停顿，在肩的转动下，大臂带动小臂向前移动。

（二）自由泳划臂与呼吸配合

两臂配合是保证前进速度均匀的最重要条件之一。根据划水时两臂所处的位置，可以把手臂的配合技术分为前交叉、中交叉、后交叉三种形式，也有介于这三者之间的中前交叉和中后交叉。

1.前交叉

一臂入水，另一臂处于肩前方，与水平面约成30°，其特点是划距长，速度均匀性差，动作频率慢，但对于初学者来说容易掌握，尤其是呼吸动作容易掌握。

2.中交叉

一臂入水，另一臂处于肩的下部位，与水平面约成90°，其特点是有利于发挥两臂力量和提高动作频率，加快速度，保持均匀的推动力。

3.后交叉

一臂入水，另一臂处于腹下划水快结束的部位，其特点与中交叉基本相同。

4.呼吸时机

同侧臂划水时呼气，划水过程中将气呼完，划水结束同时转头，嘴转出水面时张口吸气，移臂后段至入水前憋气回正。

（三）自由泳划臂与呼吸配合练习

1.陆上划臂及呼吸模仿练习

（1）站立式爬泳划手练习。做站立式爬泳划手练习时可以看见动作，能帮助学生更好地体会自由泳高肘抱水"肘高手低"技术，为后续练习打好基础。

自由泳手臂练习
方法

练习方法：双脚与肩同宽站立，双臂上举，做单臂自由泳划手模仿，口令"1"入水，口令"2"高肘抱水，口令"3"划水，"4"出水，"5"移臂，先做单臂练习，熟练后逐渐减少技术环节。强调在陆上模仿的划水过程中高肘抱水，手心对准地面。

练习次数：20次一组，做4组。

（2）弓箭步单臂自由泳划水练习。弓箭步单臂自由泳划水练习可以帮助学生更好地理解自由泳手臂划水的划水路线，纠正一些不正确的划水姿势，提高划水效率。

练习方法：弓箭步姿势站立，一只手撑住膝盖，另一只手单臂做自由泳划手模仿。口令"1"入水，口令"2"划水，口令"3"入水（移臂），两只手轮流做。强调手在头的前方入水，划手到大腿，手出水移臂（见图3.4.1）。

练习次数：20次一组，做4组。

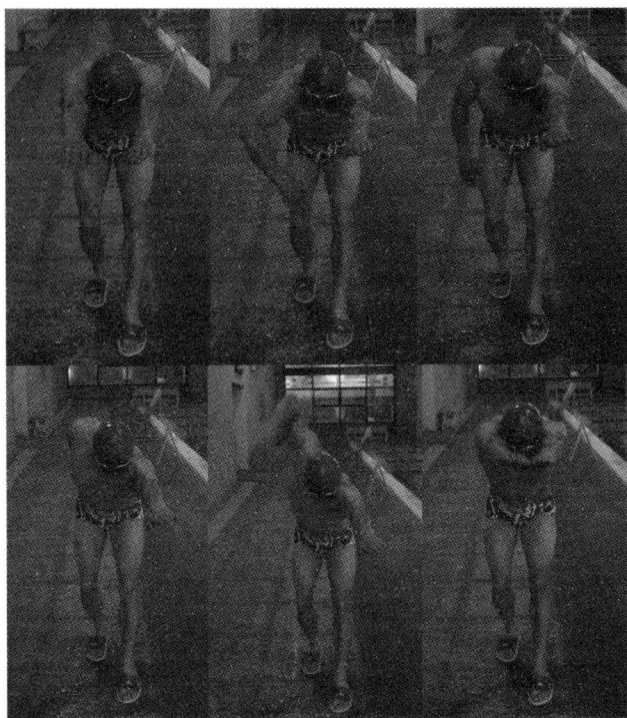

图3.4.1　弓箭步单臂自由泳划水练习

（3）自由泳转肩练习。此练习可以帮助学生提高自由泳游进时的推水效率，练习时需注意身体是沿身体纵轴转动，而非左右摇摆，重点在转肩，身体不要跟着转。

练习方法：体前屈，微抬头，眼看前下方，手指触肩峰。转肩时用肘关节在体侧划大圆。

练习次数：20次一组，做4组。

（4）双臂自由泳划手模仿练习。此练习可以帮助学生进一步熟悉自由泳的划手动作，理解划水的技术要领，提高划水的效率和力量。在模仿练习时，重点体会空中移臂和手臂入水动作，以及划水方向和路线。

练习方法：俯身站立，双手前伸做自由泳分解划臂模仿，一只手划完后，接着划另一只手，动作要求两臂一致。注意划手时身体不要上下起伏（见图3.4.1）。

练习次数：20次一组，做4组。

（5）单臂划水及呼吸模仿练习。此练习可以帮助学生掌握划臂与呼吸的配合时机。练习时边讲解，边示范，通过正面和侧面示范使学习者能够看清楚手臂从入水到出水的位置。

练习方法：弓箭步姿势站立，一只手撑住膝盖，另一只手做单臂自由泳划手模仿。口令"1"，边划手边转头慢吐气；口令"2"，手划至大腿用力猛吐气；口令"3"，移臂，眼睛看着手，手移至肩膀处吸气完毕，随着手入水，头还原。要求划水时身体转动，头随身体转动吸气。

练习次数：20次一组，做4组。

（6）陆上双臂自由泳划手模仿加呼吸练习。此练习可以帮助学生进一步熟练掌握自由泳划手时两手的配合节奏，提高动作的连贯性和流畅性。练习时注意体会身体转动与划水、呼吸动作协调配合，不要仅依靠转头吸气，以身体的转动为主，呼吸像"搭车"，搭身体转动的车。

练习方法：身体前倾90°，双手前伸做自由泳分解划手模仿。动作要求同单臂练习，一只手划完了再划另一只手。指导者可用口令或拍掌声音引导学生的动作节奏，越来越快，直至连贯起来。要求转头吸气时眼睛看后面，耳朵紧贴上臂。如果耳朵离开上臂，就说明是抬头吸气，需要及时纠正。躯干和肩随划水动作绕身体纵轴转动，两肩的相对位置不断变化。如右臂入水，左臂出水时，右肩低，左肩高。

练习次数：20次一组，做4组。

2.水中自由泳划臂及呼吸配合练习

（1）半陆半水自由泳手臂划水练习。此练习可以让学生掌握手臂划水由慢到快及高肘抱水的技术要领，重点体会高肘抱水及划水的节奏。

练习方法：俯卧于池边，使身体的左半边或半边靠近泳池，双手前伸，双腿并拢。近水侧的手臂在水中做爬泳的划水动作，口令"1"入水，口令"2"划水，口令"3"入水（移臂）。一只手臂练完后再换另一侧的手臂。双侧手臂轮流进行练习。

练习次数：10次一组，做6组。

（2）浅水中站立单臂划水与呼吸练习。此练习可以让学生体会手臂划水路线和高肘抱水，并在水中克服阻力划动的感觉，同时体会与呼吸的配合时机。

练习方法：站在浅水中，一手扶池边或水槽，一手做划水并配合呼吸的模仿动作。动作要求同陆上模仿基本相同，只是头要没入水中呼气，随身体转动转头，使嘴露出水面吸气。注意划水时躯干的转动，高肘抱水，入水时前伸臂，推水时，手尽量沿往远推（见图3.4.2）。

练习次数：10次一组，做6组。

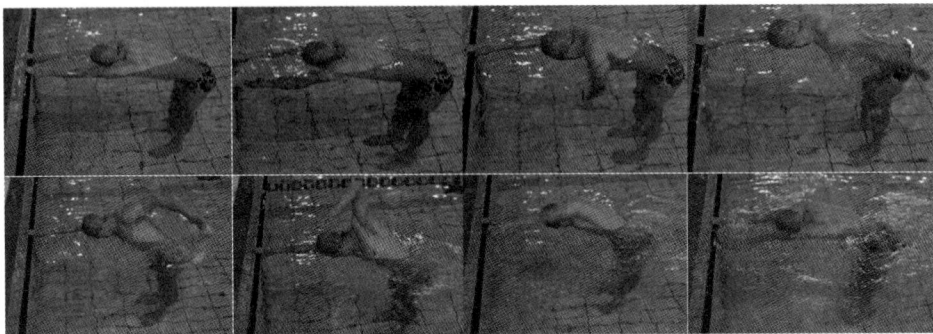

图3.4.2　浅水中站立单臂划水与呼吸练习

（3）浅水走动划水练习。此练习可以帮助学生体会向前走动的动力来自手臂的划水动作，要求手掌和小臂对准水。

练习方法：站在浅水中，体前屈，手臂前伸，肩没于水中，一边做双臂自由泳划水动作，一边向前走动（见图3.4.3）。

练习次数：25 m一组，做8组。

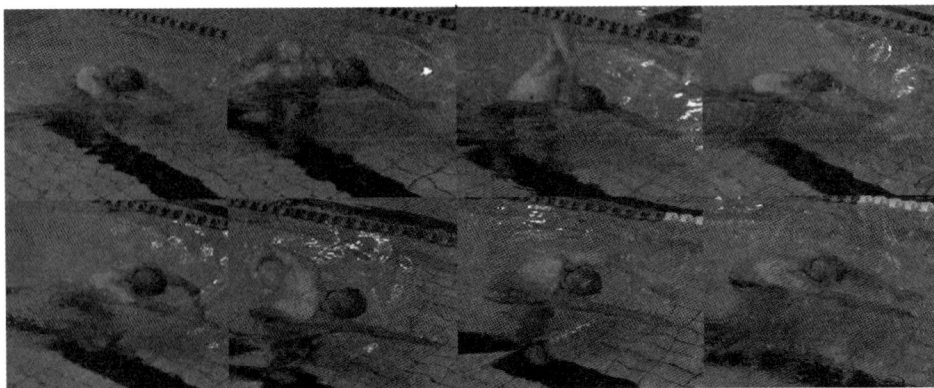

图3.4.3　浅水走动划水练习

（4）双人水中划臂与转体呼吸练习。此练习可以帮助学生感受换气时的身体稳定性，同时体会呼吸时机与手臂划水的协调配合。

练习方法：两人一组，练习者俯卧于水中，另一人站在练习者的身后、两腿之间，同时用双手从外侧抱住练习者的大腿，使其身体保持较好位置。当练习者做手臂划水与呼吸配合转动身体时，另一人通过转动练习者的大腿，协助其完成转体动作。

练习次数：15 m一组，做8组。

（5）水中划臂与呼吸配合练习。此练习可以使学生重点体会手臂划水路线与呼吸的频率、节奏以及配合时机。

练习方法：可以先借助浮板进行无固定支撑练习，手浮板使下肢保持较高位置，身体保持较好的流线型，熟练后进行无支撑练习，做前交叉爬泳划臂与呼吸的配合练习。呼吸时机为（以右边呼吸为例），划左臂时憋气，划右臂时开始吐气。随着身体的转动，右臂推水时头沿身体纵轴右转吸气，为避免抬头吸气，可让在吸气时，下颌对准肩膀，同时眼睛看侧面的水线（见图3.4.4）。

练习次数：25 m一组，做8组。

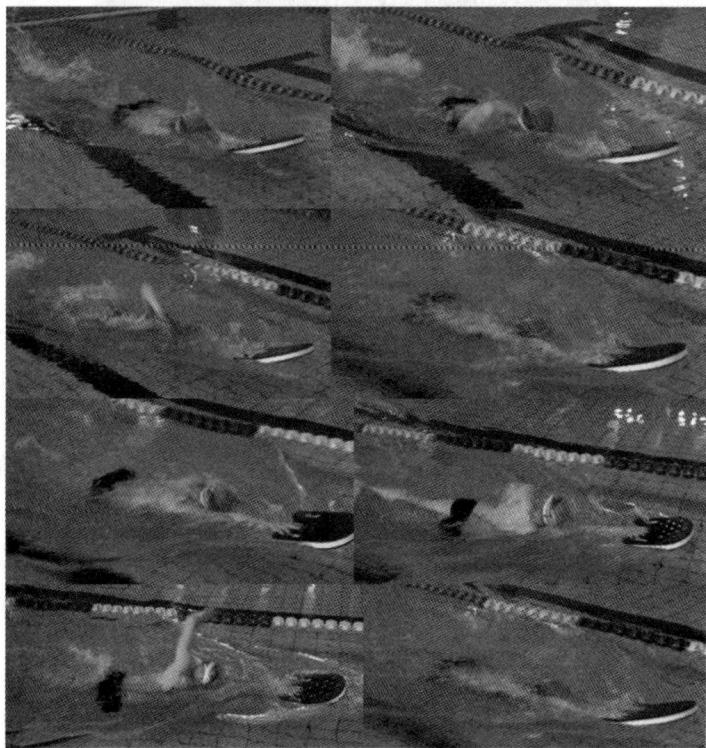

图3.4.4　水中划臂与呼吸配合练习

二、纠错部分

（一）移臂和入水的错误动作

1.移臂过低或过宽

错误原因：移臂时手臂过低或是过宽，通常会导致臀部偏离身体中线，破坏身体的侧向直线性。侧向摆动将使身体在水中占用空间增大，腿部和臀部的摆动还会向前推水，这些都将增大形状阻力和推压阻力，使前进速度显著减慢。

自由泳手臂错误动作及改正方法

纠正方法：移臂过程中要尽可能保持肘高于手，并尽量不要太靠外。通过陆上划臂练习熟练掌握移臂动作。

2.直臂移臂

错误原因：在移臂的过程中，手臂没有保持提肘的状态，沿身体侧面向上移动，导致移臂路径过宽或过窄，水的阻力增大（见图3.4.5）。

图3.4.5 直臂移臂

纠正方法：将要入水的手臂，应该在另一侧的手划水进入推力阶段时，再入水向前伸直，使手臂和身体保持水平姿势。

（二）划水和出水的错误动作

1.划水时手摸水

错误原因：手臂力量不足，划水无力，划水时肘部下沉（见图3.4.6）。

图3.4.6 划水时手摸水

纠正方法：强调手臂力量练习；多做水中原地站立划水练习，体会曲臂高肘的动作要领；多做双腿夹浮板划水练习，强调高肘，体会划水时将身体向前拉引的感觉。

2.划水路线短，划水偏外

错误原因：入水点偏外；入水后手臂过于外划；伸肘推水动作不充分，急于提肘出水。

纠正方法：强调入水点在肩和头的延长线中间区域，不能靠外或偏内；划水时沿着身体中线；强调在划水的后半段加速伸肘，手指擦到大腿前侧后再提肘出水。

3.手出水困难

错误原因：推水结束时手臂在体侧停顿；出水时直臂，掌心向上。

纠正方法：强调推水结束紧接着出水，中间不停顿；多做水中原地站立的划水动作，强调屈肘提拉，以小拇指领先将手臂提出水面。

4.两臂配合不连贯

错误原因：推水或入水后手臂停留时间过长，自由泳双臂配合动作不熟练。

纠正方法：多做连贯配合动作模仿，强调推水和提肘出水动作一气呵成，少做"前交叉"配合，多做"中交叉"配合。

课后总结

自由泳手臂动作技术较为复杂，需要不断练习进行强化。正确地掌握动作结构、路线，有助于初学者更好地掌握自由泳划臂技术。划臂时身体应保持稳定，不能起伏。同时需要注意动作幅度，待大拇指碰到大腿后再开始移臂动作。在做转头呼吸动作时，耳朵不能离开大臂，眼睛看斜后方，这样可以避免抬头换气。头、颈、背保持平直，随躯干的转动一起做动作。在进行手臂划水动作练习时，切记不要急功近利，分步骤慢慢练习，从陆上模仿练习开始逐步过渡到水中没有支撑的划臂练习。

━━━━━━ 课后作业 ━━━━━━

（1）自由泳需要加强上肢肌肉力量和核心稳定性，这样有助于提高自由泳划水效果和保持水中长、平、直的身体姿态。俯卧撑15次，完成3组；仰卧起坐20次，完成3组；平板支撑30 s，完成3组。

（2）课后做陆上划臂模仿练习，20次一组，完成2~3组；陆上划臂加呼吸模仿练习，20次一组，完成2~3组。

━━━━━━ 课后思考 ━━━━━━

（1）自由泳中手臂的主要动作是什么？

（2）自由泳中手臂的划水动作与呼吸之间有什么关联？

（3）自由泳手臂练习中有哪些常见的错误？请举例说明。

第五节　自由泳完整配合动作学习与技术纠正

◆ **本节导言**

自由泳的完整配合技术是匀速不断向前游进的保证，主要体现的是自由泳划臂、打腿、呼吸及身体各个部分的协调配合，也指一个划水周期中，腿打水、臂划水和呼吸的比例。

◆ **学习内容**：自由泳完整配合动作

◆ **学习重点**：手、腿、呼吸的配合

◆ **学习难点**：呼吸动作、身体平衡

一、练习部分

（一）自游泳完整配合技术

自由泳完整配合技术指的是自由泳划臂、打腿、呼吸的配合，是指臂划水的一个周期中，呼吸与打腿的次数。

（1）2次划臂、1次呼吸、2次打腿，即2：1：2。

（2）2次划臂、1次呼吸、4次打腿，即2：1：4。

（3）2次划臂、1次呼吸、6次打腿，即2：1：6。

自由泳完整配合
技术

其中，2次划臂、2次或4次打腿的配合能减少腿的负担，减低能量消耗；2～3次划臂换一次气，换气比较频繁，适宜中长距离游；2次划臂、6次或8次打腿多用于短距离游。初学者最好选择2次划臂、1次呼吸、6次打腿的配合技术，这有利于在学习过程中保持臂、腿动作的协调，掌握身体的平衡。

（二）自由泳完整配合练习方法

自由泳完整配合技术教学与蛙泳配合相比，难度要大一些，主要难点是呼吸及身体平衡。应以水上练习为主，逐渐增加游进的距离和重复次数，达到提高技巧的目的。

自由泳完整配合
练习方法

1.有支撑自由泳配合练习

（1）扶池边自由泳单臂分解练习。在有固定支撑的条件下先进行单臂配合练习，降低练习难度，便于学习者对自由泳完整配合形成初步感觉，同时便于及时发现并纠正错误。

练习方法：先用双手扶池边，双臂向前伸直，身体伸展并漂浮于水面上。身体稳定后打腿，一手扶池边，另一手做自由泳划水动作和身体转动配合做呼吸动作。每次划水吸气一次。两臂轮流练习，强调头和身体一起绕纵轴转动，完成呼吸动作。单手练习熟练后，可进行双臂分解，即每划水一次，就换一次手臂（见图3.5.1）。

练习次数：10次一组，做6组。

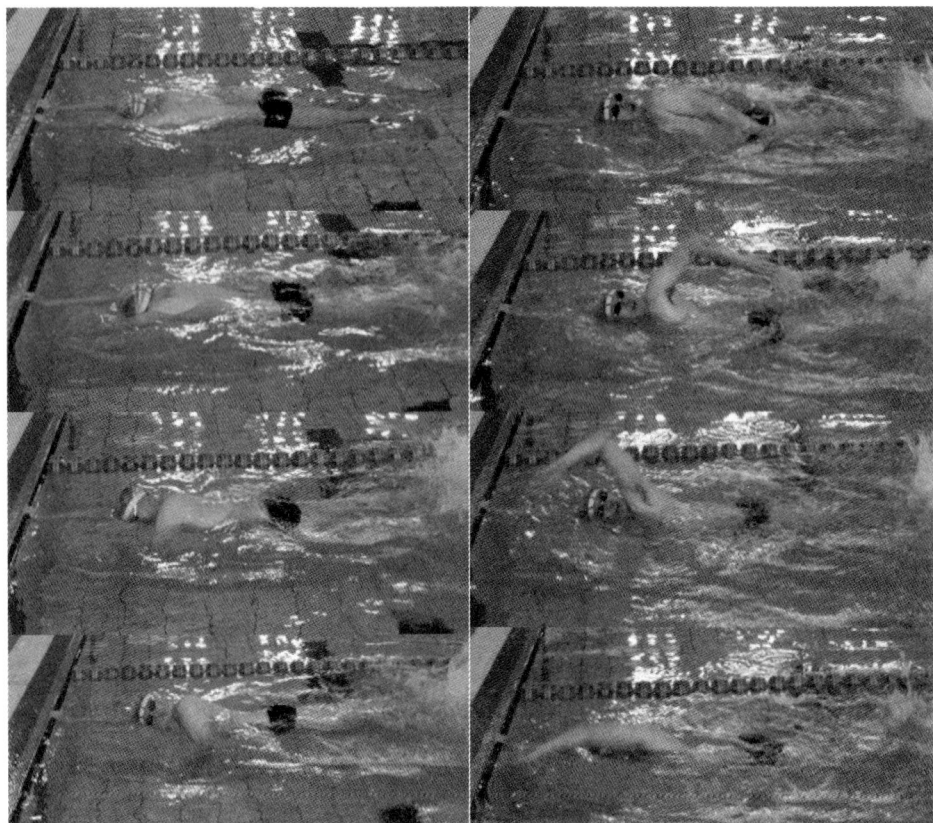

图 3.5.1　扶池边自由泳单臂分解练习

（2）扶板自由泳分解练习。

练习方法：动作要求基本与扶池边分解练习相同。先打腿 5 m 左右，然后一手扶板，另一手做划水及呼吸配合练习。如果打水技术较差，身体下沉，可以带背漂练习，先把游进距离加长，再逐渐去掉浮漂。仍然要强调身体的转动，吸气时耳朵贴住扶板的手臂，以免抬头吸气。从扶边到扶板，从固定支撑到不固定支撑，难度有所增加，可以先进行单臂划水与呼吸的配合练习，然后再过渡到两臂配合练习。开始时可以单手各练习25 m，之后可以做左手3次、右手3次的练习，最后可以做左手1次、右手1次的双臂分解练习（见图3.5.2）。

练习次数：25 m一组，做8组。

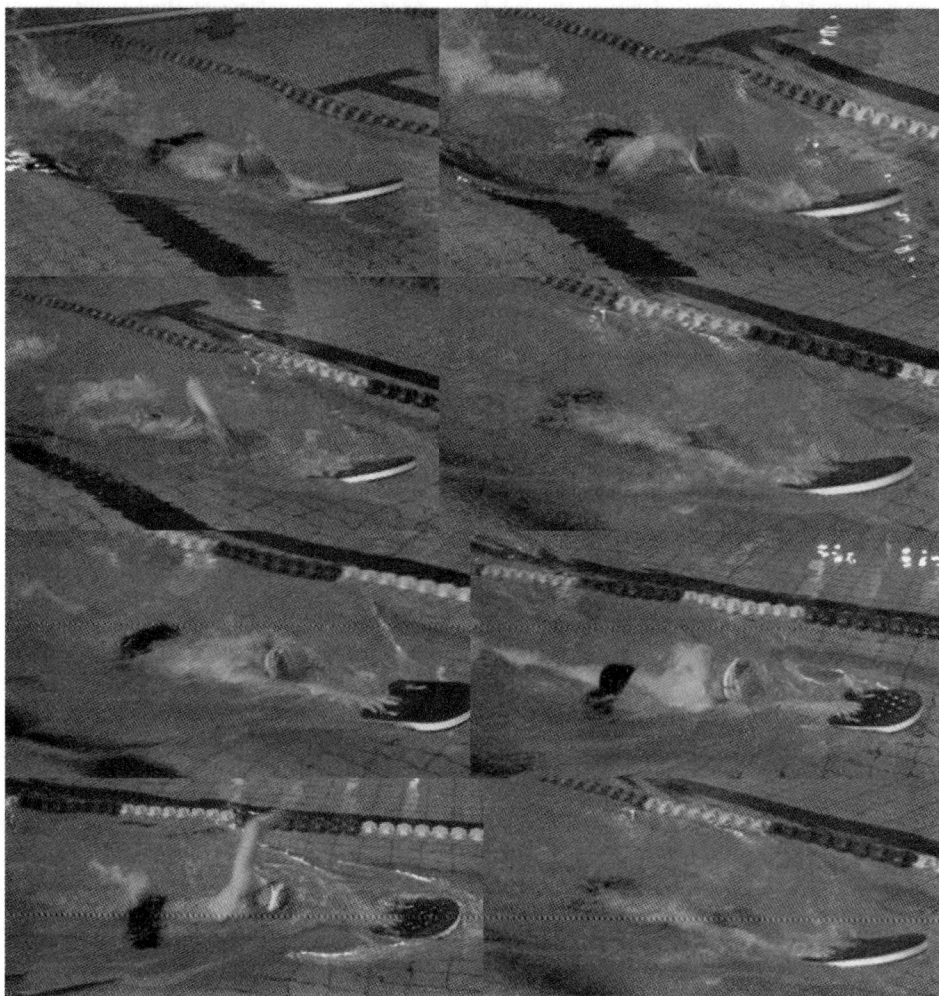

图 3.5.2 扶板自由泳分解练习

2.无支撑完整配合练习

（1）单臂分解练习。在扶板分解配合熟练的基础上，逐渐过渡到无支撑
分解，为掌握完整配合技术打好基础。

练习方法：动作要求基本与扶板分解练习相同，但徒手进行。练习过
程中仍然要强调身体的转动，吸气时耳朵贴住前伸的手臂，以免抬头吸气
（见图3.5.3）。

练习次数：25 m一组，做8组。

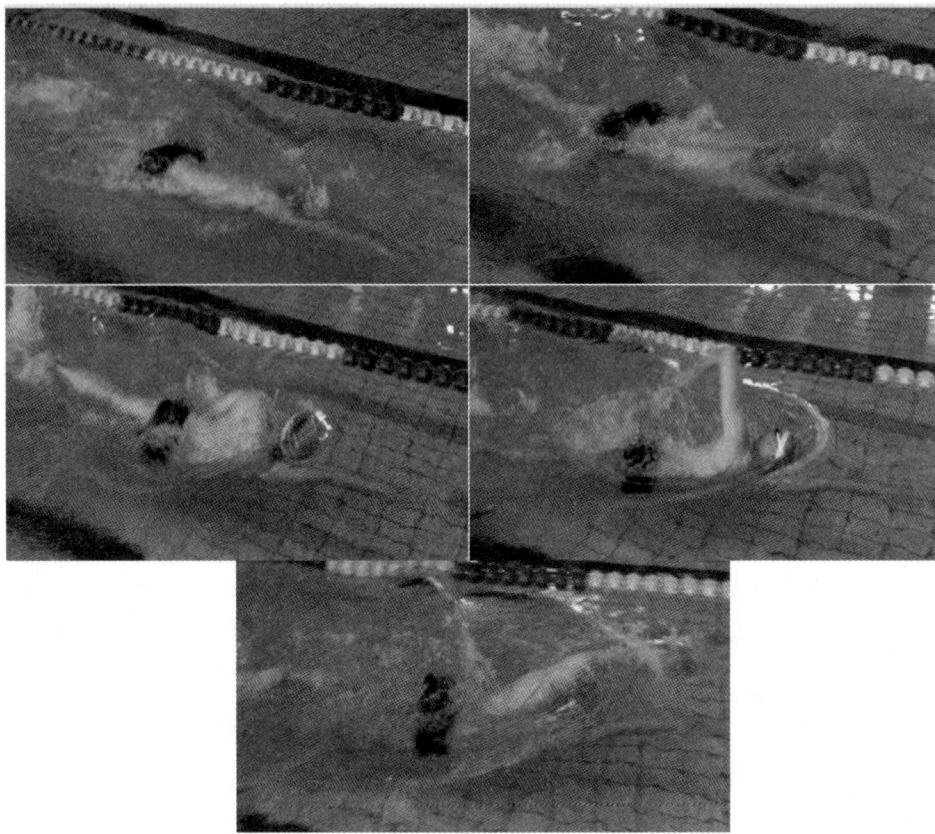

图3.5.3　单臂分解练习

（2）多种形式分解和配合练习。初步掌握自由泳完整配合技术，提高耐力，增加游泳距离。

练习方法：做不同形式的自由泳分解及完整配合动作练习，并逐渐加长游进距离。例如开始时可以单手各练习25 m，之后可以做左手3次、右手3次的练习，最后可以做左手1次、右手1次的双臂分解练习，最后过渡到完整配合练习。完整动作短距离游，注意臂、腿、呼吸的配合，蹬池壁后立即打腿，第一次划水即转头吸气，然后划几次臂再吸一次气，熟练后再增加吸气次数，逐渐做到划2次或3次臂吸一次气；完整动作长距离游，逐渐拉长游进距离，不断地改进动作（见图3.5.4）。

练习次数：50 m一组，做8组。

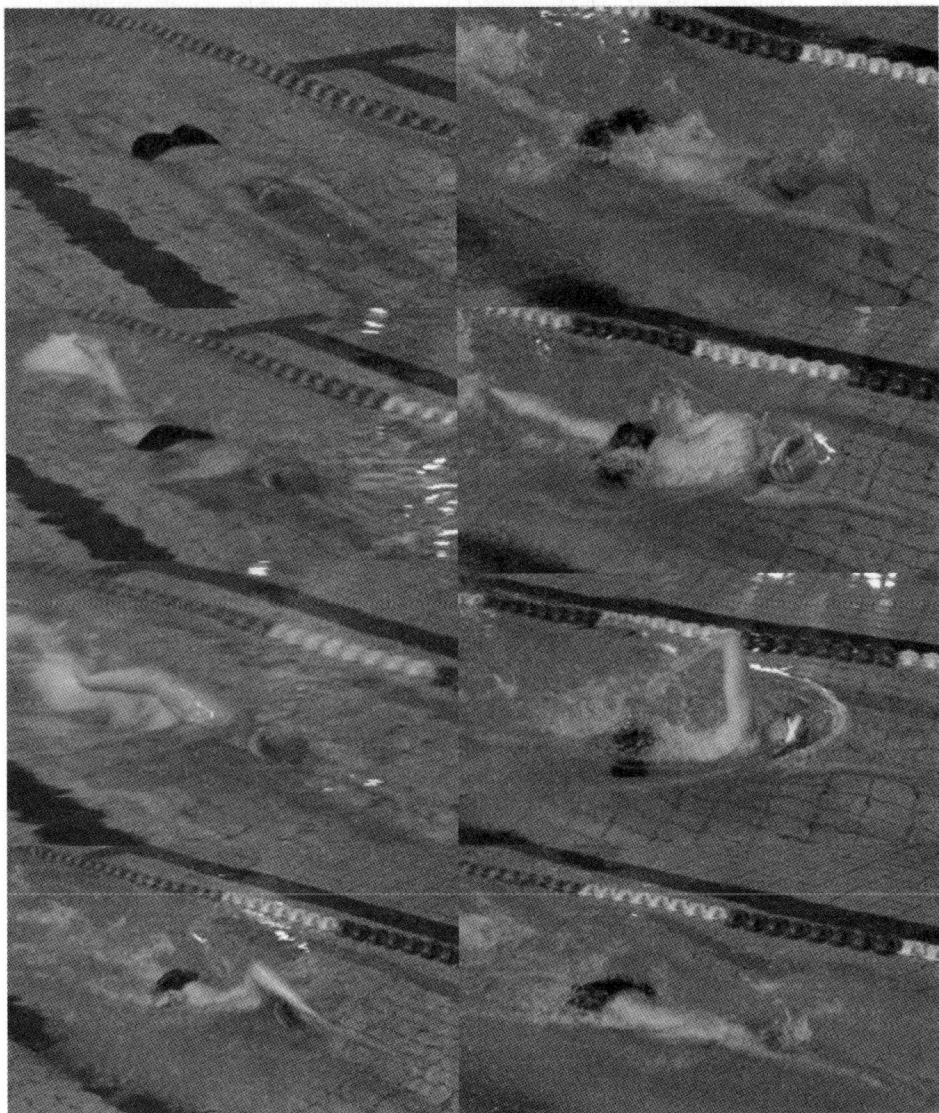

图3.5.4　多种形式分解和配合练习

二、纠错部分

（一）身体倾斜，不能保持平衡

错误原因：基础不好的情况下应该多练习打腿，提高打腿的能力，因为腿在自由泳配合里的作用是保持平衡。有的人踩

自由泳完整配合错误动作及改正方法

关节很硬，打水效果很差；还有一些人因为打腿很累、气喘，不愿意打腿。

纠正方法：只能以手带腿，如果划手好也能游好自由泳，腿达到能够起到平衡的作用就行。如果有些人腿较沉，可略低头，眼睛看池底，以抬高腿部位置。

（二）划水距离短，划到腰部手出水

错误原因：初学者在游自由泳的时候往往省略推水的动作，划手到腰部手就出水了。

纠正方法：直臂划水有助于加长划水路线。学习直臂移臂比较省事，先学直臂再学屈臂，就可以避免划水距离短和幅度小的问题。不呼吸一侧的手臂移臂时不能离开水面的错误动作，也是由于划水不到位所致。

（三）抬头呼吸

错误原因：这种错误动作的出现，主要是由呼吸技术掌握得不好以及怕呛水的心理造成的。抬头呼吸会破坏身体在水中的平衡，导致腿部下沉，从而大大影响游速和游进的效果（见图3.5.5）。

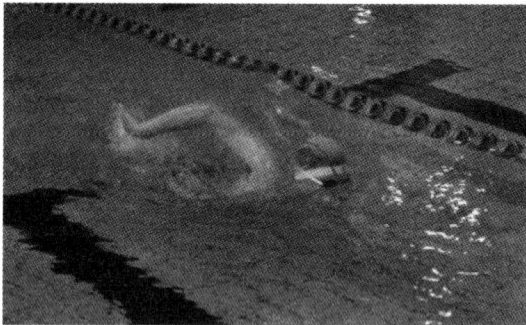

图3.5.5　抬头呼吸

纠正方法：通过模仿划臂转头动作，建立转头吸气的动作概念。语言提示学习者要转头吸气，吸气时，耳朵不要离开前伸的手臂。

（四）一侧手臂常常移不出水面

错误原因：肩没有转动和划手不到位。

纠正方法：要求学习者划水时大拇指碰到大腿后手再出水，或者加大转肩的幅度。身体随手臂划水动作从一侧转向另一侧，始终有一肩露出水面。

（五）身体左右扭动

错误原因：手入水时超过了身体中线，呼吸动作不正确，身体过于放松和打腿能力差，都可以引起身体的左右扭动。

纠正方法：可根据具体情况加以改正和提高打腿能力。

（六）在配合时忘记打腿

错误原因：首先，注意力不集中可能是导致忘记打腿的主要原因之一。当游泳者的注意力过度集中在划臂或呼吸等其他动作上时，可能会忽略腿部的动作。其次，打腿和划手配合练习不熟练也可能导致这一错误。如果游泳者在配合时忘记打腿，会导致下肢下沉，阻力急剧增大（见图3.5.6）。

图3.5.6　在配合时忘记打腿

纠正方法：首先，通过专门的打腿练习，增强腿部肌肉的力量和耐力，使打腿动作成为游泳者的一种自然反应。其次，将自由泳的各个动作进行分解练习，特别是将打腿与其他动作分开进行练习，以加深对打腿动作的理解和记忆。最后，应及时提醒学习者加强打腿，在每次吸气时都给一个打腿的手势。

课后总结

在进行完整动作游进时，身体随着手臂和腿部的动作围绕纵轴有节奏地转动。腰首先发力，借助身体的滚动，逐步向肩、臂、手传递；打腿也是髋关节发力，依次向大腿、小腿、脚传递。游自由泳时，身体处于不断的转动中，从动力学的观点来看，躯干作为上下肢的连接，是自由泳游进时发力的中心以及力量传递的核心，可以将上下肢动作产生的效果协调统一。因此，控制好身体转动幅度，能很好地保持流线型身体姿态，延长有效划水距离，且有助于移臂和呼吸。课后需要反复练习，逐渐增长游距，提高配合的协调性和打腿、划臂的动作时效。

课后作业

（1）扶池边单臂分解练习，10次为一组，完成3组；手扶板单臂划水加呼吸练习，25 m一组，完成2组；双臂划水加呼吸练习，25 m一组，完成2组。

（2）加强核心力量及核心稳定性练习：平板支撑30 s一组，做3组；仰卧起坐20次一组，做3组；俯卧登山跑20次一组，做3组；俯卧撑交替抬腿20次一组，做3组。

课后思考

（1）简述自由泳技术动作的要领（包括腿、臂、完整配合）。

（2）自由泳完整配合技术常见的错误及纠正方法有哪些？

（3）自由泳两臂划水的配合方式有几种？每种配合方式有什么特点？

第六节　自由泳出发与转身技术学习

◆ **本节导言**

游泳比赛大多是在50 m或25 m长的游泳池中进行的。除了在50 m池进行50 m项目的比赛外，在其他所有项目中，运动员游到池端后，都必须折返回头继续游进。这一折返动作就称为转身。自由泳主要采用滚翻式转身技术。比赛距离越长，转身的次数就越多。转身动作的快慢，对比赛成绩有直接的影响。故掌握好快速转身技术对提高游泳竞技水平有着十分重要的意义。

◆ **学习内容**：自由泳出发与转身技术

◆ **学习重点**：前滚翻转身技术

◆ **学习难点**：团身、快速转动

（一）自由泳出发技术

必须从出发台起跳出发。在总裁判发出长哨音信号后，选手应站到出发台上；在发令员发出"各就位"的口令后，选手应至少有一只脚在出发台的前缘做好出发准备，手臂位置不限（见图3.6.1）。

双脚出发

单脚出发

图3.6.1　自由泳出发技术

（二）自由泳转身技术

1.自由泳前滚翻转身技术动作要求

自由泳前滚翻转身技术主要分为游近池壁和触壁、转身、蹬壁、滑行和开始游泳等几个环节。各个环节紧密相连，整个动作要做得连贯、快速。

（1）游近池壁不减速。游近池壁时应保持途中游原有的速度，要能利用池底标志线和仰泳转身标志线来准确地判断离池壁的距离，学会根据自身的身高和游速及时调整好划水和触壁动作。同时，要掌握熟练的转身技术，做到无论哪只手触壁都能运用自如。

（2）将水平游进速度转变为翻转速度。转身时，要能够使身体原来具有的向前的水平游进速度迅速转变为翻转速度。前滚翻转身通过低头屈体的动作，使头和背部受到较大的水阻力。由于触壁前手臂的划水和腿的打水动作产生的推进力使髋部和下肢继续向池壁靠近，两个力也就形成一个较大的力偶矩，促使身体迅速翻转。

（3）缩短半径加快翻转。在翻转过程中，应尽量屈膝团身以加快翻转速度。转身时身体团得紧，半径短，转动惯量就小，加速度就大，身体翻转的速度必然加快。

（4）形成良好的蹬壁姿势。身体翻转后，要形成一个良好的蹬壁姿势，以利于充分发挥腿部肌肉的蹬壁力量，并保证蹬壁后身体成流线型在水下向前滑行。

（5）衔接好起游动作。要掌握好水下滑行的距离，适时开始正常的游泳动作。如果起动过早，在滑行速度仍快于游进速度时就开始做游泳动作，会使阻力增大，其结果是"欲速则不达"。若起动过迟，在滑行速度明显下降后再开始做游泳动作，则必须重新加速，会消耗额外的能量，并影响比赛的成绩。

2.自由泳前滚翻转身技术练习方法

（1）蹲池边前滚翻跳水练习。先在空中练习水中滚翻动作，降低动作难度，帮助学习者体会前滚翻动作。

练习方法：两脚分开，团身，双手抱膝，蹲在池边，脚趾扣住池边，然后身体团紧前滚翻后落入水中。滚翻过程中身体团紧，低头抱膝（见图3.6.2）。

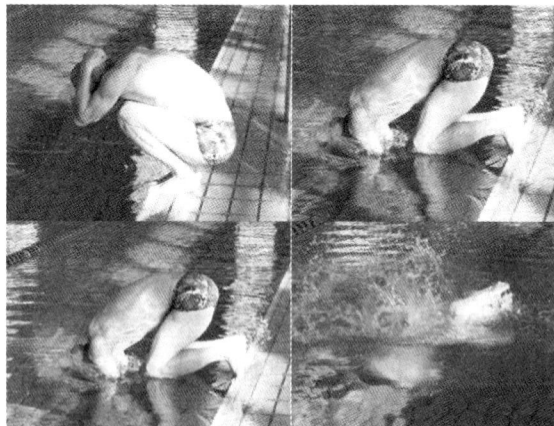

图3.6.2　蹲池边前滚翻跳水

（2）水中原地前滚翻练习。

练习方法：站在浅水中，身体先下蹲没入水中，然后向下蹬地，借助蹬地的力量，低头团身、收腹、膝盖紧贴身体，做前滚翻后站在原地。也可以以水线为轴，身体绕水线做前滚翻。开始滚翻时利用手臂拨水动作帮助身体启动，口鼻同时吐气，避免呛水（见图3.6.3）。

图 3.6.3　水中原地前滚翻

（3）蹬边滑行接前滚翻练习。掌握身体前进过程中完成滚翻动作的技巧。

练习方法：身体成流线型俯卧蹬离池壁，稍滑行后腰部前屈，头向下、向后朝膝盖方向转动，同时两臂做环形划动，帮助身体快速翻转。滚翻的位置要尽量高，使大部分身体露出水面在空气中翻转。完成滚翻动作后头立即出水，检查自己面对的方向是否和滚翻前一致。借助双臂向后划水的力量，快速低头团身滚翻。

（4）自由泳游进中滚翻练习。此练习为接近池壁，由俯卧转变为团身转动的过程。

练习方法：自由泳游进，保持一定游速，最后一次划臂加速，借助划臂的速度，先低头屈髋，后屈膝团身转体360°后，继续游进。反复练习，注意划手与低头屈髋动作的配合时机，低头屈髋与收腿团身的配合时机，要求转身前不减速、团身紧、转动快（见图3.6.4）。

图3.6.4　自由泳游进中滚翻

（5）池壁转动蹬出练习。学习转动后识别方向和蹬出技术。

练习方法：在池壁前做前滚翻后蹬出。当身体绕横轴转动90°时再绕纵轴转动90°，此时展髋伸膝蹬住池壁，手臂夹头成流线型后蹬出，蹬出时双臂紧夹住头，身体保持流线型。用力打腿，使身体浮上水面，当头露出水面时，开始划臂。注意转动前选择适当的距离（同见图3.5.4）。

（6）自由泳滚翻完整练习。要求熟练掌握前滚翻转身技术。

练习方法：从距离池壁5 m处开始，用最后一次划手的力度调整到池边的适宜距离，转身后蹬出，划手3次后停止。重复练习直至熟练为止。注意游近池壁不减速，注意适宜的转身距离，转动快，蹬出有力（见图3.6.5）。

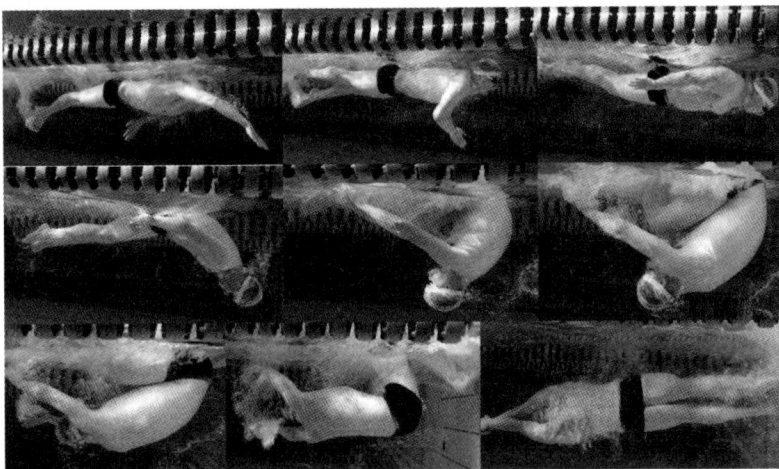

图3.6.5　自由泳滚翻完整练习

课后总结

自由泳前滚翻转身技术练习时，需要重点关注划臂与低头屈髋动作的配合时机，以及滚翻前选择合适的距离。根据教学步骤反复练习，便可掌握转身技术。

课后作业

做陆上前滚翻练习，5次为一组，完成3~5组。

第四章

游泳高级课程（一）

本章导言

仰泳，作为游泳四大基本姿势之一，是一种独特且优雅的泳姿。它不仅要求游泳者保持正确的身体平衡和流线型姿势，还需要做好精确的手臂和腿部动作配合。在大学游泳高级课程中，仰泳的学习不仅是为了提高游泳速度，更是为了培养游泳者的身体协调性和在水中的自信心。

仰泳的起源可以追溯到古代文明时期。据考古学家的研究，早在公元前2500年左右的古埃及，人们就已经开始使用仰泳的姿势进行游泳。这些古代的游泳者们在尼罗河上游泳时，仰泳的姿势不仅可以帮助他们在水中保持稳定，还能让他们更好地观察四周的环境。随着时间的推移，仰泳逐渐传播并发展成为一种正式的游泳姿势。1794年，有关人体仰卧水中、两臂在体侧向后划水、两腿做蛙泳蹬夹动作的文字记载出现，这可以被视为仰泳的早期形式。然而，当时的仰泳技术还不够成熟，与蛙泳和自由泳的技术有所关联。到了19世纪末，游泳运动开始在欧洲各国兴起，并逐渐形成了具有规则的比赛项目。1896年，第一届现代奥运会在希腊雅典举办，仰泳作为其中的一个比赛项目正式出现。这意味着仰泳正式成为世界游泳舞台上的重要角色。

在仰泳的发展历程中，一些关键的变革和改进也起到了推动作用。例如，早期的仰泳者常常采用头部向前伸直的姿势，但在实践中，人们发现这种姿势在呼吸上存在困难。于是，游泳者开始尝试将头部稍微向后仰，以便更轻松地呼吸。这种技术变革不仅提高了仰泳的舒适性，也促进了仰泳技术的进一步发展。

在大学游泳高级课程中，我们将深入探讨仰泳的技术细节，包括身体姿势、手臂划水、腿部动作以及呼吸配合。通过学习这些基本要素，并结合实践练习，学员将能够逐渐掌握仰泳的技巧，并在水中展现出优雅而自信的姿态。

第一节　长距离自由泳健身

◆ **本节导言**

本节导言：第三章学习了自由泳，自由泳也叫爬泳，是四种泳姿中速度最快的一种。熟练掌握自由泳技术之后，便可进行长距离的游进。自由泳和其他泳姿有较大区别，虽然技术动作相对简单，但换气必须在身体转动时才能进行，所以既要保持身体平衡，还要在换气时稳定身体在水中的姿势，这对于初习自由泳的人来说会造成较大的困扰。本次课将学习如何练好自由泳并进行长距离自由泳的游进。

◆ **学习内容**：自由泳长距离健身
◆ **学习重点**：提高自由泳长距离游进的能力

（一）自由泳手臂练习方法

1.前交叉分解练习

前交叉自由泳可以将技术动作拉长，帮助游泳者节省游进中的体力，增加游进距离，提高效率。在练习时，需保持漂浮流畅的身体姿势，以减少阻力。同时注意呼吸控制，确保在适当时机转动头部进行呼吸。

练习方法：两臂伸直，身体呈俯卧姿势漂浮于水面，右手放在左手上面，两手重叠。左手臂先完成一个划水动作，移臂后左手放到右手上面，然后右手臂再完成一个划水动作。如果感觉此练习过于困难，也可以采用扶板的方式练习，要求手扶在打水板的后部，使手臂有足够的空间完成划水动作（见图4.1.1）。

练习次数：25 m一组，做8组。

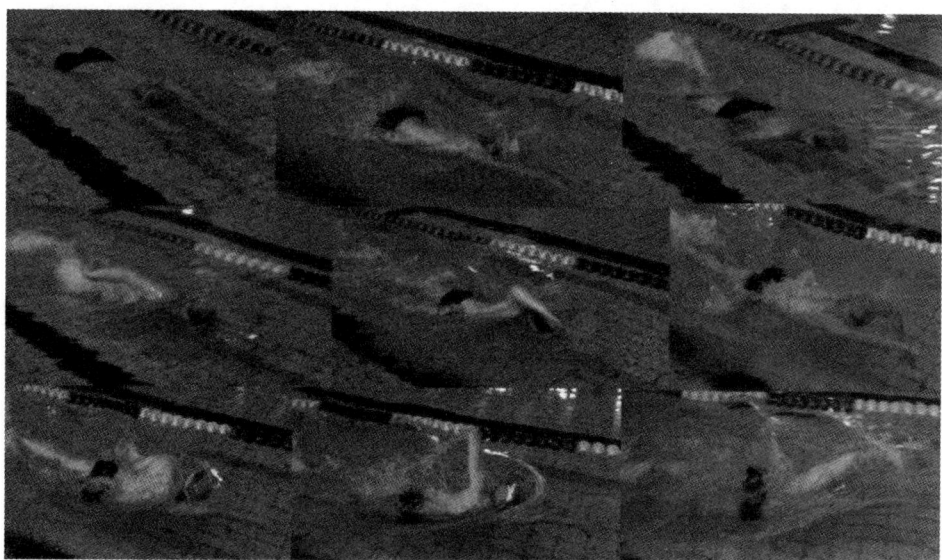

图4.1.1 前交叉分解练习

2.握拳手臂划水练习

在自由泳游进过程中大部分学生两手臂划水产生的推进力是不对称的，单手握拳划水练习可以帮助划水效果较差的手臂提高划水效果，通过这个练习可以增强弱势手臂的推进效果，从而提高整个动作的划水效果。

练习方法：采用握拳游自由泳，然后张开手掌，体会划水的感觉。在练习过程中划水效果较好的手握拳，划水效果较差的手张开手掌。

练习次数：25 m一组，做8组。

（二）空中移臂与呼吸练习方法

1.手指指尖拖水高肘练习

通过手指指尖轻触水面并保持高肘动作的练习，可以练习高肘移臂的技术。在游进中此技术可以帮助学习者减少水阻力，提高划水效率，降低肩部压力，从而提高游泳速度和整体技术水平。

练习方法：学生在移臂时手指拖着水面向前，肘关节弯曲，肘在手的上面，手指从水中沿一条直线向前移臂。在练习过程中要注意在移臂时指尖不能离开水面，始终让手指擦着水面进行拖动。

练习次数：25 m一组，做8组。

2.拇指贴身体高肘移臂练习

拇指贴身体高肘移臂练习可以帮助学习者改善像螃蟹一样的横移臂错误。注意，想要完成空中移臂高肘动作，身体需要侧向转动，头部也要随着身体转动，这样呼吸也会更加轻松。

练习方法：这个练习和上面的练习有些相似，不同的是移臂时用大拇指贴着身体侧面向前移到腋窝处，再向前伸臂准备入水。移臂时手不再在水面拖行，但手的位置接近水面，移臂路线最好是一条直线，入水和出水时手尽可能保持伸直。

练习次数：50 m一组，做8组。

3."鲨鱼鳍"移臂练习

"鲨鱼鳍"移臂练习可以帮助学习者提高和完善高肘移臂技术，并进一步保持身体稳定性。

练习方法：在每次移臂过程中，移臂至肩部位置时，肘部保持稳定状态，像鲨鱼的鳍一样，保持2～3秒，然后做入水动作。在这个过程中，腿部保持连续打腿动作。

练习次数：50 m一组，做8组。

4.点触练习

点触练习可以帮助学习者提高和完善高肘移臂技术，提高身体控制能力，保持合理的身体位置。

练习方法：一臂划水时，另一臂前伸。当划水臂结束划水时，用手碰触臀部，然后移臂碰触前伸臂的肘部，再由前向后空中移臂至腿部，并再次碰触腿部。之后，做向前移臂入水动作，并滚动身体。重复进行练习（见图4.1.2）。

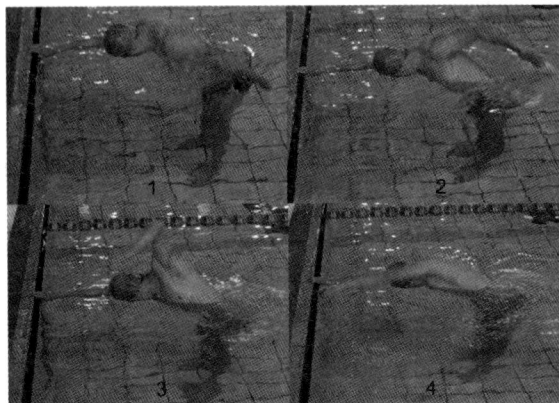

图4.1.2　点触练习

练习次数：50 m一组，做8组。

（三）自由泳打腿练习方法

戴脚蹼打腿练习可以很好地帮助学生在上打时保持直腿，并使打腿幅度保持在适宜的范围内。因为学生戴脚蹼后对动作的感觉更敏锐，可以避免产生屈腿上打或下打过深等自由泳打腿错误动作。

练习方法：穿戴脚蹼。

练习次数：50 m一组，做8组。

── 课后总结 ──

持续的长距离游泳可以起到良好的健身功效，能够使心脏得到很好的锻炼，心肌收缩能力逐渐增强，血液循环机能得到提升，从而提高人体的新陈代谢能力。在练习控制上主要采用相对固定的指标控制负荷，如定时游、定距游，还有固定心率游和固定速度游，就是将心率和游速控制在一定的范围，对恢复体能、发展一般耐力水平有良好的效果。

── 课后作业 ──

复习长距离游的练习方法，尝试定时游、定距游，还有固定心率游和固定速度游，逐渐增加游距，增强身体机能。

第二节 仰泳腿部动作学习与技术纠正

◆ **本节导言**

仰泳是人体在游进过程中身体呈仰卧姿势浮于水面上，两臂于体侧划水，两腿上下交替打水的一种泳式。由于人体仰卧于水面，呼吸更容易掌握，动作简单易学，因此是许多人在学游泳时首选的泳式之一。同时正是由于人体仰卧于水面，因此仰泳对练习者的肩关节柔韧性及上肢力量要求较高。本节将仰泳技术练习方法分为陆上模仿技术练习及水中技术练习，水中技术练习又分为分解练习及完整练习，同时增加了难度练习及不同姿势转换练习。同学们可根据自己的仰泳技术掌握情况进行有目的的练习。

仰泳技术特点

◆ **学习内容**：仰泳腿部技术

◆ **学习重点**：仰泳腿部上踢与下压动作

◆ **学习难点**：仰泳腿部踢水幅度与路线

一、练习部分

（一）仰泳腿部技术

在仰泳游进过程中，腿部动作不仅能够起到推进及协调双臂做有力划水的作用，更为重要的是起到维持身体平衡的作用。仰泳腿部技术可以分为上踢技术和下压技术。

仰泳腿部动作技术组成与路线节奏

1.上踢技术

仰泳腿的上踢技术是指当腿下压快结束时，以髋关节为轴，大腿带动小腿与脚做向上的鞭状踢水的动作。向上踢水时脚应绷直内扣，用力向着侧后上方踢水。这个技术动作可加大脚背对水的面积，延长踢水的时间（见图4.2.1）。

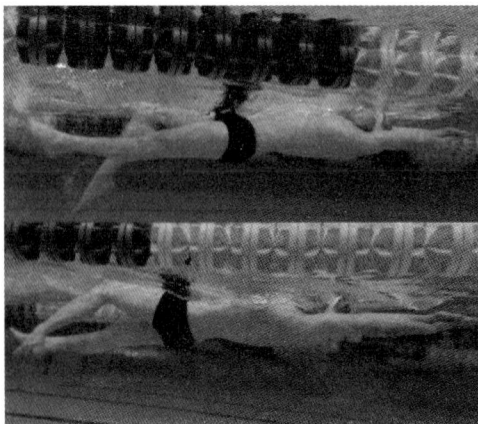

图4.2.1 上踢技术

2.下压技术

仰泳腿下压技术是指上踢快结束时，大腿后群肌肉收缩，直腿下压打腿的一个过程。仰泳打腿时两脚踢水上下最大幅度比自由泳打腿幅度大，约40～45 cm。膝关节最大屈度约160°。同时在游进过程中，为维持身体的平衡，随着身体的转动，腿不仅有上下的踢水动作，同时还有斜方向的踢水动作（见图4.2.2）。

图4.2.2　下压技术

（二）仰泳腿部技术练习方法

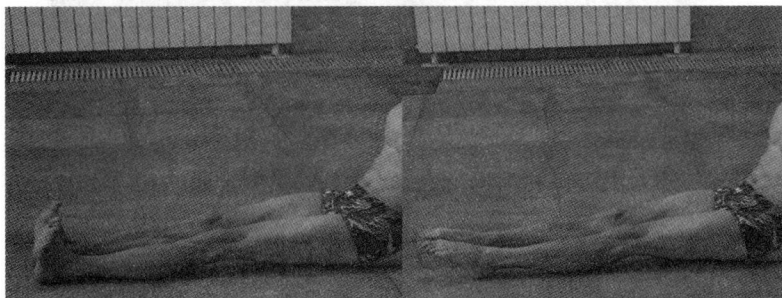

1.陆上模仿练习

（1）勾、绷脚尖练习。此练习可以使学习者强化勾脚、绷脚动作，为仰泳脚背踢水做充分的准备。

仰泳腿部技术
练习方法

练习方法：坐在地上，做勾、绷脚练习。勾脚时强调脚趾向上方，尽量向胫骨靠近。绷脚时脚趾指向地面（见图4.2.3）。

练习次数：每组做30次或持续30 s，做4～6组。

图4.2.3　勾、绷脚尖练习

（2）仰卧直腿仰泳腿练习。此练习可以学习打腿幅度及打腿方向。练习时体会肌肉用力感觉，强调腿向上时用力，下落时放松。

练习方法：身体后倾，平躺在地上或长椅上，双臂夹紧，双腿绷直，双脚内扣做直腿的仰泳腿部技术模仿练习（见图4.2.4）。

练习次数：每组做30次或持续30 s，做4～6组。

图4.2.4　仰卧直腿仰泳腿练习

2.水上练习

（1）半陆半水池边仰卧仰泳腿练习。此练习可以让学习者体会脚背向后上方踢水时水对脚背的阻力、髋关节发力，大腿带动小腿做鞭状打水动作。在练习时需注意脚背踢水方向及力度（见图4.2.5）。

练习方法：身体后倾，平躺在地上，双臂夹紧，双腿浸入水中，两腿绷直、脚内扣做仰泳打腿练习。

练习次数：每组做30次或持续30 s，做4～6组。

图4.2.5　半陆半水池边仰卧仰泳腿练习

（2）双人辅助浮漂仰泳腿练习。此练习利用教学辅助用具浮漂，使练习者在水中保持较好的身体位置。重点体会仰泳打腿时的鞭状打水动作。向上踢水时，应避免膝盖露出水面，双脚分开不要过大（见图4.2.6）。

练习方法：仰卧于水中，双腿并拢，脚内扣，做仰泳打腿练习。

练习次数：25 m一组，做6组。

图4.2.6　双人辅助浮漂仰泳腿练习

（3）浮板仰泳打腿练习。此练习利用教学辅助用具浮板，练习时身体应呈仰卧姿势出发。正确的仰泳打腿效果是踢水时的水花像水沸腾一样往上冒，注意膝盖不要露出水面（见图4.2.7）。

练习方法：双手扶浮板，身体呈仰卧姿势，将浮板放置于下腹或枕于头部。

练习次数：25 m一组，做8组。

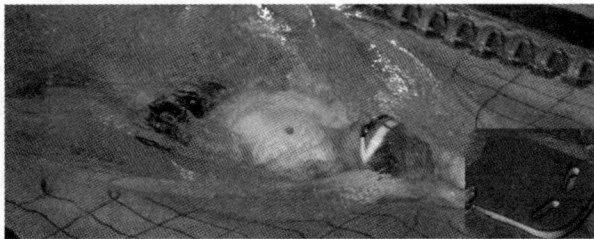

图4.2.7　浮板仰泳打腿练习

（4）徒手仰泳打腿练习。此练习可以使学习者保持身体在水中的稳定性及身体在水中较高位置。为仰泳配合做充分的准备。注意屈腿上踢用力，直腿下压放松。上踢时应避免膝盖露出水面。

练习方法：仰卧于水面，身体呈较好流线型。手位于体侧或手臂伸直，将头枕在两臂中间。双腿做稍快频率的仰泳打腿（见图4.2.8）。

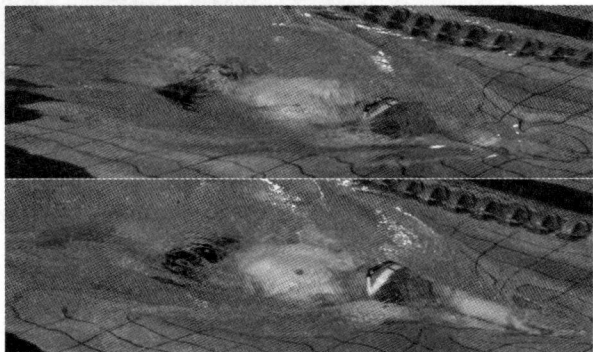

图4.2.8　徒手仰泳打腿练习

练习次数：25 m一组，做8组。

（5）水中垂直仰泳打腿练习（深水池水深2 m）。此练习可以使学习者重点体会在深水处脚背向前踢水的感觉，踢水产生的力量应使人体有向上的感觉。注意向前踢水时用力，向后时放松，注意脚背踢水的方向。

练习方法：在深水区，双手抓住水线，双手抱浮板，或手在体侧做小幅度划水，面向池壁，垂直于水中做向前踢水练习。

练习次数：30 s一组，做4~6组。

（6）反蝶泳打腿练习。此练习可以帮助学习者掌握仰泳出发及转身后水下潜水打腿技术。在水下游进时注意保持头的正确位置，低头或仰头都会偏离游进方向。

练习方法：身体仰卧于水中成较好流线型。手臂往头上举，头枕于上臂，仰卧姿势蹬离池壁后身体全浸入水面下约30 cm，在水面下打反蝶泳腿（见图4.2.9）。

练习次数：25 m一组，做8组。

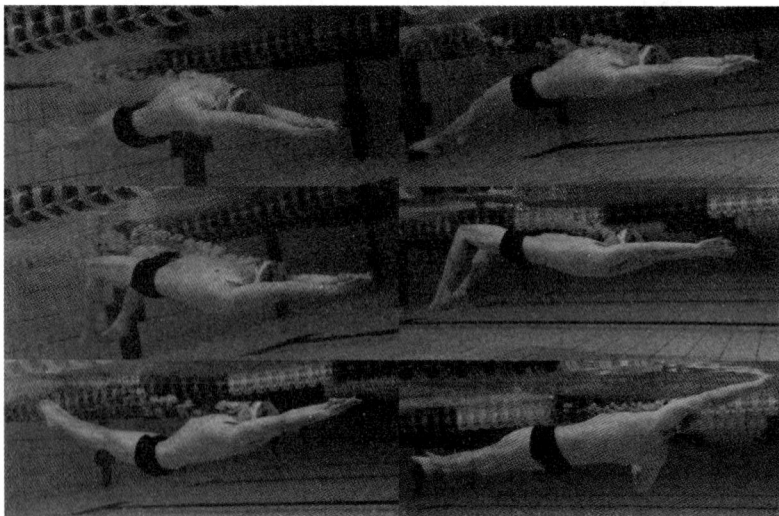

图 4.2.9 反蝶泳打腿

（7）仰泳360°打腿。此练习可以使学习者体会不同体位的仰泳打腿及身体的平衡能力。

练习方法：仰卧蹬边滑行，双臂置于头前，身体成较好流线型。仰泳打腿6次，左侧卧打腿6次，俯卧打腿6次，右侧卧打腿6次。如此反复。

练习次数：25次一组，做4～6组。

二、纠错部分

在仰泳腿部练习中，人仰卧于水中时，由于对水的恐惧心理，习惯于头部后仰，下巴朝上，收腹、屈膝、勾脚，使口鼻尽量露出水面，身体所有关节弯曲，无法伸直。如果没有在学习仰泳打腿的时候纠正错误姿势，形成了习惯，那么在配合游的时候臀部就会随着划水左右扭动，头也会不受控制地随划水左右摇摆，加大了游进时的阻力。错误技术动作会影响游泳效果和姿势。以下是一些常见的错误技术动作及纠正方法。

仰泳腿部错误
动作及改正方法

（一）身体弯曲

1.错误动作分析

这种错误动作形成的主要原因是对动作概念不清，或害怕导致身体过度紧张（见图4.2.10）。

2.纠正方法

头部摆动，身体会随着扭动。眼睛要直视正上方，固定头部，控制身体姿势，可进行双手扶水线的打腿练习，纠正此错误动作。

（二）蹬车式打腿

1.错误动作分析

图4.2.10 身体弯曲

在进行仰泳打腿练习时，出现像蹬自行车一样的蹬踹动作，大腿上抬幅度过大，膝关节弯曲幅度大，膝盖露出水面，这是仰泳打腿动作学习中常见的错误动作。这会增加打腿推进阻力，使游进速度变慢，打腿效果变差（见图4.2.11）。

2.纠正方法

尽量保持膝盖在水下，不要露出水面，直腿完成上踢动作。可进行浮板仰泳打腿练习，用浮板控制打腿上抬的幅度，从而纠正错误动作。

图4.2.11　蹬车式打腿

（三）下压过深

1.错误动作分析

在进行仰泳打腿练习时，出现只伸膝和屈膝打腿，大腿和髋部几乎不参与打腿，这是由于小腿过度下沉和上踢不足。因为仰泳打腿下压幅度过大，身体在水中的横截面积也随之加大，从而增加了形状阻力，导致游进的速度变慢（见图4.2.12）。

2.纠正方法

仰泳打腿下压时腿应保持伸直，直到下一个上踢动作开始受水的阻力作用而屈腿。可进行陆上仰泳打腿模仿练习纠正此错误动作。

图4.2.12　下压过深

（四）小腿踢水

1.错误动作分析

在进行仰泳练习时，大腿过于紧张，只靠膝关节屈伸来打水，从而造成腿部踢水时过度弯曲，形成明显的膝关节弯曲。这会增加水阻力，减缓游泳速度，同时可能导致疲劳和不适（见图4.2.13）。

2.纠正方法

强调用大腿带动小腿鞭状打水，尤其注意大腿积极下压的动作，也可以通过直腿打水体会动作要领。

图4.2.13　小腿踢水

课后总结

仰泳腿是仰泳姿势中腿部的关键动作，对于游泳技术和速度起着重要作用。仰泳腿的主要动作是踢水，通过腿部的上下运动推动身体向后移动。踢水的频率可以根据自身的技术水平和游泳速度进行调整。一般而言，较快的踢水频率有助于提高速度，但需要注意保持力量和稳定性。后续可以通过一系列练习，如踢水练习、使用浮板的练习、侧身踢水等，改善仰泳腿的技术水平，提高仰泳打腿效率。

课后作业

（1）完成踝关节灵活性练习，对小腿肌肉进行拉伸。

（2）进行陆上仰泳打腿模仿练习，30 s为一组，完成3～5组。

课后思考

（1）仰泳腿部技术的重点和难点是什么？

（2）仰泳腿部常出现的错误技术动作有哪些？

（3）仰泳错误动作产生的原因及纠正方法是什么？

第三节　仰泳手臂动作学习与技术纠正

◆ **本节导言**

　　仰泳手臂动作是仰泳技术中的主要推进力来源，强调高肘抱水。手臂在水中的划水路线是三维立体的"S"型。正确的动作可以推动身体向前游进并维持平衡。同时，手臂动作还与呼吸协调，从而维持良好的游泳姿势。在本节课程中，我们将探讨仰泳手臂的技术构成、练习方法以及可能出现的错误并予以纠正。

◆ **学习内容**：仰泳手臂技术

◆ **学习重点**：仰泳手臂划水幅度与路线

◆ **学习难点**：仰泳划手与转肩的配合

一、练习部分

（一）仰泳手臂技术

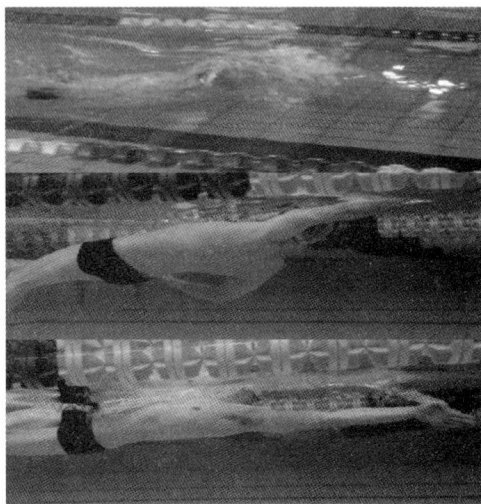

　　仰泳手臂划水动作是产生仰泳推进力的主要因素。仰泳手臂技术由入水、抱水、划水、出水及空中移臂五个紧密连接的部分组成。手臂在做入水、抱水和划水动作的过程中，在水下形成一个三维的"大"型的划水路线。

仰泳手臂技术

1.入水技术

　　入水时，手臂伸直，小指向下。小拇指的侧面与小臂的夹角为150°～160°。手的入水点应在身体的纵轴与肩的延长线之间，或在肩的延长线上。过宽和过窄的入水都

图4.3.1　入水

会对抱水效果造成影响（见图4.3.1）。

2.抱水技术

手臂入水后要积极地下划，通过伸肩、屈肘、上臂旋内和屈腕的动作，配合身体的滚动，使手掌和前臂处于有利的对水位置，形成较大的对水面。完成抱水动作时，肘部微屈成150°～160°角，手掌距水面深30～40 cm（见图4.3.2）。

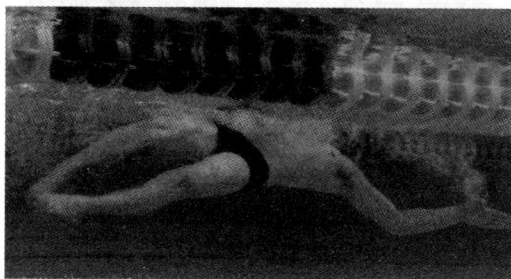

图4.3.2　抱水

3.划水技术

仰泳的划水动作是推动身体前进的主要动力。划水动作包含拉水和推水两个阶段。拉水是在手臂前伸抱水的基础上进行的。开始时前臂内旋，手掌上移，肘部下降，手掌和小臂要保持与前进的方向垂直。当手掌划至肩侧时，屈臂程度最大，为70°～110°角，此时进入推水阶段。推水时肘关节和大臂应逐渐向身体靠近，手臂用力向脚的方向推水。当推水即将结束时，小臂内旋做加速转腕下压的动作，下压结束后，手臂要伸直，手掌在大腿侧下方（见图4.3.3）。

图4.3.3　划水

4.出水技术

推水结束后，手掌借助于压水的反弹力迅速提臂出水。出水时手臂自然伸直，由肩带动上臂、前臂和手依次出水。出水时的手形有手背先出水、大拇指先出水、小拇指先出水三种形式，可选择自己习惯的手形出水。优秀运动员常采用大拇指先出水技术，其优势在于空中移臂时手臂肌肉较放松（见图4.3.4）。

图4.3.4 出水

5.空中移臂技术

手臂出水后，手应迅速从大腿外侧垂直于水面移至肩前。当手臂移至肩上方时，手掌内旋，掌心向外（采用大拇指先出水技术）。空中移臂时，臂要伸直放松，移臂的后阶段要注意肩关节充分伸展，为入水和划水做好充分的准备（见图4.3.5）。

图4.3.5 空中移臂

（二）仰泳手臂技术练习方法

1.陆上模仿练习

（1）站立式直臂—屈臂仰泳划手练习。此练习可以让学习者体会仰泳直臂及屈臂高肘抱水技术。在练习中应注意入水点在肩延长线或肩延长线和身体纵轴之间入水，身体转动时，

仰泳手臂技术练习方法

沿身体纵轴转动。高肘抱水。

　　练习方法：身体直立，双臂置于体侧，眼看前方。做单臂直臂及单臂屈臂的高肘划水练习（见图4.3.6）。

　　练习次数：10次一组，做4～6组，左、右手交替进行练习。

图4.3.6　站立式直臂—屈臂仰泳划手

　　（2）仰泳转肩练习。此练习可以使学习者体会仰泳划水时肩的转动技术。在练习过程中需注意转肩过程中，身体只能沿身体纵轴转动。眼睛注视前方，身体不能左右摇摆。

　　练习方法：身体直立，双臂自然下垂，头不动。身体沿身体纵轴转动，同时用肩峰在体侧画大圆。肩向上画时，用肩峰贴近耳朵。

　　练习次数：10次一组，做4～6组。

　　（3）仰卧划臂练习。此练习可以使学习者体会仰泳高肘屈臂S型划水技术。练习过程中需注意仰泳手臂入水阶段，手臂往远伸，推水后尽量推至大腿旁。强调手臂入水后高肘抱水。

　　练习方法：仰卧于长条凳上，练习手臂一侧的身体尽量靠近凳的边缘。做仰泳划手练习，单臂练习后换另一手臂做练习。

　　练习次数：10次一组，做4～6组，左、右手交替进行练习。

　　2.水中练习

　　（1）两人一组仰泳手臂划水练习。

　　练习方法：一人站立于水中，双手从外侧将仰卧在水中的学习者的大腿抱住。当学习者进行仰泳划水及空中移臂时，通过上下（左手按下练习者的右腿，右手上提学习者的左腿）按压学习者的大腿，协调配合其完成臂划水时身体沿身体纵轴的转动动作。

练习次数：25 m一组，做4组，两人交替进行。

（2）夹浮板仰泳手臂技术划水练习。此练习可以使学习者在仰泳划水过程中控制好自己的身体位置。在练习过程中需注意，仰泳高肘划水及在划水过程中身体沿身体纵轴的转动，划水过程不要太快，力量不要太大，避免在游进过程中下肢左右摇摆。

练习方法：腿夹浮板仰卧于水中，水位于脸颊，做仰泳的手臂划水练习。

练习次数：25 m一组，做4组。

（3）转肩出水技术练习。此练习可以提高学习者身体在水中的稳定性。

练习方法：蹬泳池边仰卧于水中，成较好流线型，双臂置于体侧，戴脚蹼或不戴脚蹼。用力打水，头不动。右肩出水三次，换转左肩出水三次，不做手臂出水及空中移臂动作（见图4.3.7）。

练习次数：25 m一组，做4~6组。

图4.3.7 转肩出水技术练习

（4）大拇指领先出水练习。

练习方法：蹬边仰卧滑行，身体在水中成较好流线型。一臂水中头前举，另一臂做大拇指出水、空中移臂至90°二次，第三次入水后手臂伸直置于头前方，换另一臂做此练习。

练习次数：25 m一组，做4～6组。

（5）抓水线屈臂划水练习。

练习目的：体会屈臂划水及鞭状推水技术。此练习不宜多做。

练习方法：仰卧蹬边滑行，身体在水中成较好流线型。完整仰泳配合，贴近水线一侧的手臂入水后拉水线做屈臂划水。

练习次数：25 m一组，做4～6组。

（6）仰泳单臂划水练习。

练习目的：锻炼仰泳打腿能力及身体在水中的平衡能力。

练习方法：仰卧于水中，一臂头上伸直准备划臂，另一臂体前伸直与身体垂直，做单臂仰泳划水练习。垂直于身体的手臂在练习过程中，要求肘关节不能没入水中，25 m后换另一手臂的仰泳划水练习（见图4.3.8）。

练习次数：25 m一组，做4～6组。

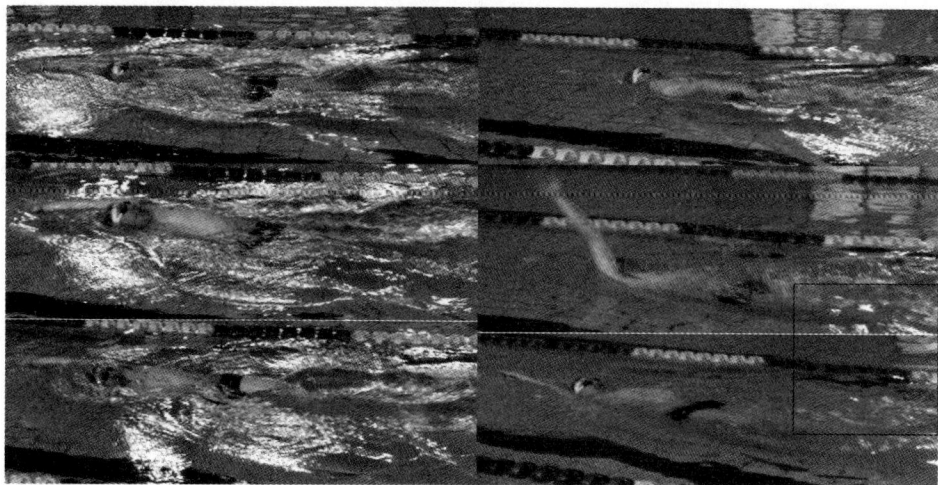

图 4.3.8　仰泳单臂划水

（7）窄水道单臂仰泳。

练习目的：通过此练习提高仰泳转肩技术及屈臂高肘划水能力。

练习方法：仰卧于水中，在50 m宽的泳道内游进。做一臂位于体侧的单臂仰泳划水练习。

练习次数：25 m一组，做4～6组。

二、纠错部分

在仰泳手臂技术的学习与练习中，错误技术动作可能导致游泳效果和姿势流畅性受到影响，从而导致过度消耗体力、游泳阻力增大，甚至造成游泳者的关节与肌肉拉伤。正确理解并纠正这些错误动作，并进行有针对性的训练和练习，可以逐渐改善手臂动作，提升游泳的效率和舒适度。以下是一些常见的错误技术动作及纠正方法。

仰泳手臂错误
动作及改正方法

（一）入水和移臂错误动作

1.移臂过宽

错误动作分析：移臂离身体较远，入水点过宽，主要原因是手臂空中移臂的动作偏离了肩的垂直面，入水点在肩的延长线外。入水过宽会导致划手产生推进力的距离缩短。

纠正方法：仰泳手臂入水时上臂贴紧耳朵完成入水，空中移臂时手臂应在身体的中线和肩部的延长线之间入水。把人比作一个表盘，右手入水点的位置应该在11～12点之间，左手入水点的位置应在12～1点之间，可采用陆上仰泳手臂模仿练习加强对仰泳手臂动作的练习，以纠正此错误动作。

2.手臂过度交叉（过窄）

错误动作分析：手臂在移臂时不在肩的延长线上，入水点过窄，手臂过度交叉会增加划水时的阻力，降低游泳效率，同时可能导致身体姿势不稳定。

纠正方法：进行陆上和水中的垂直面上移臂练习，加强肩关节灵活性训练，集中注意力于水平的手臂运动，同时适当调整手肘和肩部的动作，确保手臂在划水过程中保持适度的宽度，避免过度交叉。

3.屈臂移臂

错误动作分析：屈臂移臂也叫肘关节弯曲移臂，此错误动作产生的原因是，仰泳手臂划水的最后阶段肘关节是弯曲的，没有伸直，手掌在腰部或者髋部出水，造成仰泳弯曲手臂空中移臂。这种错误动作会导致仰泳划手阶段距离缩短，影响推进力。

纠正方法：在仰泳手臂划水的最后阶段，手臂一定推直，手掌划至大腿外侧，肘关节伸直之后再出水。可采用陆上仰泳手臂模仿练习来纠正此错误动作。

4.手背拍击水面入水

错误动作分析：手臂外旋不足，肩部灵活性较差，这会导致手在入水时接触水面阻力增大，从而降低效率（见图4.3.9）。

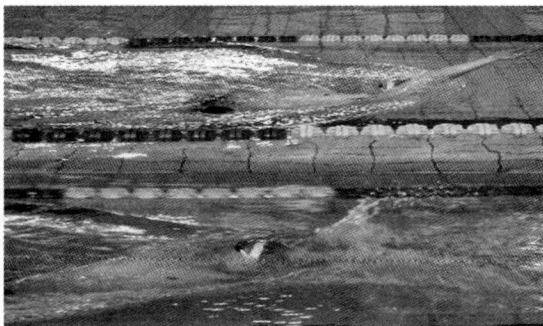

图4.3.9 手背拍击水面入水

纠正方法：强调小指领先入水，陆上反复模仿移臂后手臂的外旋动作，加强肩关节灵活性训练。

（二）抱水与划水错误动作

1.拖肘划水

错误动作分析：手臂在划水阶段，对划水动作概念不清，划水时手臂未充分伸直，肘部下沉，没有做好抓水和屈臂动作，手臂入水顺势拖肘后划，形成拖曳的姿势。这会导致水阻力增大，减缓游泳速度（见图4.3.10）。

纠正方法：明确屈臂、高肘的正确概念，靠池边做仰卧划臂练习，确保在划水时手臂充分伸直，肘部微微

图4.3.10 拖肘划水

弯曲，不要让肘部过度下沉。在练习中强调屈臂，手臂入水、抓水成"高肘"后再划水。

2.直臂划水

错误动作分析：手臂在划水阶段，未能形成自然的弯曲，过于僵硬。这样容易导致推进不足，缺少前进力。

纠正方法：靠池边做"仰卧划臂练习"，确保手臂在划水时呈自然的弯曲状态，肘部不过度伸直。注重手臂在水中形成流线型，以减小水的阻力。在练习中强调屈臂，手臂入水、抓水成"高肘"后再划水。

3.划水用力过早、过猛

错误动作分析：仰泳是仰卧于水中，学习者由于紧张和焦虑可能会试图通过用力来保持浮力或前进速度。游泳者也可能因为缺乏对水的感觉，在划水初期就过用力（见图4.3.11）。

纠正方法：明确划水时手臂用力的时机。仰泳手臂划水技术的节奏是先慢后快，推水时速度最快，用力最

图4.3.11　划水用力过早、过猛

大。在整个划水过程中注意肘关节的角度，强调手入水下划抓水后再开始划水，适当放松，划水时逐渐加速，不要"爆发式"用力。

（三）出水与两臂配合错误

1.出水过早

错误动作分析：在手臂划水阶段结束后，手掌没有划至大腿外侧，肘关节没有伸直，手掌在腰部、髋部或离身体位置较远的地方出水。这种错误动作与曲臂移臂相同，都会导致仰泳划手阶段推水的距离缩短，影响推进效果。

纠正方法：出水过早是仰泳手臂划水不到位产生的，与屈臂移臂动作是连贯出现的错误动作，所以纠正方法与屈臂移臂的相同。仰泳手臂划水阶段结束时，可手指触碰到大腿的外侧后再出水，手臂保持一定的紧张程度，手臂伸直出水。可加强陆上仰泳手臂模仿练习，纠正此错误动作。

2.两臂配合不连贯

错误动作分析：①学习者动作概念不清楚，划水结束时臂在体侧停顿。②学习者手臂动作节奏不一致。③肩部灵活性差，未能良好地进行转肩动作。④某一侧手臂的技术动作可能存在问题，如过度弯曲、过度仰起等，导致两臂配合时不连贯。

纠正方法：①明确两臂配合要领，注意加快推水速度和下压动作，利用其反作用力迅速提臂出水。②进行仰卧划臂练习，明确仰泳手臂动作节奏，使两只手臂的动作在节奏上保持一致，避免出现不连贯的情况。③进行"仰泳转肩练习"，增强肩部灵活性。④进行"仰卧划臂练习"，确保两只手臂的技术动作对称，包括手臂的伸直、弯曲、入水和推进的动作。对称的手臂动作有助于提高配合度。

课后总结

正确的仰泳手臂动作对于提高仰泳技术水平至关重要。在划水过程中，手臂应以自然姿势伸直，手指微微朝下，手腕稳定。划水动作应形成流线型，保持相对对称的动作，避免拖肘或直臂划水。推水时要注重手掌方向，产生足够的前进推力。与身体的协调是关键，手臂动作应与身体滚动同步，确保游泳流畅。保持良好的节奏感和动作连贯性，避免不协调的情况。

课后作业

（1）仰泳划臂与转肩动作需要依靠上肢肌肉力量和核心稳定性，从而有助于提高自由泳划水效果和保持水中长、平、直的身体姿态。俯卧撑15次，完成3组；仰卧起坐20次，完成3组；平板支撑30 s，完成3组。

（2）课后完成陆上划臂模仿练习20次，2～3组。陆上划臂加转肩模仿练习20次，2～3组。

课后思考

（1）仰泳手臂技术分哪几个环节？

（2）仰泳手臂常出现的错误技术动作有哪些？

（3）仰泳手臂错误动作产生的原因及纠正方法是什么？

第四节　仰泳呼吸动作学习与技术纠正

◆ **本节导言**

　　仰泳因仰卧于水面，与其他三种泳姿的呼吸方式有所不同，一般采用一侧手臂出水时吸气，手臂移臂至将垂直于水面时吸气结束，后进行闭气，手臂入水后均匀吐气，手臂划水结束出水时吐气结束。在水中需要控制身体姿势，稳定平衡，不能用鼻子吸气，防止呛水。

◆ **学习内容**：仰泳呼吸技术

◆ **学习重点**：仰泳呼吸技术

◆ **学习难点**：仰泳划臂与呼吸的配合

一、练习部分

（一）陆上手臂与呼吸配合练习

　　手臂与呼吸配合练习可以使学习者熟练掌握手臂的划水、出水、空中移臂与呼吸的配合时机。

　　练习方法：身体直立，双臂置于体侧，眼看前方。先划右臂至体侧，后再划左臂。在移臂过程中，保持身体沿身体纵轴转动，进行一次划水一次呼吸或两次划水一次呼吸。要求高肘抱水。呼吸时强调嘴巴吸气，鼻子吐气。

　　练习次数：10次一组，做4～6组。

（二）水上手臂与呼吸配合练习

　　可以在同伴的帮助下，体会在划臂过程中身体沿身体纵轴转动及仰泳手臂与呼吸的配合技术。

　　练习方法：两人一组，一人仰卧漂浮于水面，另一人水中站立扶其腰或两腿协助其做划臂练习及呼吸与划臂的配合练习。两人配合，协作练习，协助者帮助练习者进行身体的转动，鼻子吐气，嘴巴吸气。空中移臂时手臂伸直。划水过程中高肘屈臂划水。

练习次数：25 m一组，做4～6组。

二、纠错部分

仰泳呼吸错误的技术动作可能包括鼻子呼吸、头部后仰、呼吸姿势不正确和呼吸控制不佳。呼吸节奏错误会影响游泳者的呼吸畅通，导致身体倾斜或下沉，而不正确的呼吸姿势可能引起水流入口鼻。此外，呼吸控制不佳可能导致过度用力或急促呼吸，增加紧张感。以下是一些错误技术动作分析及纠正方法。

（一）鼻子呼吸

1.错误动作分析

这是初学者常见的错误动作。采用仰卧的游进身体姿势，身体过分紧张，忘记游泳呼吸的技巧，没有采用口吐口吸或鼻吐口吸的水中呼吸方式，而是用鼻吐气吸气，很容易造成呛水，使人在水中面临危险。

2.纠正方法

可采用前面熟悉水性章节学习的水中呼吸的练习方法，加强练习，形成记忆。用口吐口吸或鼻吐口吸的方式进行呼吸，就可避免呛水以及纠正此错误动作。

（二）头部后仰

1.错误动作分析

这也是仰泳呼吸技术常见错误动作之一。头部过分后仰，鼻孔朝身体正上方，会使仰泳手臂空中移臂时带动的水自由落体灌入鼻孔，面部残留的水也会灌入鼻孔，造成呛水，容易发生危险。

2.纠正方法

纠正此错误动作非常容易，只需要控制头部的位置，收紧下巴，使头部后仰的动作得到改善，就可避免呛水。

课后总结

仰泳呼吸技术的关键在于保持稳定的呼吸节奏、正确的水平面姿势，以及适当的头部旋转。通过练习调整呼吸动作，强化核心稳定性，确保呼吸时身体保持平衡，避免水流入口鼻，以平稳而有节奏的呼吸方式提高游泳效率。需要不断优化仰泳呼吸技术，建立正确的呼吸习惯，提升仰泳的技术水平。

课后作业

课后做陆上划臂模仿练习，20次一组，完成2～3组；陆上划臂加呼吸模仿练习，20次一组，完成2～3组。

课后思考

1.仰泳中手臂的划水动作与呼吸之间有什么关联？
2.仰泳呼吸与手臂练习中有哪些常见的错误？请举例说明。

第五节 仰泳完整配合动作学习与技术纠正

◆ 本节导言

仰泳完整配合练习过程中要集中精力于划臂与呼吸的配合中。在游进过程中，腰部肌肉要保持适度的紧张。注意头的位置，过仰或过分收下颌都会使身体位置发生变化，从而影响划水效果及游进速度。仰泳是由腿部技术、手臂技术及呼吸技术通过协调配合完成的。其配合的方式为6:2:1或6:2:2，即6次打腿，2次划手，1次呼吸，或6次打腿，2次划手，2次呼吸。完整的仰泳配合技术强调动作的连贯性，以此增加游距。

仰泳完整配合技术

◆ **学习内容**：仰泳完整配合练习
◆ **学习重点**：手、腿、呼吸的配合
◆ **学习难点**：呼吸动作、身体平衡、肩和身体的转动。

一、练习部分

（一）陆上模仿练习

陆上站立仰泳完整配合模仿练习可以帮助学习者掌握仰泳手臂、腿部配合的动作要点，逐步熟悉仰泳的动作要领，建立正确的肌肉记忆，为进一步学习和提高仰泳技术打下坚实基础。练习过程中要求踏步时保持标准规范的仰泳手臂动作。

仰泳配合技术
练习方法

1.站立仰泳完整配合模仿练习

练习方法：原地站立，双腿伸直，原地踏步6次后开始仰泳手臂动作，手臂技术与腿部技术配合的方式是6：2，即原地踏步6次，划手两次。要求移臂时肘关节伸直，在肩的延长线上移臂。入水时上臂要贴近耳朵，划到大腿处手出水（见图4.5.1）。

练习次数：20次一组，完成4~6组。

图4.5.1 陆上站立仰泳完整配合模仿练习

2.仰卧仰泳完整配合模仿练习

练习方法：仰卧于长凳上，模仿仰泳完整配合动作。练习时，先进行6次打腿，再进行仰泳手臂动作。由于此练习的身体位置接近水中练习，练习时应重点掌握直臂移臂、屈臂划水动作以及转肩动作。要求移臂、划水的过程中身体要沿纵轴向同侧转动，强调在绕纵轴转动的基础上做两臂的分解配合动作模仿练习。

练习次数：20次一组，完成4~6组。

（二）水上模仿练习

水上练习可以帮助学习者掌握完整的仰泳配合技术，提高仰泳手腿配合技术及身体在水中的平衡能力，增加游距。

1.仰泳单手完整配合练习

练习方法：仰卧于水中，一臂头上伸直准备划臂，另一臂体前伸直与身体垂直，做单臂仰泳划水练习。垂直于身体的手臂在练习过程中，要求肘关节不能没入水中，25 m后换另一手臂的仰泳划水练习。本练习强调仰泳手腿配合的能力，手臂划水时，腿部动作不能停，身体在水中要保持较高的身体位置（见图4.5.2）。

练习次数：25次一组，完成4～6组。

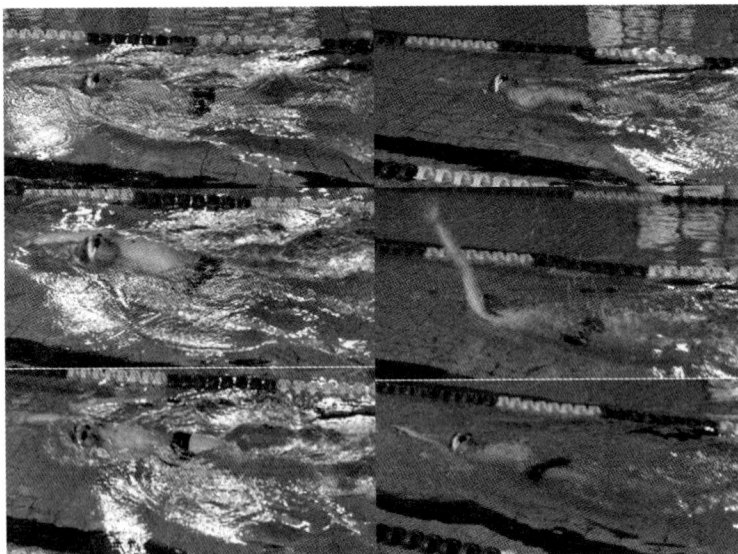

图4.5.2　仰泳单手完整配合练习

2.完整配合练习

练习方法：以仰卧姿势蹬离池壁后快速打腿，身体快出水时开始进行完整的仰泳配合练习。打水与划臂与呼吸的比例为6：2：1或6：2：2，此练习强调仰泳手腿配合以及动作的连贯性（见图4.5.3）。

练习次数：25次一组，完成4～6组。

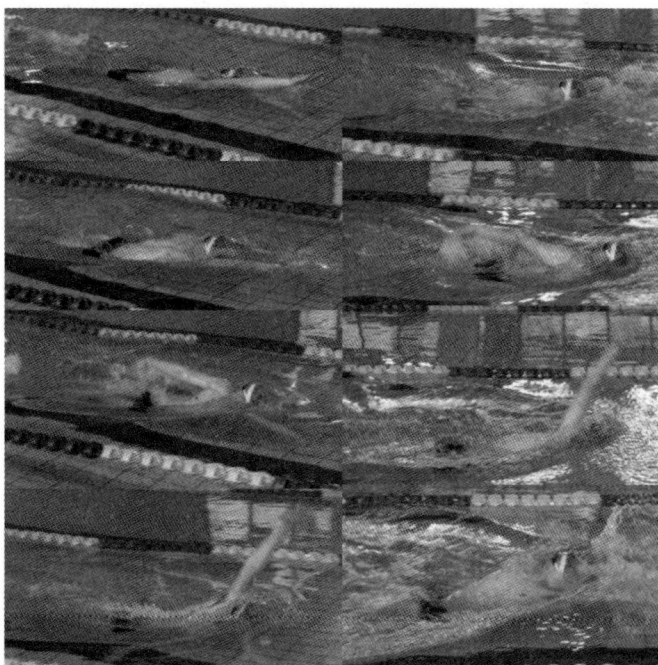

图 4.5.3 完整配合练习

（三）仰泳难度练习

仰泳难度练习可以使学习者更好地掌握仰泳技巧，降低受伤风险，提高仰泳的效率和速度。通过持续的训练和技术提升，学习者能够在比赛或日常游泳中取得更好的成绩，并享受到仰泳带来的健康和乐趣。

1.顶碗平衡练习

练习方法：蹬边仰卧滑行，前额顶一盛满水的小碗。做仰泳完整配合练习，在游进过程中碗不能掉下。此练习可以有效提高仰泳时身体的稳定性。

练习次数：25次一组，完成4～6组。

2.坐姿仰泳划水

练习方法：仰卧坐姿蹬出，快频率进行仰泳划臂。此练习可以提高学习者仰泳快频率划臂能力。

练习次数：25次一组，完成4～6组。

3.双臂仰泳划水

练习方法：仰卧蹬边滑行，双臂置于体侧。仰泳打腿，双臂在体侧同时做仰泳划臂。此练习可以使学习者体会屈臂划水。

练习次数：25次一组，完成4～6组。

4.仰泳转爬泳即不同姿势的转换练习

练习方法：先以仰泳姿势开始。仰泳第三次划手时身体转为俯卧姿势游爬泳，爬泳第三次划手时身体转为仰卧姿势游仰泳。再以爬泳姿势开始。爬泳第三次划手时身体转为仰卧姿势游仰泳，第三次划手时身体转为俯卧姿势游爬泳。此练习可以使学习者体会两种泳式交替时的高肘抱水技术，提高仰泳前滚翻转身能力。

练习次数：25次一组，完成4～6组。

二、纠错部分

学习者进行仰泳训练时须注重身体平衡，通过正确的身体姿势、手臂和腿部动作来提高游泳速度和效率，以增加游进距离，同时降低受伤风险。以下是一些常见的仰泳完整配合常见错误动作以及纠错方法。

仰泳完整配合错误
动作及改正方法

（一）头高脚低，"坐着游"

1.错误动作分析

在仰泳中头高脚低，坐着游。可能由以下原因所致：①游泳者内心紧张，怕呛水、喝水，因此抬高上体，头出水面。②学习者腰腹和下肢力量差，身体平衡失调。③打腿下压动作不好，引起收腹屈腿，臀部下沉（见图4.5.4）。

2.纠正方法

根据以上错误原因，提出以下纠正方法：①学习者消除怕水心理，掌握正确的呼吸技术，敢于将头后部没入水中。②加强腰腹及下肢力量训练，多做有助于保持良好身体姿势的练习（仰浮、仰卧滑行和打水练习），提高水中仰卧姿势的控制能力。③加强打腿动作练习，提高下压动作效果。

图 4.5.4 头高脚低，"坐着游"

（二）配合动作不协调，不连贯

1.错误动作分析

仰泳中动作不协调和不连贯的问题可能由多方面原因造成，包括手臂划水发力不均匀、腿部动作不协调、手腿配合不连贯、呼吸紊乱等。手臂划水不均匀可能导致身体平衡感下降，阻碍了仰泳的流畅性。腿部动作不协调可能使得身体在水中摆动不稳，影响游泳速度和效率。脚慢手快会导致身体协调性变差，导致动作不连贯。呼吸节奏紊乱会影响身体的平衡。

2.纠正方法

根据以上错误原因，提出以下纠正方法：①明确动作概念，进行陆地仰泳单臂模仿练习，纠正双臂动作，避免在划水时手臂动作出现停顿以及发力不均的情况。②多做陆上模仿练习，加强腿部动作的练习，强调配合时积极快速不停顿地打腿，适当放慢划水动作节奏。③学习者消除紧张心理，注意呼吸节奏，强调呼吸与臂划水动作的正确配合。

（三）身体扭动

1.错误动作分析

这是仰泳完整配合中身体姿势常见的错误动作，往往是由屈髋，坐姿时头后仰造成的。这种不正确的水中身体位置会使臀部随着划水动作左右扭动，头部也会随着划水动作左右摆动。这种错误动作会使身体在水中游进的形状阻力增大，速度变慢，过多浪费体能。

2.纠正方法

可采用陆上仰泳完整配合模仿练习来明确动作概念，纠正身体姿势，同时还需加强仰泳打腿的练习，以起到纠正错误动作的效果。

（四）低平移臂

1.错误动作分析

这是仰泳完整配合空中移臂过程中常见的错误动作，产生原因是在仰泳空中移臂时，从身体侧边移臂，低平移臂会使手臂带动髋部向移臂方向摆动，腿部也会朝向身体另一方向摆动。此错误动作会造成在仰泳游进过程中，髋部和腿部左右摆动，增加了形状阻力，游进的速度也会随之变慢。

2.纠正方法

采用陆上仰泳手臂动作模仿练习来明确动作的概念，进行空中移臂时，头部位置保持稳定，眼睛观察手臂的移动方向是否正确，空中移臂时手臂要从头部的正上方移动，避免侧向的摆动，通过多次的练习，就可纠正这种错误动作。

（五）腿部下沉

1.错误动作分析

这也是仰泳完整配合中常见的错误动作，产生原因是腿部动作的技术练习不够充分，在加入仰泳手臂动作后，过分重视手臂动作，忽略了腿部动作。人体在水中游进时身体位置无法与水平面保持平直，上半身在水面，下半身在水下，造成阻力面积增大，使游进的速度变慢（见图4.5.5）。

2.纠正方法

多进行仰泳打腿的练习，时刻提醒自己要保持不间断、强有力地打腿，稳定水中的身体姿势。熟练掌握仰泳腿部技术之后，再加入仰泳的手臂动作。

图 4.5.5 腿部下沉

课后总结

仰泳配合要注重身体平衡、手臂和腿部协调，以及呼吸技巧。进行陆上以及水上的模仿练习可以使学习者保持良好的身体姿势和头部位置，掌握正确的手臂划水和腿部踢水动作，控制合理的呼吸频率，提高仰泳的效率和舒适度。

课后作业

根据自己在游进中的手臂或腿部动作不足，可坐在垫子或床上进行有针对性的技术动作模仿练习，20次为一组，完成4～6组。

课后思考

（1）仰泳的完整配合节奏通常是什么？

（2）简述仰泳的完整配合技术的教学步骤。

（3）简述仰泳完整配合技术的常见错误与纠正方法。试举二例说明。

第六节　仰泳出发与转身技术学习

◆ **本节导言**

游泳比赛大多是在50 m或25 m长的游泳池中进行的。除了在50 m池进行50 m项目的比赛外，在其他所有项目中，运动员游到池端后，都必须折返回头继续游进。这一折返动作就称为转身。仰泳采用的转身技术分为触壁式转身（单手触壁）及滚翻式转身两种。仰泳可以以仰卧姿势触壁后转身，也可前滚翻转身，在脚蹬离池壁前，身体必须呈仰卧姿势。

◆ **学习内容**：仰泳出发技术、仰泳转身技术

◆ **学习重点**：触壁式转身及滚翻式转身技术

◆ **学习难点**：团身、快速转动

（一）仰泳出发技术

在出发信号发出前，应在水中面对出发端，两手抓住出发握手器，禁止蹬在水槽里、水槽上或脚趾勾在水槽沿上。当使用仰泳出发器时，两脚脚趾必须与池壁或触板接触，禁止脚趾勾在触板上沿（见图4.6.1）。

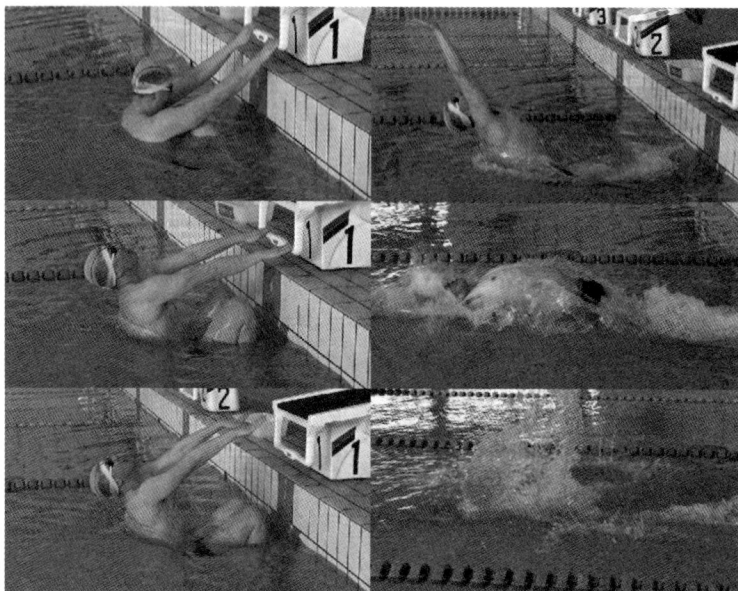

图4.6.1　仰泳出发技术

（二）仰泳滚翻转身技术

1.仰泳转身技术要领

仰泳的滚翻转身技术是仰泳专业运动员在比赛中常用的转身技术。前滚翻转身手不触池壁，转身速度最快。

（1）游近池壁。身体过了仰泳转身标志线后，借用最后一次仰卧划臂的动力，使身体绕纵轴转动成俯卧姿势，并做最后一次俯卧划臂后的前滚翻准备（见图4.6.2）。

（2）转身。利用划臂所获得的速度，低头，团身，双腿并拢，用力下打。此时掌心转成朝下，随着头继续向下，两手向下方拨水，提臀收腹。由于手臂划水方向改变，下半身和腿继续向前运动，形成力偶，身体向前滚翻，当臀部越过头部时，左手向头部方向拨水，使身体绕纵轴转动，同时腿屈膝加速翻转，两脚甩向池壁，身体成侧卧或仰卧姿势完成转身。在滚翻过程中，应用鼻子微呼气，以避免呛水（见图4.6.3）。

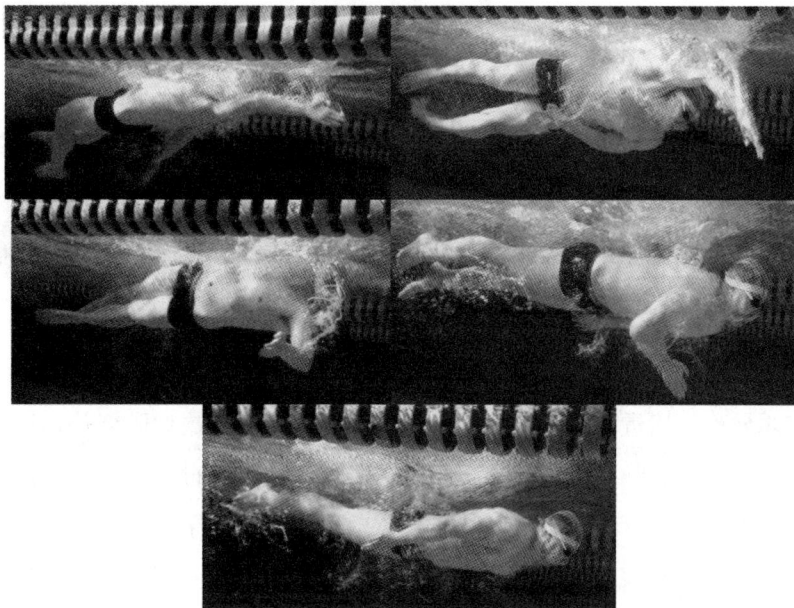

图4.6.2　游近池壁

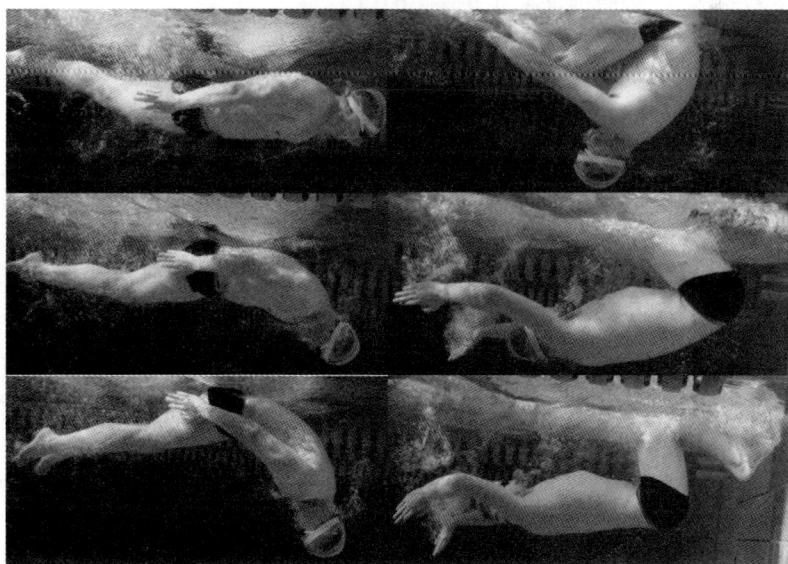

图4.6.3　转身

（3）蹬壁。自由泳转身蹬离池壁时，身体以侧卧姿势准备蹬离池壁。仰泳转身蹬离池壁时，身体以仰卧姿势离开池壁，蹬离池壁前两臂前伸（见图4.6.4）。

（4）滑行出水。蹬离池壁后，以侧卧（肩部不能超过身体的垂直面）或仰卧姿势滑行，当感觉速度下降时立即打反蝶泳腿，并通过低头、屈腕将身体引出水面（见图4.6.5）。

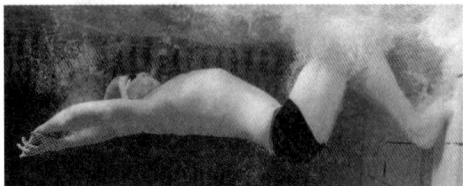

图4.6.4　蹬壁

图4.6.5　滑行出水

2.仰泳滚翻转身完整练习

技术要点：接近池壁时，身体从仰卧状态绕纵轴转成俯卧姿势，然后做前滚翻动作，双脚触壁。完成转身动作以后，必须以仰卧的姿势蹬离池壁。

练习方法：以仰泳姿势游近池壁，或看到仰泳转身标志线时，根据自己的游速，手臂做两次至三次仰泳划水后，身体转成俯卧姿势，低头提臀，身体沿横轴做180°前滚翻成仰卧姿势，双脚贴紧池壁，身体潜入水中，手臂向前伸展，成较好身体姿势蹬离池壁（见图4.6.6）。

学习重点及难点：学会通过观察仰泳转身标志线判断自己的转身位置。身体转成俯卧姿势后，就应严格按仰泳转身规则完成转身。

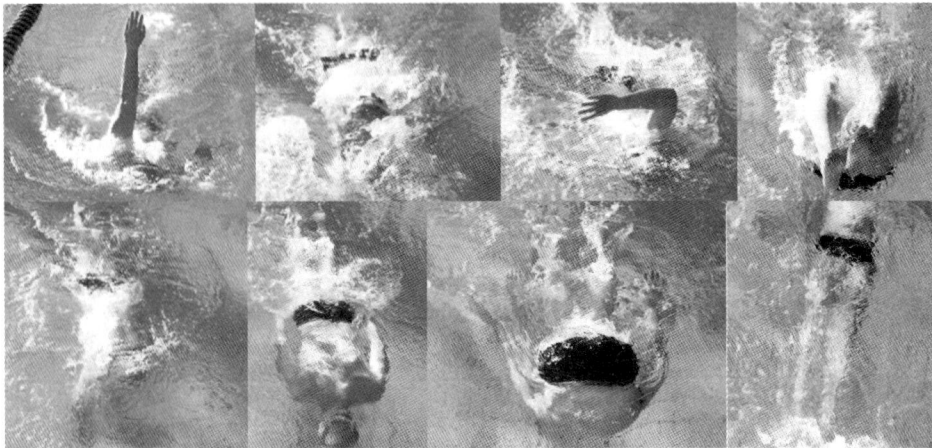

图4.6.6　仰泳滚翻转身完整练习

3.仰泳单手触壁式滚翻练习

技术要点：初学者可采用以仰卧姿势单手触壁的平转身技术，即单手触壁后，身体像磨盘一样围绕身体纵轴进行180°的转动，并以仰卧姿势蹬离池壁（见图4.6.7）。

练习方法：以仰泳游近池壁，单手触壁后，收腿团身，沿身体矢状轴旋转360°，同时双脚贴紧池壁，身体后仰，手臂向头后伸出，双脚蹬离池壁。

手触池壁后，想象抓住池壁的拉手，将身体转动至合理位置后松手，手臂前伸成较好流线型，蹬池壁完成仰泳平式转身技术。

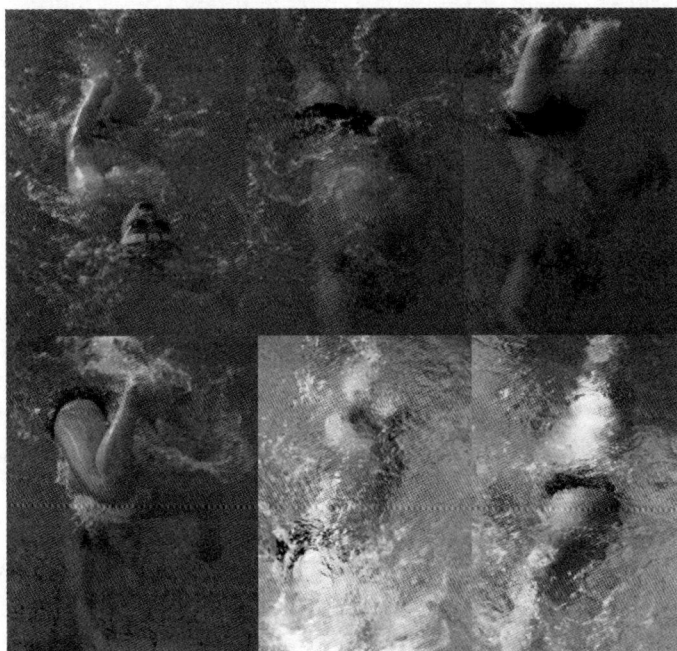

图4.6.7　仰泳单手触壁式滚翻练习

━━━ 课后总结 ━━━

在练习仰泳转身技术练习时，需要重点关注划臂与低头屈髋动作的配合时机，滚翻前选择合适的距离。根据教学步骤反复练习，便可掌握转身技术。

━━━ 课后作业 ━━━

完成陆上前滚翻练习，5次为一组，完成3～5组。

第五章

游泳高级课程（二）

本章导言

蝶泳作为游泳的四大基本姿势之一，是一种独特且具有高度挑战性的泳姿。它以游进时优美的身体线条和快速前进的特性而备受游泳爱好者的青睐。

蝶泳的起源可以追溯到游泳运动的早期发展阶段。蝶泳技术实际上是在蛙泳技术动作的基础上演变而来的。在蛙泳技术发展的第二阶段，即1937—1952年期间，一些游泳运动员开始尝试采用两臂划水到大腿后提出水面，再从空中迁移的技术。这种技术看起来就像蝴蝶展翅飞舞，因此人们开始称之为"蝶泳"。

具体来说，1890年，英国选手特拉金（Arthur Trudgen）首先使用了两臂交替划水的游泳姿势，这后来被称为"特拉金式"。这为蝶泳技术的发展奠定了基础。而到了1933年，美国人迈尔斯（Henry Myers）在布鲁克林青年总会的游泳比赛中，首次向世界展示了两臂同时出水从空中移向前方，两腿并拢上下打水的游泳姿势。由于这种动作酷似蝴蝶展翅，因此被正式命名为"蝶泳"。

蝶泳要求游泳者双臂和双腿同时向前推进，身体保持水平。这种泳姿不仅要求出色的耐力和灵活性，更需要精确的技巧和节奏感。在蝶泳中，每一次手臂和腿部的动作都需要精确配合，以最大限度地减少阻力，提高游泳速度。

蝶泳的魅力在于其极高的技术要求和带来的综合锻炼效果。通过学习蝶泳，游泳者可以锻炼全身肌肉，提高心肺功能，并培养出色的协调性和平衡感。同时，蝶泳也是一种很好的有氧运动方式，有助于减轻压力，提高睡眠质量，并促进整体健康。

在本章课程中，我们将通过系统的理论教学和实践练习，帮助学习者逐步掌握蝶泳的基本技巧和进阶技能。

第一节　蝶泳腿部动作学习与技术纠正

◆ **本节导言**

　　蝶泳是竞技游泳四种泳式中最为年轻的一种泳式，蝶泳技术是从蛙泳技术中派生出来的。它的速度在四种泳式中排第二。蝶泳在游进过程中躯干和下肢的动作类似海豚，所以蝶泳亦称海豚泳。蝶泳打腿由一次上抬动作和一次下打动作组成，当向下打水时，两腿自然并拢，两脚内扣，由腰部发力，大腿带动小腿，小腿带动脚腕，一条腿由屈变直做鞭状打腿动作。在蝶泳配合中，蝶泳腿下打和上抬的幅度都不宜过大，动作要自然、连贯和流畅，起伏太大将会增加形状阻力和波浪阻力。正确的打腿是，腿部动作的产生是身体波浪动作延续的感觉，与划臂动作协调配合，因此，不应刻意加大打腿动作的力量。

蝶泳技术的特点
与动作节奏

◆ **学习内容**：蝶泳腿部技术
◆ **学习重点**：蝶泳打腿的腰部发力动作
◆ **学习难点**：体会蝶泳打腿的提臀动作

一、练习部分

（一）蝶泳腿部技术

1.上打

　　上打由整个躯干波浪的惯性形成，不需要刻意用力。也就是说，当下打接近结束时，大腿为克服腿部自下而上的惯性开始上抬，然后继续使腿部向上，此时，臀部处于最低点。上打是通过被动的展髋和伸膝实现的，此时小腿和踝关节放松，在水的压力下保持完全伸直的状态（见图5.1.1）。

2.下打

　　当两脚接近水面时，腰背发力带动小腿弯曲向后下方用力下打，直至完全伸直。蝶泳腿下打时，两腿自然并拢，踝关节放松，脚尖内扣，脚跟稍分开成"内八字"。小腿的打水方向是向下和向后的。踝关节做向后推、压水的动作。踝关节的柔韧性对蝶泳打腿动作至关重要。蝶泳腿的主要动力来自下打，因此，下打动作的速度要比上抬快。下打的反作用力使臀部升高，带动大腿开始上抬，在上一次打水还没有完全结束时，下一次打水就已经开始，而这些动作又与头和臂部的动作紧密联系，形成蝶泳所特有的波浪起伏动作。

每次打腿动作都是在踝关节完成伸展，双脚稍低于躯干时结束。推进力的产生主要是通过下打阶段获得的。脚踝良好的伸展性可以在下打过程中长时间保持向后对水的位置。在进行蝶泳打腿时，应该在下打开始时膝盖稍微分开，然后在下打结束时再并拢。因为膝盖分开可以增加下打阶段脚部的活动范围。上打时通过收紧臀部可以使腿部并拢，并为在下打阶段增加所需的肌肉力量做好准备（见图5.1.2）。

图5.1.1　上打　　　　　　　图5.1.2　下打

（二）蝶泳腿部技术练习方法

1. 陆上模仿练习

（1）站立式蝶泳腿练习。此练习让学习者在陆地上做蝶泳浪腰动作，有助于加强腰部肌肉灵活性，提高蝶泳的推进力和速度，同时也有助于改善蝶泳的整体技术水平。练习时双手叉腰，腰腹前后摆动，体会提臀技术。体会蝶泳打腿的腰部发力动作（见图5.1.3）。

蝶泳腿部技术
练习方法

练习方法：站直身体，双脚与肩同宽，双手交叉放在胸前或叉腰，腰腹前后摆动，模仿水中蝶泳腿动作。

练习次数：10次一组，完成4~6组。

图5.1.3　站立式蝶泳腿

（2）垫上蝶泳腿练习。此练习可以让学习者在陆地上体会蝶泳打腿的发力顺序，并充分理解技术动作，体会蝶泳打腿的提臀动作。

练习方法：身体俯卧趴在垫子上，双臂头前伸展，使身体成较好流线型。做练习时腿先尽量抬起，按照大腿、小腿、脚背的顺序自然落下，借助下落的反作用力，做提臀的动作。

练习次数：10次一组，做4~6组。

（3）站立扶墙模仿练习。此练习可以使学习者重点体会腰部发力及带动大小腿前后摆动的鞭状打水动作，要求挺腰时直腿前后摆动，收腹时屈膝向前。

练习方法：一手扶墙，一脚站立，另一手放体侧，另一脚离地做腿与躯干配合模仿蝶泳躯干与腿的动作。两腿交换练习。在练习时可以采用"节拍"控制动作节奏和速度，使学习者建立动作节奏感并逐渐加快频率。

练习次数：10次一组，完成4~6组。

2.水上练习

（1）浅水站立模仿练习。此练习可以使学习者在水中体会有浮力、压力及阻力的情况下保持身体平衡，并逐步掌握蝶泳腿部动作的技巧和节奏，为蝶泳练习打下基础（见图5.1.4）。

练习方法：浅水站立模仿练习在齐腰深的水中进行。练习时可以手扶池边，感受脚背推水的感觉及打腿所产生的阻力。

练习次数：10次一组，完成4~6组。

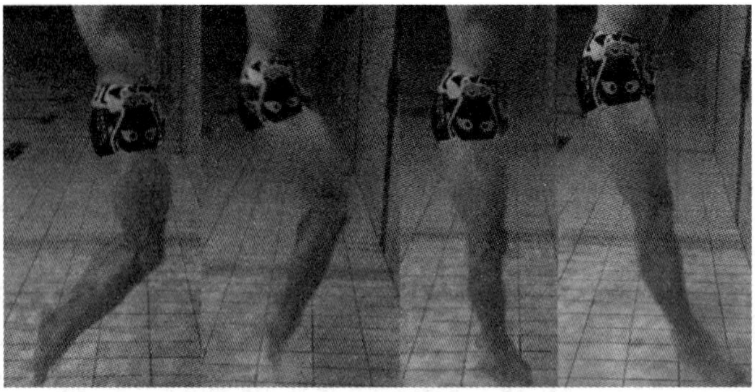

图5.1.4　浅水站立模仿练习

（2）浮板蝶泳打腿练习。此练习可以使学习者借助浮板集中精力练习蝶泳的腿部动作，从而有效地提高蝶泳的腿部力量和技术水平。在练习时需着重体会腰部发力，感受腰部的力量传递至大腿及小腿，蝶泳打腿过程中提臀、伸肩，打水时脚背最后的打水技术。

练习方法：双手扶浮板，手臂伸直且展肩，头位于水面上或水面下，做蝶泳打腿练习（见图5.1.5）。

练习次数：25 m一组，做6组。

图5.1.5　浮板蝶泳打腿练习

（3）水中垂直蝶泳打腿练习。此练习可以使学习者体会脚在打水时，在没有空气带入情况下的打水感觉。重点体会向前踢水时腰部发力，力量由腰传至大腿再传至脚尖，打腿的反作用力同时会经过躯干向上传至头顶。注意体会在深水处腰部发力及脚背推水的感觉，打腿所产生的力量使人体有被向上推的感觉。

练习方法：在深水区，双手拿浮板或手在体侧做小划水，使身体垂直于水中做双腿同时打水的蝶泳打腿练习（见图5.1.6）。

练习次数：20 s一组，做6组。

图5.1.6　水中垂直蝶泳打腿练习

（4）潜泳蝶泳打腿练习。做此练习时潜在水下打蝶泳腿，体会在游进过程中头、手的位置对游进方向的影响及力量的传递过程。进行蝶泳打腿练习时，身体保持在水面下30～40 cm处。重点体会蝶泳打腿效果，打腿结束后的力量应由脚尖通过躯干传递至手指尖。

练习方法：手臂前伸或手臂置于体侧，蹬离池壁后，学习者身体在水中保持较好的流线型。进行多次蝶泳打腿练习。

练习次数：25 m一组，做6组。

二、纠错部分

蝶泳腿部技术容易出现的问题包括腿部力度不均匀、频率不协调、踢水姿势不正确以及身体的不稳定等。腿部力度不均匀可能导致游泳速度不稳定，应注重双腿力度的平衡。频率不协调可能影响游泳的流畅性，需要通过练习提高踢水的节奏感。踢水姿势不正确会降低推进效果，要注意脚尖朝外、双腿伸直等动作细节。身体的不稳定会增加水阻，影响游泳速度，因此要保持身体平衡和稳定性。以下是蝶泳腿易错动作技术分析及纠正方法。

（一）屈腿上打

1.错误动作分析

屈腿上打对蝶泳腿产生的推进力影响非常大，这样做会导致腿向前上方打水，增加推压阻力，减慢前进速度（见图5.1.7）。

2.纠正方法

在开始下打前都不能屈膝，也就是说，到大腿开始下压时才能屈膝。

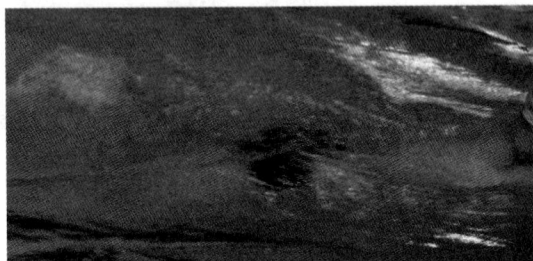

图5.1.7　屈腿上打

（二）身体起伏过大

1.错误动作分析

身体起伏过大会加大游进的阻力，造成这个错误动作的原因是过分地利用头部制造身体的波浪。这样的打腿看起来像是在水中上下钻。

2.纠正方法

要控制头部的动作，使肩部保持在水平面附近，后脑勺不能没入水中。手、头、肩沿水面向前伸，而不是向下扎。

（三）躯干和大腿没有动作

1.错误动作分析

仅仅是屈膝、小腿上下打腿，躯干和大腿没有动作。

2.纠正方法

强调陆上的模仿练习，多强调以腰带腿。

（四）直腿打水，无波浪动作

1.错误动作分析

下肢过分紧张，下打无屈膝动作，腰、腿、小腿和脚未按顺序依次发力打水，躯干参与不够。

2.纠正方法

小腿和脚要放松，多做模仿练习，下打时适度屈膝，强调腰发力，带动下肢依次用力，注意提臀、收腹和展腹、沉髋动作的交替进行，多做水面下打腿练习，加大躯干动作幅度。

课后总结

蝶泳腿部技术的纠错主要包括踢水动作的力度、频率、协调性和姿势控制。首先，要注意踢水时双腿力度要均匀、有力，保持腿部肌肉的紧张度，以确保推进力有效。其次，要控制踢水的频率，不要过快或过慢，保持适当的节奏，以提高效率。同时，要注意踢水动作的协调性，确保双腿同时并且对称地踢出与收回，避免左右不对称影响推进效果。另外，要注意保持身体水平，避免上下晃动或者摆动过大，以保持身体的稳定性和水流线。通过不断练习和纠正，逐步提高蝶泳腿部技术的准确性和效率，从而提高整体的游泳速度。

课后作业

课后可在垫子上或床上进行蝶泳腿部技术动作的模仿练习，20次为一组，完成4～6组，为下次水中练习做好准备。

课后思考

（1）简述蝶泳鞭状打水的动作特征。

（2）举例介绍蝶泳腿的两种练习方法。

（3）蝶泳腿部动作的教学步骤是什么？

（4）简述蝶泳腿部动作常见的错误及纠正方法。

第二节　蝶泳手臂动作学习与技术纠正

◆ **本节导言**

蝶泳手臂技术是蝶泳中至关重要的一环。蝶泳在游进时两臂同时在两肩前方入水，手在身体下方做"S"形曲线划水。蝶泳的臂部动作与爬泳类似，不同的是蝶泳两臂同时对称地划水，而爬泳则两臂交替划水。蝶泳的臂部动作由入水、抱水、划水、出水和空中移臂五部分组成。

◆ **学习内容**：蝶泳手臂技术

◆ **学习重点**：划水动作方向、节奏及幅度

◆ **学习难点**：划水与打腿的配合

一、练习部分

（一）蝶泳手臂技术

两臂同时对称在肩前入水，手向外、向下、向后方划，同时屈臂、压腕抓水，然后在身体下方保持屈臂，高肘向内、向后、向外做双"S"形加速划水，划至大腿旁提肘出水，经空中前移再入水。

1.入水

蝶泳臂的入水点在肩的延长线上，或略宽于肩的延长线，过宽会使划水水路线缩短，过窄不利于入水后迅速下划和抱水。手入水时大拇指领先，手掌与水面成45°角入水，随后前臂、上臂依次入水（见图5.2.1）。

2.抱水

入水后，通过手臂内旋，同时高肘向外向后运动，手臂在肩前呈现出一个抱球状，为划水做好充分的准备（见图5.2.2）。

图5.2.1　入水

图5.2.2　抱水

3.划水

划水又分为拉水和推水两部分。拉水指手臂从肩前的抱水划至肩下，此阶段要求动作相对较慢，保持高肘。推水是划水的关键技术，是手臂同时向后、向外和向上运动，肘关节由屈曲过渡至逐渐伸直的一个加速划水过程。双手的划水过程像一个花瓶。划水的节奏为前慢后快（见图5.2.3）。

4.出水

随着加速推水后的惯性，肩和肘带动手提拉出水（见图5.2.4）。

图5.2.3　划水

图5.2.4　出水

5.空中移臂

手臂出水后，在肩的带动下迅速从空中前移到肩前，准备入水和下一个周期的动作。移臂过程中手臂要放松，大拇指朝下，采用低平的直臂姿势从两侧前移，手接近入水时肘微屈，以便入水后及时抓水。注意移臂时要先低头，使肩关节的灵活性不受限制，手臂从过肩移动至入水点时，下颌、胸部应随手臂动作向前下方伸展，以利于身体做出合理的波浪动作（见图5.2.5）。

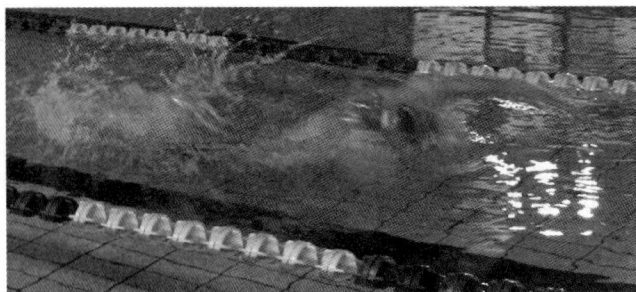

图5.2.5　空中移臂

（二）蝶泳手臂技术练习方法

1. 陆上模仿练习

（1）体前屈蝶泳划臂模仿练习。此练习可以使学习者在陆上体会蝶泳划臂过程，逐步提高蝶泳划臂技术，增强力量和灵活性，并改进姿势和动作的协调性。在练习时需强调划水过程中的高肘抱水及划水路线（见图5.2.6）。

蝶泳手臂与呼吸
配合练习方法

图5.2.6　体前屈蝶泳划臂模仿练习

练习方法：身体前倾，手臂前伸，双脚前后分开站立，模仿蝶泳划臂动作，按照"1"划水，"2"空中移臂的口令控制动作节奏，重点体会划臂路线和移臂动作。

练习次数：10次一组，完成4～6组。

2.水上练习

（1）体前屈蝶泳划手练习。此练习可以使学习者体会在水中有固定支撑时的蝶泳手臂划水技术。重点体会划水方向、路线及划水对身体的推进作用。在抱水时需强调高肘抱水技术（见图5.2.7）。

练习方法：站在齐胸深的水中，身体前屈。双手臂向前伸展，肩没于水中。头露出水面，保持自然呼吸，双手同时做蝶泳划水模仿动作，先原地站立练习，后随划臂的推进作用边走边做。待基本掌握以上动作后，再配合呼吸。

练习次数：10次一组，完成4～6组。

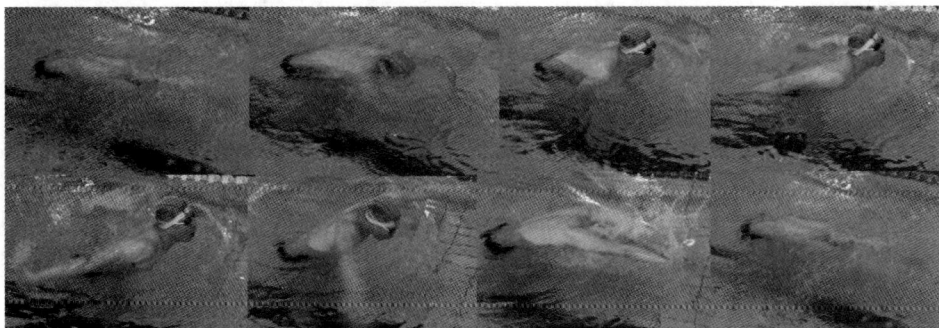

图5.2.7 体前屈蝶泳划手练习

（2）双人划臂练习。此练习能够帮助练习者更加准确地掌握划臂的路线、力度和节奏，提高动作的规范性和准确性。重点体会划水方向、路线及划水对身体的推进作用。在抱水时需强调高肘抱水技术。

练习方法：由帮助者抱持双腿助学员漂浮，在同伴帮助下做划臂练习。练习时，可先做憋气划臂练习，熟练后加上呼吸配合。配合呼吸时，帮助者在学员抬头吸气时应稍加助力，帮助其抬高身体。

练习次数：15 m一组，完成4～6组。

（3）夹板蝶泳划手练习。该练习可以让学习者体会行进间蝶泳手臂划水技术及伸肩压肩技术。练习过程中，强调手臂入水后身体尽量潜入水中，在手臂向后推水，头、上体准备出水时，让学生体会借助水的浮力加上手臂最后推水的力量将上体推出水面。

练习方法：腿夹浮板，双腿蹬离池壁后即进行多次蝶泳手臂划水。需注意，在练习过程中尽量减少呼吸次数。

练习次数：15 m一组，完成4～6组。

（4）单臂蝶泳分解练习。此练习可以使学习者体会打水与手臂动作的配合时机，帮助学习者掌握配合的节奏。在练习时需注意控制手、腿配合的节奏，吸气后目视池底，臀部要上移出水面，拇指短暂相扣到打水完成。

练习方法：在这个练习中始终有一臂前伸，另一臂划水。身体俯卧在水面，连续地按划水—吸气—下潜—打水的顺序练习动作。向划水臂的同侧转头吸气或抬头吸气。每次下潜时短暂地将两手拇指相扣，直到打水完成（见图5.2.8）。

练习次数：左臂25米，右臂25米，各完成4～6组。

图5.2.8　单臂蝶泳分解练习

（5）分解配合组合练习（2+2+2）。此练习可以帮助学习者掌握打水与手臂动作的配合时机，体会配合的节奏，并逐渐从分解向完整蝶泳动作转换，集中注意于躯干的动作。在练习时需注意保持动作节奏，每个周期打水与划水的配合时机要准确。移臂结束时目视池底，臀部升高。

练习方法：身体俯卧在水面，连续地按划水—吸气—下潜—打水的顺序练习动作。首先用单臂做两次动作，然后另一臂做两次，最后两臂同时做两次。然后继续重复练习，尽量每划2次吸1次气。两臂同时划水时向前吸气，单臂划水时向划水手臂的一侧吸气。每次下潜时将拇指短暂相扣到打水完成。

练习次数：50米一组，完成4～6组。

二、纠错部分

蝶泳手臂技术中容易出现的问题包括手臂动作不协调、手臂姿势不正确以及呼吸配合不顺畅等问题。手臂动作不协调可能导致划臂不流畅，增加水阻，降低前进速度，影响持久力和游泳舒适度。以下是蝶泳腿易错动作技术分析。

（一）入水阶段错误

1.错误动作分析

入水动作不正确，会使得打腿所产生的推进力不能达到最大。入水时手臂和手掌拍打水面会增大阻力，手入水后立刻向后划水会增加推压阻力，导致第一次下打腿产生的推进力减少。

2.纠正方法

手臂入水时应轻柔，掌心向外。等到第一次下打腿使身体向前时，再开始向后划水。

（二）水中移臂

1.错误动作分析

吸气时身体位置过低会使手臂在移臂的后半程在水中进行，这种错误动作会使身体在水中游进的形状阻力增大，速度变慢，过多浪费体能。

2.纠正方法

头和肩应上升到足够高度，使手臂都在水面上移臂，直到手臂入水前，但同时也应避免头和躯干过高。

（三）移臂过早

1.错误动作分析

双手离开水面之前，手掌转为了向下。掌心从向上变为向下，影响了手臂出水的动作，使吸气和移臂动作被推迟。在手臂出水之前就试图开始向前移臂，本应该通过向上和向外摆臂来克服手臂向后的惯性，却在手臂还未出水前，就突然停止手向后的动作，开始向前。

2.纠正方法

要纠正这个动作,应手臂向上向外划出水面,使手随着手臂从水面上向前移臂。还要注意手在出水时,以小拇指领先出水,在空中移臂的前半程掌心向后。

（四）手臂出水、移臂困难

1.错误动作分析

导致手臂出水、移臂困难可能有以下几点原因:①推水与出水动作不连贯,推水后有停顿。②推水和出水速度过慢。③出水时手心向上捞水,导致阻力过大。④移臂时未及时低头。

2.纠正方法

根据以上错误提出以下几点纠正方法:①注意推水与出水动作的连贯,应边推水边提肘。②加大推水力量,加快推水速度。③强调推水后掌心向后,出水时稍转向内侧。④强调先低头后移臂,多做低头憋气划水和移臂练习。

（五）划水路线太短

1.错误动作分析

因学习者内心紧张,怕吸不到气,过早抬头吸气,导致划水路线太短。或因手臂力量差,从而无推水动作或后推动作不够。

2.纠正方法

须在陆上反复模仿蝶泳手臂划水动作,水上练习时要求手推至大腿侧,强调用力推水后身体上升时抬头吸气,同时加强手臂力量的训练。

课后总结

蝶泳的臂部动作由入水、抱水、划水、出水和空中移臂五部分组成。蝶泳是较难掌握的一种泳姿,不仅需要较强的上肢和腰腹部力量,还要求有极好的协调性,同时躯干的波浪动作是人们在日常生活中所不习惯的,需要进行长时间的专门练习。以下是一些课后练习,将有助于帮助学习者进一步提高蝶泳技术。

━━━ 课后作业 ━━━

　　回顾本节课所学内容，明确蝶泳手臂动作概念、各环节动作要点。通过陆地模仿练习进一步巩固蝶泳臂和呼吸配合。蝶泳手模仿练习15次为一组，完成4组，体会用力方法和动作节奏。蝶泳手臂加腿部配合练习，15次为一组，完成4组。

━━━ 课后思考 ━━━

　　（1）蝶泳手臂的划水技术可分为几个阶段？
　　（2）举例介绍蝶泳划水的两种练习方法。
　　（3）简述蝶泳划手常见的错误动作及如何纠正。

第三节　蝶泳呼吸动作学习与技术纠正

◆ **本节导言**

　　蝶泳时，借助于两臂外划和内划所产生的升力，身体自然向水面上升，吸气主要依靠躯干的起伏进行，接着伴随空中移臂顺势低头，同时臂部上升至水面，形成完整波浪动作。关于呼吸的频率，通常每两次手臂循环完成一次呼吸，也可根据个人的特点和比赛项目进行调整。初学者需通过反复训练，逐步掌握正确的蝶泳呼吸技巧，提高游泳的舒适度和效率，确保在水中保持流畅的呼吸循环。

◆ **学习内容**：蝶泳呼吸技术
◆ **学习重点**：手臂与呼吸的配合
◆ **学习难点**：换气时机

一、练习部分

（一）蝶泳呼吸技术特点

　　蝶泳手臂入水后开始慢慢呼气，手臂向内划水结束时头部随着身体上升慢慢开始露出水面，手臂向上划水及出水时抬头吸气，手臂前移过肩后前伸肘，低头入水。低头一定要在手入水前完成，否则会使手臂和肩部难以伸展。吸气时不要刻意抬头，而是随着臂划水及第二次向下打腿的合力提高躯干和肩位置，头自然地露出水面。眼睛和嘴都朝向水面。吸气结束低头时，颈部随肩部的前伸向前下方伸展，使手入水时肩能够充分前伸（见图 5.3.1）。

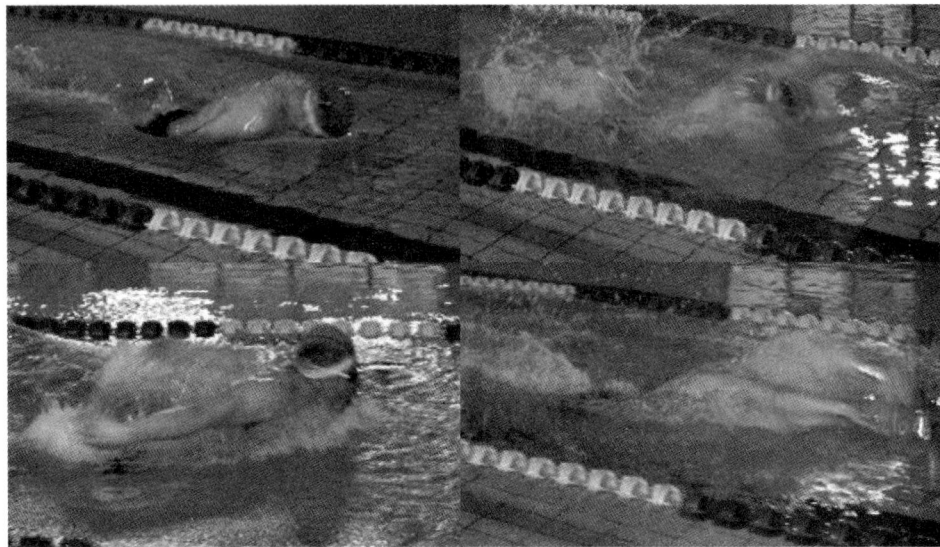

图 5.3.1　蝶泳呼吸技术

（二）蝶泳呼吸技术练习方法

同手臂练习，只是在划臂的过程中配合呼吸的动作。臂入水后开始呼气，划水时开始慢慢抬头，推水及移臂前半程完成吸气，移臂后半程及入水时憋气。

1.陆上模仿练习

陆上手臂与呼吸配合练习能够使学习者熟练掌握蝶泳手臂划水与呼吸的配合时机。练习过程中需重点体会当手臂划至推水阶段时，下颌前伸进行吐气及吸气动作，手臂经身体两侧空中移臂时低头憋气（见图 5.3.2）。

练习方法：身体前屈，双臂向前伸展。做手臂推水时吐气，手臂推水结束时嘴巴应在最高点完成吸气动作。

练习次数：10次一组，完成6组。

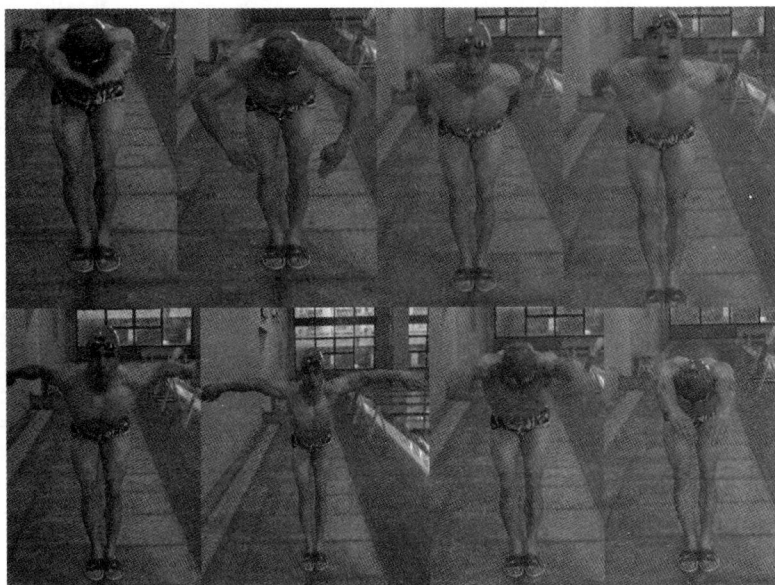

图 5.3.2　陆上手臂与呼吸配合练习

2.水中模仿练习

站立水中的手臂与呼吸配合练习能够使学习者熟练掌握蝶泳手臂划水与呼吸的配合时机，并充分体会蝶泳手臂推水时所产生的推进力（见图 5.3.3）。

练习方法：水中站立体前屈，肩没于水，手臂前伸，眼看前方，嘴位于水面下，当手臂划至推水阶段时，下颌前伸，嘴由水面下吐气至水面上最高点，此时推水结束及时做吸气动作。手臂出水经身体两侧空中移臂时低头憋气。

练习次数：25 m一组，完成8组。

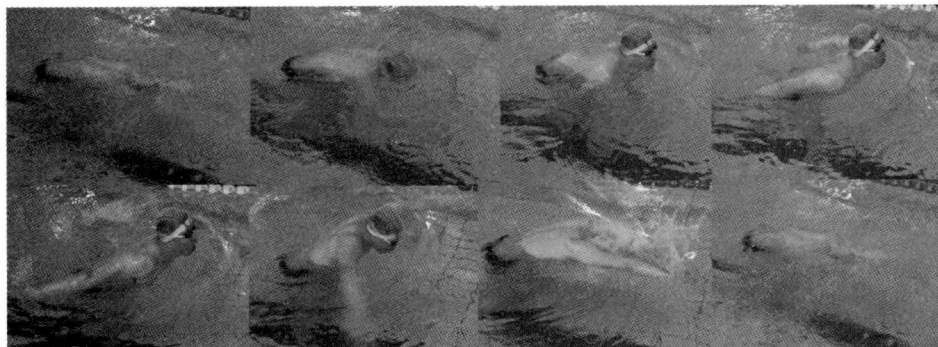

图 5.3.3　站立水中的手臂与呼吸配合

二、纠错部分

正确地呼吸是游好蝶泳的一个关键因素。在蝶泳划臂周期中，呼吸时机错误不仅会减慢划臂的速度，还会让人容易感到疲累。以下是蝶泳换气时易错动作技术分析。

（一）吸气过早

1.错误动作分析

吸气过早的学习者一般都在手臂入水之后有一段滑行的时间，在外划前就开始呼吸（见图5.3.4）。

2.纠正方法

要改正这个错误动作，必须要求学习者在手臂入水后向前和向外划水，并在划水到一半前保持低头姿势。

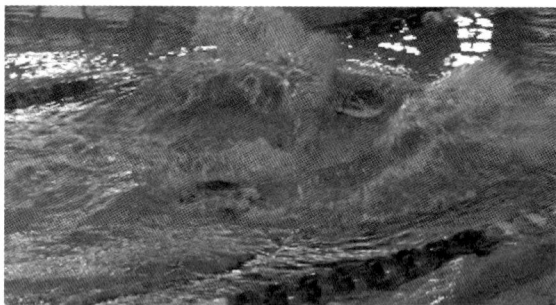

图5.3.4 吸气过早

（二）吸气过晚

1.错误动作分析

手臂入水之后，头部在水下的时间过长，划水即将结束时还不能将头部抬至水面上（见图5.3.5）。

2.纠正方法

在手臂上划结束后，头部不能到达水面，只能在开始空中移臂前稍作停顿来完成吸气。对此类错误动作进行纠正时，应在内划时把头部露出水面，在上划时吸气。

图5.3.5 吸气过晚

课后总结

蝶泳呼吸技术是提升蝶泳技术的重要环节。通过本课程的学习，我们深入了解了蝶泳手臂划水的正确姿势和节奏，以及呼吸与手臂动作的协调配合。在练习过程中，我们逐渐掌握了手臂入水、抱水、划水、推水和出水移臂的连贯动作，同时学会了在手臂推水时迅速抬头吸气，确保每次划水都能获得充足的氧气。通过反复练习和调整，我们逐渐克服了呼吸不畅、动作不协调等问题，游泳速度和节奏感也得到了明显提升。

课后作业

（1）进行陆上蝶泳手臂划水与呼吸配合练习，10次一组，完成5组。此练习有助于熟悉手臂动作与呼吸之间的协调关系，为后续的水中练习打下基础。

（2）在水中练习单臂划水与呼吸的配合，然后再尝试双臂同时划水与呼吸的配合。在练习过程中，要注意手臂入水、抱水、划水、推水和出水移臂的连贯动作，同时配合好呼吸节奏。

课后思考

（1）简述蝶泳呼吸与手臂的配合节奏。

（2）简述蝶泳呼吸的技术特点。

（3）简述蝶泳呼吸的错误技术动作以及纠正方法。

第四节　蝶泳完整配合动作学习与技术纠正

◆ **本节导言**

　　蝶泳在游进过程中手臂的动作似飞舞的蝴蝶，躯干和下肢的动作类似海豚，所以蝶泳亦称海豚泳。学习蝶泳对学习者的上肢力量、肩背部力量、腰腹部力量及协调性、柔韧性要求较高。由于蝶泳技术不易掌握，因此通常是在学习了其它三种泳式后进行蝶泳技术教学。本节将蝶泳技术的练习方法分为陆上技术练习法及水上技术练习法。水上技术练习法又分为分解练习法及完整练习法、难度练习法及不同姿势转换练习法。学习者可以根据自己技术的掌握情况进行有目的的练习。

◆ **学习内容**：蝶泳完整配合技术
◆ **学习重点**：手、腿、呼吸的配合
◆ **学习难点**：呼吸动作、手腿配合、两次打腿。

一、练习部分

（一）蝶泳完整配合技术

　　蝶泳完整配合技术是指两次打腿、一次划水、一次呼吸，或四次打腿、两次划水、一次呼吸的配合方式。蝶泳以腰部为发力点，因此蝶泳的完整配合技术要求运动员技术动作精细、准确，并具有良好的肩背部力量、良好的腰腹力量及较好的协调性和柔韧性。蝶泳手臂与打腿的配合技术为手臂入水时做第一次向下的打腿动作，手臂推水时做第二次向下的打腿动作。呼吸与手腿的配合为，腿做第二次下打，手臂划水至推水位置，这两个力量加之浮力的作用使头露出水面，此时下颏前伸，当嘴即将出水吐气至最高点时进行吸气（见图5.4.1）。

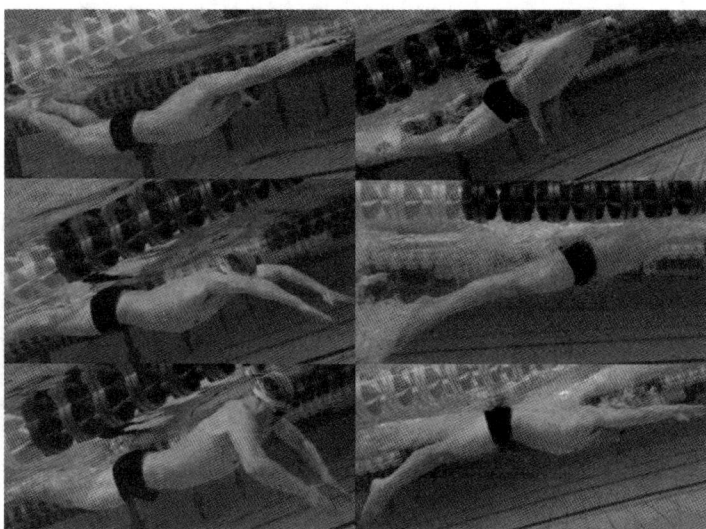

图 5.4.1　蝶泳完整配合技术

（二）蝶泳手臂与呼吸技术配合练习方法

1.陆上模仿练习

陆上模仿横飞主要进行手臂与呼吸配合练习。

练习目的：陆上熟练掌握蝶泳手臂划水与呼吸的配合时机。

练习方法：身体前屈，双臂向前伸展。做手臂推水时，下颌前伸吐气并抬头吸气（见图 5.4.2）。

练习重点及难点：身体前屈，重点体会当手臂划至推水阶段时，下颌前伸进行吐气及吸气动作，手臂经身体两侧空中移臂时低头憋气。手臂推水时吐气，手臂推水结束时嘴巴应在最高点完成吸气动作。

练习次数：10次一组，完成6组。

蝶泳完整配合
技术练习方法

2.水上练习

此练习是站立水中进行手臂与呼吸配合练习。

练习目的：熟练掌握蝶泳手臂划水与呼吸的配合时机。

练习方法：水中站立体前屈，肩没于水，手臂前伸，眼看前方，嘴位于水面下，做蝶泳手臂划水与呼吸的配合练习（见图 5.4.3）。

练习重点及难点：做蝶泳手臂与呼吸的配合练习。身体前屈，手臂前伸，嘴位于水面下，当手臂划至推水阶段时，下颌前伸嘴由水面下吐气至水面上最高点，此时推水结束及时做吸气动作。手臂出水经身体两侧空中移臂时低头憋气。推水时吐气，推水结束嘴在最高点完成吸气动作。

练习次数：25 m一组，完成6组。

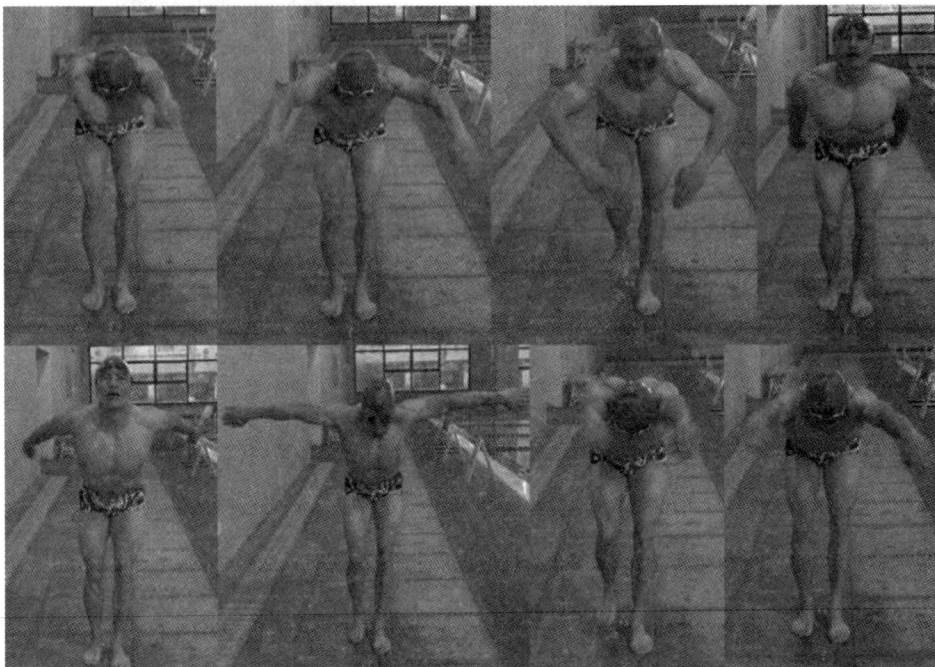

图 5.4.2　手臂与呼吸配合练习

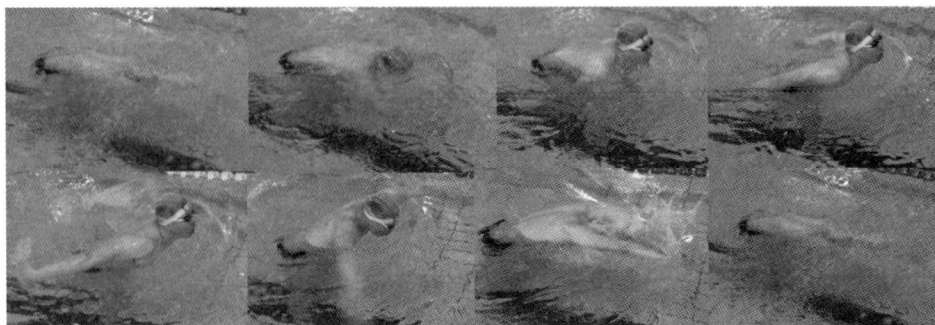

图 5.4.3　站立水中的手臂与呼吸配合练习

（三）蝶泳手臂与腿部技术配合练习

练习目的：让学生体会游进中蝶泳手腿配合技术。

练习方法：蹬离池壁后，身体在水中成较好流线型，憋气做多次蝶泳腿与一次划臂的蝶泳手腿配合练习（见图5.4.4）。

练习重点及难点：在蹬离池壁后，手臂前伸，身体保持较好流线型在水下约30 cm处滑行，经多次打腿，在身体获得足够动力后，通过前伸下颌，手臂的推水作用及打腿的作用将身体推出水面。每一次划臂结束，身体再次潜入水中后，再通过多次打腿使身体获得动力，如此反复，直至需要呼吸时停止。强调手臂空中移臂时低头，手臂入水后，压肩并向前下方伸展。不间断地蝶打腿，将身体带入水下约30 cm处。此位置有利于初学者手臂推水时身体浮出水面。

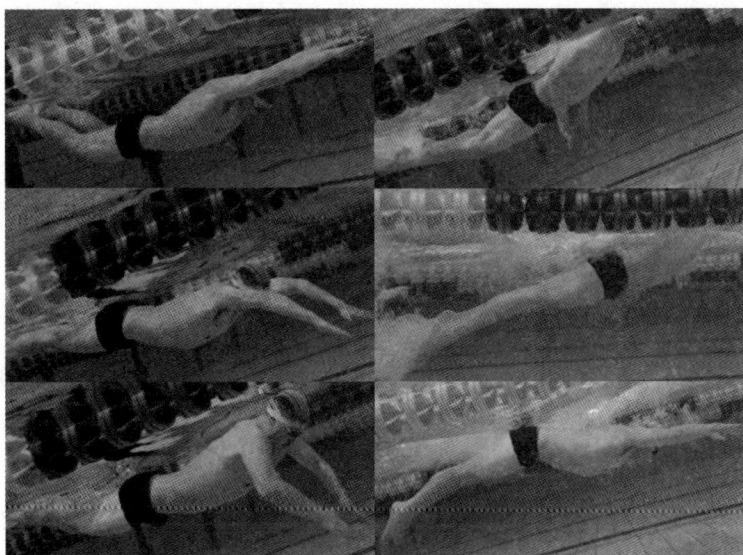

图 5.4.4　手臂与腿的配合练习

（四）蝶泳完整配合练习

练习目的：循序渐进地掌握蝶泳完整配合技术后，逐渐增加游距。

练习方法：讲解示范后，让学生进行多次腿、一次手、一次呼吸的蝶泳完整配合练习。最后过渡到完整的蝶泳配合练习。

练习重点及难点：体会多次打腿、一次划手、一次呼吸的配合，学生有了能游起来的信心后，再让学生进行连续两次打腿、一次划手、一次呼吸的配合，最后再进行手臂入水时第一次打腿，手臂推水时第二次打腿，配合一次呼吸的蝶泳完整配合练习。

二、纠错部分

（一）移臂打腿过早

1. 错误动作分析

有些练习蝶泳的学习者会在入水前就完成了第一次下打动作，通常是因为移臂时手臂难以离开水面，所以需要在手入水之前用下打腿的方式去抵消水中移臂所造成的阻力。但是这样做只能使移臂阶段身体速度的下降幅度不那么大，而不能通过第一次下打腿使身体加速前进。

蝶泳常见错误动作及纠正方法

2.纠正方法

应该精确调整第一次下打腿的时间，即当手臂入水伸展时开始下打。移臂时应尽量将躯干和头高出水面，然后屈肘前伸入水，这样才不会使手在水中移臂。

（二）入水后滑行时间过长

1. 错误动作分析

这种错误经常发生在刚开始学蝶泳的学习者身上，入水后会伸展手臂，在手臂抱水之前打两次腿。

2.纠正方法

一定要在手入水后打一次腿，当水下划手到一半的时候再开始第二次打腿。

（三）过度推水

1.错误动作分析

原因是手臂上划时向上推水过高。这样会产生向下的力量，为避免身体下沉，就需要第二次下打深一些，结果造成臀部上抬过高，这时候就不得不等到臀部下降到水平面之后才能开始吸气和空中移臂。

2.纠正方法

要纠正这个错误动作，在练习时手划到水面前就开始出水动作，这样就不用在上划时用力下打腿。

课后总结

蝶泳完整配合课程涵盖了手臂划水、腿部打水以及呼吸技巧的综合运用，是提升蝶泳技术的关键环节。通过本课程的学习，我们深入掌握了蝶泳的完整配合动作，手臂与腿部的协调配合使得身体在水中流畅前行，呼吸与动作的完美结合则确保了游泳的持续性与高效性。

课后作业

（1）蝶泳配合动作需要依靠上肢肌肉力量和核心稳定性，从而有助于提高自由泳划水效果和保持水中长、平、直的身体姿态。俯卧撑15次一组，完成3组；仰卧起坐20次一组，完成3组；平板支撑30 s一组，完成3组。

（2）课后可在垫子上或床上根据自己在游进中的手臂或腿部不足进行有针对性技术动作的模仿练习，20次为一组，完成4～6组，巩固自身蝶泳技术。

课后思考

（1）蝶泳完整配合节奏通常是什么？
（2）简述蝶泳完整配合技术的教学步骤。
（3）简述蝶泳完整配合技术的常见错误与纠正方法。试举二例说明。

第五节　蝶泳出发与转身技术学习

◆ **本节导言**

游泳比赛大多是在50 m或25 m长的游泳池中进行的。除了在50 m池进行50 m项目的比赛外，在其他项目中，运动员游到池端后，都必须折返回头继续游进。这一折返动作就称为转身，蝶泳转身采取的是双臂触壁式转身，在转身时，双手必须同时触壁完成转身动作。

◆ **学习内容**：蝶泳出发技术、蝶泳转身技术
◆ **学习重点**：蝶泳触壁式转身技术
◆ **学习难点**：团身、快速转动

（一）蝶泳出发技术

在出发时，应面向泳池，双脚平行踩在出发台边缘，或一只脚在前，一只脚在后，身体保持水平。双手放在出发台上，宽度不得超过出发台边缘。出发信号发出后需双手和双脚同时发力，迅速跳入水中（见图 5.5.1）。

双脚出发

单脚出发

图 5.5.1　蝶泳出发技术

（二）蝶泳转身技术

1.游近池壁

蝶泳式游近池壁，不减速（见图5.5.2）。

2.触壁

在完成最后一次腿及手臂的动作后，两臂前伸，双手平行，或上下分开，双手同时触壁，两手相距约15 cm左右，身体向左倾斜（见图5.5.3）。

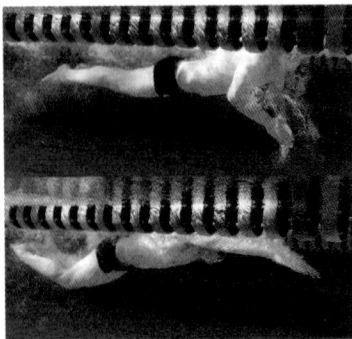

图5.5.2　游近池壁

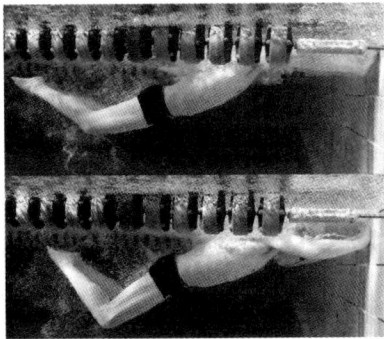

图 5.5.3　触壁

3.转身

触壁后，快速随着惯性屈肘、屈膝团身，同时身体沿纵轴向左侧转动，并抬头吸气，左手离开池壁在水中随着身体向左侧转动并逐渐向左前伸。当身体转至侧对池壁时，头向前进方向甩并低头入水，右臂推离池壁，从空中摆臂或从水下向前伸出，同时提臀使两脚触壁，两手经颈下做好前伸准备，两腿弯曲准备蹬壁（见图 5.5.4）。

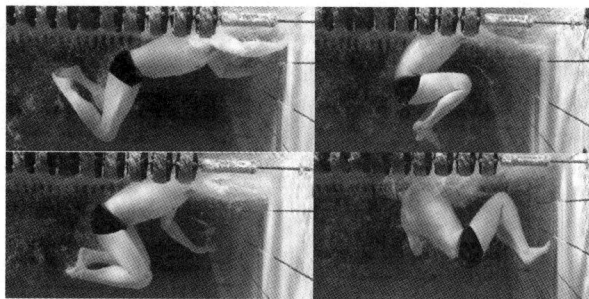

图 5.5.4　转身

4.蹬离池壁

两脚掌贴在水面下约40 cm处，两臂向前伸直，头夹在两臂之间，然后用力蹬离池壁（见图 5.5.5）。

5.滑行及出水

在蹬离池壁后，身体在水面下以侧卧（以肩部不能超过身体的垂直面为准）或俯卧姿势保持流线型滑出，当速度减慢到正常泳速时，开始在水下打蝶泳腿，用手腕上仰、下颌前顶的动作，引导身体浮出水面，在第一次蝶泳手臂推水动作结束后，头必须在距泳池端15 m处出水（见图 5.5.6）。

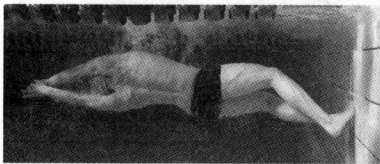

图 5.5.5　蹬离池壁

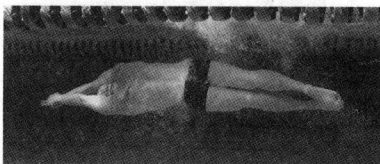

图 5.5.6　滑行及出水

（三）蝶泳转身练习

1.抓池边转身练习

练习方法：以蝶泳姿势快速游近池壁，不减速。蝶泳时双手从水下伸出，双手经空中从水面上触壁后同时抓池边并将身体拉近，收腿团身，同时身体沿纵轴侧向转动，并抬头吸气，一手从水下前伸，另一手经空中摆向前进方向，两脚触壁，两腿弯曲蹬离池壁。

教学重点及难点：体会手臂一拉一推，利用身体的转动力矩完成转身动作。此外在蹬离池壁前，手臂前伸，上体保持好的流线型后再用力蹬离池壁。

2.完整转身技术练习

练习方法：先以蝶泳姿势快速游近池壁，不减速。两臂积极前伸，触壁时手掌触池壁，随着惯性屈肘、团身，同时身体沿纵轴侧向转动，并抬头吸气，一手从水下前伸，另一手经空中摆向前进方向，两脚触壁，两腿弯曲蹬离池壁。蛙泳转身技术掌握熟练后，进行蝶泳转身练习。不同之处在于蝶泳触壁前的一个动作是双臂经空中从水面上同时触壁。

教学方法：先进行蛙泳完整转身的讲解和示范，之后让学生从距离池边7～10 m处开始游近、触壁、转身、蹬边、滑行，进行完整的蛙泳转身练习。熟练掌握后进行蝶泳的完整转身练习（见图5.5.7）。

教学重点及难点：游近池壁时，速度不能减，否则触壁瞬间速度不足，导致团身不紧，影响转身的后半部分技术。

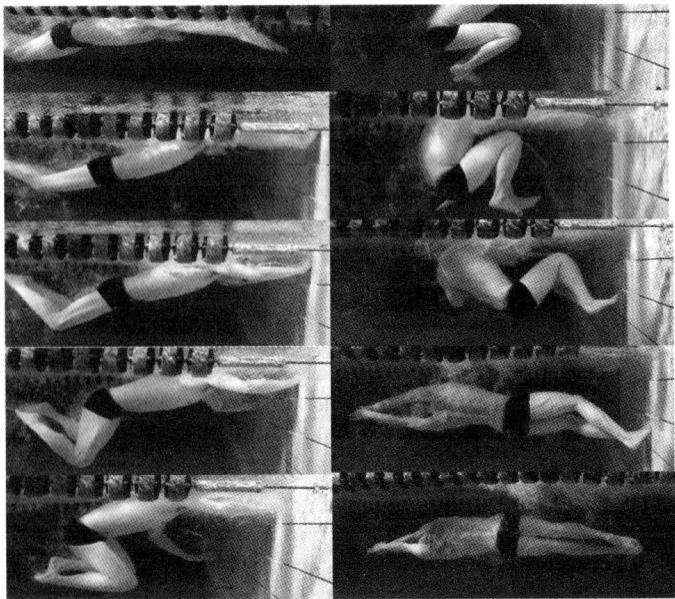

图 5.5.7　完整转身技术练习

课后总结

蝶泳转身技术是游泳中的关键环节，需要精心准备。在转身前，运动员应调整速度和节奏，确保流畅进入切入动作。切入时，利用腰部力量带动双腿，迅速改变方向。转身时，双手和双腿需协同工作，保持身体水平。出水与入水时，应注重动作的连贯性和稳定性。同时，呼吸控制至关重要，要保持稳定的呼吸节奏。整个过程中，身体协调性是基础，各部分动作需相互配合。为提高转身技术，持续的练习和有针对性的改进都很重要。

课后作业

根据自己在游进中的手臂或腿部动作的不足，课后可在垫子上或床上进行相应技术动作的模仿练习，20次为一组，完成4～6组，巩固自身仰泳技术。

课后思考

（1）简述蝶泳出发与转身技术的教学步骤。

（2）简述蝶泳出发与转身技术的常见错误与纠正方法。试举二例说明。

第六章

游泳竞赛规则课程

本章导言

在人类的历史长河中，游泳以其独特的魅力，成为一种跨越文化和地域界限的全球性运动。游泳竞赛更是体育竞技中的璀璨明珠，它汇聚了速度与力量，挑战了人类身体的极限。作为游泳竞赛的参与者，无论是运动员、教练员还是裁判员，都应公平参赛。所有参与者都有义务遵守规则，规则是游泳竞赛的基石，它确保了比赛的公正性和公平性。规则不仅为运动员提供了明确的竞技框架，也为裁判员和观众提供了评判的依据。然而游泳竞赛规则不是一成不变的，它需要根据时代的发展和运动员的需求进行不断的改进与完善。赛事组织者和相关机构需密切关注游泳运动的发展趋势和技术创新，及时调整规则，以适应新的竞技需求。本章内容参考世界游泳联合会《2023年游泳竞赛规则》。

游泳竞赛相关规定

第一节 蛙泳竞赛规则

◆ **本节导言**

没有规矩不成方圆。运动的乐趣一方面来源于运动技巧；另一方面，在规则的指导下，合理规范地进行体育锻炼，可以让锻炼者得到极大的充实与满足感。蛙泳比赛要按照一定的程序，才能顺利进行，还要有裁判监督判罚，使运动员按照规则进行比赛，才能确保比赛的公平、公正性。

◆ **学习内容**：蛙泳竞赛规则

一、比赛项目

蛙泳单项比赛通常分为50 m、100 m、200 m项目。

蛙泳竞赛规则

二、出发、转身与触壁规定

1.出发

在出发时，运动员应面向池壁，站在出发台，一只脚在前，一只脚在后，身体保持水平。双手放在出发台上，宽度不得超过出发台边缘。出发信号发出后，运动员需双手和双脚同时发力，迅速跳入水中。

2.转身

在蛙泳比赛中，运动员需要完成转身动作。转身时，运动员应贴近池壁，双手和双脚同时发力，完成转身动作。转身过程中，双脚不得触及池底，双手不得触及池壁。

3.触壁

当运动员到达终点时，应确保双手和双脚同时触及池壁。这表示运动员已经完成了整个蛙泳比赛。在触壁后，运动员应保持静止，等待裁判员的指示。

三、划臂规定

（1）从出发和每次转身后的第一次手臂动作开始，身体应保持俯卧，两肩应与水面平行，划臂动作应保持水平，双臂和双手同时向前推进，双手应保持水平，不得上下摆动。

（2）两手应同时在水面、水下或水上由胸前伸出，并在水面或水下向后划水。除转身前的最后一次划水动作，转身过程中及抵达终点前的最后一次划水动作外，肘部必须处于水下。双手应在水面或水面下向后划水。除出发和每次转身后的第一次划水动作外，两手向后划水不得超过臀线。

（3）在每次转身和到达终点时，两手应在水面、水上或水下同时触壁，触壁前两肩应与水面平行。在触壁前的最后一次向后划水动作结束后，头可以潜入水中，但在触壁前的一个完整或不完整的配合动作中，头部应部分露出水面。

四、蹬腿规定

（1）蛙泳的蹬腿动作应有力且连续，双腿同时向前推进。在蹬腿过程中，双脚应保持水平，不得向上或向下摆动。

（2）蛙泳选手在出发和转身后，可以在水下进行一次蝶泳腿和一次蛙泳腿，然后露出水面进行正常的蛙泳动作。特别需要注意的是，海豚式打腿不是蛙泳动作周期的一部分，并且只允许在出发和转身时，运动员全身没入水中，两手向后划水或划水后做出，紧接着做一次蹬腿动作。在蹬腿过程中，两脚必须做外翻动作。不允许做剪夹、上下交替打水或向下海豚式打水动作。只要不做向下的海豚式打腿动作，允许两脚露出水面。

五、身体姿态与配合

（1）任何时候不允许身体转成仰卧姿势。在整个比赛中，每个动作周期必须是以一次划臂和一次蹬腿的顺序完成。两臂和两腿的所有动作都应同时在同一水面上进行，不得有交替动作。

（2）在一个完整动作周期内，运动员头的某一部分应露出水面。出发和每次转身后，运动员可做一次手臂充分向后划至腿部的动作。在第二次划臂至最宽点两手向内划水前头必须露出水面。运动员在全身没入水中时，允许做一次向下的海豚式打腿动作，再接一次蛙泳蹬腿动作。随后两腿的所有动作应同时并在同一水平面上进行，不得有交替动作。

课后总结

本节课主要介绍蛙泳竞赛规则相关知识点。了解蛙泳竞赛规则，在规则的指导下，可以合理规范地进行体育锻炼，可以让锻炼者得到极大的充实与满足感。在实际比赛中，运动员应严格遵守规则，裁判员应公正准确地执行规则，确保比赛的公平和顺利进行。

第二节　自由泳竞赛规则

◆ **本节导言**

制定比赛规则，有助于比赛参与者了解运动规则的基本知识，以使自己在比赛过程中游刃有余地发挥技术水平。在比赛中参赛选手需按照一定的方法进行比赛，并须遵循一定的规则，以使比赛有序进行。而比赛观赏者只有在了解基本规则的前提下，才能够充分体验观赏比赛的乐趣。

◆ **学习内容：** 自由泳竞赛规则

一、项目类别

自由泳比赛分为50 m、100 m、200 m、400 m、800 m、1 500 m 6个项目。

自由泳竞赛规则

二、泳式规定

自由泳是竞技游泳的四种泳式之一，在比赛中有一定的规定要求：

（1）必须从出发台起跳出发。总裁判发出长哨音信号后，选手应站到出发台上；发令员发出"各就位"的口令后，选手应至少有一只脚在出发台的前缘做好出发准备，手臂位置不限。

（2）转身和到达终点时，必须用身体某一部位触池壁。

（3）在整个游程中，选手身体的一部分必须露出水面，在转身过程中，允许选手完全潜入水中，但在出发和每次转身后潜泳距离不得超过15 m，在15 m时选手的头必须已经露出水面。

三、名次与成绩判定（所有泳姿）

1.计时方法

（1）比赛中如果使用自动计时装置，由该装置判定的名次、成绩应比人工计时的判定优先采用。

（2）当自动计时装置失灵未能记录一名或多名选手的成绩或名次时，应记录自动计时装置上已得到的有效成绩和名次，并记录所有人工计时的成绩和名次。

2.名次判定

（1）在同组比赛中，将同样具有自动计时装置记录成绩和名次的选手进行比较，应保留其相对顺序。

（2）不具有自动计时装置记录名次，但具有自动计时装置记录成绩的选手，应通过选手自动计时装置记录成绩，与其他具有自动计时装置记录名次的选手的成绩进行比较，确定其相对顺序。

（3）既没有自动计时装置记录名次，又无自动计时装置记录成绩的选手，应通过半自动计时装置（或三块计时秒表）记录的成绩，确定其相对顺序。

3.成绩判定

（1）具有自动计时装置记录所有选手的成绩，该成绩即为正式成绩。

（2）所有不具备自动计时装置记录成绩的选手，半自动计时装置（或三块计时秒表）记录的成绩即为正式成绩。

───── 课后总结 ─────

　　游泳竞赛是推动游泳运动发展的一个重要途径。通过竞赛，可以检验教学和训练的效果，交流经验，互相学习，促进运动技术水平的提高。熟悉竞赛规则，也利于参与者更好地发挥技术。

第三节　仰泳竞赛规则

◆ **本节导言**

　　制定比赛规则，有助于比赛参与者了解运动规则的基本知识，以使自己在比赛过程中游刃有余地发挥技术水平。仰泳，作为游泳运动中的一种重要泳姿，在竞赛中具有独特的魅力和挑战性。为了保证比赛的公平、公正和顺利进行，仰泳竞赛规则应运而生。在比赛中参赛选手需按照一定的方法进行比赛，并须遵循一定的规则，以使比赛有序进行。

◆ **学习内容**：仰泳竞赛规则

一、项目类别

仰泳比赛分为50 m、100 m、200 m 3个项目。

仰泳竞赛规则

二、泳式规定

（1）在出发信号发出前，运动员应在水中面对出发端，两手抓住出发握手器。禁止蹬在泳池里、泳池上或脚趾勾在泳池沿上。当使用仰泳出发器时，两脚脚趾必须与池壁或触板接触，禁止脚趾勾在触板上沿。

（2）听到出发信号后和转身后，运动员应蹬离池壁，除了根据国际泳联游泳竞赛规则6.4条款的规定做转身动作外，整个游程中应保持仰卧。正常仰卧姿势允许身体做转动动作，但最大转动幅度不得达到与水平面成90°的角度，头部姿势不受此限。

（3）在整个游程中，运动员身体的某一部分必须露出水面。允许运动员的身体在转动过程及出发和每次转身后不超过15 m的距离内完全没入水中，但运动员的头部必须在15 m之前露出水面。

（4）转身时，运动员必须在各自泳道内用身体的某一部分触壁。转身过程中，肩可以转过垂直面至俯卧姿势，之后立即做1次连贯的单臂划水或双臂同时划水动作，并以此动作作为转身动作的开始。运动员必须呈仰卧姿势蹬离池壁。

（5）运动员到达终点时，必须在各自泳道内以仰卧单臂触壁姿势触壁。

课 后 总 结

本节课主要介绍仰泳竞赛规则相关知识点。了解仰泳竞赛规则，在规则的指导下，合理规范地进行体育锻炼，可以让锻炼者得到极大的充实与满足感。在实际比赛中，运动员应严格遵守规则；裁判员应公正准确地执行规则，确保比赛的公平和顺利进行。

第四节　蝶泳竞赛规则

◆ **本节导言**

　制定比赛规则，有助于比赛参与者了解运动规则的基本知识，以使自己在比赛过程中游刃有余地发挥技术水平。蝶泳，作为游泳运动中的一种重要泳姿，在竞赛中具有独特的魅力和挑战性。为了保证比赛的公平、公正和顺利进行，蝶泳竞赛规则应运而生。在比赛中参赛选手须按照一定的方法进行比赛，并须遵循一定的规则，以使比赛有序进行。

◆ **学习内容**：蝶泳竞赛规则

一、项目类别

蝶泳比赛分为50 m、100 m、200 m 3个项目。

二、泳式规定

（1）自由泳、蛙泳、蝶泳及个人混合泳的比赛必须从出发台起跳出发。执行总裁判发出长哨声信号后，运动员应站到并保持在出发台上。发令员发出"各就位"的口令后，运动员应立即做好出发准备姿势，即至少有一只脚位于出发台的前端，手臂位置不限。当所有运动员都处于静止状态时，发令员发出"出发信号"。

（2）从出发和每次转身后的第1次手臂动作开始，身体应保持俯卧，任何时候都不允许转成仰卧姿势。只要身体呈俯卧姿势蹬离池壁，允许运动员在触壁后用任何方式转身。

（3）整个游程中，两臂应在水面上同时向前摆动，并在水下同时向后划水。

（4）所有腿部的上、下打腿动作应同时进行。两腿或两脚可不在同一水平面上，但不允许有相对交替的动作，不允许蹬蛙泳腿。

（5）在每次转身和到达终点时，两手应分开在水面、水上或水下同时触壁。

（6）在出发和每次转身后，允许运动员在水下做1次或多次打腿动作和1次划水动作，这次划水动作应使身体升至水面。在出发和每次转身后，允许运动员在不超过15 m的范围内完全没入水中，在15 m前运动员的头必须露出水面。运动员应使身体保持在水面上，直至下次转身或到达终点。

────────── 课 后 总 结 ──────────

本节课主要介绍蝶泳竞赛规则相关知识点。了解蝶泳竞赛规则，在规则的指导下，合理规范地进行体育锻炼，可以让锻炼者得到极大的充实与满足感。在实际比赛中，运动员应严格遵守规则；裁判员应公正准确地执行规则，确保比赛的公平和顺利进行。

第五节　混合泳竞赛规则

◆ **本节导言**

制定比赛规则，有助于比赛参与者了解运动规则的基本知识，以使自己在比赛过程中游刃有余地发挥技术水平。混合泳，作为游泳运动中的一种重要泳姿，在竞赛中具有独特的魅力和挑战性。为了保证比赛的公平、公正和顺利进行，混合泳竞赛规则应运而生。在比赛中参赛选手须按照一定的方法进行比赛，并须遵循一定的规则，以使比赛有序进行。

◆ **学习内容**：混合泳竞赛规则

一、项目类别

混合泳泳赛分为100 m（短池）、200 m、400 m 3个项目。

混合泳竞赛规则

二、泳式规定

（1）个人混合泳必须按照蝶泳、仰泳、蛙泳、自由泳的顺序进行比赛。每种泳式必须完成赛程四分之一的距离。

（2）混合泳接力必须按照仰泳、蛙泳、蝶泳、自由泳的顺序进行比赛。

（3）在个人混合泳和混合泳接力项目的比赛中，每一泳式都必须符合相关泳式的有关规定。在仰泳转蛙泳过程中，运动员必须呈仰泳姿势触及池壁。

课后总结

本节课主要介绍混合泳竞赛规则相关知识点。了解混合泳竞赛规则，在规则的指导下，合理规范地进行体育锻炼，可以让锻炼者得到极大的充实与满足感。在实际比赛中，运动员应严格遵守规则；裁判员应公正准确地执行规则，确保比赛的公平和顺利进行。

第七章

游泳救生课程

本章导言

救生工作是一项"拯弱救难"的高尚工作，是人道主义精神和精神文明建设的具体体现。加强游泳救生、救护工作，贯彻"以防为主，以救为辅，防救结合，有备无患"的精神，健全组织，重视安全教育，以防止游泳事故发生，不仅对保障游泳者的生命安全具有重大意义，而且对促进开展"全民健身"的大众游泳活动也有着重要意义。

在本次课程中，我们将介绍救生的基本理念。救生不仅仅是一项技能，更是一种对生命的尊重和保护。我们将强调救生的重要性和紧迫性，培养学员在面对水中紧急情况时冷静、果断的应对能力。

游泳救生的定义、
分类与基本原则

第一节　自救与间接救生技术

◆ **本节导言**

　　水上救生是指人们在水上活动时发生意外事故时所采取的救助措施。游泳时容易出现意外情况，比如在水中出现肌肉痉挛，或者在自然水域中遇到突发意外情况，意外落水，需要救助溺水者等，此时熟练掌握水中自我救护与救助溺水者的方法与技术有着重要的意义。本节课主要介绍自救技术，简要介绍救生技术。

◆ **学习内容**：自救技术、间接救生技术

◆ **学习重点**：踩水、反蛙泳、间接救生技术

◆ **学习难点**：踩水技术

一、热身部分

（一）基本热身

1.头部运动

　　身体直立，两脚分开与肩同宽，双手叉腰，大拇指向后，四指朝前。根据节拍，有节奏地做头部屈伸运动，1拍和2拍头向前屈，3拍和4拍头向后伸，5、6和7、8拍节奏保持一致，头部屈伸的幅度要充分。

2.肩部运动

　　双脚与肩同宽站立，双臂外展90°，两肘屈曲，双手指放于两肩，以肩部为轴，两手臂由后向前绕环，完成相应的节拍后，手臂环绕方向变为右前向后。

3.扩胸运动

　　双脚与肩同宽站立，脚尖朝前，开始时，手臂与肩部保持同一高度，肘部弯曲，双手握拳于胸前，1拍和2拍向后震动双臂，将两肩关节充分打开，3和4拍双臂从胸前向两侧展开，肘部呈伸直状态。整个动作过程中，手臂与肩部保持齐平。

4.腰部运动

双脚与肩同宽站立，双手叉腰，大拇指向后，四指朝前。腰部做绕环运动，每两拍绕环一周，前两节由前往后绕环，后两节由后往前绕环。

5.正压腿

双腿呈弓箭步，右腿在前，前腿弯曲，后腿伸直，双手重叠支撑于前腿膝盖上方，躯干保持挺直，有节奏地上下震压。完成两个八拍后，前后腿交换位置。

6.侧压腿

身体下蹲，将左腿向左侧伸出并保持伸直状态，右手放于右膝盖上方，左手按压在左膝上，此时身体重心位于右腿上，有节奏地上下震压，完成两个八拍后，左右腿交换位置。

（二）专项热身

1.脊柱伸展

双脚与肩同宽站立，双手十指交叉，手臂伸直举过头顶，掌心向上，身体向上伸展的同时，躯干做向左侧屈，然后停留20 s。紧接着，身体向上伸展，躯干向右做侧屈，停留20 s。

2.上臂伸展

双脚与肩同宽站立，将左手臂前平举并内收，右手臂屈肘放于左肘关节处，持续向右肩方向施力，保持20 s。

3.双臂大绕环

双脚与肩同宽站立，两臂伸直，同时向前大绕环，接着向后绕环。

4.小腿伸展

身体呈俯卧支撑姿势，臀部位置要高，从侧面看像一个倒"V"字，左脚搭在右脚脚踝处，右脚脚跟完全踩实地面，保持20 s。完成一边后换另一边。

二、练习部分

（一）自救技术

自救技术是指溺水者在没有他人救助的情况下，通过自身努力而获救的救生技术。水中游泳时遇到突发情况时，首先要做到沉着、冷静，不慌忙，然后再按照一定的步骤进行自我救护。实在不行，发出救护信号，以得到同伴或救生员的注意，取得他们的帮助。

1.肌肉痉挛时的自救方法

水中活动时，最常见的肌肉痉挛多发生在大腿、小腿、足底和小指。其发生的主要原因是水温较低，机体受到冷刺激，或是水中锻炼前准备活动不充分，身体疲劳等因素影响。由于肌肉痉挛时肌肉剧烈疼痛，控制肌肉能力下降，加上随之引起的惊慌失措，很容易发生溺水事故。不管哪个部位肌肉痉挛，要清楚原因是肌肉强直收缩，只要使痉挛的肌肉伸展即可。

（1）解除小腿后部肌肉痉挛的方法。

如果离池边不远可先上岸，坐在池边，痉挛的腿伸直，用一手抓住脚趾向身体方向拉，一手向下压膝关节，使腿后部肌肉伸展，即可缓解。痉挛解除后，先不要着急马上下水，再牵拉按摩一会，待不适感消失后再下水（见图7.1.1）。

图 7.1.1　解除小腿后部肌肉痉挛的方法

如果离池边较远或在深水区时，不要惊慌，身体漂浮，用肌肉痉挛腿对侧的手抓住脚趾向身体方向牵拉，用另一手向下压膝关节，使腿后部伸展，待缓解后上岸继续牵拉按摩并休息。

（2）解除大腿前部肌肉痉挛的方法。在浅水区时，可以上岸或站立在池边，屈小腿，用手抓住痉挛腿的脚趾，向身体方向牵拉，使大腿前部肌肉伸展；如果在深水区或离池边较远处，仰卧放松漂浮在水面，然后用手抓住痉挛腿的脚趾进行牵拉，待缓解后上岸继续按摩牵拉并休息。

（3）解除手指或足底痉挛的方法。手指痉挛时可用力握拳，再用力伸直，反复多次即可解除。足底痉挛时可采用按摩的方法解除。

2.其他自救方法

当练习者在深水区发生呛水、呼吸困难、体力衰竭等危险情况时，应尽量保持镇定，通过自身的浮力或其他漂浮物自救，切忌紧张用力，消耗更多体力。

（1）水母漂。水母漂俗称抱膝浮体，吸气后憋住，两手抱膝，身体团成一团，脸朝池底，放松地漂浮在水面上，恢复体力（见图7.1.2）。

（2）俯卧舒展漂浮。憋气，身体俯卧在水中，四肢自然放松舒展，漂浮在水面上（见图7.1.3）。

图7.1.2　水母漂

图7.1.3　俯卧舒展漂浮

（3）仰卧舒展漂浮。浮力较好的练习者可以采用这种方式自救，同时自由呼吸，放松仰卧漂浮在水面上，恢复体力（见图7.1.4）。

图7.1.4　仰卧舒展漂浮

（4）借助漂浮物求生。在深水区进行水中健身练习时，可以借助健身器材、水道线或是救生圈等漂浮物进行自救。

（5）踩水。踩水也称"立泳"，常用于持物渡江河、武装泅渡、救护溺水者等。踩水采用立式蛙泳的动作技术，身体与水面构成的角度很大，接近于直立。救生员直接赴救时，踩水贯穿整个赴救技术中，包括观察溺水者、控制溺水者、将溺水者搬运上岸等环节。

踩水

在踩水时，身体几乎垂直于水面，上体略前倾，头部始终露出水面，下颌接近水面。踩水的腿部动作有两种形式，一种是双腿同时向下蹬夹水，另一种是双腿交替蹬夹水。踩水的腿部动作几乎和蛙泳腿一样，只是收蹬腿的幅度要小。收腿时，膝关节可外翻，蹬腿时膝关节向内扣压，同时小腿和脚内侧蹬夹，两腿尚未蹬直并拢即开始做第二次收腿动作。动作熟练之后，也可进行两腿交替蹬夹水的动作。踩水时，两手臂稍弯曲，在体侧前做向外、向内摸压水的动作，动作幅度不能太大。两手掌划压水的路线呈双弧形。

踩水臂腿的动作配合要连贯、协调，一般是两腿做蹬夹水时，两臂向外做摸压水的动作（见图7.1.5）。

图7.1.5　踩水

（6）反蛙泳。反蛙泳即蛙式仰泳，游进时身体仰卧水中，两腿同时向后蹬夹水，两臂在体侧同时向后划水，常用于水中运物和救生拖带溺水者等。

在反蛙泳游进时，身体自然伸直仰卧水中，微收下颌，口鼻露出水面，两臂平伸置于体侧。反蛙泳腿的动作类似蛙泳腿，但是由于身体仰卧水中，所以收腿和蹬腿时膝关节不能露出水面。收腿时，膝关节向两侧边收边分，大腿微收，小腿向侧下方收得较多。收腿结束时，两膝略宽于肩，脚和小腿内侧向后对准蹬水方向，然后大腿发力向侧后方蹬夹水。两臂自然伸直，由体侧经空中前移在肩前以反蛙泳技术入水，然后屈臂低肘，掌心向后，使手和前臂对准划水方向，同时在体侧用力向后划水。划水结束后，两臂停留体侧，使身体向前滑行，然后两臂自然放松，同时经空中向前移臂。

反蛙泳的完整配合技术有两种：一种是臂划水与腿蹬夹水、移臂与收腿同时进行；另一种是臂划水和蹬夹水交替进行，但手、腿各做一次动作之后身体自然伸直滑行。两臂前移的同时吸气，边收边分慢收腿，两臂入水时稍闭气，两腿同时蹬夹水，然后用口鼻均匀地呼气，两腿自然并拢，臂划水，划水结束身体伸直滑行（见图7.1.6）。

图7.1.6　反蛙泳

（二）间接赴救技术

间接赴救是指救生员在游泳池内利用现场救生器材，如救生圈、救生浮漂、救生杆和其它可用救生器材，以及手援对发生溺水事故正在呼救挣扎的溺水者施救的技术。救生员在池岸上发现并经过准确判断，在保证自身安全的前提下，优先选择这种赴救技术。

间接赴救技术

1.救生杆

救生杆是游泳池必备的最常使用的救生器材之一。救生员在使用救生杆对溺水者进行施救时，一定要注意不能用救生杆捅、打，以免伤及溺水者的要害部位（见图7.1.7）。

图7.1.7　救生杆救生

2.救生圈

救生圈也是游泳池内必备的最常用的救生器材之一，它适用于溺水者距离泳池边有一定距离的施救。常用的救生圈有塑料制成的和硬质海绵泡沫制成的两种，救生圈有系绳子的和不系绳子的两种（见图7.1.8）。

救生员在使用救生圈时应注意以下几点：

图7.1.8　救生圈救生

（1）抛掷救生圈时应及时、准确、到位。

（2）对带有系绳的救生圈要经常进行整理，保证不打死结，急救时能够安全快捷使用。

（3）救生圈要始终放在救生员工作岗位取拿方便的位置。

3.救生浮漂

救生浮漂是国际上普遍采用的救生器材之一，在施救过程中可以给救生员和溺水者带来安全感。它通常采用泡沫材料制成，以红色为底色，末端附有手环或扣节。救生浮漂可方便拖带溺水者，广泛适用于各种溺水情况，可替代救生圈使用（见图7.1.9）。

图7.1.9　浮漂救生

根据溺水者离岸边距离的不同，可采用岸上手持救生浮漂救援、岸上手持绳带抛救生浮漂给溺水者救援和背救生浮漂下水救援的办法。救生浮漂是抢救深水脊柱损伤溺水者的必备器材，在施救时使用救生浮漂可起到增加浮力、保持稳定的作用。

4.手援

手援是指救生员对发生在距离游泳池边较近的溺水者，徒手进行施救的一种最简易的方法，但要特别注意施救者自身的安全。一般来说，手援技术在溺水者刚刚落水、意识清醒、有判断力的情况下使用。

5.其他

在实际工作中，根据救援环境的不同可采用不同的救生工具。也就是说可以利用一切可以利用的器材进行救助，如泳池环境时可用杆、板、绳、球、桶、衣物等，野外环境时可用树枝、木板等等。

课后总结

救生技术是专门的技能，如果没有掌握这些专门的技能就到水中贸然救人，是非常危险的。本节内容旨在帮助学习者掌握自救方法，在水中面对突发状况，及时采取相应的自救措施保障自身安全。

第二节　直接赴救技术

◆ **本节导言**

直接赴救是指救生员对距离游泳池边较远处发生溺水事故的溺水者，在不能采用救生器材的情况下，救生员入水与溺水者直接接触进行救助。直接赴救由入水、接近、解脱、拖带、上岸、运送等六个技术环节组成。

直接赴救技术概述

◆ **学习内容**：直接赴救技术

◆ **学习重点**：入水、接近、解脱、拖带、上岸、运送技术

◆ **学习难点**：解脱、拖带技术

（一）入水技术

入水是指救生员发现溺水事故时，迅速跳入水中的一项专门技术。救生员可根据现场情况采取以下入水技术。

1.跨步式入水

救生员距离溺水者较近时可采用此技术。目视溺水者，一脚前跨，另一脚脚趾紧扣池边，并用力蹬地，在空中两腿一前一后呈弓步型，上身含胸前倾，两臂侧举，肘部自然弯曲，掌心向前下方。入水时，两手向前下方抱压水，同时两脚做剪水动作，形成向上的合力，使救生员的头部始终保持在水面上，眼睛始终不离赴救目标（见图7.2.1）。

2.蛙腿式入水

蛙腿式入水与跨步式入水的适用范围相同。目视溺水者，单腿或双腿蹬离池岸，跃起时两腿做蛙泳收腿动作，含胸收腹，两臂侧举，肘部自然弯曲，掌心向前下方。入水时，两腿向下做蛙泳蹬夹。同时，两手臂向下抱压水，形成向上的合力，使救生员的头部始终保持在水面上，眼睛应始终不离赴救目标（见图7.2.2）。

图7.2.1 跨步式入水　　　图7.2.2 蛙腿式入水

3.鱼跃浅跳式入水

当救生员距离溺水者较远时，可采用鱼跃浅跳式入水。可根据实际情况，选择救生台、池岸边或在跑动中起跳。起跳时靠腿蹬离池岸，躯干同时用力伸直及两臂由下而上摆动入水。腾空时，双臂及两腿伸直。入水要浅，头部尽快出水锁定赴救目标（见图7.2.3）。

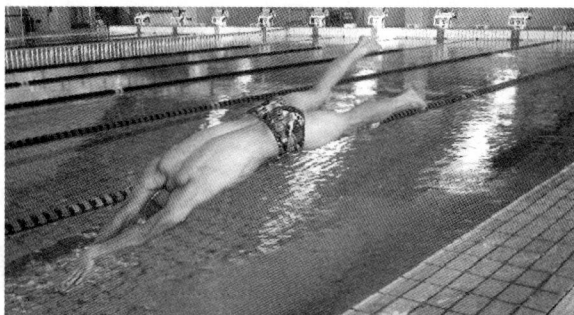

图7.2.3　鱼跃浅跳式入水

4.直立式入水

当救生观察台较高时，救生员明确池水有足够的深度时，可采用脚先入水的跳水技术。入水时，全身与水面保持垂直，脚先入水，一手捏鼻，一手护下腹或护胸。如身穿救生衣，则两手肘部紧压救生衣。入水后，双手及时向下压水，两脚做蹬夹动作，力求尽快上浮捕捉赴救目标（见图7.2.4）。

图7.2.4　直立式入水

（二）接近技术

接近是指救生员及时靠近并有效控制溺水者的一项专门技术。救生员可根据现场情况采取以下接近技术。

接近

1.背面接近救生技术

背面接近是救生员接近溺水者时最常用的一种技术。一般情况下，救生员应尽可能采用此方法。救生员游至距溺水者背后1～2 m处急停，接近溺水者时，两手从背后托腋，然后一手托腋，另一手从溺水者的肩部向下夹胸或双手托腋下（见图7.2.5）。

图7.2.5　背面接近救生技术

2.侧面接近救生技术

侧面接近救生技术是当溺水者尚未下沉，两手在水面上挥舞挣扎时采用的接近技术，救生员游至距溺水者3 m处，转向溺水者侧面游进，看准并果断用右手抓住溺水者近侧手腕部，将溺水者托向救生员的胸前，救生员用左手夹胸或双手托腋下（见图7.2.6）。

图7.2.6　侧面接近救生技术

3.正面接近救生技术

正面接近救生技术是在无法采用背面和侧面接近的情况下采用的接近技术。救生员入水后，游至离溺水者3 m左右急停，下潜至溺水者髋部以下，双手扶溺水者髋部，将溺水者转体180°。然后，右手托腋，另一手夹胸或双手托腋下（见图7.2.7）。

图7.2.7　正面接近救生技术

（三）解脱技术

解脱技术是游泳救生员在执行救援任务时，用于在被溺水者抓住或纠缠时保护自身安全并继续有效救援的重要技能。解脱技巧要求救生员具备灵活的身手、冷静的头脑以及快速的反应能力。在救援过程中，正确的解脱技巧可以确保救生员不被

解脱

溺水者拖入深水区，从而保护双方的生命安全。直接赴救是指在确认溺水者位置和状况后，救生员直接游向溺水者进行救援的方法。在进行直接赴救时，应遵循以下原则：首先确保自身安全，避免盲目冒险；其次，迅速评估溺水者的状况，采取合适的救援措施；最后，与溺水者保持沟通，稳定其情绪，协同完成救援。

在施救过程中，溺水者在一瞬间可能会从前方抓、抱救生员的颈、腰、臂或腿部，也可能从后面抓、抱住这些部位。根据被抓抱的部位不同，解脱的方法和手段也各有差异。

然而无论被溺水者抓抱住哪一部位，救生员在解脱时都应注意以下几点：

（1）在实施解脱的过程中，都应保持冷静和清醒，切忌紧张与慌乱，在分清溺水者抓抱部位后，采用准确有效的方法进行解脱。

（2）在实施解脱的过程中，救生员应尽可能迅速、果断、有效，且用力适当，既能有效摆脱溺水者，又不会用力过度伤害溺水者。

（3）在准确解脱后，一定要有效控制溺水者，以便实施拖带技术。

（四）拖带技术

拖带技术是指救生员在水中采用侧泳、反蛙泳等各种不同的游泳技术，将溺水者拖带到池边的一种技术。

拖带

1.托腋拖带技术

托腋拖带技术是较常用的一种拖带技术。它比较省力，易于控制溺水者。救生员双手托住溺水者的双腋下，用反蛙泳腿技术进行拖带（见图7.2.8）。

2.夹胸拖带技术

夹胸拖带技术较适用于身材高大的救生员拖带矮小的溺水者。以右臂为

例，救生员右臂由溺水者的右肩上穿过，上臂和肘紧贴溺水者胸部，右腋紧贴溺水者右肩，右手抄于溺水者的左腋下，并以此为拖带的用力点。在运送过程中，救生员可用右髋顶住溺水者的腰背部，使溺水者保持水平位置，便于拖带。救生员可以根据自己的技术特长，采用蛙泳腿或侧泳腿技术（见图7.2.9）。

图7.2.8　托腋拖带技术

图7.2.9　夹胸拖带技术

（五）上岸技术

上岸是指救生员将溺水者从水中送上池岸的一种救助技术。根据泳池的建筑结构和溺水者的受伤情况的不同，上岸的技术也各有区别。

上岸

1.单人上岸技术

在游泳池的深水区，将溺水者拖带至池边时，可以采用单人上岸技术。以左手到池边为例：

（1）救生员将溺水者拖带至池边，先用左手抓池边定位，再将溺水者移至池边（见图7.2.10）。

（2）救生员用右手将溺水者左手压在池边，然后左手压在溺水者的左手背上，腾出右手，用右手抓住溺水者的右手，移至与溺水者的左手重叠（见图7.2.11）。

图7.2.10　移至池边

图7.2.11　固定

（3）救生员用右手将溺水者的双手紧压在池边，左手抓攀池边，在溺水者的左侧上岸（见图7.2.12）。

（4）救生员上岸后，右手不能离开溺水者重叠的双手并右转面对溺水者。然后救生员用左手紧抓溺水者左腕，右手抓握溺水者右腕（见图7.2.13）。

图7.2.12　救生员上岸

图7.2.13　抓紧溺水者手腕

（5）救生员紧抓溺水者手腕稍上提，使溺水者转体180°背对池边（见图7.2.14）。

（6）救生员双脚开立，双手先将溺水者向上预提一下（利用水的浮力），然后用力将溺水者上提，使其臀部高于池面后，提坐于池岸上（见图7.2.15）。

图7.2.14　溺水者转体

图7.2.15　溺水者上岸

（7）救生员右手紧抓溺水者右手上提，防止其倒下，脱出左手移至溺水者颈背部或腋下保护溺水者（见图7.2.16）。

（8）救生员用右手将溺水者的双腿在原地旋转180°，让溺水者呈仰卧姿势（见图7.2.17）。

图7.2.16 保护溺水者

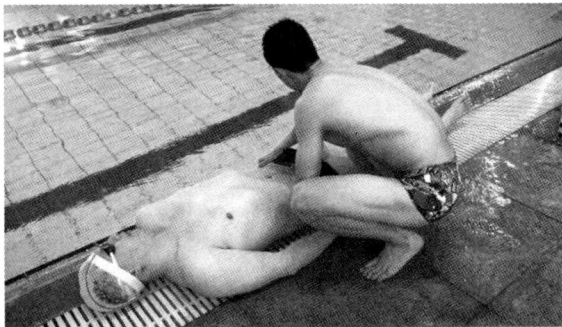

图7.2.17 放平溺水者

2.完整直接赴救技术

（1）救生员将溺水者拖带至池边后，以夹胸的右手顺着溺水者的左手臂移至手腕握紧并交给在池岸上接应的救生员，接应救生员用左手反握溺水者的左手腕部。

（2）水中的救生员握住溺水者的右手前臂上举，接应救生员右手抓握并使溺水者背对池岸。

完整直接赴救技术
演示

（3）接应救生员将溺水者向上预提，放下后再用力上提，水中救生员可协助上托溺水者上岸，将溺水者放平呈仰卧姿势。

（六）人工运送

运送是指救生员将溺水者送至现场急救室或邻近医院的一项专门技术。运送可用肩背、急救板等方法。

课后总结

由于直接赴救是与溺水者直接接触，因此具有一定的危险性，所以要求救生员在遇到紧急情况时，既要胆大心细，具有拯溺救难、无私无畏的精神，又要在掌握直接赴救技术，保护自己安全的前提下，履行救生员的职责。切记不可贸然施救。

课后作业

回顾直接赴救技术，明确入水、接近、解脱、拖带、上岸、运送相关概念及动作。

课 后 思 考

（1）什么是直接赴救技术？

（2）直接赴救技术包括哪些技术环节？

第三节　心肺复苏（CPR）技术

◆ **本节导言**

　　心肺复苏是针对心跳、呼吸停止所采取的抢救措施，即用心脏按压或其他方法形成暂时的人工循环并恢复心脏自主搏动和血液循环，用人工呼吸代替自主呼吸并恢复自主呼吸，达到恢复苏醒和挽救生命的目的。心肺复苏技术的三大要素是口对口人工呼吸、胸外按压、体外除颤。

　　对呼吸停止的溺水者应迅速进行呼吸支持，心脏停搏者应使用心脏按压方法形成暂时的人工循环并恢复心脏自主搏动。为方便记忆，采用英文单词的第一个字母组成ABC或ABCD复苏程序，其中A指开放气道，B指呼吸支持，C指心脏按压，D指电击除颤。

◆ **学习内容**：心肺复苏（CPR）

◆ **学习重点**：心肺复苏技术

◆ **学习难点**：人工呼吸、胸外按压、体外除颤

心肺复苏具体实施
流程

救生员现场心肺复苏流程见表7.3.1。

表7.3.1　救生员现场心肺复苏流程

程序	动作	说明
确认四周环境安全，检查意识	喊叫"先生（或小姐、小朋友）！你怎么了？"轻拍肩膀或面颊	意识分四级：意识清醒、对叫有反应、对痛有反应、意识昏迷
求救；摆正溺水者姿势	请帮我打"120"或自己打	若没有旁人，先心肺复苏一组后再打求救电话

程序	动作	说明
清除口腔异物	救生员手食指、中指并拢，对溺水者口腔部位进行清理	清除口腔异物时避免溺水者溺水后出现的呕吐物及口腔内的其他物品在打开呼吸道时堵塞呼吸道
打开呼吸道	仰头抬颏法（非创伤溺者）；推举下颌法（颈椎受伤溺者）	一手掌根压前额，另一手食、中两指上抬下颌骨。注意不可压到喉部
评估呼吸	耳朵靠近溺水者口鼻：看胸部起伏，听吐气声，感觉是否有气吹到脸上	检查时间不超过5～10 s，维持呼吸道打开姿势
人工呼吸	检查异物，若无呼吸，则以拇、食两指捏住鼻翼，口对口（鼻）或口对面罩，先给予两口气； 给予人工呼吸，若胸部无法起伏，则重新打开呼吸道再尝试吹气	每次吹气时间约1 s，吹气量（700～1 000 mL）以明显看到胸部起伏为原则
检查循环现象	触摸颈动脉并观察有无搏动现象；有无自发性呼吸、咳嗽，身体会不会动	检查时间不可超过10 s（除低体温外）
胸部按压	两手掌根叠压于胸骨下1/3段两手肘关节绷直两膝靠近溺者跪地打开与肩同宽，以身体重量垂直下压，压力平稳，放松时手掌不可离开胸骨	按压胸骨的位置原则上是胸骨下半段，下压速率100次/min、深度4～5 cm
胸部按压与通气比率	单人或双人皆为30：2	
再评估时间	5个周期后或2人以上每2 min轮换	2 min后，第5周期吹气
甲：评估无循环现象，再从胸部按压开始	继续徒手做心肺复苏	从胸部按压开始
乙：再评估有无循环现象	检查呼吸： 没有呼吸→人工呼吸； 有呼吸→无意识； 有呼吸→有意识	5 s一次，12次/min，检查身体，摆复苏姿势，再检查身体

心肺复苏注意事项

心肺复苏的有效指标与终止条件

课后总结

心肺复苏（CPR）是一种紧急生命支持技术，旨在恢复骤停的心脏和呼吸功能，对于挽救心搏骤停患者的生命至关重要。其基本步骤包括评估环境安全、判断意识与呼吸、呼叫紧急救援、进行连续的胸外按压和人工呼吸。在操作过程中，正确掌握按压深度、频率以及人工呼吸的比例至关重要。同时，需注意确保患者体位正确，避免不必要的延迟和错误操作。此外，普及CPR培训与提高公众急救意识对于提高救治成功率具有重要意义。通过广泛的培训与宣传，我们期望更多的人能够掌握这一技能，为身边的人提供及时、有效的急救帮助。

第八章

游泳专项训练课程

本章导言

一名游泳运动员从最初的运动定向阶段被选中开始学习游泳，到成长为一名优秀的运动员往往需要8～10年。在这个漫长的过程中，将一个不会游泳的小孩，培养成一名出色的游泳运动员，是一项复杂、庞大且系统的工程。

说到系统，从选材和年龄组训练的角度来看，运动员的成长需要经历运动定向、初级选材、专门选材三个阶段，随着运动员年龄的增加，要不断调整训练的重点，以满足运动员的生长发育规律。从多年的训练规划角度来看，一名运动员的成长需要经历基础训练、全面发展、专项提高、达到最佳竞技状态、保持竞技水平等阶段。若围绕一次比赛，训练也需要分成训练期、比赛期、恢复期，需要经历准备训练期、有氧耐力训练期、无氧耐力训练期、赛前训练期、比赛期、恢复期。小到一次训练课，也要分为准备部分、基本部分、课后总结，同样需要科学的规划与管理。

说到复杂、庞大，我们都知道，现代的竞技游泳训练理论与方法，已经远远超过了运动训练的范畴，运动生理学、运动生物化学、运动生物力学、运动心理学、运动选材学等一切与竞技体育相关的学科全部作用于游泳训练的效果。除此之外，免疫学、计算机科学、流体工程学、军事科学等看起来与游泳毫无相关的学科、理论也成为能够帮助提高游泳运动成绩的因素。游泳训练，除了需要各学科知识的综合运用外，其本身所含内容量也是庞大的。游泳训练首先是训练运动员的身体，那么身体就包含了速度、力量、耐力、柔韧性、协调性等素质；同时，要训练运动员的心理、意志、精神，甚至智能；另外，要不断改进运动员的游泳技术，要培养运动员的战术执行能力；等等。

那么，如何将多种学科、理论、方法，以及运动员需要在不同阶段提高的素质能力，整合到训练实践当中，如何平衡而又突出重点地规划运动员的训练，如何选择适当的训练方法，大家在学完这一章的内容后，将会找到答案。

第一节　当代竞技游泳技术变革特点及训练发展趋势

◆ **本节导言**

　　随着多学科、高科技的介入，以及人们对于游泳训练认识的不断加深，竞技游泳运动进入了快速发展阶段。进入21世纪后，即使是2010年鲨鱼皮快速泳衣被禁用之后，游泳世界纪录也频频刷新。竞技游泳水平的持续提高，得益于游泳技术本身的优化与升级，同时也得益于游泳训练的创新与发展。本节将对近10年来竞技游泳技术变革特点和竞技游泳训练发展趋势进行梳理和总结。通过本节内容的学习，学生可对当今世界竞技游泳技术特点、游泳训练特点及发展趋势有一个初步的认识。

◆ **学习目标**

一、当代竞技游泳技术变革特点
二、当代竞技游泳发展趋势

一、当代竞技游泳技术变革特点

（一）更加注重产生推进力的动作阶段

　　游泳技术的关键是减小阻力和增大推进力，以往的游泳技术除了关注增大推进力，对于不产生推进力的动作阶段也进行较为详细的技术分析。但通过观察近年来世界游泳大赛发现，很多运动员更加注重产生推进力和产生阻力的动作阶段，而开始有些忽略不产生推进力也不产生阻力的动作阶段。从水下视频可以看出，运动员的划水路线更长，且划水过程中产生的气泡越来越少，划到了更多静水。反观不产生推进力的动作阶段，以爬泳为例，以往强调屈肘移臂，或标准的直臂移臂，而现在爬泳移臂可谓是千姿百态，有屈肘，有直臂，还有介于二者之间的移臂方式，甚至有两臂动作不一致的移臂技术，等等，特别是在短距离比赛中尤其明显。忽略不产生推进力也不产生阻力的动作阶段，体现出游泳技术的发展趋势和理念，即更加经济化，更加注重实效。

（二）爬泳髋关节围绕纵轴转动的新技术

以往的爬泳技术强调在游进中围绕身体纵轴进行转动，转动的主要部位是肩部，躯干也随身体转动。围绕身体纵轴进行转动的最佳幅度为40°～50°，这样有利于延长运动员手臂的划水路线，也有助于背阔肌参与划水，同时能够产生更多的升力、推进力。通过观察近年来的世界级游泳比赛发现，运动员在比赛中除了肩部和躯干围绕身体纵轴进行转动以外，髋关节围绕纵轴转动的幅度有所增大，这是以前在游泳技术研究中没有出现的。髋关节围绕纵轴转动的同时，其实双腿也出现了随髋关节围绕身体纵轴转动的现象，形成了全身各个部位均围绕纵轴转动的爬泳新技术。这一新技术的出现，改变了之前关于爬泳技术髋关节及以下相对稳定的观点。全身各个部位围绕纵轴转动的技术，使运动员的身体更加"完整"地进行游进，技术动作更加流畅，全身更趋向一个"整体"。同时该技术使身体的更多肌群参与工作，并且通过身体更大幅度的转动，减小了运动员在水中的外形姿态阻力（侧卧位外形姿态阻力小于平卧位）。

（三）中长距离自由泳运动员6次腿

随着比赛竞争的激烈程度不断增加，运动员的潜能被不断激发，运动员的专项能力也变得越来越强。从传统的观念和运动员在比赛中的表现来看，中长距离自由泳比赛中几乎全部运动员在大部分游程中都采用2次腿或4次腿技术，即爬泳配合的2∶2∶1或4∶2∶1比例进行游进。但通过对近年来国际大赛和国内高水平运动员的比赛进行观察分析发现，有一部分水平高、能力强的运动员已经采用全程6次打腿的技术，即以往短距离自由泳运动员采用的6∶2∶1技术。为了适应当代高水平比赛的竞争，运动员只有不断提高运动能力，才能在国际大赛中争取一席之地。随着科学训练与训练保障的不断增强，以往觉得不可能的事情（没有运动员能在中长距离、长距离比赛全程采用6次腿技术）也开始呈现在世人面前，这也正是竞技游泳训练原则的重要体现，即打破运动员的机体平衡，不断刷新运动员的生理极限，也体现了"更高、更快、更强"的奥林匹克精神。

（四）蛙泳、蝶泳身体起伏降低

蛙泳和蝶泳在游进的过程中，每一个动作周期中身体位置始终处于动态变化中，身体位置始终处于上下浮动的状态，目的是躯干参与到动作过程中，通过运用更多腰背及臀部肌肉，身体拉高（抬高）后的前冲动作能够产生更多的推进力，使游进速度得到提高。在这一背景下，蛙泳技术从平式蛙泳发展成波浪式蛙泳，蝶泳强调手臂入水时伸压肩的同时提高臀部位置。但近年来的国际游泳大赛上，越来越多的运动员降低了身体的起伏程度，身体在游进的过程中更加平稳。降低蛙泳和蝶泳游进过程中的身体起伏程度，一方面能够减小游进中产生的波浪阻力，符合当代游泳技术减小阻力的特点；另一方面，较小的身体起伏能够使一个动作周期的时间缩短，进而可以加快动作节奏和动作频率。要做到降低身体位置的起伏但不影响动作质量，除了改进技术之外，应该加强运动员的柔韧性训练，运动员的肩、膝、踝关节的活动幅度增大、柔韧性增强，可以做出更大角度的动作，获取更多的推进力。

（五）手臂划水频率逐渐加快

传统的训练理念认为，提高上肢划水频率的前提是保证划水实效不降低，手臂划水频率的提高不能破坏划水效果，训练的重点在于提高划水实效，而非提高划水频率。但近年来的世界大赛却打破了这种传统的观念，运动员的上肢划水频率逐渐加快，最明显出现在长距离自由泳和马拉松自由泳比赛中。长距离自由泳由于距离长，能量消耗大，运动员在训练和比赛中都以降低能耗、提高划水效果为重点，只在比赛开始时和比赛最后冲刺阶段才加快划水频率。但当前长距离自由泳和马拉松游泳比赛中成绩优异的运动员，可以在比赛全程保持较高的划水频率，划水频率已经接近或等同于中短距离自由泳比赛。另外，以往认为以技术为主要驱动的蛙泳项目，也有提高频率的趋势。英国著名的蛙泳名将亚当·皮蒂在50 m和100 m蛙泳比赛中的频率明显快于所有选手。

二、当代竞技游泳发展趋势

（一）游泳是一项以技术驱动而并非是一体能主导类运动项目

以往我们单纯地认为游泳是体能主导类项目，属于速度性和耐力性运动项目，竞技游泳训练也以发展运动员的专项运动能力为主要目的。但人们随着对游泳项目的认识不断加深，通过高科技手段对游泳训练进行深入研究后发现，游泳项目并非由体能主导，而是由游泳技术为主要驱动力。《美国国家游泳队的科技服务》一书中提出：美国对于竞技游泳运动的理解已经获得了共识，即游泳是一项以技术驱动的运动项目。技术训练是一切游泳训练的基础，技术训练可以有效地保障运动员竞技水平的稳定发挥。当前游泳训练的两大核心问题"减少阻力、增加推进力"，也是依靠改进运动员技术动作得以解决的。运动员技术的优化和改进，也从以往单纯地凭借经验去实施，转变为依靠现代高科技设备和技术实施。

（二）精细化训练使游泳训练效果得以提升

精细化训练是游泳训练发展的必然结果，也是不断突破运动员生理、心理极限，始终向着更高、更快、更强目标奋斗的具体措施。在精细化训练的过程中，要遵循规范化、细致化、个性化三个原则。竞技游泳的精细化训练主要体现在两个方面，一是分工精细化，二是训练计划与安排精细化。

竞技游泳分工精细化，是指在游泳训练的各个方面进行明确的分工。以往的教练员负责训练全部工作的时代已经过去，现代的游泳训练都是团队协作的结果。一个团队中除了主教练以外，配备了各个领域的专业人士，如体能教练、康复医生、按摩师、营养师、技术监控人员、生理生化监控人员、信息搜集人员等。教练员主要负责制订训练计划和协调团队人员分工协作，让游泳训练各个模块由各领域的专业人士专人负责，大大提高了训练中每个模块的专业性，提高了游泳训练工作的质量。

竞技游泳训练安排精细化，是指各训练模块的内容和比例安排合理。训练计划包括水上与陆上、速度与耐力、技术与战术、主项与副项、打腿与划手、分解与配合等方方面面。以往一堂训练课分成三四个部分，每个部分的负荷量较大，单个训练的重复次数较多。如今的训练计划更加细致，单个训练的重复次数减少，一堂训练课分成很多部分，通过不同的游距和重复次数组合的变化，实现了游泳训练不断向更高层次、精细化迈进。这一改变是为了避免单个训练重复次数过多会给运动员造成生理及心理的疲劳和厌倦。通过将同一训练目的、不同游进距离和重复次数的训练进行合理组合，让运动员能够达到教练设定的训练目标，又不至于产生更多的疲劳。

（三）游泳战术的变革与升级

游泳比赛战术的最大特点是合理分配体力，比较常见的游泳战术包括以下几种：第一，前冲后顶，即比赛前半程冲起来，后半程尽力顶住，这一战术要求运动员良好的体能储备和较高的训练水平。第二，平均速度，即比赛的前后半程差距不宜过大，前半程相对保守，后半程尽量接近前半程。第三，先发制人，即比赛的一开始就先声夺人占领主动位置，带乱对手节奏，后半程同样依靠良好的体能储备和竞技状态顶住比赛。第四，占据有利的泳道位置，在半决赛或者决赛中占据有利的泳道，如决赛中在边道，在主要对手无法观察到的位置，发起突袭，打主要对手一个措手不及。第五，先跟随后超越，一般在长距离比赛中比较常见，在比赛的大部分游程中，将自己的位置卡在对手的腰线部位，待比赛的最后阶段进行冲刺，完成逆袭超越。

以往的比赛战术只对比赛的全程进行一个总体规划，起到一个方向性的作用。但随着比赛激烈程度的不断加剧，运动员间的差距越来越小，优秀运动员的战术设计也日趋完善，也有向着更高水平、精细化发展的趋势。传统的观念认为50 m比赛不存在战术，比赛全程只有20多秒，比赛的战术只有一个字——冲，但随着优秀运动员越来越追求在比赛中的完美表现，50 m比赛的战术也被一些优秀运动员更加细致地规划出来。优秀的短距离游泳运动员，将50 m比赛细化到每一次划水动作，细化到比赛中的每一个细节。虽然比赛只有20多秒，距离只有50 m，但他们依然把比赛分成多个阶段，比赛战术制定与执行非常精细。例如：哪个阶段划水路线长、哪个阶段划臂频率快、哪个阶段划臂多少次、在游进到多少距离时进行换气等细节问题都考虑得十分清晰，可以精确到一个50 m的比赛总共划臂多少次，甚至可以精确到游到某个距离时划臂多少次。在实践的过程中，运动员根据自己的特点进行细致分析，然后做出战术规划，并在比赛中去演练、去修正，演练出多套适合不同情境的比赛战术，并随着自身的技术特点变化、体能水平的变化、竞技状态的不同，对比赛战术进行极其细微的调整。

（四）采用小周期训练增加参赛次数

传统的游泳训练将一年划分成两个周期，全年的训练围绕两次比赛进行。一个训练周期内各个训练阶段划分清晰，从恢复期、有氧训练期、无氧训练期、赛前训练期逐步推进，训练周期安排相对粗犷。为了配合日益增多的比赛，达到以赛代练的目的，游泳训练的周期在不断缩短，小周期训练应运而生。当前高水平的游泳训练，将一年分成四五个小周期，对应四五次比赛，但根据比赛的重要程度，又将这四五个周期进行重要程度评定。最重要的周期在训练强度上要高于其他周期，赛前调整上也要倾注更多精力。除了年度周期划分与以往存在区别外，最小一个等级的训练周期也被缩短，从以周为单位缩减至2～3天，即2～3天为一个小周期，在这个小周期中只有一堂或两堂主要训练课，此外在小周期中还包含了体能训练和调整训练。小周期训练具有疲劳积累程度不深、主要训练课完成效果好等特点，可以持续提高运动员训练水平，避免了大周期训练中疲劳积累深、调整恢复时间长等弊端。

（五）高科技助力游泳训练

近年来世界各国为了提高竞技游泳水平，加大了向更高水平科学训练的投入力度，研发了一系列游泳专项训练以及训练监控的高科技设备，使游泳训练科学化水平更高，游泳训练的科技含量也越来越高。

目前，游泳训练监控手段已超出了运动员的生理学监控范畴，免疫学、计算机科学、流体工程学、军事科学等理论被大量运用到训练中。进入21世纪，3D计算机程序、水流诊断技术、精密技术分析仪、水下高速摄影技术、节奏器、数字微流体粒子图像分析技术等等开始助力游泳训练。"低压游泳仓"为运动员模拟创造出不同氧气含量环境下的训练条件；"水槽"可以模拟出不同水流速度，使运动员感受游进中的速度变化，并对技术动作进行拍摄分析；出发技术监控系统可以分析运动员的出发反应，监控整个出发过程的身体姿态以及游速；游泳水中测力系统可以在运动员游进的同时测出每个动作周期、不同动作阶段实时的用力程度；水中肌电测试系统可以实施监测运动员肌肉放电水平；水中动作捕捉系统可以实时监控运动员游进全过程的全身各关节角度；水下高清摄像机可以方便且更加清晰地拍摄运动员的技术动作，并通过一些专业的视频分析软件，对视频加以分析研究。这些训练监控手段的运用，提高了监控效果，为改进细节技术提供了极大的帮助，保障了游泳运动员技术训练的科学化。与此同时，越来越多的游泳专项力量训练器材、技术动作改进和固定工具等游泳专项训练器材的出现，也帮助游泳训练向更高级的科学化发展。

（六）体能训练替代传统的陆上力量训练

竞技游泳的主要推进力来自于上肢，因此传统的陆上训练以提高运动员上肢力量为主，配合腰腹核心力量和全身综合力量训练。力量训练理念粗犷，练习方法单一，上肢力量训练多以不同动力类型的拉力训练为主要练习方式，腰腹力量训练主要以垫上腰腹训练为主。

所谓"体能"，是指通过力量、速度、耐力、协调、柔韧、灵敏等运动素质表现出来的人体基本的运动能力，是运动员竞技能力的重要构成因素。从这一概念可以看出，游泳的陆上训练，不仅仅能提高运动员的力量素质，而且能提高运动员全面的身体素质，但力量素质无疑是其中的关键所在。在游泳项目进行体能训练之前，通常会对运动员进行体能评估，了解其体能状况，进而制订有针对性的体能训练计划。在体能评估中包含了游泳效率、效能的评估（划频与划幅、与世界顶级运动员数据比较）和其他身体素质评估（核心肌群稳定性、肩部柔韧性、肩胛稳定性、肩旋转肌力量、垂直纵跳）。游泳专项体能训练可以分成热身与放松、基础体能训练、耐力训练、核心肌群稳定性训练、耐力训练、爆发力训练、伤病预防与康复训练等几个部分。通常以运动员的体能评估结果为依据，配合该时期总体训练目标，有计划、有针对性地做出科学合理的体能训练计划。

（七）训练前与赛前身体激活理念的革新

传统的陆上身体激活，多以简单的各关节拉伸为主要形式，且训练前和比赛前的身体激活主要来自于水上活动部分。但随着人们对于游泳运动认识的不断加深和对游泳运动本质的深入研究，越来越多新的理念和新的方法出现。对于游泳运动员训练前和比赛前的身体激活方式，也由以水上激活为主，逐渐转变为注重陆上活动的身体激活。陆上激活采用主动、被动、对抗的牵拉、牵伸方法，能够比水中更加快速地激活肌肉，同时通过特定的方法能够对深层肌肉起到激活作用，与水上活动相比更加快速、便捷。

目前比较常用的陆上激活方法为PNF拉伸法，即本体感觉神经肌肉促进法。这种训练方法利用主动牵伸肌肉群、被动牵伸肌肉群、协助外力、对抗保持后的肌肉放松等，能够形成一种对肌肉的反向牵伸，使肌肉扩张到最大程度，通过保持一定的时间，从而获得对肌肉进行快速激活的目的。人体肌肉与肌腱中拥有一种肌肉收缩感受器，能够对全身的中枢系统实施信号传导，通过刺激来实现对器官的训练。

（八）营养补充与恢复成为训练中的一部分

游泳训练和竞赛常常给机体带来超负荷的刺激，造成肌肉和组织细胞损坏，体内大量营养元素下降，如不及时补充，运动员难以完成后续的高强度比赛和训练任务。因此在训练、竞赛前后应及时给运动员补充所需营养元素，修复受损肌肉和组织细胞，及时的营养补充和恢复已经成为训练中必不可少的重要环节。

目前，游泳运动员的恢复受到越来越多优秀训练团队的高度重视，同时恢复也被看作一种训练而纳入整体训练计划当中，成为重要的训练环节。恢复效果的好坏直接影响训练效果的好坏，影响各训练阶段或周期之间的衔接。如今，被动性、消极恢复已经被主动性、积极恢复所取代，恢复被纳入训练之中。给运动员安排一定比例有助于身体恢复的训练，以尽可能地加快其机体恢复速度，保证训练得以高质量进行。因此，运动员身体恢复已经成为与训练同等重要的环节。

（九）主副项兼顾使训练整体水平得以提升

近年来国内和国际比赛中可以看到，很多运动员不再单纯参加一种泳式的比赛，而是参加两种或更多泳式的比赛，且成绩均位列前茅。运动员兼项或副项成绩表现优异，也揭示出一个游泳训练新的发展趋势，即副项并不影响主项成绩提高，反而可以促进主项水平的提升。

虽然不同泳式之间存在一些技术差异，但游泳训练及竞技水平所需要具备的身体素质和专项能力都是相互促进、相互影响的。因此，副项的训练，也能促进主项水平的提升。同时，随着大运动量中等强度和一味追求大强度的训练理念被科学合理安排训练负荷理念所取代，在训练中，教练员越来越强调突出训练的实际效果，即突出训练的质量和训练的实效性，也让运动员得以在多种泳式中表现得更好。

课后思考

（1）简述爬泳（自由泳）技术特点及发展趋势。

（2）简述蛙泳和蝶泳技术特点及发展趋势。

（3）游泳精细化训练体现在哪几个方面？

（4）小周期训练的优点有哪些？

（5）游泳战术最大的变革是什么？

第二节　竞技游泳训练原则

◆ 本节导言

竞技游泳训练原则是游泳训练活动客观规律的体现，是游泳训练须遵守的基本准则，对游泳训练起到指导的作用。游泳训练原则与运动训练一般原则有共通之处，但也具有项目特点。本节介绍了竞技游泳训练的五大原则，包括安全第一原则、科学训练原则、合理负荷与重视恢复原则、针对性和个体化原则、激发运动员原则。通过本节的学习，学生对游泳训练的基本准则可以有一个清晰的了解。

原则，行事所依据的准则，是指导实践活动的标准，也是言行的一个基本底线和规则。运动训练的原则，直接、客观地反映了运动训练规律，是指导运动训练实践的准则。游泳训练原则是依据游泳训练活动的客观规律而确定的组织游泳训练过程中所必须遵循的基本准则，是游泳训练活动最直接、最客观的反映，对游泳训练实践活动具有普遍的指导意义。游泳训练原则，总的来看始终要以人为本，关注运动员的健康成长，在训练中从实战出发，发挥训练团队各方面人员的优势，科学安排训练的阶段划分及训练内容、方法、手段和负荷等因素，做到训练的实施具有针对性，又有个性化，激发运动员自身的潜能，达到提高运动员竞技水平和成绩的目的。

◆ **学习内容**

一、安全第一原则

二、科学训练原则

三、合理负荷与重视恢复原则

四、针对性和个体化训练

五、激发运动员原则

一、安全第一原则

近年来，关于运动员在训练中受伤、在训练和比赛中猝死情况的不断被报道，运动员的身体健康以及生命安全受到越来越多的关注，在这样的背景下，游泳训练过程中的安全防范意识越来越受到重视。传统的运动训练虽然对安全问题有所关注，但关注程度较低。随着以人为本的发展理念不断深入人心，游泳训练也应将以人为本树立为首要宗旨，重视运动员在训练中的安全问题，将安全第一作为游泳训练的首要原则。

（一）防止身体损伤

由于游泳运动强度负荷较大，对运动员的心脏工作能力要求较高，因此保护运动员的心脏是游泳训练工作不可忽视的一个环节。同时，游泳运动员的身体损伤主要集中在肩关节和腰部，如何有效保护和恢复运动员的肩部和腰部疲劳，防止和治疗运动员肩伤和腰伤，也是训练工作中需要重视的环节。

（二）预防心理损伤

游泳运动作为周期性运动项目，训练内容相对枯燥，容易造成运动员心理疲劳，产生一系列的负面情绪。加之运动员经过艰苦的训练，如训练水平和比赛成绩得不到提高，会打击运动员的训练积极性，对其造成心理压力，严重的可能出现抑郁症状。因此，在关注运动员身体健康的同时，更应提高对运动员的心理健康的关注程度。在游泳训练实践过程中，应做到以下几点，体现安全第一原则：

（1）作为教练员，应以人为本，在训练的全过程中树立和践行安全第一的指导思想和原则，既要达到训练和竞赛的目标，也要将训练和竞赛中的安全问题排在所有问题之首。

（2）作为运动员，应该加强竞技游泳训练原理的学习，了解伤病产生的原因及预防措施，在身体及心理出现问题的时候可以意识到问题的根源所在，积极寻求帮助，避免造成更严重的后果。

（3）在训练的全过程中做好安全保障工作，运用科学的方法制定相关问题的处置预案，有针对性地加强训练中的监控、保护以及救助工作，确保运动员的伤病得到及时、有效的治疗，使游泳训练始终处于安全的环境之中。

二、科学训练原则

科学训练应是竞技游泳训练贯穿全过程、全方位、最重要的原则。现代科学技术发展迅速，竞技游泳训练也应以现代科学技术理论与方法为指导，以现代科技产品为辅助，将游泳训练的科学化不断提升与完善，达到提高运动员竞技水平的最终目的。竞技游泳科学训练原则体现在以下几个方面：

（一）游泳训练的系统性

游泳训练是一个长期持续、动态变化的过程。在游泳训练的过程中，如何划分训练周期、如何制定训练目标、如何有计划地组织训练、如何持续地提高运动员的竞技水平等等问题，都需要有一个全面且系统的规划，并对该计划进行合理有效的实施。系统训练是游泳训练的重要保障基础，否则训练将会杂乱无章，既找不到目标，又体现不出训练目的。

（二）训练团队的协作

现代游泳训练已经不单纯是教练员+运动员的简单模式了。现代游泳训练通常是以一个团队的形式出现，以此解放教练员的繁重工作，让教练员专心于训练计划的制订和实施上，同时总体负责训练团队的协调与运转。现代游泳训练团队，除了教练员和运动员之外，还应配备体能教练、保健医生、生理生化监控人员、技术监控人员、按摩师、营养师、信息搜集人员等。因此，游泳训练应该注重团队协作，让各个领域的人才专门负责自己熟悉的领域，共同为提高运动员竞技水平服务。

（三）科学的训练监控

现代游泳训练如果要对运动员进行某一方面的改变，必须以科学监控结果为依据，摒弃了传统的以经验去判断和决策的时代。例如要改进运动员的技术，就应在技术监控人员提供的技术监控结果的基础上，以运动员的身体和技术特点为依据，结合运动学和运动生物力学原理，科学合理地对运动员的技术进行改进。再例如，运动员出现了训练状态下滑、训练状态不佳，无法完成训练计划时，以往会对运动员进行调整训练。但现代游泳训练过程中如果出现此类状态，首先应由医生判断运动员的健康程度，其次分析运动员近期的生理生化监测结果，再通过心理状态评定，综合考虑之后再做出改变，科学地解决运动员状态不佳的状况。因此，在游泳训练的过程中，不应再仅凭经验去衡量和判断一个运动员的身心状态，应以现代科学技术为依据，科学合理地进行训练，或者去调整原定训练计划。

（四）高科技训练辅助器材

近年来，游泳训练监测、监控、辅助器材发展速度较快，目前比较典型的游泳专项辅助器材包括水中动作捕捉系统、水中表面肌电监测系统、出发反应时及运动学监控系统等等。这些高科技辅助器材能够监控运动员的生理、技术等各方面的状态，并对提高运动员的竞技水平具有辅助作用。在有条件的前提下应大胆采用，争取找到一条更利于运动员发展的有效途径。

三、合理负荷与重视恢复原则

游泳训练的负荷安排，首先要打破运动员生理机能的平衡，通过突破原有的身体承受能力，再经过恢复后使机体运动能力得到提升，即通过打破平衡—建立新的平衡—再打破平衡—再建立新的平衡的过程，达到持续提高运动员运动能力和竞技水平的目的，与超量恢复理论一致。在提高负荷打破机体平衡的过程中，恢复甚至比负荷更加重要。如恢复不到位，则无法达到下一阶段的负荷；如恢复过量，要达到下一阶段的计划负荷，将付出更多的时间和精力。但人体总有一个承受极限，并不是可以持续打破身体平衡和建立新的平衡，因此要防止负荷过量，给运动员的运动生涯造成不可逆转的伤害。游泳训练的负荷与恢复安排，主要体现在以下两个方面：

（一）合理划分训练周期

游泳训练周期分为多个层次，包括多年、年度、季度、月度、周训练周期，另外也可以根据参加的比赛进行周期划分。目前游泳训练多以小周期的形式为主，同时增加比赛次数，将不重要的比赛作为锻炼，达到以赛代练的目的。训练周期的划分体现在负荷与恢复的设计及安排上，因此应双向考虑周期与负荷和恢复的关系，以及训练中的合理比例，避免造成运动员过度训练，但要不断实现超量恢复，以达到训练目标，提高运动员竞技水平。

（二）合理训练负荷比例

游泳训练由水上训练和陆上训练组成，同时游泳训练又包含了力量、速度、耐力、柔韧、协调、心理、智能等素质的训练。水上训练又涉及低强度有氧、无氧阈、最大摄氧量、无氧耐乳酸、无氧乳酸峰值等不同强度的训练，同时还有四种泳式的搭配比例、游距的搭配比例、强度训练与放松训练的比例等问题。因此，在制订训练计划中必须充分考虑以上因素，使游泳训练始终处于合理的训练负荷范围，在保证运动员身心健康的前提下，完成训练任务，达成训练目标，这也是游泳训练的重要原则之一。

四、针对性和个体化训练

（一）游泳训练的针对性

任务和目的是指导行事的关键因素，游泳训练亦是如此。在长期的游泳训练过程中，要制定各个层面的任务和目的，突出训练的针对性。比如一个阶段的训练是提高运动员的耐力素质，一周的训练任务是提高运动员的最大摄氧量能力，一节课的训练任务是改进运动员的出发技术，一个训练量的任务是提高运动员的爆发力，等等。所有的训练安排都应有明确的意图，要体现出训练计划的针对性，使训练更加精确。

（二）游泳训练的个性化

集体练习虽然可以具有针对性，但并不适合每一名运动员。同样的训练计划，对于某些运动员来说负荷较小，达不到对机体的刺激，训练效果不显著；但对某些运动员来说，可能这样的训练又是负荷过大，造成了过度训练。因此，现代的游泳训练要注重个性化训练，即区别对待每一名运动员。训练计划的制订，要充分考虑两个方面的情况，第一是运动员个体之间的差异，第二是运动员个体动态的发展阶段。除此之外，要考虑运动员的性别、主项、训练年限、身体健康水平、各种素质能力、技术水平、心理承受能力等问题。

五、激发运动员原则

运动员作为游泳训练的主体，是游泳训练的实施者，应在游泳训练的全过程不断发挥运动员的主体作用，使之有目标、有计划，积极、主动地参与训练，这也是激发运动员原则的具体体现。

（一）运动员训练动机的激发

动机是激发和维持有机体行动的源泉，并使行动导向某一目标的心理倾向或内部驱动力。简单来说，动机是游泳训练的动力来源，也是坚持长年高效训练的驱动力。在游泳训练中，要让运动员明白为什么要训练、训练能够带来什么、怎样的训练更有效等问题。

（二）运动员训练自觉性的激发

积极主动训练的效果要明显好于消极被动的训练，这是一个普遍的共识，因此如何在长年的训练中，持续不断地激发运动员训练的自觉性是游泳训练的原则之一，具有重要的地位。要激发运动员在训练中的自觉性和积极性，帮助运动员建立自信，让运动员感受到训练中的收获，并激发运动员不断攀登高峰的主动性，使运动员从"让我练"转变为"我要练"，不断提高运动员竞技水平。

（三）运动员思考能力的激发

在运动训练的过程中，运动员是训练的主体，也是游泳训练最直观的感受者，要培养运动员善于思考的能力。不能只在训练场上完成训练，训练后就将训练抛之脑后。运动员除了要在训练中积极思考，还应该在训练后去思考训练的方方面面，包括对技术、战术的思考，如何更加高效地完成训练，如何制定目标，如何完成目标，等等。此外，一名优秀的运动员还应具备细致的观察能力和活跃的思维能力，为提高竞技水平做好各个方面的工作。

课 后 思 考

（1）竞技游泳训练中如何体现安全第一原则？

（2）竞技游泳科学训练原则体现在哪几个方面？

（3）合理负荷原则在游泳训练中的作用是什么？

（4）什么是游泳训练的针对性？如何做好游泳个性化训练？

（5）如何理解激发运动员原则？在训练中需激发运动员哪些方面的潜能？

第三节　游泳训练中的负荷与恢复

◆ 本节导言

　　游泳训练的核心是负荷，运动负荷是决定游泳训练成败的关键因素。目前能量代谢、能量训练理论与方法是安排游泳训练负荷的主要依据，是提高科学训练程度，体现"质量训练"的有效方法。在游泳训练中，什么是训练负荷，游泳训练负荷由什么要素构成，游泳训练负荷强度怎样评定，游泳训练负荷如何分类，都是本节的重点内容。将恢复纳入训练整体体系，是游泳训练的重大发展。训练与恢复的有机结合，促使运动员的运动能力不断提升。因此，只有了解了运动训练后人体恢复过程的特征，才能清楚为什么要把恢复纳入训练体系。在了解恢复的重要性的同时，我们还要掌握恢复的方式和手段，以便在今后的实践当中运用。

　　人体各系统机能和结构在通常情况下处于一种相互制约、相互协调、相对平衡的状态，当外部环境发生变化刺激时，机体内环境平衡被打破，各系统机能和结构必须重新建立平衡以适应刺激。由此可见，训练负荷是通过有意识、有目的地计划并实施训练活动，并不断施加运动负荷（刺激强度）的方法，有意识地持续打破机体内环境平衡，迫使机体不断适应并重建平衡，功能水平发生由低到高的转化，促使运动员竞技能力得到提升。

◆ 学习内容

一、游泳训练负荷的构成要素

二、游泳负荷的类型

三、恢复

一、游泳训练负荷的构成要素

游泳运动训练负荷对人体的刺激包括生理和心理两方面，由于运动负荷对人体心理刺激目前尚无有效指标可以测量，因此本节仅阐述游泳训练负荷刺激的生理反应。游泳训练中的运动负荷由练习数量（负荷量）和练习强度（负荷强度）构成，二者相互关联又不可分割。

（一）练习数量

练习数量指全部训练时间内的游距，表示机体承受训练刺激的数量特征。

1.练习的距离

练习的距离指运动员所完成的游程累计数，即总的游距，或是练习的游程长度。练习距离根据不同的训练目的，选择范围很大，从几米的超短距离到数千米的超长距离均可。选择练习距离的标准是保证正确技术动作和满足强度要求。不同距离的练习，其供能方式不同，如发展速度须采用较短距离，发展一般耐力可选择以有氧耐力功能为主的长距离。

年龄组运动员、非专业运动员以及学生运动员在选择练习距离时，不宜选择太长距离。因为过长距离的练习无法保证正确技术动作的建立与巩固，长期的长距离训练也不利于运动员积极主动技术风格的建立。

2.练习的重复次数

练习的重复次数指在不改变某一练习形式和距离的前提下，反复完成该项练习的次数。重复次数影响负荷总量，而对于练习方式相同，重复次数变化的练习，将对练习性质以及机体供能方式等产生不同的影响效果，见表8.3.1。

表8.3.1　不同练习次数对游泳训练目的的影响表

练习内容	练习：间歇	练习目的
4×50 m主项（加出发）	1：2	提高速度能力
16×50 m	1：0.3～1：0.5	速度耐力
（8×50 m）×（5～10）	1：0.3	一般耐力

例如：4×50 m主项（加出发），练习与间歇比例1：2，主要以提高速度能力为目的。如果重复次数增加至16×50 m，练习与间歇比例1：0.3～1：0.5，则练习目的和性质发生变化，因为重复次数的增加练习强度下降，持续训练将主要发展速度耐力。如重复次数进一步增加，则机体维持工作的供能方式将以有氧代谢占主导，此时得到发展的将集中为一般耐力。由此可见，在重复次数较少时，对于提高机体速度能力作用显著；增加重复次数是发展运动员一般耐力和专项耐力的有效方法。

（二）练习强度

练习强度指机体各机能系统活动的紧张程度，也可理解为刺激的深度，是影响游泳训练效果、提高运动成绩的主要因素，也是游泳训练的核心。

强度练习在一定程度上决定了训练对运动员机体作用的大小与方向。不同的强度等级可以发展游泳运动员不同的身体系统机能，也可使技术产生积极的变化。另外，练习强度与游进速度、练习时间、练习的完成方式、间歇时间、间歇形式等联系密切。

1.完成时间

完成时间指运动员完成某一项练习时所需要的时间，即完成的速度、游速。需要注意的是，由于水环境的阻力使强度的增加远超于游速的增加，因此强度和游速的增加不成正比。同时，在分析练习时间与练习强度的关系时，要注意练习的速度受运动员的性别、训练水平、练习泳式、练习性质，以及练习的供能特点所影响，不能仅仅依靠完成时间来判定练习强度。

2.完成形式

游泳训练中练习的形式主要有打腿、划手、分解、配合、主项、副项、自由泳、混合泳等，在其他条件（如完成距离、间歇时间）相同的情况下，不同方式的练习效果不同。

打腿和划手练习的训练目的是促进一些主要肌群的活动，使机体发生特有的适应性变化，提高专项机能能力，提高专项力量素质。但这些良好的变化是有针对性和局限性的，划手练习提高手臂负荷能力，打腿练习则发展腿部负荷能力。

分解练习的训练目的在于改进技术，增加技术动作稳定性，通过将技术动作有针对性地进行分解，并加以练习，可以修正运动员技术中的缺陷，并可以帮助运动员稳定修正后的技术，或有意识地提醒运动员需要在游进过程中注意整体技术中某一环节，以达到改进技术的目的。

配合游可促进和提高运动员各机能系统的活动能力，作用广泛，能够解决许多训练任务。主项、副项、自由泳、混合泳练习均属于配合游，但由于做功的主要肌群不同，交叉安排这些完成方式有利于提高运动员承担负荷和机体的全面发展。在某项练习中控制呼吸次数有利于改进技术，减少呼吸次数可发展机体耐缺氧能力。用不同游进速度，如匀速、加速、变速等形式练习则可以发展神经系统稳定、兴奋、抑制的转换能力。

3.间歇时间

间歇时间指一次练习结束至下一次练习开始之间的休息时间，主要反映运动负荷的密度，是影响负荷程度的重要因素。

机体恢复过程是不同步的，即恢复的异时现象。不同程度的恢复会导致练习对机体的刺激不同，在恢复期的不同时刻开始下一次练习，其作用也将存在很大差异。因此，每一练习的间歇时间应根据训练目的确定。间歇时间主要分为以下几种类型。

（1）延长间歇。指休息的持续时间很长，可达到工作时间的8倍，甚至更高。延长间歇可使运动员机体得到充分休息与恢复，每次练习强度可以很高，主要发展速度能力，对于发展比赛能力也有帮助。

（2）充分间歇。指休息的持续时间以运动员的工作能力恢复到工作前水平为衡量标准，练习与间歇的比例为1：2～1：8。在训练中重复训练或乳酸峰值训练时多采用这种间歇方式。

（3）不充分间歇。指休息的持续时间虽不能使运动员的工作能力完全恢复,但已接近练习前水平。不充分间歇时间约为完全恢复能力所需时间的60%~70%。进行这种训练时,后一次练习始终是在机体尚处于较高动员水平时就开始,相对适用于发展心血管系统机能,适合发展最大摄氧量和乳酸耐受能力的训练。

(4)缩短间歇。指休息的持续时间很短,在运动员工作能力下降非常显著时开始下一次练习。进行这种训练时,运动员游速无法维持在较高水平,但机体的机能活动始终处于较高水平,有利于提高机体有氧代谢和无氧代谢混合供能的能力。

确定间歇时间首先要考虑训练目的和完成方式,发展机体不同供能能力,其间歇时间不同。如发展有氧能力时,间歇时间短;发展无氧耐力时,间歇时间长。在进行间歇时间较短的练习时,间歇时间要根据心率和工作能力来决定。工作能力下降伴随心率升高,随着工作能力恢复,心率随之恢复。因此,要根据与工作能力的恢复相一致的心率的恢复时间来决定间歇时间,即练习的间歇时间应使心率恢复到某一水平。在完成强度高、间歇长的练习时,可根据运动员主观感觉来判定恢复程度,决定下一次开始练习的时间。

4.间歇方式

间歇方式指每次(每组)练习后的休息(恢复)所采用的方式、形式。休息分为积极性休息和消极性休息两种。积极性休息时采用相关辅助活动,可加速身体恢复,并对后续练习产生促进作用;消极性休息时不做任何活动,身体机能处于自然恢复状态。

(三)练习强度评定

1.按用力程度评定强度

按照全力游为100%强度为基础,用多少百分比的力量游进即为练习的强度等级。如教练员安排用85%力量游,强度要求即为85%。但这种评定强度的方法存在很大的主观性,会受到运动员的情绪和感觉等心理因素影响,准确性相对较低,容易造成偏差。

2.按最好成绩(100%强度)评定强度

其计算公式为

$$X = Y + Y（100\%-Z）$$

式中，X为在某一练习中需要达到的成绩，Y为某一项目的最好成绩，Z为完成该练习所要求的强度百分比。

例如：某运动员100 m自由泳比赛最好成绩为49.50 s，在进行一组16×100 m的练习中，要求强度为80%，则每一个100 m应完成的成绩为：

$$X= 49.50 \text{ s}+49.50 \text{ s}×（100\%-80\%）=49.50 \text{ s} + 9.9 \text{ s} = 59.4 \text{ s}$$

3.按练习后即刻心率评定强度

心率评定由于简单、实用等特点，是评定训练强度负荷最常用、最广泛的一种方法。俄罗斯游泳科研团队经过多年的理论与实践研究，根据完成练习后即刻的10 s心率，把练习的强度划分为5级，以判断练习的强度等级（见表8.3.2）。

表8.3.2　游泳训练五级强度表

强度等级	练习距离/m	心率 10 s/次	作用
一级	50～5 000	20～22	积极性恢复
二级	50～3 000	23～26	发展有氧供能
三级	50～1 500	27～30	发展有氧、无氧混合供能
四级	50～400	30以上	发展无氧供能
五级	15～25短冲	不考虑	发展无氧非乳酸供能

按完成练习后即刻10 s心率，也可以把运动强度分为大、中、小三个等级，方法如下：

大强度：30次以上/10 s；

中强度：25次/10 s；

小强度：20～21次/10 s。

按照心率评定运动强度，把运动员的生理负荷与练习强度联系起来，可以相对客观地反映出练习对机体的影响。但由于心率与练习强度并非按比例变化，如达到最大心率后，强度仍然可以提高，但心率不会继续增加，因此心率对于评定有氧训练更准确。在使用心率评定强度时，也应关注运动员恢复心率，通常采用练习后即刻到1 min之间的恢复心率，或课后5～10 min恢复心率来评定训练强度。

由于心率受年龄、性别、情绪、遗传等因素影响较大，最大心率、基础心率、恢复心率具有较强的个体差异性，因此用心率来评定训练强度时一定要根据运动员的具体情况具体分析，做到区别对待。

4.以乳酸评定强度

血乳酸为糖酵解过程的代谢产物，与运动强度关系密切，其首要作用即是为运动强度划分等级。运动后测量血乳酸值，可以比较准确地评价负荷强度。

50 m到200 m游泳项目的乳酸峰值出现在运动后3～5 min，距离加长，乳酸峰值出现较早。低血乳酸值表明运动强度较低，供能方式以有氧为主；血乳酸值高，表明运动强度高。随着运动员训练水平的提高，血乳酸值相应提高，耐乳酸能力随之加强。

二、游泳负荷的类型

从生理学的角度分析，运动训练在于充分发展专项运动中主要利用的能量系统的供能能力。随着对于游泳训练的积极探索及认识的不断深入，人们摒弃了简单地把训练手段划归为耐力训练和速度训练，摒弃了单纯地把训练分为有氧训练和无氧训练的观点，取而代之的是采用能量代谢、能量训练的观点和理论来安排游泳训练的运动负荷，以减少训练的盲目性，提高科学训练强度，体现出"质量训练"这一新概念。

根据能量代谢理论，人体一切肌肉活动所需的能量都直接依赖于体内的高能磷酸原、三磷酸腺苷和磷酸肌酸的分解。这种训练方式不消耗氧，不产生乳酸，称为无氧非乳酸供能。由于体内高能磷酸原的储备量仅能保证10 s左右的最大强度运动，持续的运动则依赖于磷酸原的再合成。在大强度工作供氧不足的条件下，再合成磷酸原所需的能量由糖原的无氧酵解提供，而糖原的无氧酵解则产生大量代谢物乳酸，因此称为无氧高乳酸供能。当乳酸堆积到一定程度时将抑制供能速度，迫使运动强度下降，因此大强度运动一般只能维持2～3 min。随着运动强度的下降，供氧越来越充分，再合成磷酸原所需的能量主要由糖原的有氧氧化提供，这种方式称为有氧代谢，不产生乳酸，可以维持数小时的低强度运动。

（一）能量训练的观点

美国游泳科研团队认为，提高乳酸耐受力能使运动员游得更快；俄罗斯游泳科研团队的观点则是用低乳酸水平不断提高无氧阈速度，并努力扩大最大摄氧量在训练中的比重，可以达到快速游进的目的；澳大利亚游泳科研团队综合了以上两种观点，更加注重最大摄氧量训练；中国游泳科研团队在这一问题上则更加倾向于俄罗斯观点。以下列举几个国家的能量训练分类方法（见表8.3.3～表8.3.6）。

表8.3.3 美国游泳协会游泳能量训练分类表

代谢系统	分类	代号	心率 次/min	乳酸 mmol/L	速度百分比	练习/休息比率
有氧	任意游	REC	120以下	0～2	80%无氧阈速度	任意
	低强度有氧	EN1	120～150	1～3	90%无氧阈速度	10～30 s间歇
	无氧阈	EN2	140～170	3～5		10～40 s间歇
	最大摄氧量	EN3	160～180	4～8	100%～104%无氧阈速度	20 s间歇至1∶1
无氧	耐乳酸	SP1	极限	6～12	极限	1∶1至1∶2
	乳酸峰值	SP2	极限	10～18	极限	1∶2至1∶8
非乳酸能	速度/爆发力	SP3		2～3	极限	1∶2至1∶6

（引自许琦《现代游泳训练方式》，北京体育大学出版社，2007年）

表8.3.4 澳大利亚能量训练强度分类表

分类	代号	心率 次/min	乳酸 mmol/L	速度百分比（比赛成绩）
低强度有氧	A1	120～140	1～3	低～75%
中等强度有氧	A2	160～170	1～3	75%～85%
无氧阈	AT	160～170	3～5	85%～95%
最大摄氧量	VO2 max	180～190	5～10	95%～105%
乳酸耐受	LT	190～200	8～12	90%～100%
乳酸峰值	LP	190～200	8～15	95%～110%
非乳酸能	SP	160～170	3～6	110%～120%

（引自《游泳运动》，人民体育出版社，2001年）

表8.3.5　俄罗斯能量训练强度分类表

运动量强度级别	训练作用方向	基本能源	运动量强度种别	一次练习持续时间	运动量的生物学指标			
					乳酸 mmol/L	pH	需氧量值，相当于限值的百分率	心率 次/min
1	有氧水平上有氧训练	脂类		120 min以上	1.5~2.5	7.42~7.38	30~50	110~130
2	无氧水平上有氧训练	糖类 有氧氧化		30 min以内	3~4	7.40~7.35	50~80	130~150
3	有氧无氧混合训练	糖类 混合氧化	A	5~15 min	4~6	7.35~7.30	80~90	150~165
4	糖酵解无氧训练	糖类 无氧糖酵解	B	4~8 min	6~9	7.30~7.25	90~100	165~180
5	乳酸无氧训练	磷酸肌酸	A	2~4 min	9~12	7.25~7.20	90~100	180~200
6	合成代谢训练	磷酸肌酸 糖类	B	1~2 min	12~15	7.20~7.10	80~100	180~210
7		糖类	C	30~60 s	15以上	7.10~7.00	70~90	达到极限
8	依靠收缩蛋白合成，优先发展肌群	无氧糖酵解		10~20 s	3~7 / 2~12	7.35~7.25 / 7.40~7.20	30~70 / 30~70	160~170 / 150~180

（摘自《游泳训练学（俄罗斯）》，广东省体育科学研究所，2004年）

表8.3.6　中国能量训练强度分类表

能量分类		乳酸水平	心率 次/min	RPE	主要目的
磷酸肌酸 供能训练		——			提高速度能力，提高臂、腿动作力量
糖酵解乳酸 耐受训练		8～10	180以上	16以上	提高机体及组织和对乳酸的快速降解能力
最大摄氧量 训练		4～8	170～180	14～16	提高摄氧量和输氧能力及排除乳酸和耐乳酸能力
有氧 训练	中强度 有氧训练	3～4	150～170	11～14	培养基础耐力，强调技术的实效性，提高专项能力
	低强度 有氧训练	3以下	150以下	11以下	积极休息和恢复

（引自许琦《现代游泳训练方法》，北京体育大学出版社，2007年）

（二）训练负荷的类型

1.任意游

练习强度约为个人最好成绩的70%以下或80%无氧阈游速，心率120次/min或比最大心率低80次/min，血乳酸值在0～2 mmol/L。一般适用于准备活动、积极性恢复游、放松游。

2.低强度有氧

练习强度约为个人最好成绩的75%～85%或95%无氧阈游速，心率120～150次/min或比最大心率低80次/min，血乳酸值在1～32 mmol/L，一般适用于发展一般耐力，提高每搏输出量。此类训练对肌肉代谢影响较小，不能提高肌肉适应能力。练习时间应在30～45 min左右。

3.无氧阈强度负荷

无氧阈指运动中体内开始出现明显乳酸堆积的拐点，供能方式由有氧代谢向无氧代谢过渡的临界点，是有氧代谢高峰区的训练。强度约为个人最好成绩的85%～90%，心率150次/min或低于最大心率30～70次/min，间歇10～40 s，血乳酸值为3～52 mmol/L或42 mmol/L。由于无氧阈训练是在肌肉保持乳酸产生和排除的平衡状态下进行，因此可维持较长的时间，适合发展有氧耐力。无氧阈训练可以改善骨骼肌的代谢能力，提高肌肉耐力，提高氧利用率，提高有氧条件下的工作能力，适用于均速长游或各种游距的短间歇训练。

4.有氧无氧混合训练负荷

有氧无氧混合训练即最大摄氧量训练，介于纯有氧训练和纯无氧训练之间，一个比较宽阔的混合供能训练区域。训练强度约为个人最好成绩的90%～95%，心率在160～190次/min之间，间歇20 s或运动间歇比为1：1，血乳酸值在4～82 mmol/L。作为游泳运动员专项能力训练的基础，有氧无氧混合训练负荷有利于提高运动员的有氧能力，是提高最大摄氧量及氧运输能力，改善乳酸排除能力的最好方法之一。

5.无氧耐乳酸训练负荷

无氧耐乳酸训练指无氧糖酵解运动，即运动员在缺氧条件下持续工作的能力。

耐乳酸训练负荷的强度约为个人最好成绩的90%～110%，心率约为190～200次/min，或比最大心率低10次，甚至极限心率，运动间歇比1：1～1：5，血乳酸值约为8～122 mmol/L。此训练可有效改善无氧运输能力，提高工作肌群缓冲和耐受乳酸的能力。无氧耐乳酸训练除可以发展运动员速度耐力外，更重要的是培养运动员适应比赛的能力。通常练习距离为50～200 m，数量少、密度小，多采用主项泳式。

6.无氧乳酸峰值训练负荷

无氧乳酸峰值训练负荷属于无氧训练范畴，此类练习可以使血乳酸大量产生，并达到最高值，它能够提高运动员耐受乳酸能力，提高专项能力，培养比赛能力。无氧乳酸峰值训练的强度约为个人最好成绩的95%～110%，心率190～200次/min，或最大心率，运动间歇比1：2～1：8，血乳酸10～182 mmol/L。常用的方法为持续1 min左右的极限负荷训练，距离为50～150 m，重复2～4次。另外，还可以将比赛距离分成若干等份，每一部分采用最大强度的95%～99%完成。如4×50 m，间歇5～10 s，成绩相加后快于200 m比赛最好成绩。

7.无氧非乳酸训练负荷

无氧非乳酸负荷练习特点为距离超短，用于提高运动员的磷酸原系统供能能力，发展运动员的绝对速度和短冲能力。强度约为运动员个人最好成绩的

110%～120%，心率160次/min，运动间歇比1∶2，血乳酸2～32 mmol/L，练习距离不超过25 m。

（三）不同负荷类型在训练中的比例安排（见表8.3.7）

表8.3.7 澳大利亚游泳队不同负荷类型游距占总量百分比表

能量分类	代号	长距离游量/m	百分比/%	中距离游量/m	百分比/%	短距离游量/m	百分比/%
低强度有氧	EN1	5 000	41.45	4 000	40.20	3 000	38.71
无氧阈	EN2	4 000	32.92	3 200	32.16	2 400	30.97
最大摄氧量	EN3	2 000	14.46	1 600	16.08	1 200	15.48
耐乳酸	SP1	600	4.94	600	6.03	600	7.74
乳酸峰值	SP2	400	3.29	400	4.03	400	5.16
非乳酸能	SP3	100～150	1.23	100～150	1.51	100～150	1.94
总量		12 150		9 50		7 750	

（引自《游泳运动》，2001年）

三、恢复

游泳训练和比赛过程中会消耗大量能量并对人体造成较深的疲劳，制约了人体运动能力，使训练和比赛受到影响。因此，及时补充能量，消除疲劳，恢复体能成为现代游泳训练和比赛的一项重要任务。恢复已被纳入到训练整体体系当中，成为训练的一部分。

恢复过程是指人体机能和能源物质由负荷后暂时减少和下降的状态回到并超过负荷前水平的过程。人体在训练过程中的"消耗—补充、再生—再消耗—再补充、再再生"这一周期性变化，使训练和恢复有机结合，促进了运动能力的不断提高。恢复为训练效果和发挥竞技水平提供了体能的准备，是提高训练效果的重要保证。恢复在心理上也有积极作用，可以使运动员在训练和比赛中高度紧张的状态得到放松和缓解。

（一）人体恢复过程特征

1.人体恢复动态曲线特征

人体恢复过程与时间有关，但恢复速度并不与时间成正比，而是呈现出某种动态曲线关系，即开始快，随后逐渐减缓。将恢复期按时间划分成三等份：前1/3，体能恢复约为70%；中1/3，体能恢复约为20%；后1/3，体能恢复约为10%。由此可以看出，在最佳负荷范围之内，运动员90%的体能恢复是在恢复期的2/3时间内实现的，因此负荷后最初的恢复手段与措施极为重要。

2.人体恢复过程异时性特征

激烈运动过程中人体机能始终处于高度紧张状态，表现出极高的运动水平，游泳运动员在高强度训练及比赛中心率可达到220次/min，并伴随能量物质的极度消耗。功能水平的恢复，以及能量物质的补充、再生，都在运动后的恢复期完成。正常情况下，功能水平恢复较快，心率、血压在激烈运动后20~60 min恢复到安静时水平，血乳酸等代谢产物清除速度相对较慢，需60 min以上。而能量物质的恢复异时性更为明显，糖类物质恢复到运动前水平需要4~6 h，蛋白质需12~24 h，脂肪、维生素和各种酶则需要24 h以上。恢复过程的异时性特征为合理安排运动员的训练计划、补充和搭配营养等提供了依据。

3.人体超量恢复特征

超量恢复是指在运动后的恢复阶段，运动员被消耗的能源物质含量及人体机能不仅能恢复到原有水平，而且在一段时间内甚至出现超过原有水平的情况。在超量恢复期间进行适时、适当、适量的训练，后继的训练就会建立在更高机能、物质水平的基础上，并通过不断重复，就会使运动能力和运动成绩持续提高。但超量恢复存在时效性，如不施加新的负荷，机能和能源物质含量会回到原有水平。超量恢复机制和原理是运动训练学的基本规律之一。恢复训练的目的在于通过多种有效的恢复手段与措施，加快运动员负荷后的恢复速度，保证超量恢复的实现。

（二）恢复方式与手段

1.恢复方式

恢复方式简单来说分为两种，即积极性恢复和自然性恢复。在实践中两种恢复方式并不是独立存在的。由于积极性恢复属于人为可控的恢复方式，因此恢复方法和手段也在不断地探索与更新。

积极性恢复是指在训练或比赛之间或之后进行强度较小或其他形式练习的恢复方式，使机体在运动后保持一定的代谢水平，以此加快恢复过程。另外，肌肉牵拉、按摩，外在的营养补充等方法也已纳入积极性恢复范畴。

自然性恢复是指在训练或比赛之间或之后，机体按照作息或处于静止状态获得恢复的方式，目前也将这种恢复方式称为消极性恢复。

2.恢复手段

按照所属学科，恢复手段可分为训练学恢复、医学物理学恢复、心理学恢复三类。

（1）训练学恢复：以训练促进身体机能恢复是恢复过程最直接有效的方法与手段，科学、合理地安排训练则是促进恢复的有效途径。教练员通过运动负荷调节，不同泳式搭配游，训练方法、手段转换，训练内容有效组合，运动负荷后积极性休息，以及整理活动，牵拉工作肌群等措施与手段，帮助运动员提高机体恢复能力与速度，从而消除疲劳。

（2）医学物理学恢复：医学物理学恢复手段主要包括与运动负荷相应的营养物质补充，以及按摩、理疗、药剂、针灸等手段，是游泳训练恢复的重要措施。

（3）心理学恢复：借助心理作用能降低神经紧张程度，减轻心理压抑状态，让更快地恢复运动员在运动中消耗的能量，进而提高运动能力。游泳训练和比赛后采用心理恢复方法和措施，加快运动员身心的恢复速度得到了游泳教练员和运动员的普遍重视和大力推广。具体方法包括暗示性睡眠—休息法，神经、肌肉放松法，心理调整法，气功放松法，音乐放松法，等等。

另外，自然性恢复也是一种直接有效的恢复措施。这是由于自然性恢复贯穿运动员的生活之中，可以融入训练体系中，使运动员形成良好的训练、生活、卫生、睡眠习惯。

（三）训练适应和过度训练

1.训练适应

运动训练的全过程，本质上就是训练适应的过程。运动员在每次训练刺激下，机体产生急性适应，这种训练适应的效应通过积累，逐步形成自身的生物学改造，即负荷专项需要的长期性训练适应，成为运动员不断提高专项运动能力和水平的物质基础。训练适应具有专项性和方向性特征，源于负荷对人体的作用。游泳运动员通过训练向既定专项（泳式、距离）目标发展。最佳负荷和科学、合理的负荷动态变化是训练适应的基本保证。

2.过度训练

过度负荷引起过度训练，加强恢复训练、合理安排负荷是预防过度训练的有效手段。在实践中运动员的最佳负荷和负荷过度仅"一墙之隔"，教练员较难把握。运动员的训练过度并不是由一次课的过度负荷引起，而是由负荷作用的累加效应导致的。其特征表现在生理和心理两个方面。教练员为防止过度训练应关注运动员承受负荷时的反应，掌握运动员的饮食、休息等情况，关注运动员日常情绪及生理生化指标的变化，以及时调整和制订训练计划。

──── 课后思考 ────

（1）游泳训练负荷的构成因素是什么？

（2）如何理解游泳训练负荷各因素之间的关系？

第四节　游泳运动水上训练方法

◆ 本节导言

游泳运动水上训练方法可保证训练目标得以实现，是训练效果好坏的决定性因素，是能否实现训练手段及训练过程多样化的重要途径。本节通过对持续训练法、间歇训练法、重复训练法、短冲训练法、模拟比赛训练法的介绍，让学生了解各种游泳水上训练方法的概念、练习目的、练习游距、重复次数、负荷强度等级等内容。其中，重点介绍了七种不同形式的间歇训练。通过本节学习，学生可以对游泳水上训练方法相关理论有一个了解，学会使用游泳常用的训练方法。

游泳水上训练方法要求按照一定的组织结构和形式有机组合练习手段。首先应根据训练目的选择游距、重复次数、强度等级，然后确定练习形式——打腿练习、划手练习、分解练习及配合练习。在保证完成强度的前提下，再决定采用何种方式促进机体的恢复，以保证尽快进入下一个练习，这就是练习手段组合的基本原则。练习手段及形式确定后，一些细节变化也会影响练习的性质，如是采用连续练习还是分组练习，采用等速练习、加速练习还是变速练习等，以上因素均决定了训练方法的组织结构。在训练实践过程中要综合考虑以上因素，通过有机组合，使训练手段及训练过程多样化，并且能够更加准确地作用于运动员的机体、机能，为提高专项训练水平创造有利条件。

◆ 学习内容

一、持续训练法

二、间歇训练法

三、重复训练法

四、短冲训练法

五、模拟比赛训练法

一、持续训练法

持续训练法是指采用较长的距离、较低的强度，不间断地连续进行训练的方法，目的是提高心脏功能，发展有氧耐力。练习距离为1 500～3 000 m，甚至更长。练习强度处于中低水平，约为个人最好成绩的60%～80%，血乳酸在2～42 mmol/L，心率在130～150次/min。

持续训练法的特点是一次连续练习量大，时间较长，强度不高但相对稳定。持续训练法可以有效地发展运动员的心肺功能，提高体内氧利用率，属于糖原有氧代谢训练，糖原消耗多，训练后的超量恢复可以增加肌肉中的糖原储备，提高氧化酶的活性。同时，能够较稳定地发展有氧代谢供能能力，为其他强度较高的训练打下耐力基础。另外，持续训练法游速较慢，有利于运动员集中注意力改进和巩固技术。

持续训练法在训练各个阶段中均可运用，一般情况下在年度训练周期中的早期比例较大。在实际运用时，距离和强度的增加应循序渐进，根据运动员训练水平逐渐增加。需要注意的是，由于采用较长距离练习，动作频率较慢，为消除中枢神经系统长时间接受单一刺激的不良影响，应在持续训练后安排一些短距离冲刺练习。

二、间歇训练法

间歇训练法指在某一组、某一距离的反复游中，运动员在两次练习之间应严格按照规定的间歇时间进行休息，并在机体尚未完全恢复的状态下开始下一次练习。间歇训练的目的是提高运动员速度耐力和一般耐力。练习距离为主项距离或短于主项的距离，重复的次数和组数较多。练习强度为个人最好成绩的75%~95%，血乳酸3~12 mmol/L，心率130~180 次/min，练习休息比1:1~1:2。间歇时的休息可采用组内静止休息或组间放松游。

间歇训练法的特点是运动与休息交替进行，并且规定游进速度与休息时间。但此练习距离较短，总体练习强度较高。在间歇训练过程中，运动员往往带着因训练而引起的、未完全消除的疲劳和氧债开始下一次练习，因此对运动员的心肺功能、能量代谢机能，对骨骼肌抗疲劳能力以及氧利用率产生积极影响。间歇过程中，心率虽然有所下降，但呼吸系统和血液循环系统活动加强，每搏输出量达到最大值，能够有效刺激心血管机能。

间歇训练与持续训练法相比，运动员在同样时间内的练习将大于主项的训练距离分成若干段进行的练习，且每段中均有一定的休息恢复时间，因此工作时间更长，强度负荷更大，完成质量相对更高。

（一）慢速间歇练习法

慢速间歇练习法是指以糖原有氧氧化供能为主，主要用于提高心血管系统机能，发展一般有氧耐力和肌肉力量耐力的练习方式。练习速度通常慢于比赛速度，间歇时间短于练习时间，心率恢复不多即开始下一次练习。全年各周期均可使用，其中准备期和耐力训练周期所占比例较大。

例如：某运动员800 m自由泳比赛成绩8 min15 s，平均每100 m成绩为

1 min2 s。采用2×（8×100 m），强度为80%，则该运动员每个100 m需要1 min13 s完成，间歇20 s。

（二）快速间歇练习法

快速间歇练习法是指有氧、无氧混合供能的训练方法，主要用于发展运动员的速度耐力、专项耐力和力量耐力，能够有效地提高运动员的心脏和骨骼肌的工作能力。练习距离短于比赛距离，练习速度超过比赛速度，间歇时间较长，练习休息比可最高可达到1∶1，心率可以得到较充分的恢复。

例如：同为上例运动员，采用8×100 m，强度90%，则该运动员每个100 m需要1 min 7 s完成，间歇60 s。

（三）包干间歇练习法

包干间歇练习法是指只规定一个练习的总时间，这个总时间包括了工作时间和间歇时间。其特点是间歇时间随着完成工作的时间而变化，并不固定，完成速度快，间歇时间长，完成速度慢间，歇时间短。包干间歇训练法适用于同时训练多名水平不同的运动员，同时有利于调动运动员练习积极性。

例如：8×100 m，要求1 min30 s包干。如果运动员在1 min10 s完成，则休息时间为20 s；完成在1 min15 s，休息时间为15 s。

（四）改变间歇时间练习法

改变间歇时间练习法是指每次练习距离不变，强度要求不变，即游速不变，但间歇时间逐步缩短；或提高强度要求，提高游速，逐步延长间歇时间。

例如：10×200 m混合泳，要求每个200 m完成时间为2 min30 s，第一次间歇40 s，以后采用同种手段训练时逐步减少间歇时间。或提高完成成绩至2 min 25 sw，延长间歇时间为45 s。

（五）变化距离的间歇练习法

变化距离的间歇训练是指间歇时间不变，但练习距离不固定，可以由短到长或由长到短进行组合。间歇时间可根据不同训练目的的设定。常用的三种形式如下：

上梯形：练习距离由短到长递增。如50 m—100 m—200 m—400 m。

下梯形：练习距离由长到短递减。如：400 m—200 m—100 m—50 m。

双向梯形：练习距离由短到长，再由长到短。如：50 m—100 m—200 m—400 m—200 m—100 m—50 m。

（六）变化强度的间歇练习法

变化强度的间歇练习法也称为负分段练习法，是指练习距离不变，间歇时间不变，但逐次提高完成强度，即游速越来越快。这是一种从有氧代谢逐渐过渡到无氧代谢的综合性训练手段，运动员从心理和生理上都将得到锻炼，在训练实践中应用广泛。

例1：8×50 m自由泳，间歇45 s，第一个成绩要求30 s，以后每个50 m逐次提高0.5 s。

例2：4×（8×50 m）自由泳，每一组内完成强度要求相同，逐步提高每一组的完成强度。如第一组完成强度为80%，第二组完成强度为85%，第三组完成强度为90%，第四组完成强度为95%。

（七）以心率恢复为标准的间歇练习法

以心率恢复为标准的间歇练习法的练习距离固定，但并不预先规定间歇时间，而只规定每次练习后心率恢复的标准。

例如：8×50 m自由泳，要求每个50 m均全力游，每次练习后，当心率恢复到120次/min以下时，开始下一个练习。

（八）采用间歇训练时应注意的问题

间歇训练中某一因素的改变，都会引起训练性质的变化。

（1）游泳间歇训练的最佳距离为50～200 m。

（2）间歇训练的重复次数最多不应超过30次。

（3）间歇时间的长短应以心率恢复不低于130次/min为宜。

（4）间歇训练对提高心脏功能虽然见效快，但不具有稳定性，即"来得快，去得快"。

（5）间歇训练法比持续训练法糖原消耗大，恢复时间相对较慢。发展有氧耐力时应二者结合使用。

（6）加大间歇训练负荷应循序渐进，先增加数量，再加大密度，最后提高强度。

三、重复训练法

重复训练法是指按规定完成强度，多次重复某一距离的练习，间歇时间必须使运动员的呼吸、心率及机体工作能力基本恢复的训练方法。重复训练法的目的是发展速度、速度耐力、肌肉力量，培养运动员的比赛速率，使其掌握比赛时的体力分配，感受比赛技术，增加比赛经验。

重复训练是以强度为核心的训练形式，它对中枢神经系统兴奋与抑制的转换、大脑皮层与肌肉协调能力的要求较高。如采用较长距离重复游，强度稍低，可发展运动员体内糖原无氧酵解供能能力，并提高机体耐受高乳酸的能力，主要发展速度耐力。如重复游采用50 m以下的距离，则可以提高运动员体内高能磷酸原系统的无氧非乳酸供能能力，主要发展运动员速度和肌肉力量。

重复训练法的特点是练习强度高，重复次数少，练习密度低，休息时间长，可保证运动员机体得到充分恢复。具体练习形式如下：练习距离为主项距离或短于主项距离，血乳酸12 mmol/L以上，心率190～200次/min，练习强度为个人最好成绩的95%～110%，练习间歇比为1∶2～1∶8，心率恢复到110次/min以下开始下一次练习。应值得注意的是，当运动员不能按照预定强度完成练习时即停止。

例如：发展速度耐力，采用（3～4）×200 m；发展速度和力量，采用（3～4）×50 m。间歇时间都可以采用3～5 min，完成成绩均为个人最好成绩的95%～110%。

如果同时发展速度和速度耐力，可采用逐渐缩短练习距离，增加练习强度的方法，如在一次训练中采用1×200 m、1×100 m、2×50 m，间歇时间都可以采用5 min，完成成绩要达到个人最好成绩的95%～110%。

重复训练法从组织形式来看，属于间歇训练范畴，但重复训练的间歇时间更长，是提高训练强度的主要训练手段。对运动员机体刺激极深，主要用于训练基本期的后期和赛前减量提质期。在安排重复训练时要特别谨慎，应在运动员身体状态较好时进行，并且应有充分的准备活动，同时加强训练后恢复手段的运用，安排要分散，不能过于集中，通常一周安排不多于2次。同时，教练员在安排重复训练时要对完成强度有明确的计划和要求，为保证完成强度要求，可视运动员疲劳程度延长间歇时间，也可在不能完成时减少次数。此外，进行重复训练时应保持正确技术，尤其是在疲劳时保持正确技术对提高冲刺能力极为重要。

四、短冲训练法

短冲训练法是指运动员用最高速度全力游较短距离的训练方法。短冲训练的目的在于发展运动员的速度和肌肉力量。练习距离通常为15 m、25 m、50 m；重复次数少，以主项和自由泳为主要练习泳式；练习强度为个人最好成绩的100%～110%，血乳酸浓度2～3 mmol/L，心率120次/min，练习间歇比1∶2。

短冲训练主要依赖于高能磷酸原系统和糖原无氧酵解供能。这个练习可以有效提高肌肉高磷化合物储备（ATP-CP）和无氧代谢酶活性，加快糖酵解速度，提高无氧代谢能力。同时，短冲训练可增加骨骼肌有氧代谢中酶的活性，也可增加最大吸氧量。此外，短冲训练作为一种最大强度的训练，可以迅速提高运动员的兴奋性，使肌肉紧张放松快速交替，能够提高神经系统的灵活性。

在训练实践中，短冲训练适合不同年龄、不同水平、不同主项的运动员，并在各训练阶段都可安排。离比赛时间较远时采用，主要发展运动员的速度能力；临近比赛时采用可以培养运动员划水频率意识和实用技术（分配体力、体会战术）；课前准备活动时采用可发展速度；课的最后部分采用则可以发展冲刺能力。另外，短冲练习应使用运动员熟悉的练习手段，避免运动员将注意力集中在技术动作上，而忽视短冲练习的强度体验。

五、模拟比赛训练法

模拟比赛训练法指以比赛时的目标成绩、技术、心率为模式的训练方法。模拟比赛训练法可以使运动员体会比赛技术和战术，培养速度感，并可预测运动员的比赛成绩。

模拟比赛训练法的练习距离为短于比赛距离的组合：如100 m项目运动员应采用（50+50）m或（75+25）m的组合；200 m项目运动员应采用4×50 m，（100+50+50）m的组合。练习泳式为主项或比赛项目。练习强度要保证各段落成绩相加等于或高于个人比赛最好成绩，血乳酸与心率应与比赛时相同。间歇时间较短，通常在5～15 s，可随距离加长而加长间歇时间，但不可超过15 s，也不少于5 s。

由于模拟比赛训练法更加接近比赛，完成此训练对运动员各方面要求较高，因此更适合有一定训练年限或训练水平较高的运动员使用。另外，此方法训练强度大，容易造成深度疲劳，因此使用次数不宜过多，一般情况下只在赛前采用。

课后思考

（1）常用的游泳训练方法有哪些？

（2）通过本节的学习，请重点谈谈你对游泳间歇训练法的理解。

（3）游泳陆上、水上技术训练的方法分别有哪些？

第五节　游泳运动员技战术与心理智能训练方法

◆ 本节导言

目前，越来越多的学者认为应该将竞技游泳从"体能主导类运动项目"项群中分离出来，纳入"技能主动类运动项目"项群中。这一观点的变化，体现出技术在当今游泳训练中的重要程度。游泳技术包括出发、途中游、转身、最后冲刺、终点触壁等环节，游泳技术训练分为陆上和水上技术训练两个部分，同时对应不同的训练，本节会详细介绍具体的方法、手段。

游泳作为个人分道竞速性项目，相关干扰小，对手竞技能力难以预测，因此游泳竞赛战术通常围绕自身情况制定，最大特点为合理分配比赛中不同阶段的体力。具体来说，游泳战术有哪些特征、有哪些类型，不同游距比赛项目的战术特点分别是什么，如何进行游泳运动员的战术训练等，都是这一部分需要解决的问题，本节中会给出相应答案。

目前，随着人们对于游泳训练的认识不断深入，越来越多教练开始重视游泳运动员的心理训练，这一被忽视但十分重要的环节逐渐成为游泳训练的又一重点领域。要进行心理训练，首先要清楚游泳运动员的心理特征，进而掌握游泳心理训练方法与手段，最后制订心理训练计划并实施。以上步骤与内容也是这一部分的介绍重点。

当今的游泳训练，关于运动员的智能训练逐渐出现在游泳训练计划当中，但目前相关理论与方法相对缺乏，并没有形成完整的体系，这是广大学者和教练员今后需要广泛研究和实践的重要问题。本节简单介绍了游泳运动员的智能训练，简单阐述了一般智能训练和运动智能训练的内容。

通过本节的学习，学生可以了解游泳技术、战术、心理、智能训练理论与方法。这些相对隐性的游泳训练环节，其实是决定游泳训练效果，影响游泳运动成绩的重要因素，是一名合格的游泳教练员必须具备的素质。

◆ 学习内容

一、游泳技术训练

二、游泳战术训练

三、游泳心理训练

四、智能训练

一、游泳技术训练

游泳技术效果决定了单位时间内的移动距离。游泳属于周期性运动项目，途中游的速度取决于划频与划幅。有研究称，近年来游泳成绩提高的主要因素为划幅的增长，以及在减小游进阻力，使技术达到节省化、经济化方面所做的技术改进。力量、水感、高肘抱水、螺旋曲线划水等动作的质量，以及减小阻力是提高游泳运动员划水动作实效性的重要因素。动作的节省化、经济化则取决于运动员游进中放松能力与动作效果的协调程度，也是技术质量的衡量标准。游泳过程中参与运动肌群紧张与放松的合理结合，保证了动作的协调、连贯，以及运动速度的均匀性，减小能量消耗，其中"放松"是确保达到以上效果的关键因素。而能够在游进中保持放松，依靠的是技术动作的自动化，这就需要运动员在训练中以正确的技术动作保持一定的运动量。因此，提高运动员在快速游进中的放松能力成为技术训练的重要内容。技术效果与能量消耗之比反映出运动员个人的技术效率，即"个人高效游泳技术"。综上所述，减小阻力、提高效率成为现代游泳技术训练的核心问题。

游泳技术包括出发、途中游、转身、最后冲刺、终点触壁等。每个技术环节的时间占总成绩的百分比，决定了什么是一般技术环节和主要技术环节。但在现实中每个技术环节都是比赛不可分割的组成部分，任何一个环节出现问题都将影响运动员的最终成绩。因此，技术训练既要强调基本技术训练，更要重视比赛技术、细节技术与基本技术的整合训练与提高。

（一）游泳技术训练主要影响因素

游泳技术训练受到运动员个体特征、协调性、训练水平，以及技能迁移规律所影响。在实践中应根据运动员的不同特征以及现有的训练水平制订技术训练计划，并在日常训练中突出协调性训练，重视技能迁移规律给技术训练带来的影响，充分考虑运动员身体形态与疲劳状态下技术动作调节能力，全面发展运动员身体素质，使技术训练得以高效完成。

为保证技术实现较高自动化程度，应重视技术动作的稳定性。运动强度、运动时间、身体舒适程度决定了运动员的人体机能水平和身体状态。技术动作的稳定性取决于技术动作能否与机能水平和身体状态相适应，因此，技术的稳定性并不是保持一成不变的，而是建立在一定可变范围的基础之上。同时，运动员控制技术动作的能力，是保证技术动作稳定性的因素，主要体现在以下三方面：一是运动员改变动作节奏、用力程度、游进速度的能力；二是运动员在各种机能状态下发挥游进速度水平的能力；三是保持动作质量与游进速度的相适应能力。

在游泳技术训练的实践过程中有几个问题是不可忽视的。首先，教练员要研究、了解当今游泳技术特点及技术发展趋势，对技术训练要有明确的指导思想；其次，要明确技术训练的任务，即提高技术动作效率，减小阻力，提高技术动作效果；第三，技术训练方法与手段要体现出针对性和实效性；最后，技术训练应全年安排，将过渡期和准备期作为技术训练的主要阶段，切勿在重大比赛前改动运动员技术。

（二）水上技术训练

水上技术训练是游泳技术训练的核心。提高游泳技术的划水实效、技术动作的准确性、较高的动作规格质量、清晰的配合节奏，能够使技术更加节省化、经济化，这是水上技术训练的主要任务。通过水上技术训练形成属于运动员自己的技术风格和特点，并根据自身力量、柔韧、协调、身体形态等因素进行适合自己的技术创新。游泳训练中常用的水上技术训练有以下几种。

1.分解技术训练法

分解技术训练法又称单个技术动作训练法，是指通过单个动作（部分）的练习，提高动作的准确性和动作质量，以达到改进技术的目的。例如：各种形式的打腿练习、划手练习，各种泳式的单臂动作练习，多种模式的臂、腿动作组合练习，不同泳式配合技术组合练习等。

2.完整技术训练法

完整技术训练法分为完全完整技术训练法和半完整技术训练法。完全完整技术训练法指平常训练中的技术游、途中游等；半完整技术训练法指单臂动作或两臂各种形式交替与腿配合，通过降低完整配合游的难度，达到提高完整技术配合动作节奏的效果。例如：蝶、仰、爬泳的单臂与腿的配合游，蛙泳划臂与蝶泳打腿的配合游等分解组合练习。这样的组合不仅丰富了技术训练的内容，同时发展了运动员的协调性，并能够使技术准确性更高，配合节奏更好。

3.附加条件训练法

附加条件训练法又称增加难度训练法。指通过改变练习条件，增加练习难度，提高技术动作实际质量，分为徒手、器具、约束条件等方法。

（1）徒手练习。不采用器具，不附加条件，只改变技术动作练习方式。例如：徒手、垂直于水中做蝶泳打腿练习；一臂正常划水，一臂上举至空中做仰泳划臂练习；两臂置于体侧做蛙泳蹬腿练习；一臂置于体侧做单臂爬泳练习等。

（2）带器具练习。利用脚蹼和划水掌，通过增加游进中的阻力，强化正确技术动作的肌肉感觉，增加技术动作的水中体会，同时可以起到改正错误动作的作用。也可采用戴呼吸管练习，通过减少呼吸动作对技术的影响，强化正确的头部位置。近年来，游泳技术训练中越来越多地采用正向牵引和逆向牵引练习法。所谓逆向牵引，即增大运动员的游进阻力，迫使运动员只能采用正确的技术以及更大力量才能够向前游进（如阻力裤；如水中拉力绳，将15 m的绳拉至泳池最远端）；正向牵引，则是增大游进时推进力，迫使运动员用更快的频率完成练习，加深运动员在高速游进中的动作感觉，如牵引游。

（3）附加条件练习。通过在技术训练中对某些练习条件进行约束，使练习者掌握正确的技术动作。例如，在狭窄泳道练习爬泳、仰泳，以此增强运动员移臂和身体姿势的控制能力。又如在仰泳技术练习中让运动员在额头上顶碗，以练习仰泳游进过程中身体位置的平衡能力。

（三）陆上技术训练

游泳陆上技术训练主要由技术动作模仿练习以及与模仿游泳动作的拉力力量练习相结合组成。游泳陆上技术模仿是指按照游泳技术要求在陆地上定位或行进做游泳分解或完整的徒手动作。其优点在于可以减少水环境对人体运动的干扰，在人体所习惯的环境中建立正确动作的运动感觉。陆上技术模仿练习要求练习者在练习时身体姿势、运动方向、配合节奏等方面尽量与水上技术动作一致，尽可能接近游泳技术实际。练习时可采用动静结合的方式对动作进行强化。

1.陆上静态技术动作练习

陆上静态技术动作练习又称为关键技术动作姿势定位练习，可以徒手完成练习，也可与静立练习相结合。

具体操作时可把一些主要技术动作环节通过动作姿势定位，强化动作的肌肉感觉，使参与运动的肌群建立深刻的印象，体会技术动作的形状、角度，解决动作姿势形成问题，一般每次练习应保持30 s以上，例如高肘屈臂划水动作、蛙泳翻脚动作、爬泳屈肘提臂的空中和移臂动作等。

在进行陆上静态技术动作练习时技术动作的选择应具有典型特征、不宜在水中掌握的主要技术环节的动作。由于游泳技术动作都是有规律的动态变化过程，每个动作时相都有一个动作姿势，且与上下时相动作姿势紧密联系，因此陆上静态技术动作练习应有机结合动、静练习，提高技术训练质量。可采用对镜子练习等方法，使视觉与动觉相结合，充分发挥其相互调控的作用。

2.技术动作动态练习

技术动作动态练习又称为技术动作模仿练习。通过在陆地上模仿某一技术动作，体会该技术动作的姿势、方向、路线等方面的变化，感知该技术动作在运动中的变化情况。在实际运用时，可在技术结构（分解或完整）、动作速度（快与慢）等方面变化练习形式，组合各种有针对性的技术动作模仿练习。

3.技术动作附加练习

技术动作附加练习是指在技术练习中改变练习条件或施加外在因素，增加练习难度，强化练习过程，提高技术练习质量的练习方法。具体方法如下：

（1）定向练习法。又称指示练习法，指在技术练习时通过形象或标志的指示，使动作的方向、路线符合正确技术动作的要求，达到掌握正确技术动作的目的。如陆上模仿蛙泳手臂划水动作练习时，在练习者划臂动作的垂直地面画出划臂路线，引导练习者按路线做划臂练习，掌握正确的划臂动作。

（2）限制练习法。是指通过改变练习条件，约束练习者的动作幅度、姿势等，如靠墙练习仰泳和爬泳移臂，蛙泳腿蹬墙壁，"划独木舟"爬泳划臂动作练习等。

（3）阻力练习法。指与力量训练相结合的技术练习方法。可通过附加阻力、增加练习难度、加深动作过程中的肌肉感觉，以达到改进和提高技术动作的目的，如负重移臂、打腿练习，拉力划臂动作练习，等等。

（四）各种泳式技术训练方法

1.蝶泳技术训练方法

（1）流线型反蝶泳腿练习。

目的：增强练习者完成蝶泳躯干波浪动作能力。

方法：使用脚蹼进行反蝶泳打腿练习，身体以仰卧姿势蹬离池壁，手臂前伸保持流线型，从腰腹部开始发力，带动膝部和脚部向上打腿，腹部每次向上发力尽可能露出水面。开始时做慢速的、大幅度和有力的打腿，然后逐渐加快速度，在速度加快后，打腿幅度变小，频率加快。

注意事项：注意从髋关节发力向上，而不是膝关节发力。

（2）蝶泳手臂1+1+1练习。

目的：提高练习者蝶泳手臂划水实效，掌握手、腿动作的配合节奏。

方法：首先用单侧手臂做一次蝶泳划水动作，然后另一手臂交替做一次蝶泳划水动作，最后双臂同时做一次蝶泳划水动作。三次蝶泳手臂划水动作为一组完整练习，双臂向后划水时做呼吸动作。

注意事项：控制自己用最慢的速度训练，但要尽可能保持动作的流畅。

（3）蝶泳手臂平移练习。

目的：降低练习者身体起伏，有助于练习者保持正确的身体位置，减少不必要的动作幅度变化。

方法：使用呼吸管辅助训练，进行一次完整的蝶泳抱水和划水后，在结束划水时，两臂贴水面平移至最初姿势。注意进行空中移臂时，手臂保持伸直。

注意事项：手臂平移时，掌心向下尽可能紧贴水面。

（4）蝶泳手臂水中推水练习。

目的：促使练习者专注于抱水和划水，感受阻力对于手和前臂的压力。

方法：使用浮板，双腿并拢夹紧浮板，双臂伸直置于头前，将每个动作分解为独立的环节，如手指向下倾斜，指向泳池底部，同时保持高肘抱水，当手和前臂接近垂直时，加速向后方推水。动作完成时，双臂位于大腿两侧，双手沿着身体从水面下快速回到最初姿势。一个动作周期结束后，重复该动作练习。

注意事项：推水动作完成后，双臂需要从水面下回到起始姿势，而非水面上。

（5）蝶泳节奏练习。

目的：需要练习者将注意力集中在手臂划水的动作节奏上。

方法：此项训练包括蛙泳划臂和蝶泳划臂动作，首先做两次蛙泳划臂动作，完成后进行三次蝶泳划臂动作。划臂动作部分使用蝶泳腿打腿，蛙泳划臂动作时进行呼吸，两种姿势交替进行练习，保持两种姿势的节奏和起伏特征。

注意事项：蛙泳划臂动作不使用蛙泳腿动作，全部划臂动作均使用蝶泳腿动作。

2.仰泳技术训练方法

（1）滚动仰泳腿练习。

目的：纠正练习者仰泳腿部左右摆动问题，促使仰泳手臂空中移臂、转肩、入水动作得到改善。

方法：双手位于身体两侧，双臂紧贴身体，上半身纵向滚动打仰泳腿使一侧肩部露出水面，在此动作进行停留。肩部接近于身体中轴线位置，保持头部稳定，完成六次打腿后，交替到另一侧滚动腿练习。

注意事项：上半身做滚动练习时，下半身保持稳定打腿，不可出现左右晃动等动作。

（2）空中停顿仰泳腿练习。

目的：提高练习者仰泳腿部动作的推进力和实效性，增强躯干的稳定性与支撑力。

方法：在仰泳踢腿的基础上，双臂抬离水面，位于胸部正上方后，保持身体稳定，并做小幅度快节奏踢腿，同时保持身体位置稳定。

注意事项：练习仰泳腿部动作，双膝不可露于水面。双臂抬离水面时身体不应出现大幅度左右晃动或身体沉入水中，如出现此类情况应及时调整身体位置后再开始练习。

（3）空中停顿仰泳手臂练习。

目的：帮助练习者提高划臂能力、身体平衡和两臂配合时机等多方面技术问题。

方法：仰泳手臂空中移臂时，位于胸部上方垂直时进行停顿，停顿3～5 s

后继续完成仰泳手臂动作。腿部持续保持仰泳踢腿动作。

注意事项：手臂做空中停顿时，身体不应出现上下浮动，应保持身体位置的稳定。

（4）仰泳转肩、移臂练习。

目的：帮助练习者提高髋部和肩部连接，增强以核心肌群带动的身体旋转动作。

方法：保持仰卧踢腿动作，单侧手臂放置在身体的侧面。另一侧手臂由肩部带动，向下颚方向转动，髋部同时转动。手臂做仰泳空中移臂、入水、抱水和推水动作。单侧手臂完成后回身体侧面，另一侧手臂进行以上练习。

注意事项：此项练习并非手臂先发力带动肩部练习，应以肩部率先发力带动手臂做旋转动作。

（5）仰泳节奏和时机练习

目的：提高练习者加速入水、增加推水和抱水的用力感，提高手臂划水动作节奏感。

方法：一侧手臂下划至抱水结束的位置停顿不动，准备进行水下推水动作，另一侧手臂置于大腿外侧位置停顿不动，准备进行水上移臂动作。双臂停顿一定时间后，开始同时运动，一手推水，一手移臂，交替至起始位置后停顿不动。腿部保持持续仰泳踢腿动作。

注意事项：在一次练习过程中，两臂停留时间依次递减，由停顿5 s、4 s、3 s，递减至无停顿的顺畅划臂动作。

3.蛙泳技术训练方法

（1）夹板蛙泳腿练习。

目的：此动作多用于纠正练习者蛙泳收腿过程中大腿主动发力和腿脚外翻时的错误姿势，从而减少阻力，增强推进力。

方法：将浮板放置于双腿中间，大腿夹紧浮板，做蛙泳蹬腿动作。做翻脚动作时，小腿及踝关节大幅度做外翻动作，使小腿和脚踝处于最佳对水面积，体会正确的用力感觉，最大限度地增加推进力。做此动作时，手臂可放置于身体两侧。

注意事项：夹板收腿动作时，大腿内侧需要用力夹紧浮板，防止浮板滑落。

（2）单侧蛙泳交替腿练习。

目的：提高练习者蛙泳蹬腿、夹腿动作的发力感，以及脚部蹬水的水感。

方法：使用浮板，俯卧于水面，双臂伸直紧贴双耳，双手放置于浮板之上，保持流线型姿态，进行左右腿交替蛙泳腿动作。左右腿各进行三次单侧动作后，进行一次正常蛙泳腿动作。

注意事项：单侧收腿动作时，另一侧腿保持伸直动作。

（3）抬头蛙泳手臂划水练习。

目的：调整练习者手臂划水幅度过大的问题，提高手臂的快速划水技术。

方法：头部始终保持在水面之上，进行蛙泳游进，手臂与腿部动作与正常蛙泳相同。

注意事项：练习时手臂划水速度尽量快，眼睛观察手臂划水幅度的大小，发现错误及时修正。记录相同距离的手臂划水动作次数，采用递减固定距离划水次数的方法进行练习，以提高练习者的动作实效。

（4）蛙泳划臂与蝶泳打腿配合练习。

目的：提高练习者的身体位置，增强蛙泳需要的核心肌群力量，提高练习者协调能力。感受来自蝶泳打腿产生的推进力，体会躯干参与蛙泳手臂划水的发力感觉，提高蛙泳配合效率。

方法：整个动作周期中不做蛙泳蹬腿，在蛙泳手臂划水动作前伸的同时，做1次蝶泳打腿动作，在蝶泳腿动作结束后，一个动作周期结束。

注意事项：手臂尽可能向前伸展，尽量保持身体在水中较高的水平位置，避免身体位置下沉。

（5）蛙泳划臂与爬泳打腿配合练习。

目的：利用自由泳腿来调整蛙泳腿带来的推进力及阶段性惯性，提高练习者身体稳定性和协调能力，减缓练习者手臂过早划水的问题，提高蛙泳配合效率。

方法：蹬池壁后，手臂伸直并拢，开始做自由泳打腿动作，每6次或8次打腿，进行1次蛙泳手臂划水动作，整个动作周期中不做蛙泳蹬腿。

注意事项：完成蛙泳划臂动作时，不应出现较大的身体起伏，应保持身体姿势与身体位置的稳定性，保证手臂划水的正确时机。

4.爬泳技术训练方法

（1）无固定支撑爬泳腿练习。

目的：利用核心力量，帮助练习者提高身体稳定性。

方法：在爬泳打腿的基础之上，不采用任何浮具，双臂前伸与肩同宽，保持手臂入水时的位置，双臂保持伸直状态，尽量使手臂和躯干保持稳定，头部始终在水面上。

注意事项：完成打腿动作时，身体、头部不可以出现上下、左右晃动，应保持身体在水中稳定的位置。

（2）抬头观察爬泳手臂入水点练习。

目的：帮助练习者提高身体的平衡感，加强动作节奏，找到正确的划臂路线。

方法：抬头眼睛看入水点位置，头部始终保持在水面上，双臂保持前伸，做爬泳手臂动作。单侧手臂控制在水平面以下10～15 cm左右，另一手臂在最远入水点入水后，进行高肘抱水动作，直至完成整个推水动作，另一侧手臂交替进行练习。

注意事项：单侧手臂未完成推水动作时，另一侧手臂应保持前伸动作。

（3）爬泳多点位提肘手臂练习。

目的：此项训练有助于锻炼练习者更加稳定的身体位置。

方法：爬泳游进过程中，保持持续稳定的打腿动作，完成手臂推水动作后，在空中移臂过程中，手臂进行四个点位的停顿训练，分别为臀部、肩部、头部和肩部，每个位置进行3～5 s停顿后，继续完成后续移臂动作。

注意事项：每个停顿点持续做打腿动作，身体不要出现明显的下沉、晃动。

（4）爬泳躯干核心旋转练习。

目的：帮助练习者体会核心力量作为身体旋转的主要动力。

方法：使用浮标，将浮标放在脚踝位置，用脚踝内侧夹紧浮标，慢速地身体加以控制地进行自由泳游进。臀、腿夹紧保持浮于水面上，精神专注于使用核心肌肉进行纵向转动身体。

注意事项：游进过程中应避免双腿在游进过程出现左右摆动的问题。

（5）爬泳节奏和时机练习。

目的：调整呼吸和身体姿态练习。

方法：蹬池壁，采用爬泳动作，两臂交替完成3次划水，第3次推水动作结束时手臂贴紧身体，前侧手臂保持向前伸展，停留做5次打腿动作后，再次进行3次手臂划水动作，以上组合为一个动作周期。

注意事项：使用奇数的划臂次数，是为了要在不同的方向侧身打腿。

5.出发技术练习方法

（1）陆地跳箱练习。

目的：此动作可以让练习者学习如何用手臂来增强跳跃高度，而这可以转变为提高起跳离台距离的训练。

方法：站在一个跳箱前15～20 cm处（可根据运动员的情况进行调整），然后呈四分之一蹲的姿势。跳上箱子，双脚垂直接于身体正下方着地，保持膝盖轻度的弯曲。在箱子上站起身直立完成动作，缓慢控制地迈下箱子。

注意事项：开始练习应从相对低的高度开始练习，防止受伤。跳箱子是一个效果非常显著的训练，可以增强下肢的力量和速度，帮助提升出发起跳的力量和动作速度。

（2）水中练习A。

目的：此动作能更好地提高练习者双手摆臂动作及空中身体姿态等问题。

方法：可使用手持物品抛出进行训练。保持蹲踞式出发，双手紧握辅助工具，可选择水瓶或浮板等物品，双腿蹬离出发台后，双手用力向后抛出辅助工具。

注意事项：选择的辅助工具最好有一定重量，使手臂更好地体会摆臂动作。

（3）水中练习B。

目的：体会哪种出发方式最适合自己。

方法：测试蹲踞式出发、抓台式出发、摆臂式出发，在相同位置（距离出发端15 m处）记录出发时间，并记录每种出发的入水点距离，以判断哪种出发更具优势。或者对某一种出发技术进行更详细的测试，以蹲踞式出发为例，变换左、右腿作为支撑腿，反复进行支撑腿变换测试，以确定哪种类型的出发最适合自己。

注意事项：实验多种姿势时应保持速度、距离的一致性，才能更好地对比结果。

6.转身技术训练方法

（1）陆地波比跳练习。

目的：提高练习者转身动作过程中蹬离池壁的速度及力量。

方法：从站立位开始下落，变为由手部支撑，双腿后撤，然后将双脚向前带到臀部下方。向上起跳，手臂举起超过头顶形成流线型姿势。通过垂直向下落地，从而进入下一个循环动作。

注意事项：向上跳起身时，夹紧臀部保持流线型动作。

（2）水中双手触壁转身练习。

目的：此项训练可以帮助练习者体会在双手触壁转身过程中如何交换动量。

方法：漂浮动作双臂前伸，双手距离池壁5 m距离，听见口令后，快速进行游近池壁以及触壁和转身动作。反复进行练习，直到能够更好掌握身体距离池壁的位置。

注意事项：此项训练需要多次重复练习，以免在比赛中出现转身时身体距离池壁过远或过近。

7.其他技术训练方法

（1）反向牵引练习。

目的：提高练习者的划水频率，体会高速度下动作节奏。

方法：将橡皮拉力一端固定于出发台上，另一端固定在练习者的腰部。开始练习时，首先向前游进将橡皮拉力拉长至最大限度，然后再利用橡皮拉力的收缩力量快速游回池边。在橡皮拉力收缩力量最大时，运动员可以借助快速收缩时来体会高频率划水。

注意事项：反向牵引练习的缺点是伴随高速划水可能出现的"划空"现象，需注意过程中产生的失速感，分离抱水及划水动作。

（2）新型正向牵引练习。

目的：正向牵引是一种游泳训练辅助器材，其原理是通过高于运动员的游速，牵引运动员向前游进，使运动员体会高速游泳中速度、频率、节奏的变化。采用牵引设备控制游进速度快慢、间歇时间等变量，提高运动员在高速游进中的技术控制能力。

方法：将牵引设备所连接的腰带固定在练习者腰部，设备控制者设定牵引速度，在提醒练习者准备开始练习的同时按下开始键，在牵引装置产生牵引力量后，运动员开始采用适合牵引速度的动作节奏进行游进。

注意事项：牵引速度的设定极为重要，必须比练习者的最好成绩稍快一些。如牵引速度过快，会使运动员出现划水一滑而过，感觉不到划水动作真正的水感和实效；如牵引速度过慢，则达不到牵引效果。通常情况下，在进行50 m牵引训练时，牵引速度应比练习者最好成绩快1～3 s。作为练习者，应尽可能地提高划水频率。

（3）阻力伞练习。

目的：阻力过大使游进速度降低，通过该项练习，达到逐渐提升练习者速度的目的。

方法：通过腰带连接将阻力伞一端固定在练习者腰上，向前游进时阻力伞会充分张开，在不影响运动员技术动作的前提下给练习者增加阻力。

注意事项：相对于一般器材，阻力伞从练习的开始到结束，都能产生相同的负重感和阻力，通过科学的训练，可有效提高练习者的专项力量。

（4）build-up练习。

目的：提升练习者的速度感和速度调节控制能力。

方法：该项练习按照规定的距离或次数进行提速游。如在多个50 m的练习中，从较低速度逐渐加速到个人极限速度。在最后几个50 m的练习中，要竭尽全力加速完成，使心率达到最大心率的100%以上。

注意事项：此项练习前需对练习者的身体状况进行评估，并应在充分了解个人体能状况和训练水平后进行训练计划的设计与实施。

二、游泳战术训练

训练学中将竞技战术定义为：为战胜对手或为表现出期望的比赛结果而在比赛中采取的计谋和行动。游泳竞赛战术可以分为体力分配战术、参赛目的战术、心理战术三种，其中以体力分配战术为主，其最大的特点是合理分配比赛中不同阶段的体力。

游泳战术是以运动员个体为战术实施者，因此运动员独立作战的能力显得尤为重要。游泳战术建立在运动员的个人运动能力、技术水平、心理素质和意志品质的基础之上，并受内外因素的共同作用。

（一）游泳竞赛战术特征

1.合理分配体力

游泳作为体能主导类项群的周期性运动项目，采用分道竞速的比赛方法，由于无法准确预知对手的竞技能力表现，因此应排除其他对手的干扰，从自身特点和项目特点出发，利用力学原理，即速度与阻力的平方成正比，运动员在比赛过程中以相对均匀的速度游完全程是最合理的体力分配方案。

采取均匀速度游进，能够保证运动员能量系统供能的相对稳定和适应性。而途中的变速游或加速游则要求运动员克服更大的惯性阻力，导致能量消耗大，容易产生疲劳，进而使运动能力降低，不利于比赛后程的加速和冲刺。因此，均匀速度游进也是其他游泳竞赛战术方法的基础保障，此外运动员的个人特点也是制定游泳竞赛战术的依据。在制定游泳竞赛战术时还应考虑运动员身体、心理、技术等方面因素，即分段距离的速度目标，使其最大限度地发挥潜能，争取创造优异成绩。此外，所谓的项目特点，其实就是不同距离比赛对战术的要求，形成的各种距离、不同泳式比赛项目竞赛战术基本的特点。

2.战术的可变性

游泳竞赛战术体现出的可变性是灵活运用战术的基本要求，战术的可变性体现在根据不同的比赛任务、对手情况、自身情况改变战术方案，以保证实现参赛目的。

（二）常用的游泳竞赛战术

1.参赛目标战术

游泳作为体能主导类项目进行分道竞速，因此运动员要经常根据自身参赛目标作为竞赛战术。在比赛中不理会对手，以游出自己的最好水平为竞赛战术，或者以刷新纪录、夺取锦标为竞赛战术。

2.误导对手战术

误导对手战术也称为心理战术，指通过一些特定的方式和措施，利用大赛前的舆论工具，给对手心理上施加压力、影响，误导对手，使对手在赛前产生心理压力，迫使其不能顺利完成预定的战术策略和战术行动，并通过影响对手心理状态，达到提升自身心理优势的目的。

2012年伦敦奥运会，韩国著名游泳运动员朴太桓多次采用心理战术，借助舆论工具，企图给我国选手孙杨施加心理压力，企图影响孙杨的心理状态。孙杨顶住压力，一举夺得男子400 m自由泳冠军和1 500 m自由泳冠军，打破一项世界纪录，打破一项奥运会纪录，震惊了世界泳坛。

3.争取决赛位置战术

争取决赛位置战术是指根据运动员自身情况首先保证顺利通过预赛和半决赛，并能够在决赛中进入预定战术方案的泳道。可以采用争取4道或5道，在比赛中靠近实力强的对手，与其对战；或争取1道、8道，远离对手，出其不意夺取胜利。

我国著名游泳运动员罗雪娟，被誉为世界泳坛的"蛙后"，在2004年雅典奥运会时，为避免主要对手在比赛中采用跟随战术，跟着自己游，因此在半决赛时，罗雪娟保存实力，以第七名进入决赛。在决赛时又采取先发制人的技战术，前半程发力，将对手远远甩在身后，带乱对手节奏，出其不意在第一泳道夺取冠军。

4.速度战术

速度战术是指通过选择不同的体力分配模式，达到完成比赛目标的战术。分别有"先快后慢"战术，即先发制人战术，在比赛开始阶段就全力游进，争取拉开与对手的距离，并打乱对手战术；"负分段"战术，即后发制人战术，在比赛前半程采用跟随对手的战术，保存体力，在比赛的后程逐渐发力，甩开对手，取得最终胜利；匀速游战术，匀速游是相对节省体力，有利于发挥最佳竞技水平的战术，被广泛采用。但匀速游战术不具有出其不意的效果，无法打乱对手节奏，只能依靠自身的绝对实力取胜，是一种相对保守、稳妥的战术。

比较著名的先发制人的"先快后慢"战术就是上面提到的罗雪娟在2004

年雅典奥运会女子100 m蛙泳决赛时采取的战术。我国游泳名将陈祚是后发制人的"负分段"战术的代表人物，在多次亚运会、全运会等大赛中，陈祚在男子100 m自由泳比赛中多次采取后发制人的战术，以强大的后程冲刺能力夺取冠军。

（三）不同游距项目的战术特点

1. 50 m比赛战术

50 m比赛基本上不存在体力分配问题，主要采用先发制人、先声夺人的战术，运动员将主要精力集中在划水频率及划水效果上，做好出发技术和出发与途中游的衔接，以及最后的终点触壁技术。

2. 100 m比赛战术

100 m比赛的理想战术为"前冲后顶"。即在前50 m中应注意动作的放松，尽快找准动作节奏，保持技术动作的完整性，按自己的速度方案去完成，注重呼吸节奏和呼吸频率，保持较高的身体位置，转身前不减速，转身后及时调整呼吸。后50 m，在保证动作节奏性与动作幅度的同时，逐渐加速，加快腿部动作频率，以加快腿部动作的频率带动手臂的划水频率，冲刺时尽量减少呼吸次数。

3. 200 m、400 m比赛战术

游泳中的200 m比赛属于速度耐力项目，需要运动员具备较好的速度，以保证前半程不落后；又要具有非常好的耐力储备，保证后程有足够的体力加速。通过分析近年来200 m比赛分段成绩可以发现一些规律，即前后100 m的成绩相差逐渐缩小，每个50 m的成绩也趋于均匀，向匀速游战术模式发展。因此，200 m比赛的战术重点在于如何控制4个50 m的游速。400 m比赛近年来呈现出与200米比赛相同的趋势，即速度越来越平均。同时，400 m运动员在最后50 m所表现出来的冲刺能力也越来越强。因此400 m比赛战术与200 m比赛战术趋于相似。

4. 800 m、1 500 m比赛战术

作为游泳池竞技游泳最长比赛项目，其竞赛战术最大的特点是合理分配体力，并根据比赛任务、运动员状态及对手情况，制定、选择战术方案。

800 m、1 500 m比赛常用的战术有"先发制人""逐渐拉开""冲刺赶超""负分段"等。

5. 个人混合泳比赛战术

虽然高水平混合泳运动员都有自己的强项、弱项，但当今混合泳比赛越来越趋向于缩小前后半程速度百分比的差距，不断提升蛙泳能力水平的发展趋势，着重提高后程能力。这一趋势体现出优秀的混合泳运动员更加强调分段速度的均匀性，更重视蛙泳提速的调节作用。

我国游泳名将叶诗文，2012年伦敦奥运会200 m、400 m混合泳冠军，以其强大的自由泳能力，在比赛的最后阶段发力冲刺，发挥惊人，其在混合泳比赛中的自由泳游速与男子该项目冠军的成绩旗鼓相当。

（四）游泳战术训练

游泳战术的日常训练是运动员形成和培养适合自己的战术方案、比赛风格的直接手段，其重点是培养运动员分配体力和控制速度的能力。

1.速度感训练

速度感训练是实现战术方案的基本保障。如运动员无法弄清自己的游进速度，那么他根本无法合理分配体力和实现战术目标。在进行"速度感"训练时，教练员通过对运动员进行不同强度的计时游，使运动员获取不同速度的运动时空知觉。在训练中要让运动员知道自己完成各种强度时的准确成绩，培养其速度控制能力，更要训练其准确判断速度的能力，即每做完一次练习，让运动员估计成绩，这也是游泳战术最基本的速度感训练方法。

2.战术模式训练

合理分配体力和控制游速是游泳战术模式训练的核心，即在不同训练目标下，运动员对每个练习中每个分段距离的成绩控制能力。由于优秀运动员的比赛项目速度百分比模式是相对稳定的，因此其比赛速率分配训练就是未来比赛的战术方案。通常情况下，战术训练与专项训练紧密结合，属于专项训练的重点内容，也是定期评定专项运动水平的指标。战术模式训练一般安排在基本训练期，与目标成绩结合进行分段距离训练。

游泳竞赛战术的制定以优秀运动员战术模式为基础，通过分析自身专项特点，并在训练中经过反复试验、调整，最终确定拟达到的目标成绩为目的的战术模式。例如以运动员个人运动能力为主的战术训练设计，主要强调在充分发挥运动员最大潜力的前提下合理分配体力，并针对对手情况（战术特点、技术风格）设计战术，目的是战胜对手。此战术方法针对性强，战术设计的核心是扬长避短，但要求所掌握到对手的情况必须准确。

三、游泳心理训练

（一）游泳运动员心理特征

游泳作为竞速性个人项目，竞争性极强，比赛时要求运动员最大限度地发挥身体潜能和技术水平，同时，竞技游泳对运动员的意志要求同样极高，是一项挑战生理、心理极限的运动项目。游泳运动员最明显的心理特征是应激能力，即能够在比赛中迅速动员极限水平的运动潜能。游泳运动员的心理素质取决于心理天赋因素和后天心理训练因素。前者是与生俱来的遗传因素，在选材时应有所把握；后者是通过长期系统训练、竞赛塑造形成的。

（二）游泳心理训练方法

游泳心理训练的目的是提高运动员调节和控制感情及情绪的能力，提高赛前心理稳定水平，为比赛创造良好的心理状态。游泳运动员心理训练的任务是学习和掌握基本的心理技能和技术，形成优良品质，提高心理素质，善于调控赛前、赛时心理状态，为在比赛中激发身体潜力做好保障。

游泳心理训练包括平时心理训练和赛前心理训练。平时心理训练主要学习和掌握基本心理技能和方法，使运动员在一定的指导和引导下，结合身体、技术、战术、训练任务、内容等要求进行心理训练。由此可见，有目的、有计划、系统地进行心理训练，才能有助于心理技能的掌握和心理素质的提高。此外，充分认识心理训练的意义和作用，掌握心理训练的理论与方法，才可使心理训练融入平时训练计划之中。赛前心理训练实质为赛前心理状态调控，即针对运动员赛前突发心理变化状况，采用有针对性且有效的心理训练方法，调节运动员情绪状态达到最佳水平，帮助运动员在比赛中发挥最佳竞技能力。

运动员心理训练方法指借助心理调控技能、技术对运动训练、竞赛过程中运动员出现的心理现象进行有目的、有计划、有步骤的调节和改善，使运动员的心理健康发展，完成训练、比赛任务。心理训练的主要内容包括放松、自我意识、能力动员、视觉化、集中注意力等（见表8.5.1）。

表8.5.1　基本心理机能和有关技术表

放松	积极自我谈话	能力动员	视觉化	注意力集中
运动员所具备的身体和思想放松到适宜水平的能力	运动员所具备的保持积极状态、消除消极情绪的能力	运动员所具备的提高身体与心理激活，并达到适宜激活水平的能力	运动员所具备的利用视觉、感觉想象出来的各种运动情景，并运用这些情景提高运动效率的能力	运动员所具备的排除心中杂念，将注意力集中于运动情景的能力
渐进放松训练	积极思想控制	音乐刺激	情景想象法	注意力集中于一个中心
自我发生训练	自我肯定	自我心理调节	心理情景演习	默想某一事项
默想训练	停止消极思维	能力动员暗示语	心理情景实习	注意力控制训练
呼吸控制训练	理性情绪疗法	控制肌肉紧张和放松	视觉运动行为演习	
生物反馈训练	应激预防训练（放松+积极自我谈话）	呼吸速度调节	自我催眠（放松+视觉化+积极暗示）	
应激处理训练	积极的暗示语	能力动员的情景视觉化		

（引自《运动研究与技术科学杂志》1989年第10卷第1期）

游泳运动员常采用的心理训练方法有放松训练法、注意力集中训练法、表象训练法、自我暗示训练法、模拟比赛训练法及生物反馈训练法等。

（1）放松训练法。是指利用语言暗示、意念和想象，排除外界干扰，在安静环境中有意识、有步骤地逐渐放松肌肉，并使运动员的身体、情绪、心理处于平衡状态。分为渐进放松法、自生放松法、呼吸放松法及想象（表象）放松法。

（2）注意力集中训练法。是指使运动员全神贯注于某一特定目标，阻断与特定目标无关事物的联系，排除不利思想的一种心理练习方法。注意力集中训练的目的在于使运动员生理、心理活动集中作用于某一点，提高抗干扰能力，培养专注力。

（3）表象训练法。是指在暗示语的指导下，在头脑中反复想象某种运动动作或运动情景，从而提高运动技能和情绪控制能力的方法。表象训练在游泳动作技能形成和巩固过程中，能够有效地集中运动员的注意力、消除紧张情绪。例如运动员在技术训练中的想象训练、默念动作要领等，通过对动作的反复表象思维，可使运动员的情绪得到平复。表象训练法在比赛时运用较多，通过模拟比赛场景，可以提高运动员的注意力，有利于运动员比赛成绩的正常发挥，并可降低运动员在比赛中的焦虑、恐惧等情绪。

（4）自我暗示训练法。是通过对运动员进行积极性的暗示，进行自我动员、自我肯定，提高自信、振奋精神，进而提升工作能力的心理训练方法。

（5）模拟比赛训练法。是指为某一具体比赛而进行的专门心理训练的方法，是通过对运动员进行心理诱导，把运动员思维引入预先设计好的"理想比赛"场景或以往成功的比赛场景中的一种心理训练方法，是赛前、赛时心理训练、心理状态调节的重要方法。

（6）生物反馈训练法。是指运动员通过有意识地改变心理状态，使生理指标朝着一定的方向改变。生物反馈仪器提供由心理变化引起的生理指标的变化，使运动员学会通过调节心理情绪调节自身生理机能的目的，获得心理训练成效。通过生物反馈仪器反馈的自身生理变化，运动员能够更直接、更直观地感受到由于自身生理活动和情绪的变化所引起的脉搏、血压、呼吸频率、肌电等生理指标的变化程度，并主动进行自我调控，从而掌握控制自身生理、心理活动的方法。

（三）游泳项目心理训练计划与安排

现代游泳心理训练最重要的特点是将其融入总体的训练计划之中，并形成周期化的特点。即心理训练应与身体训练、技术训练计划紧密而有效地结合，并且应具有详细而科学的计划与安排。加拿大心理学家根据游泳运动员心理训练年度训练计划，制定出一个比赛周期内各个训练阶段的心理训练目标，详见表8.5.2。

表8.5.2　年度各阶段心理训练目标表

训练阶段	心理训练目标
一般准备	运动员进行自我心理评估，并开始学习基本的心理机能，如放松、注意集中、冥想、表象演练等
专项准备	在专项的运动场合（如游泳池），训练运动员运用心理技能的能力。利用已掌握并能够熟练运用的心理技能，帮助运动员达到心理训练的目标
赛前	练习重点心理训练计划、模拟重点心理训练场景，保持运动员基本的心理训练技能水平
比赛	重点心理训练计划的评估和改进，利用心理技能进行特定对手和重大比赛的训练，运用心理技能处理心理应激状况
过渡	运用心理技能帮助运动员恢复体能和降低应激水平，进行娱乐活动，放松心理的不良状态，以良好的心理状态帮助维持体能水平，并防止训练单调乏味

　　将心理训练纳入训练总体计划，保证心理训练的计划性、系统性，是心理训练效果的保证。技术训练、力量训练、心理训练并称为现代竞技游泳的成功"三要素"，如何将三者有效结合是游泳运动员运动水平突破的新途径。

四、旅游智能训练

　　运动智能是运动员竞技能力的重要组成部分，是智能的一种，指以一般智能为基础，运用包括体育运动理论在内的多学科知识，以及参加运动训练和比赛的能力。运动员运动智能的高低，不仅决定了其对于专项竞技特点和规律的把握程度，以及对于训练理论和方法的理解、认识及体验程度，而且决定了运动员能否正确地理解先进合理的运动技术，能否缩短和熟练掌握运动技巧的时间，能否把握和灵活运用比赛战术的精髓和实质，能否控制自己的心理活动等。

　　运动员的运动智能的训练包括一般智能训练和运动智能训练。一般智能训练作为智能的基础，应提高运动员的观察力、注意力和思维想象能力。运动智能训练的主要途径是传授知识、掌握技能和开发智力。具体方法：一是要提高运动员的专业理论知识水平，通过结合训练实践，学习体育专业理论知识，并广泛学习相关学科的科学知识；二是要提高运动员主动运用知识的能力，并带领运动员做好总结。

　　运动员智能发展水平的高低决定了其在训练中的领悟能力和比赛中应变及

发挥自我能力的高低。智能低下者很难适应现代高水平的竞技游泳训练和比赛要求。因此，发展运动员智能成为现代运动训练的重要内容之一。

课后思考

（1）游泳竞赛战术的特征有哪些？

（2）不同游距的战术是什么？

（3）游泳常用的心理训练方法有哪些？具体该如何运用？

第六节　游泳运动员五大素质训练方法

◆ **本节导言**

力量、速度、耐力、柔韧、协调是游泳运动员身体训练的重要环节，五大身体素质是决定游泳运动成绩的重要因素，一名成功的游泳运动员必须协调发展身体的五项素质。游泳以水为运动媒介，其训练与其它竞技体育项目有很大区别，运动训练方法也有许多独特之处。

在五大身体素质之中，力量素质是重中之重，本节将重点介绍游泳力量训练的基本原理，陆上力量、水中专项力量、核心力量的训练方法，以便展现全面、立体的游泳力量训练体系与方法。

游泳的速度主要体现在游进速度、动作速度、衔接速度三方面，什么是影响游泳速度的因素，怎样训练游泳运动员的速度素质，是这一部分的重要内容。

游泳的耐力素质可以分为一般耐力和专项耐力：一般耐力属于有氧训练范畴，其训练以提高有氧供能系统的工作效率为目的；游泳专项耐力属于乳酸负荷训练，以刺激无氧糖酵解供能系统，提高糖酵解供能能力和供应效率为主要目的。这一部分将重要介绍一般耐力和专项耐力水上训练方法。

柔韧素质包括肌肉、肌腱、韧带等软组织的伸展性，关节活动幅度的大小，关节的灵活性。游泳柔韧素质训练分为一般柔韧性、专项柔韧性和主动柔韧性、被动柔韧性。这一部分将阐述影响游泳柔韧素质训练的因素，并将教会大家如何进行游泳运动员的柔韧训练。

游泳是在水中无固定支撑的不稳定状态下保持身体平衡的运动项目，协调素质在这一过程起到重要作用。游泳协调能力可以分为一般协调能力和专项协调能力，这一部分介绍游泳运动员协调素质的训练方法。

通过本节的学习，学生可以了解五大素质训练的基本原理，并掌握各种素质的训练方法，具备基础的游泳训练执教能力。

◆ **学习内容**
一、力量训练
二、速度训练
三、耐力训练
四、柔韧性训练
五、协调能力训练

一、力量训练

竞技游泳运动所处的水环境密度高于空气800多倍，根据流体力学原理，在水中随着运动速度的增加，运动中的阻力是成倍增加的，为此运动员必须以更大的力量来克服阻力而获取更快的速度。由此可见，力量素质是游泳运动员必须具备的素质，是能够游得更快的决定性因素，同时，力量训练也是游泳训练的重要内容之一。

（一）游泳运动力量训练的基本原理

1.游泳运动时肌肉的用力特点

苏联专家B.夏维列夫采用肌电描记测试出不同泳式快速游进时的运动肌电图，得出了游泳运动时肌肉的负荷情况（见表8.6.1）。

表8.6.1 快速游泳时肌电描记表（％）

肌肉名称	泳式			
	爬泳	仰泳	蝶泳	蛙泳
胸大肌	100	96	89	65
肱二头肌	100	82	86	55
肱三头肌	100	97	80	60
胸小肌	100	85	75	50
三角肌（后部）	100	95	90	64
背阔肌	97	100	88	86
三角肌（前部）	62	57	48	100
斜方肌	68	46	100	42
腹直肌	50	67	100	64
股四头肌	52	64	50	100
股二头肌	51	61	55	100
臀大肌	44	60	40	100
腓肠肌	53	38	45	100
阔筋膜张肌	51	55	50	100

（引自《少年游泳员的训练》，陈国材译，人民体育出版社，1956年）

从表8.6.1中可以看出，胸大肌、肱二头肌、肱三头肌、背阔肌是推动四种泳式身体前进的主要原动机。自由泳和仰泳主要肌肉用力情况大体相近，蝶泳中斜方肌、腹直肌、三角肌的用力突出，蛙泳中三角肌前部、股四头肌、股二头肌、臀大肌、腓肠肌、阔筋膜张肌用力突出。

2.游泳是不同肌肉协调用力的结果

在游泳运动过程中，游泳动作很少是单块肌肉发挥力量，通常是几块肌肉协作产生力量，并且还包括对固定身体起间接作用的其他肌群。同时，神经系统在发挥肌肉力量中起着巨大作用，因此，力量练习时采用的方式应使游泳时划水或打腿的原动肌群得到工作，尽量模仿游泳动作。游泳原动肌群包括：手臂向后划水所用肌肉群，如胸大肌、背阔肌、菱形肌、斜方肌、三角肌前部等；手臂向内划水所用的原动肌群，包括肱二头肌、肱肌、肱桡肌、上臂和前臂的旋后肌群，以及大圆肌和小圆肌；手臂向外上划水所使用的肌肉群，包括三角肌中部和后部。

爬泳和蝶泳的腿部向下打水动作、仰泳的腿部向上踢水动作、蛙泳的伸膝动作基本上都由伸膝肌群和伸髋肌群完成。伸膝肌群包括股四头肌，即股直肌、股中间肌、股内侧肌、股外侧肌；伸髋肌群包括腰大肌、髂肌、耻骨肌。向上踢水动作主要由腘肌（股二头肌、半腱肌、半膜肌）和臀大肌完成。这些肌肉还完成蛙泳的伸髋动作和出发、转身时的伸髋动作。蛙泳运动员还需要练习蹬夹水时所需要的内收肌的力量，如短收肌、长收肌和股薄肌。除伸膝和伸髋肌群外，出发和转身时还需要伸踝肌群的力量，如腓肠肌、比目鱼肌和跖肌。

腹部的腹直肌在划水和打水过程中起稳定躯干的作用。腹外斜肌和腹内斜肌、背部的竖棘肌协助保持身体的平衡。

（二）力量训练的生理学原理

游泳力量训练的生理学原理，是指从人的生理特点出发，通过训练"改造"肌肉，使肌肉在运动过程中的收缩、放松能力处于理想状态，最大限度地增大和发挥肌肉力量。经研究发现，影响力量训练效果的因素主要包括以下几个方面：

1.肌肉的初长度、温度

肌肉的初长度和温度是发挥肌肉收缩作用的前提条件，肌肉初长度较长、温度较高，可使肌纤维处于生理生化的最佳激活状态，并提高肌肉的收缩效果。这就提醒我们，力量训练前要做好充分的准备活动，同时结合柔韧练习，使肌肉进入最佳工作状态，以提高力量训练效果，避免运动员在力量训练过程中受伤。

2.运动员的精神集中程度

力量训练时运动员的兴奋程度和精神集中程度能够影响参与工作肌纤维的数量，游泳力量训练中的很多练习形式就是要求最大限度地提高肌肉收缩效果和肌肉最大力量。因此在进行力量训练时，要提醒运动员保持精神兴奋状态和注意力高度集中。

3.肌肉的生理横断面

肌肉生理横断面越大，肌肉的力量越大。但对于游泳项目来说，在进行力量训练时，要有选择地适度增大肌肉体积。

4.肌纤维的百分比

长距离游泳运动员与短距离游泳运动员对力量训练的要求不同，因此力量训练要针对专项力量特点而选择练习形式、练习方法。根据肌纤维收缩速度与肌纤维收缩特性及色泽，可以将肌纤维分为快肌纤维（白肌）和慢肌纤维（红肌），短距离游泳运动员的快肌纤维百分比较高，而长距离游泳运动员的慢肌纤维百分比较高。力量训练能够使运动员的肌纤维百分比构成发生适应性变化，以满足不同游距运动员的需要，但这些变化并不会改变游泳时力量的基本特征。

5.参与运动各肌群的协调用力

游泳每个动作周期中参与运动的肌肉可以分为主动肌、协同肌和对抗肌，传统的游泳力量训练更多关注主动肌的力量。随着身体协调用力可以让游泳技术更加合理这一理念的出现，被传统力量训练方式忽视的协同肌和对抗肌训练得到了重视和发展，肌肉在用力时各肌群之间协调用力的能力受到更多关注。

6.年龄及生长发育特点

力量训练受运动员年龄及生长发育的影响，少年儿童不宜过早进行专项力量和重力量训练，同时力量训练的比例也不宜过大。13～17岁是力量快速增长时期，也是力量增长的关键期，此时应抓住少年儿童的生长发育特点，进行有计划的力量训练。

（三）力量训练的训练学原理

从训练学角度考虑，力量训练应关注力量刺激的方式、力量刺激的强度、力量刺激的时间等因素的组合、变化，以提高力量训练效果。训练学中的练习因素，指力量训练中施加给肌肉的收缩负荷条件。这些条件在游泳力量训练中能够影响力量训练效果，以及力量转换为游泳牵引力的转化率。

游泳力量训练的练习因素主要包括以下几种类型：力量类型、负重量、重复次数、动作速度、力量训练组织形式等因素。

1.力量类型

从负重量、持续时间上进行分类，可分为最大力量、力量耐力、速度力量；按照力量的性质来划分，可分为一般力量和专项力量。由于肌肉在不同负荷下工作所表现出的力量与肌肉代谢密切相关，因此目前力量训练的分类已不局限于以上两种分类方法，而是将其延伸到能量代谢中来。以能量代谢进行力量分类和安排力量训练，是当今游泳力量训练的发展趋势。

2.负重量

负重量即力量训练的强度，通常以极限力量负荷为100%来确定各类力量训练负重量的百分比。在确定负重量百分比时要考虑动作方式，这是由于不同动作方式的阻力臂长短不同，其机械功率就不同。

3.重复次数

重复次数的安排应结合负重量，二者是数量与强度的关系。现代游泳训练理论认为，符合游泳专项特征的拉力练习，同时要符合运动项目能量代谢的特征。因此力量训练中的重复次数这一问题提醒我们，重复次数要与专项项目分段距离的动作次数结合，练习组数也要以发展运动员专项力量代谢特征为目的进行设计。

4.动作速度

动作速度是指练习时的动作频率，它受负重量的影响。在负荷重量不变的情况下，完成单个动作的时间影响力量训练的类型。快速动作力量训练发展运动员的速度力量（爆发力）和快速力量，而慢动作和静力量训练，则发展运动员的绝对力量（最大力量）和力量耐力。以比赛动作频率控制力量训练的动作速度，是游泳专项力量训练的新趋势。此外，单个动作速度还影响肌肉发展的性质：每个动作1.5～2.5 s，不增长肌肉重量，不提高力量，每个动作4～6 s，增长肌肉重量，提高力量。因此，发展运动员专项力量，在训练中应要求运动员的动作速度应与比赛频率一致。

5.力量训练组织形式

力量训练的组织形式是指在力量训练时，运动员的练习顺序安排和采用的练习形式。游泳运动员力量训练的组织形式包括单人力量练习、分组力量练习及循环力量练习等；练习形式包括固定任务练习形式、组合练习形式及比赛和游戏练习形式等。

（四）陆上力量训练

由于需要借助陆地上的器械和器材进行力量训练，因此陆上力量训练是游泳运动员力量训练的主要训练方法，是游泳运动员提高力量素质的有效途径。通常我们把游泳陆上力量训练分为两大类，一类是陆上一般力量训练，另一类是陆上专项力量训练。但需要注意的是，游泳运动员的陆上力量训练要围绕游泳运动特点进行，尽量选择与游泳运动身体姿势、发力特点等相近的练习方法。

1.陆上一般力量训练

游泳项目一般力量训练应围绕着游泳运动的特点，发展符合游泳专项要求并有助于游泳运动员专项力量训练水平提高的肌肉力量。在练习过程中动作方式、练习重量、练习重复次数、练习组数等因素的选择、安排上，应综合考虑游泳技术动作和各环节技术对运动员肌肉力量的要求。

陆上一般力量训练通常采用更加全面的、全身所有肌群均参与运动的综合性力量练习，较常用的方法为循环力量训练法，即对游泳过程中参与运动的全身各部分肌群进行有针对性的训练。练习器械通常采用联合力量训练器、发展不同肌群的单项训练器、哑铃、杠铃等，以及克服自身体重等负重练习方法进行训练。

2.陆上专项力量训练

游泳陆上专项力量训练必须与游泳技术动作结构和完成动作的主要工作肌群用力相似才能获得最佳效果。游泳陆上专项力量训练主要采用在运动学和动作节奏上与游泳动作相似的练习方式进行训练，这类练习不仅可以发展游泳时承担主要负荷的肌群，还可使各肌群开始投入工作和结束工作的顺序与游泳动作的实际要求吻合。

陆上专项力量训练通常采用橡皮拉力、等动拉力、滑轮拉力、弹簧拉力等器械。为使练习动作与游泳四种泳式的划水动作结合紧密，运动员通常可采用卧、坐、立等姿势练习，以发展专项需要的最大力量、速度力量和力量耐力。

（1）最大力量。是指运动员在进行力量训练时肌肉通过最大随意收缩克服阻力所表现出来的最高力值。最大力量训练是短距离游泳运动员力量训练的主要内容，能够提高肌肉收缩的刺激强度，增加肌肉纤维的募集率，动员更多肌纤维参与工作。

（2）快速力量。是指肌肉快速发挥力量的能力，是力量与速度的有机结合。快速力量拉力训练强调的是练习的动作速度。

（3）力量耐力。是指肌肉长时间克服阻力的能力，是中长距离游泳运动员需要具备的主要力量素质。力量耐力拉力训练负荷的特点是练习重量较轻，练习时间或练习次数相对较长、较多。

在以动力性专项拉力力量训练为主的前提下，可适当采用与游泳主要推进力相似的典型动作或关键动作（抱水动作、屈臂高肘动作）和发展原动肌、弱肌群为主的静力量训练。因为静力量训练能够有效地强化动作，增加动作控制肌群的神经冲动，提高对肌肉的刺激强度。

（五）水中专项力量训练

游泳陆上力量训练能够促进运动员力量素质的提高，增加运动员的极限力量和力量耐力，然而陆上发展的力量能力并不见得能增加游进牵引力和提高游进速度。相比之下，水中的各种力量练习更能符合游泳自身的肌肉用力特点，因此游泳力量训练更关键是如何把陆上练习所增加的肌肉力量转变为增加水中游进速度的肌肉力量。水中力量练习的目的在于通过加重游泳的整体负荷，从而提高游泳所需的肌肉力量。

根据力量负荷的形式，游泳运动员水中专项力量练习可以分为增大阻力练习和增加推进力练习等。

1.增大阻力练习

增大阻力练习是指通过增加游进阻力，或改变体位使手臂划水和腿部打水负荷增大，从而增加游泳运动员专项力量的训练方法。如阻力衣裤、负重牵拉游、水槽训练、垂直负重打腿等。练习时通过调整运动员游进时阻力的大小、持续时间的长短、动作速度的快慢及动作幅度等因素，来影响训练的负荷及效果。持续时间短、负重量大的练习可增大训练阻力，提高划水、打水动作的爆发力，加快动作频率、发展速度力量；相反，持续时间长、负重量小的练习可稳定技术动作、发展速度耐力。

2.增大推进力练习

增大推进力练习是指通过增大手臂划水和腿部打水动作的对水面，从而增大阻力，提高划水、打水力量，进而增大游进时的推进力，如戴划水掌、脚蹼的练习方法。划水掌、脚蹼的大小，动作幅度、动作速度、游进速度及持续时间的长短构成了增大推进力练习的负荷因素。这些因素的相互作用可更有针对性地提高运动员手臂或者腿部的力量，对发展运动员绝对力量，提高克服阻力的动作速度有显著作用。但如果在训练中安排过多，则会在一定程度上破坏运动员的技术动作、水感，因此教练员在使用这些练习方法时，练习重复次数应适当。

此外，水中专项力量训练应与技术训练相结合，在提高运动员水中专项力量的同时，应伴随着运动员技术的改进与提高；运动员的水上力量训练也应与专项供能训练相结合，使发展肌肉力量和发展专项供能系统同步进行。水中专项力量训练除应考虑游泳比赛活动中的各个环节，全面发展运动员力量素质外，不应忽视出发时蹬离出发台时的爆发力、转身时蹬离池壁的力量和转身动作速度等技术环节的力量练习。

（六）核心力量训练

核心力量是目前游泳训练中使用比较频繁的技术术语，是由美国游泳体能训练专家在20世纪90年代末期提出并传入中国的一种训练论点。核心力量训练的重点是强调游泳动作的发力应以身体的重心——腰和臀部的发力为起点，延长划水路线，增大划水效果。游泳时，腰至臀部的位置是整个身体的中心地带，它控制着连接上卜肢的协调用力，对全身的运动起着桥梁和纽带的作用，同时，中心地带还控制着呼吸时身体的纵轴转动，因此，其作用不容忽视。如果教练员只注重发展运动员的上肢和下肢力量，而忽略发展运动员的"核心力量"，其结果只能是使运动员身体的上下肢各自为政，技术脱节，效果较低。因此，控制和发展运动员的核心力量是保障运动员技术发展的重要因素。

近年来由于核心力量在游泳训练中的作用被深入认识，发展游泳运动员核心力量的方法也随之丰富起来，除传统的垫上腰腹部肌群训练外，实心球、瑞士球、悬吊训练器等方法也应运而生、这些训练器械的使用除丰富了核心部位力量练习方法外，更使训练效果得以提升。

发展核心力量较常采用0.5～5 kg的实心球通过传、抛、推等动作进行练习，发展力量素质，尤其能够提高身体协调用力的能力，即提高身体核心部分力量。

二、速度训练

速度素质指运动员快速运动动作的能力，建立在力量基础之上，并取决于神经系统的灵活性。游泳运动员速度素质包括快速完成动作的能力、对外界信号刺激的快速反应能力及身体快速位移的能力。

（一）游泳速度训练特点及影响因素

1.游泳速度训练特点

游泳比赛结构决定了游泳速度的特点，游泳速度特点体现在游进速度、动作速度、衔接速度三个方面。运动员的游进速度受划距与划频的影响，其中划水效果（划距）是决定游进速度的关键因素，其原因在于运动员提高划频相对更困难。动作速度包括出发、转身等的动作速度，身体关节动作速度的快慢，取决于动作的角速度，反应快、动作熟练是运动员快速完成动作的保证。衔接速度，即运动员在游泳比赛结构中各环节速度的过渡转换是否连贯，流畅的动作、平稳的速度及不出现停顿是保证快速衔接的基础，这就需要运动员具备较强的速度感和动作转换的技巧。

2.影响游泳速度训练的因素

游泳的速度训练受练习结构的影响，具体表现为以下几点：

（1）练习方式。主要以专项手段和比赛动作的练习方法为主。结合运动员游泳技术动作进行速度练习是发展速度、提高技术的有效方法。教练员针对比赛的速度结构，采用分解或完整的方法发展运动员比赛项目各环节的速度。在各种速度练习中设计动作的练习频率，可有效改善运动员的速度能力。

（2）练习距离。速度训练主要发展运动员的ATP-CP系统供能能力，速度练习距离的长短是影响速度练习效果的主要因素。发展速度能力的练习常采用的距离为25～50 m，而发展绝对速度常采用的练习距离为10～25 m。

（3）练习强度。速度练习的绝对强度较高，一般采用运动员的极限强度进行练习，例如90%～95%、100%～110%的强度。

（4）练习重复次数。速度练习的重复次数或组数，要以运动员能够持续保持较高的工作能力为前提，可根据运动员的实际状态进行练习，但重复次数不宜过多。

（5）间歇时间与性质。速度练习要以能够保证运动员练习效果为基础，尽量采用积极性间歇方式，要在运动员身体完全恢复后再进行下一次练习，通常的练习间歇比为1：2、1：3。

除此之外，神经系统的灵活性和协调性、肌纤维类型的百分比组成、专项身体训练水平、技术动作的熟练程度、运动员所处的训练状态、运动员年龄及生长发育特点等因素也直接影响着游泳的速度训练，在实践操作中要多加注意。

（二）游泳速度素质练习方法

通常情况下，游泳速度练习与游泳技术训练是紧密结合的，游进速度训练是游泳速度练习的重点。

1.短冲练习

短冲练习以发展游泳运动员绝对速度为目的，提高运动员的无氧代谢能力、磷酸原供能系统工作能力。练习距离通常为15～25 m，重复4～8次，间歇30 s到1 min。

2.动作频率练习

在保证技术动作效果不变的前提下，运动员在游进中的动作频率决定了游进速度。动作频率练习的前提条件为划水效果不变。动作频率练习常用的方法为最佳频率练习和频率节奏练习。最佳频率练习的核心是通过计算运动员游进过程中划频、划距、速度三者的关系，找到三者间的最佳组合。合理的动作频率节奏是保持速度、合理分配体力的保证。教练员为每个运动员找到合理的分段频率，能够对运动员提高成绩起到一定作用。

3.动作速度练习

游泳的动作速度主要体现在出发起跳、转身技术两方面。游泳的动作速度训练与提高技术水平关系密切。出发起跳动作速度练习，通常采用从运动员听到出发信号到游至10 m或15 m的距离为评价指标。运动员从出发到游至15 m，中间包含出发反应速度、起跳动作、水下滑行、起动游，以及这些动作之间的衔接。转身动作速度练习，包括游近池壁、转身动作、蹬壁滑行、起游四部分，以转身前7.5 m至转身后7.5 m作为评价转身技术质量的指标。练习形式分为专门转身动作速度练习和综合转身动作速度训练。

4.牵引练习

游泳训练牵引练习是运动员在附加外力（牵力）或导游装置诱导下，最大限度提高动作速度，突破自身游进时的极限速度，达到预定目标，获得自身游进时无法感受的速度感，属于非传统的练习方法。运动员在进行牵引练习前，教练员要先研究和设计施加给运动员的牵引力与导游的速度，以保证运动员能够在练习中发挥最高速度。牵引练习距离较短，重复次数也相对较少。练习速度通常控制在本人最高速度的100%～120%。同时要避免牵引速度过快给运动员造成拖拽感，失去速度感。

三、耐力训练

耐力素质是指有机体能够长时间运动的能力。运动员要在比赛全过程保持特定的动作质量和运动强度，就必须具备良好的耐力素质，必须具备能在持续运动过程中同不断积累和加深的疲劳作斗争的能力。游泳作为相对体能主导类项目，耐力素质的发展水平对运动员的专项竞技水平起相对主导作用。依据耐力素质对运动员专项的影响，可以将耐力素质分为一般耐力和专项耐力。

（一）一般耐力训练

一般耐力属于有氧训练范畴，是游泳运动员的重要素质之一，其核心是最经济、最有效地利用已有的机能潜力，其效果取决于有氧工作的能力水平、输氧系统的工作效率、利用身体各种素质的程度、技术动作的效果、呼吸的效率以及肌肉协调的工作能力。

一般耐力训练是以提高有氧供能系统的工作效率为目的，通常采用一般有氧训练、无氧阈训练及最大摄氧量训练。

1.一般有氧训练

一般有氧训练是以提高运动员有氧基础能力，提高一般耐力训练水平为目的，采用长距离持续游、各种形式变速游、慢速间歇游等的练习方式。

2.无氧阈训练

无氧阈训练是有氧训练的主要手段。游泳运动员有氧训练水平和有氧系统工作能力的差异，造成运动员的无氧阈水平各不相同，因此在训练中应以运动员个体乳酸阈的水平来控制练习强度。无氧阈训练中通常以运动员血乳酸浓度急剧上升的开始起点（通常为4 mmol/L）时的游进速度为训练强度。判断运动员无氧阈速度提高，主要依据"血乳酸——强度曲线"的右移程度。无氧阈训练的心率在140～180次/min之间，练习方式以包干训练和间歇训练为主。

3.最大摄氧量训练

最大摄氧量训练属有氧训练范畴，是指人体在进行有大量肌群参与的长时间运动中，当心肺功能和肌肉利用氧的能力达到极限水平时，单位时间内所能摄取的氧量。虽然最大摄氧量训练时血乳酸值可达到8 mmol/L，但最大摄氧量训练被普遍认为是发展有氧能力最好的训练手段。

少年儿童时期是发展有氧能力的最佳阶段，运动训练负荷应保持与运动员生长发育水平相适应这一特点。一般耐力训练对提高运动员心血管系统机能和呼吸系统功能十分有利，同时为以后发展有氧和无氧耐力打下良好基础。耐力训练是一项相对艰苦的工作，运动员的意志品质和顽强拼搏精神是影响耐力训练效果的关键因素。同时，耐力训练可磨练运动员的意志，对提升运动员的心理素质有很大的帮助作用。此外，在发展不同专项运动员的一般耐力时，应遵循个体差异原则，以适应每一个运动员的特点。

（二）专项耐力训练

专项耐力训练是指运动员持续维持高速度、高强度、完成高质量游泳动作的能力，游泳运动员的专项耐力主要依靠机体糖酵解供能，血乳酸浓度是反应这一供能系统的主要指标。不同练习距离，专项耐力供能特征也有所区别或偏重。因此安排游泳运动员专项速度耐力训练，教练员应区别对待不同速度耐力的供能特征，选择有效的训练手段，以发展游泳运动员专项速度耐力。

1.游泳专项耐力特点及影响因素

游泳专项耐力水平是肌肉力量耐力水平的表现，取决于运动员每次划水效果的保持能力，简单来说就是一种保持速度的能力。专项耐力指数=平均速度/绝对速度。绝对速度是指标准距离的速度，如100 m的标准距离为25 m，绝对速度指的是25 m的速度，200 m的标准距离为50 m，400 m的标准距离为100 m。

专项耐力训练与一般耐力训练相比，对运动员机体承受负荷能力要求更高，教练员在训练的把握上难度更大。在训练实践中专项耐力训练效果主要受到以下因素的影响：首先，专项耐力肌肉工作主要依靠糖原酵解供能，凡是制约糖酵解能力的因素都会影响专项耐力水平的发展和提高，因此乳酸峰值和乳酸耐受水平决定了游泳运动员专项耐力的训练效果。其次，专项耐力涉及两个以上的供能系统，发展专项耐力要比发展绝对速度和一般耐力更复杂；同时，发展专项耐力要求较高的负荷强度，对机体生理影响大且持久，容易引起运动员的过度疲劳，对训练把握要求较高。再次，运动员的力量训练水平对保持高速度游进极为重要，较强的力量素质是保证合理技术的基础，因此要注重发展运动员的力量素质。最后，要根据运动员的年龄特征及生长发育特点进行训练安排。少年儿童早期训练应着重发展一般耐力和速度素质，着重发展有氧运动能力和绝对速度，随着年龄的增长、生长发育的成熟，逐步增加专项速度耐力训练。

2.游泳专项耐力训练方法

发展游泳专项耐力主要采用间歇训练法和重复训练法。

游泳专项耐力训练属于乳酸负荷训练，以刺激无氧糖酵解供能系统，提高糖酵解供能能力和供应效率为主要目的，其最明显的特征是总负荷水平高，心率、血乳酸水平高。训练负荷强度、练习数量、重复次数、练习组数、练习距离、练习间歇时间等因素直接影响着训练效果及负荷的作用方向。

（1）乳酸耐受训练。此训练要求运动员血乳酸浓度在8～12 mmol/L，并通过重复训练维持在这一水平上，以刺激机体对这一血乳酸水平的适应，提高缓冲疲劳的能力和肌肉中乳酸脱氢酶的活性。乳酸耐受训练通常采用高于最大摄氧量训练时血乳酸水平的负荷强度，其核心在于重复次数、组数与间歇时间。一次乳酸耐受训练的负荷量不宜超过2 000 m，训练分段距离通常为100～200 m，负荷强度在90%以上，心率达到个人最大心率。

（2）乳酸峰值训练。乳酸峰值训练是提高运动员最大乳酸水平和乳酸最高水平游进速度的训练方法，目的是使运动员机体糖酵解供能能力达到最高水平。乳酸峰值训练的最佳练习距离为100～200 m，练习强度可达95%以上，练习后即刻心率达到个人的最大心率，从而达到机体生成乳酸的最大能力，血乳酸浓度12～20 mmol/L。乳酸峰值训练的最大负荷量不宜超过1 000 m，每周不超过3次，要给运动员的机体留有充分清除乳酸的时间。乳酸峰值训练对运动员机体刺激强烈，潜在的危险较大，容易造成过度训练，每增加100 m的无氧训练，都会使运动员生理付出极大的代价，因此训练控制的难度非常大。

四、柔韧性训练

柔韧性指人体关节活动幅度的大小以及肌肉、肌腱、韧带、皮肤以及其他组织的弹性和伸展能力。"柔"指肌肉、韧带的拉长范围，"韧"指肌肉韧带发挥的力量，控制关节不受损伤的最大活动幅度。柔韧素质包含三方面意义：一是肌肉、肌腱、韧带等软组织的伸展性，二是关节活动幅度的大小，三是关节的灵活性。柔韧素质对游泳运动有着特殊的作用，不仅影响完成动作的幅度，更影响完成动作的效果。因此发展具有游泳专项特征的柔韧素质是游泳训练的重要组成部分。

（一）游泳柔韧性特征及分类

游泳手臂划水动作的质量受肩关节柔韧性和灵活性的影响，脚掌外翻和踝关节蹠屈程度直接影响运动员腿部技术动作的效果。因此，游泳运动员专项柔韧的好坏直接影响着动作的幅度、效果，进而影响运动员游进的速度。放松的动作能够影响游泳专项柔韧素质的发挥。游泳对踝关节柔韧及灵活性的高要求体现在鞭状打水动作的要求上，鞭状动作的最大特点是各关节动作放松，产生力的传导、加速过程快，使末端脚背产生最大的加速度，并最终形成良好的对水面。

根据不同特征，柔韧性可分为一般柔韧性、专项柔韧性，主动柔韧性及被动柔韧性。一般柔韧性指在不考虑专项特点的情形下，身体做屈、伸、弯曲和转体等动作时各个关节活动的幅度与灵活性；专项柔韧性，即反映为比赛动作特点和要求的关节活动幅度、灵活性及肌肉、韧带的伸展程度。主动（动态）柔韧性指运动活动过程中关节的运动范围，需要自身肌肉参与活动，即运动员本人通过肌肉用力完成动作的幅度。被动（静态）柔韧性，是关节及周围肌肉在被动活动时的运动范围，即在外力作用下的拉伸能力，不需要自身肌肉活动的参与。被动柔韧性大于主动柔韧性。

（二）影响柔韧素质的因素

1.关节结构

关节结构决定其活动范围。关节类型、关节面形状以及周围软组织等，也会影响关节的活动范围。例如：肩关节属球窝关节，可以在任何解剖平面活动，在所有关节中活动范围最大。

2.缔结组织

肌腱、韧带、筋膜、关节囊、皮肤都可能限制关节活动范围。缔结组织的弹性（被动拉长后回到原来长度的能力）和牵张性（被动拉长的能力）也是影响柔韧性的因素。

3.肌肉

大负荷、高强度练习会导致运动员部分肌纤维损伤，肌肉中微纤维增多，进而影响柔韧性。同时，肌肉体积增大会限制关节的活动范围，影响运动员的柔韧素质。此外，肌肉在活动中的收缩和放松的协调能力也是影响柔韧素质的重要因素。

4.年龄和性别

柔韧性与年龄成反比关系，因此，应在少年儿童（10～14岁）时期发展柔韧性。女子柔韧性好于男子，原因在于男女解剖结构不同以及从事活动的差异造成的。

5.练习方式与间隔时间

柔韧性练习应每天进行，依据训练周期和项目特点安排练习数量。通常情况下，游泳运动员每次训练前后都会做一定的柔韧、拉伸练习。

6.温度

适宜的温度可使肌肉处于放松状态，提高肌肉弹性、关节韧带及伸展程度，关节囊更加润滑，在此基础上发展柔韧素质效果更佳。温度过低则处于紧张状态，关节僵硬，不利于发展柔韧素质。

（三）柔韧性练习方法

发展柔韧性的特点是在完成动作过程中，动作幅度达到个人的极限程度，肌肉和韧带在不受损伤的前提下被尽可能拉伸到最大限度。柔韧练习的主要形式和方法包括静立拉伸和动力拉伸，以及主动拉伸和被动拉伸。在练习过程中可以根据练习的要求，单独或组合运用柔韧性练习，提高练习质量与效果。

静力性拉伸——在定位中拉伸肌肉、韧带，即一般柔韧性练习。

动力性拉伸——在活动中拉伸肌肉、韧带，即专项柔韧性练习。

主动性拉伸——自己进行练习的拉伸方法。

被动性拉伸——在同伴帮助下练习的拉伸方法。

关节柔韧性与关节灵活性是紧密联系的，但不能互相替代。关节柔韧性虽然增加了关节的活动幅度，但不能提高关节灵活性。关节灵活性取决于关节活动时参与工作肌群的紧张与放松的协调一致，以及关节活动的频率，即关节活动频率高，关节灵活性好。游泳运动对肩、踝、膝、腰部关节的灵活性要求更高。

游泳运动员柔韧练习应与发展关节灵活性练习相结合，充分利用关节柔韧性的优势，增加关节活动范围，提高关节活动的灵活性。关节灵活性练习包括关节转动、旋转、摆动、绕环等动作，而游泳专项关节灵活性练习应着重发展肩、膝、踝、脊柱和髋关节。实践中，应通过改变如速度、频率、幅度、方向等练习因素，提高各关节灵活性的强度和频度。

五、协调能力训练

协调能力指运动员在运动中身体各器官系统、各运动部位配合一致完成动作的能力。协调能力是运动员形成与掌握运动技术的重要基础，反映运动员是否能够快速、准确、有效地完成各种动作，并符合特定训练目标的能力。游泳是运动员在水中无固定支撑的不稳定状态下保持身体平衡的运动项目，主要依靠自身协调发力和控制身体相对稳定的能力，使得人在水中控制身体、动作的过程相对复杂化，因此对运动员的协调能力也有特殊要求，同时协调能力对于学习和掌握游泳技术至关重要。游泳技术与其他陆上运动相比，最大特点是身体在水中呈平卧姿势并完成技术动作。动作效果取决于用力过程中动作面的形成和保持。臂腿配合动作也与陆上臂腿配合动作有较大差异，具有非同步性特征，即不像陆上臂腿左右交替的动作配合节奏与方式。因此，要求在学习和掌握游泳技术过程中，协调能力的发展必须符合游泳技术动作的基本特点。

（一）协调能力的类型与练习方法

协调能力的发展程度取决于竞技专项的特点，游泳协调能力可以分为一般协调能力和专项协调能力。

1.一般协调能力

一般协调能力支配着各种运动技能的形成与发展，是专项协调能力的基础。运动员通过陆上游泳技术动作模仿、手腿配合动作及陆上其他运动技能等练习，提高基本协调能力，为发展游泳技能奠定基础。

2.专项协调能力

专项协调能力反映了运动员迅速、省力、准确、流畅地完成专项运动各种动作的能力，包括各运动专项特殊要求的协调性。游泳专项协调能力的发展首先要同水环境相结合，一方面在技术训练中通过分解、动作组合等方法发展游泳运动员的动作控制能力；另一方面通过水上其他运动，如水球、花样游泳、水中健身操、蹼泳、水中游戏，或专门设计的水上协调动作练习等发展协调性。专项动作控制能力和水上运动技巧对发展和提高游泳运动员的协调能力，提高运动员技术水平动作和效果明显。

（二）协调能力训练特点与方法

1.协调能力训练特点

协调能力的训练主要解决运动员三个问题，即克服肌肉不合理紧张，保持身体稳定性，完善空间感觉和动作的空间准确性。通常可以将协调能力的训练方法分成三种类型：第一，改变已经习惯的运动行为的某些特点或整个形式，增加动作协调的难度；第二，在不习惯的组合中完成已习惯的动作；第三，使用不同的外部条件，迫使改变已习惯的动作协调形式。其中每一个练习方法都可以通过局部性的方法实现。

2.协调能力练习方法

在日常训练中，可以通过运用不同种类的泳式相互配合练习（例如蛙泳手、蝶泳腿，蛙泳手、自由泳腿）或者改变以往习惯的速度和节奏（例如15 m快游，15 m慢游）练习来提高运动员身体的控制能力和协调用力能力；也可以通过陆上徒手练习和持球练习（持球转体和手抛接球，俯卧传球和仰卧起坐传球）来发展运动员的协调性。

3.协调能力练习的注意事项

发展游泳运动员的协调能力首先要保证与游泳基本技术练习紧密结合的练习。首先通过各种练习方法和手段进行技术训练，提高运动员的协调能力和技术质量。其次要将协调训练与其他素质训练相结合，在专项技术训练中发展协调能力。协调能力训练的安排要时常进行，在训练初期应主要发展运动员基础协调能力，随着训练的深入逐渐加大专项协调性练习比例，提高专项协调能力。再次，由于水感在很大程度上决定了运动员控制技术动作稳定性的能力，因此发展协调能力要与水感练习相结合。

课后思考

（1）游泳陆上、水上力量训练方法各有哪些？

（2）如何提高游泳运动员的核心力量？

（3）游泳的速度可以分为哪些类型？如何训练运动员的不同类型的速度能力？

（4）游泳耐力的类型有哪些？不同类型耐力素质该如何训练？

（5）如何安排游泳运动员的柔韧与协调能力训练？

第七节　游泳体能训练方法计划制订

◆ **本节导言**

　　游泳是一项体能主导类项目，良好的体能对游泳项目的重要性不言而喻。目前国际泳坛中顶尖的游泳运动员，他们都非常专注于有计划地进行各种不同形式的体能训练。游泳体能训练是将运动员各项素质综合分析、系统应用的整体规划过程。优秀的运动队及俱乐部也都配有专业的体能训练团队，为运动员制订完整体能训练计划来配合水中的训练。为了确保运动员把提高的体能都转化到水中的动作中去，现在体能训练与水中动作的结合也比以往更为密切。通过本节内容的学习，学生将初步了解和基本掌握游泳体能训练对游泳的重要性，以及体能训练计划制订等相关知识点。

　　"耐力是基础，力量是主导，速度为核心，技术来表现"，这是原中国游泳国家队总教练陈运鹏对游泳运动员体能训练进行的概括。运动员都在追求竞技能力的全面发展，而体能训练作为游泳运动员竞技能力的主要提升手段，教练员和运动员对体能训练效果的迁移也变得越发看重。随着体能训练在专项训练中的地位逐渐提高，教练员希望能够通过进一步挖掘运动员在身体素质方面的潜力，来提高运动员的竞技能力基础，从而促进运动成绩的提高。同时也希望通过体能训练来预防游泳运动损伤，延长运动员的运动寿命。

◆ **学习内容**

一、制订游泳体能训练计划的基本要素

二、游泳体能训练实践应用

三、游泳体能训练方法与手段

一、制订游泳体能训练计划的基本要素

（一）不同时期的优先训练内容

针对不同时期的体能训练，侧重点和训练方法都要有所区别，要秉承从实战出发，一切为比赛做准备的原则进行训练。我们根据不同阶段的训练需求，将游泳体能训练分为非赛季、赛前、赛季和赛后四个阶段，每个阶段的训练目的都有所不同，详见表8.7.1。

表8.7.1 抗阻训练计划表

时期	优先程度		抗阻训练目标
	运动技能	抗阻训练	
非赛季	低	高	肌肉围度和耐力（初期） 力量和功率（后期）
赛前	中	中	针对项目和运动
赛季	高	低	保持赛前的训练目标
赛后（积极休息）	可变	可变	非针对性

（二）制订游泳体能训练计划的基本要求

1.游泳运动的肌肉发力特点

在游泳运动时，人体在水中依靠核心区力量控制身体的稳定性，通过离心—向心的肌肉收缩方式，调动全身各部位肌群协调配合，克服重力和水阻力，平衡浮力、侧冲力，完成运动。

所以在体能训练应该注意用力结构协调，加强起动力量、核心力量、稳固支撑性力量、快速力量和力量耐力的训练，并且注重在有氧的基础上强化无氧能力和力量耐力的训练。

2.注重平衡，重视牵拉

游泳运动的重复性特征会导致游泳者的肌肉不平衡发展。例如：胸大肌和背阔肌相较于组成肩关节稳定装置的小肌肉来说会过度发展，股四头肌和屈髋肌肉往往比腘绳肌和臀部肌肉要发达，等等。这些肌肉的不平衡发展不仅会导致力量的不均衡，同时也会造成柔韧性和姿势的不平衡，从而增大发生运动损伤的风险。所以在体能训练中应考虑到各个肌群间的强弱关系，有针对性地对薄弱肌群进行强化训练，并且在训练前安排不少于10分钟的以动态拉伸为主的热身练习，在训练结束阶段，重视通过静态拉伸来放松紧张的肌群。

3.通过迁移孤立概念细化训练方法

我们在选择相应的训练时需要利用好迁移和孤立这两个训练概念。迁移可以分为直接迁移和间接迁移两种。在游泳体能训练中，直接迁移是指在陆地上所完成的训练动作与水中某种泳式的主要动作进行紧密结合。例如，俯卧拉力练习，可以直接模拟出运动员在爬泳中划水、抱水、推水三阶段动作姿势。间接迁移是指，在陆上训练中采用的动作所针对的肌群与一种泳式中的某一阶段所使用的肌肉相似。例如，背阔肌下拉练习，主要针对在蝶泳过程中负责移动手臂的背阔肌进行练习。

孤立练习是强调通过对特定肌肉或肌群进行练习，达到强化某一区域力量的训练方式。这个区域常常是指肌肉不平衡所导致的不发达区域或者容易出现运动损伤的区域。根据运动员自身情况和需求的不同，利用不同的概念，选择不同的训练方式才能达到应有的效果。

4.常见的训练顺序组合

在训练中我们应按照以下顺序进行练习：先大肌群练习，后小肌群练习；先多关节练习，后单关节练习；先爆发力练习，再核心练习，最后辅助练习。因为高强度的复合动作都需要强大的核心肌群作为支持，小肌群进行稳定。如果把训练顺序调转，核心以及小肌群过早疲劳，很难在复合训练中达到好的效果。

（1）"上肢"和"下肢"的交替练习。上肢训练和下肢训练交替实施，能使训练者获得更充分的恢复时间，可以使两个训练动作之间的休息时间减到最少，将身体相同部位的训练间歇加大，从而减少总的训练时间。

（2）"推"和"拉"的交替练习。这类练习所针对的肌群一般都互为彼此的拮抗肌，所以在体能训练中一种训练之后紧接着练习另一个是非常有益处的。这种交替练习可以在锻炼一种肌肉的同时让另一种肌肉进行恢复。

（3）超机组训练法。该训练法有两个特点，那就是进行两个动作或者两个动作以上，并且这几个动作刺激肌肉的方式原理是存在区别的。比如做完一组杠铃俯身划船后，迅速完成一组杠铃卧推，这样我们就可以在节省时间的情况下完成两个部位的训练。除此之外，我们的身体会受到更大的带些压力，长期使用超级组训练的人，在训练强度和力量增长速度方面往往更快一些。

（4）复合组训练法。该训练法把两个或两个以上训练同一部位肌肉的动作进行连续训练，中间不停歇，所选择的动作必须是针对同一个肌肉群进行锻炼的，也就是所谓的协同肌，复合组是为了让肌肉能够在最短时间内大量充血。

二、游泳体能训练实践应用

当今世界泳坛的体能训练，主要是以美国、澳大利亚等为代表的注重身体各环节协调、平衡素质、肌肉有氧耐力和速度耐力并重的训练体系。训练方式是Tabata、HIIT（High-intensity Interval Training）等高强度间歇性训练和循环训练，负荷较轻，多关节协调运动，对于心肺系统刺激较大，每周训练3次。

匈牙利、英国、法国等欧洲国家注重绝对力量和基础力量训练，提倡全身各环节的爆发式力量训练模式。这种模式多以卧推、深蹲、高翻、硬拉等训练方式为主，注重运动员的绝对力量和爆发力，对于肌肉力量训练帮助较大，每周训练5次。

我国根据游泳项目实际情况，并结合不同时期的实际需求，通常将游泳训练分为以下4个训练阶段。

（一）基础能力储备期

基础能力储备期的训练，主要目的在于提高运动员全身各主要肢体环节力量素质，改善肩关节灵活性，增强双侧上、下肢柔韧性，强化核心肌群力量和躯干部位稳定性，降低损伤风险。这一时期每周应安排至少2次综合性体能训练，以功能性训练与大肌群相结合的模式为主，每个动作4~5组，每组4~8次，负荷递增。另外还会安排1次纠正性训练课，帮助个别运动员克服薄弱环节限制，增强核心稳定性，提高肌肉的运动活性。

主要练习手段：奥林匹克高翻、宽距硬拉、俯卧撑、卧推、双臂屈伸、深蹲、背肌-负重早安式、摆动踢腿、理疗球卷腹、俄罗斯式扭转、壶铃挥摆。

（二）爆发力激活期

该时期的主要任务是提高运动员专项技术动作的爆发力水平，提高动作经济性，激活和唤醒各肢体环节力量素质。每周应进行至少2次爆发力训练课，要求肢体各环节肌群完成动作时协调且快速收缩发力，负荷控制在45%～65%1R M（one-repetition maximum，一次最大重复值）之间，注重强度大、动作数量少、负荷适中、间歇时间长等原则，每个动作需完成3～5组，每组3～6次，组间间歇3 min。并且每周应进行1次纠正性训练课，防伤防病的同时，提高其肌肉的恢复再生能力。

主要练习手段：抓举、挺举、高翻、健身球抛投、站立位双臂健身球下抛、仰卧健身球抛接、短距离加速跑、跳箱、收腹跳等。

（三）速度耐力和力量耐力增强期

该时期着重挖掘运动员的耐力潜能和心力储备，采用有氧耐力和无氧耐力相结合的训练模式，以HIIT高强度间歇性训练为主，每周训练2次，每次8～12个动作，每个动作3组，每组20次，间歇时间逐渐缩短。

另外，将水中抗阻有氧力量训练融入日常训练中，实现水中专项力量与陆上基础力量训练的资源互置，并且每周进行1次纠正性训练课，继续强化弱侧运动链，减少伤病出现的可能。

1.高强度间歇性训练

HIIT定义为反复多次以最大乳酸稳态的负荷或以大于等于无氧阈的负荷强度，持续几秒到几分钟的训练，且每两次练习之间安排不完全恢复的训练方法。HIIT目的在于重复地刺激生理系统。HIIT包括运动方式、负荷强度、负荷次数、持续时间、间歇休息强度、间歇休息持续时间、组数、组间强度、组间持续时间和多组持续时间等10个因素。

2.Crossfit

Crossfit是美国一套健身训练体系，是以高强度做持续多样的功能性动作。与其他训练方式不同的是，它不以身体外形为主，不强调肌肉的孤立训练。而是把运动能力作为训练的目标，更强调身体全面的锻炼，有氧和无氧训练交叉进行，对于提高有氧耐力、无氧耐力、爆发力更有优势。这种训练方法可以为其他运动奠定物质基础。符合游泳专项的训练需求，被广泛采用。间歇训练常用训练形态见表8.7.2。

表8.7.2 间歇训练常用训练形态

徒手练习	提高代谢	负重练习
徒手深蹲	跑步	硬拉
立卧撑	单车	推举
俯卧撑	划船机	抓举
爬绳	跳绳	挺举
仰卧起坐		药球练习
开合跳		壶铃摆动

3.速度耐力和力量耐力增强期训练计划

（1）综合循环×2（动作20 s，休息10 s）：①平板支撑；②俯卧撑；③药球下蹲；④单臂甩绳；⑤过顶举轮胎；⑥双臂摆动纵跳；⑦原地弓箭步走；⑧空中大字跳。

（2）综合循环×2（动作20 s，休息10 s）：①宽距引体/窄距引体；②双臂交叉战绳/双臂同时战绳；③轮胎抓举；④空中大字跳；⑤俄罗斯转体；⑥双臂向下摆动纵跳；⑦灵敏球；⑧跳绳；⑨宽距/窄距俯卧撑；⑩弓箭步转体。

（3）速度耐力和力量耐力增强期——特殊环境力量训练（高原）。高原训练是指为了成功参加比赛，安排大赛前某个训练阶段，在教练员的指导下，在一定海拔范围内进行的有效的针对性训练，其主要目的是改善和提高运动员的呼吸、心血管、红细胞生成、骨骼肌代谢等系统的机能能力。运动员进入高原训练时期，往往是进入了力量训练的第三阶段——速度耐力和力量耐力增强期。前两个阶段的素质积累为运动员的专项竞技能力提高打下了坚实的基础。因为运动员处于低氧环境，肌纤维体积容易减小，所以在高原环境下游泳专项技术训练着重发展运动员有氧耐力水平（训练计划偏向有氧训练），高原体能训练在发展有氧能力为主要目标的前提下，强调单一动作的用力效果，训练手段主要采取HIIT及基础力量训练手段。高原力量训练负荷量的安排一般在每周3～5次，其中1～2次为基础力量训练，1～2次为专项力量和心肺系统训练。随着对高原环境的适应，体能训练的频次和专项力量训练的比例应适度增加。在制订体能训练计划的时候应该注意负荷安排，循序渐进。体能训练内容要与专项特点相结合，着重突出力量训练的专门化效应的同时与速度、柔韧性和协调性相结合，并重点强调力量与恢复的关系。

（四）专项竞技能力转化期

作为周期训练的最后一个阶段，专项力量的转化训练是要将此前训练的效果进行叠加整合，使体能训练，特别是力量训练和矫正性训练的成果与专项技术相融合。并通过赛前模拟专项技术的训练，加强专项化动作模式的建立，引导运动员的竞技状态走向巅峰，创造优异成绩。此外，矫正性训练在此训练板块仍要进行，确保运动员的健康是一切科学、合理、成功的体能训练所必须坚持的。

专项竞技能力转化期的主要训练手段有站立位弹力带拉力、俯卧位负重重力拉力或等动拉力、仰卧抗阻打腿、俯卧位抗阻打腿、侧卧撑转体、理疗球上部躯干旋转、理疗球祈祷式滚动作为理疗球腹肌保持。

三、游泳体能训练方法与手段

（一）一般力量训练

通过陆上各种举重练习，提高游泳运动员的一般力量水平。练习时应围绕游泳运动特点，发展符合专项要求，有助于专项力量训练水平提高的肌肉力量。游泳一般力量训练要在动作方式、重量、重复次数与组数等练习因素的选择上，着眼于游泳技术动作和各环节技术对力量的要求。常用的一般力量训练方法有杠铃练习、哑铃练习、实心球练习、克服体重练习等。

（二）联合力量训练

在联合力量训练中，将针对不同功能、不同身体部位的力量训练有机组合，编排成套进行训练。通常在训练计划中所选择的肌群互为拮抗肌，每个训练动作间可以快速衔接且无明显的肌肉疲劳，从而大大缩短训练时长。

（三）核心力量训练

核心力量存在于所有运动项目中，对运动中的身体姿势、运动技能和专项技术动作起着稳定和支撑作用。这也是由其所处的身体位置及肌群所储备的能量所决定的。从身体位置来看，核心区域是最接近身体重心的中间环节，及腰、骨盆、髋关节区域，同时也是人体在运动过程中的主要发力环节，对上下肢体的协同用力起着承上启下的枢纽作用。核心肌群有腹直肌、腹横肌、背肌、腹斜肌、下背肌、竖脊肌、骨盆底肌，和交错骨盆及髋关节周围的肌肉臀肌、旋髋肌、股后肌群。

1.核心力量训练的主要作用

核心力量训练可以稳定脊柱、骨盆位置，提高身体在运动中的控制力和平衡力，使上下肢和动作间的协调工作效率提高，并在运动过程中由核心向四肢及其他肌群进行稳定持续的能量输出，在提高身体的变向和位移速度的同时，降低能量消耗，并且预防运动中的损伤。

2.核心力量训练方法

（1）单人徒手稳定性训练。在核心训练中，不使用任何器械的单人力量练习通常适用于核心力量训练的初级阶段，目的在于使练习者深刻体会核心肌群的用力并且有效地控制身体，这种类型的练习被普遍认为是最基础的核心力量练习的手段。

（2）器械核心力量训练。在训练中使用瑞士球、平衡球、平衡板、弹力绳、垫上等器械。在这种练习方式中，运用最多的是平衡球、平衡板和瑞士球等这类不固定的器械和自由重量器械。使用这一类型的器械进行力量练习，可以有效动员躯干部位深层肌肉参与运动，并在动作过程中控制躯体始终保持正确的运动姿态，从而克服了传统力量练习中借助外力来支撑躯体的弊端。

（3）非平衡性力量训练。通过调整自身不稳定的身体状态，达到训练神经与肌肉系统的平衡和控制能力以及本体感觉的一种练习方式。在训练中使用健身球、摆动板、泡沫球、平衡盘训练或单侧支撑训练，也可以使用综合器械进行力量练习。诸如单、双足站立于平衡球上，做各种上肢持轻器械举、推、拉，下蹲，躯干扭转等多种形式的练习；坐于瑞士球上做各种形式的练习等。

核心力量训练的关键点在于，训练时练习者应该将躯体置于不平衡、不稳定的状态下，或者利用不固定器械进行运动，使用必须要练习者自行控制的器械，如平衡球、瑞士球、平衡板等。不稳定训练对于神经和肌肉系统的增强远远高于稳定的训练。使用不稳定的训练器械进行力量训练，不仅可以提高所训练肌群的力量水平和本体感受能力，还可以激活核心肌群的参与。

（四）专项力量训练

游泳运动员的专项力量分陆上专项力量和水上专项力量两类，是与游泳成绩提高结合最为紧密的训练方式。

1.陆上专项力量

陆上专项力量练习方式有橡皮筋拉力、等动拉力、滑轮拉力、弹簧杠杆拉力等。通过训练，可以有效提高练习者肌肉收缩的刺激强度，增加肌肉纤维的募集率，动员更多的肌纤维参与工作。在进行陆上专项力量训练时，应尽量接近专项运动的供能特征，以变速、重复、间歇等方式提高陆上专项力量训练效果，其主要训练目的是发展练习者的最大力量、快速力量和力量耐力（见表8.7.3）。

表8.7.3　游泳陆上拉力训练方法

拉力训练	强度	练习数量	目的及注意事项
最大力量拉力	自身体重的15%~20%	中短距离20~30次 长距离为1 min	有效提高肌肉力量和肌肉力量耐力适合100~200 m动员
快速力量拉力	自身体重的10%左右	与自身50 m、100 m划频一致时间为30~120 s	强调动作速度。重复3~4组。间歇时间稍长
力量耐力拉力	4~8kg	100~300次 或5~20 min	强调动作的正确性，保持动作幅度
静力力量练习		5~30 s 重复3~6组	增加动作控制肌群的神经冲动，提高刺激强度。练习方式如抱水，屈臂高肘发展原动肌或弱肌群，进行多角度训练，并注意肌肉的抖拉放松，提高肌肉弹性

2.水上专项力量

水上力量训练可以在具体的专项技术动作练习中直接或间接地施加阻力

负荷，产生最大牵引力，从而起到提升力量素质的目的。在进行完整或分解动作练习时能有效地改善专项肌肉力量的供能系统，提高供能速率，增加动作负荷，强化技术动作，提高技术水平（见表8.7.4）。

表8.7.4　水上专项力量训练方法

练习方式	练习手段	目的及注意事项	负荷因素
增大推进力练习	划水掌、脚蹼	增大肢体对水面，提高划水力量。	掌、蹼的大小，动作幅度、动作速度及持续时间
增大阻力练习	阻力衣、阻力伞、牵拉游、夹板划臂、垂直打腿、固定皮带游	增大阻力是通过提高动作速度来发展速度力量，保持划水效果	游进阻力大小、动作幅度、动作速度及持续时间

水上与陆上力量练习应有机地结合起来。力量的安排应针对游泳比赛活动各环节的力量特点来发展力量素质，如转身、出发等的专项力量练习。

——— 课后思考 ———

（1）游泳体能训练中的专项练习手段有哪些？

（2）结合游泳项目特点，分析在游泳体能练习中应该以多关节练习为主，还是以单关节练习为主，并解释原因。

第八节　游泳运动高原训练和赛前训练

◆ 本节导言

为了挖掘运动员生理潜能、极限，提高游泳运动成绩，人们开始尝试有别于传统的训练方式，高原训练应运而生。高原训练的实质是利用高原缺氧环境加强运动员某些方面的生理机能，为运动能力的提高奠定生物学基础。经过多年实践证明，游泳高原训练对运动员的运动能力和运动成绩的提高作用积极有效。高原训练原理衍生出高住低练、低住高练及高住高练低训等训练方法，效果显著。本节阐述了高原训练的类型、适宜的海拔高度、时间与次数、负荷及构成等问题，为大家介绍了游泳高原训练最基础的理论与方法，并未展开讨论。

游泳赛前训练是在系统大运动量训练阶段后到进入比赛之前所专门安排的一个准备性过渡训练周期，其效果直接决定比赛成败，是所有游泳教练员非常重视且不断探索实践，以期找到最佳方法的一个训练阶段。本节的第二部分介绍了赛前训练的任务、类型、时间特点、运动量特点及类型、训练结构、训练方法与内容、临赛准备活动、赛前监控等问题，系统阐述了游泳赛前训练的各方面，为学生了解和掌握赛前训练理论和方法提供了重要参考。

通过本节的学习，学生对游泳训练中两种非常规的特殊训练方法可以有一个全面的认识和理解，并初步掌握相关方法，为今后从事游泳教练工作打下基础。

◆ **学习内容**

一、高原训练

二、赛前训练

一、高原训练

高原训练是指有目的、有计划地组织运动员到高于平原的适宜海拔高度地区进行专项运动训练的方法，是一种在特殊低氧条件下强化游泳专项运动能力的训练方法，是在人们寻求对身体更强烈刺激以调动人体最大潜能的背景下产生的。

高原训练对机体产生两种缺氧负荷：一种是运动缺氧负荷，另一种是高原缺氧负荷。这两种负荷相加，对机体造成了比平原更为深刻的缺氧刺激。机体通过对运动加缺氧的适应，加强了心血管、骨骼肌系统及血液成分的效应，使有氧能力、机体氧利用率及产生高乳酸和乳酸耐受能力得到改善，从而提高运动员的运动能力及运动成绩。

（一）高原训练的类型

按照高原训练的目的可以将高原训练分为以下四种类型：

1.提高专项训练水平

提高专项训练水平的高原训练，其目的是提高专项运动能力，训练时间相对较长。

2.准备平原比赛

准备平原比赛的高原训练，是为提高平原比赛成绩而进行的，训练时间相对较短，有明显个体差异。

3.准备高原比赛

准备高原比赛的高原训练，是为准备高原比赛而进行的赛前高原适应性训练，训练时间相对较长。

4.调整期高原训练

调整期的高原训练，是为比赛后保持一定训练负荷基础上的积极性调整或恢复性训练，训练时间相对较短。

（二）高原训练的适宜海拔高度

目前普遍认为高原训练的最佳高度为1 800～2 400 m，高度过低不利于充分挖掘运动员的潜能，而高度过高机体则难以承受训练负荷。运动员在海拔1 760 m的高度进行训练时，红细胞、血红蛋白等生化指标才开始出现明显变化。但当运动员从2 366 m进入3 200 m时，训练强度降低，生理反应明显加大，训练质量下降，说明在3 000 m以上的高原训练不利于提高运动员的运动能力。研究表明，最佳的高原训练高度应具备两个基本条件：一是适宜高度的高原训练能对机体产生深刻的氧不足刺激；二是通过高原训练，使机体能够承受等同于或超过海平面时的训练强度。

我国游泳运动员的高原训练多集中在昆明海埂训练基地。海埂训练基地海拔1 890 m。美国、澳大利亚等游泳强国均选择在海拔2 000 m以上的高度进行高原训练。2 000 m以下的海拔高度对于年轻运动员及无高原体验的运动员训练效果较好。为进一步提高高原训练的效果，我国逐渐将游泳运动员的高原训练转移到青海多巴（2 366 m）高原训练基地进行。

需要注意的是，高原训练海拔高度的选择要考虑训练目的、训练负荷、训练适应，运动员训练水平、年周期高原训练次数等方面的因素。

（三）高原训练的时间与次数

游泳项目高原训练时间安排一般为3～4周。其中运动员需要3～7天的适应过程，然后进入正式高原训练2～3周。高原训练时间不宜过长，否则会对运动员的心理产生不利影响，生理疲劳也会积累过深，不利于运动员的恢复调整。特别是以准备比赛为目的的高原训练，如果训练时间过长，可能会有运动员竞技状态难以恢复的危险。

运动员可在年训练周期中进行多次高原训练，高原训练次数的多少取决于教练员的训练目的和运动员的训练水平等因素。对于有高原训练经历的运动员来说，一年可进行三次高原训练。在第一次进行高原训练时海拔高度不宜过高，随着机体对高原环境和训练负荷的适应，可逐渐增加高原训练次数和海拔高度，增大训练效果。但不可忽视的是，一年中围绕大赛进行多次高原训练的风险比较大，如果教练员没有丰富的训练经验和科学的监控措施，以及运动员缺乏相应的训练基础，有可能使得训练效果适得其反。

（四）高原训练的负荷及构成

高原训练中训练负荷决定了训练的效果，训练负荷强度的把握决定了高原训练的成败。有研究表明，高原训练总的训练负荷量可相当于平原同期训练总量的90%～100%，负荷强度呈现先递增后递减的特点。训练目的的实现，取决于教练员的高原训练经验、运动员的训练水平，以及科学监控等因素。通常情况下，一次高原训练由以下几部分组成：

1.准备期

在进行高原训练前，运动员应做好有氧训练基础，具备较好的专项能力，使有氧能力保持在一个较高的水平。同时运动员要保证身体健康，没有疾病及损伤。这一部分训练时间大约为2～3周。

2.适应期

运动员到达高原的初期，由于机体反应强烈，表现出头痛、气短、肌肉僵硬，游不快，训练完成质量差，血乳酸浓度高等，因此运动员需要一个适应阶段。在高原训练的适应期，一般安排强度较低的有氧训练，逐步增加一些速度练习，在此训练基础上逐渐提高运动员的训练密度，并向专项训练过渡。根据运动员的不同高原训练经历和生理状态，高原训练的适应期一般为3～7天。

3.基本期

在运动员基本适应高原环境后，应将训练重点向专项训练转移，加大训练负荷量及强度，以提高运动员的专项能力，高原训练的基本期通常以3天为一个小周期。在基本训练期的后半段，应尽可能地提高训练强度，逐步达到或超过运动员平原时的训练水平，以适应下高原参赛的需要。同时，应密切关注运动员的生理、心理变化情况，做好训练监控，防止过度训练。这一阶段的训练大约持续2～3周。

4.下高原前的调整期

运动员在下高原前应安排2～3天的恢复调整训练，为下高原后的训练和比赛作准备。

5.下高原后的适应和调整竞技状态期

下高原后的适应和调整竞技状态期是高原训练后至比赛的间隔时间，通常情况下为3周。由于高原训练效果的持续时间为45～60天，因此，我国游泳教练员主张将这一阶段扩张到5～6周，目的在于利用高原训练的优势，提高下高原后的训练水平，在下高原后进行3～4周的赛前调整训练，然后参加比赛，争取在比赛中取得优异的成绩。

（五）游泳高原训练应注意的问题

1.血乳酸指标的监控

当运动员血乳酸浓度降低，游速提高时，表明训练效果理想，运动成绩提高的可能性较大；如果运动员的血乳酸在高原训练中无逐周递减反而增高，则表明训练负荷过大，应给运动员做适当调整，合理安排训练负荷及强度。同时，高原训练中乳酸生成、积累、消除的速度均比平原迟缓，因此在训练时应注意延长间歇时间，多做放松游，同时进行有针对性的积极性恢复。另外，应加强医务监督及科学监测，密切关注运动员生理生化指标，以科学的方法评定运动员的身体机能。

2.运动员健康状况的监控

高原训练应在运动员处于较好的训练状态和良好的健康状态下进行，如果运动员存在伤风、感冒、腹泻、肌肉损伤等情况时，则不宜进行高原训练。同时，应注意高原训练中的营养膳食合理搭配，建立严格的生活作息制度。

3.区别对待原则在高原训练中的应用

高原训练中运动员的个体差异非常大，应区别对待。另外，部分运动员可能会在下高原后出现运动机能的低谷现象，感到全身无力、腿软、反应迟钝、困倦、厌水等情况，需引起教练员的注意。因此，教练员应在高原训练中积累高原训练经验与资料，认真总结，为今后高原训练提供帮助。

二、赛前训练

赛前训练是指教练员通过合理的训练安排使运动员在即将来临的重大比赛中表现出最佳竞技能力，取得优异成绩的训练方法。赛前训练的目的是通过调节训练的负荷量及负荷强度、调整训练结构，使运动员机体得到恢复和能量物质的超量恢复，运动技术达到高度节省化和自动化，在比赛中发挥出最佳竞技状态。赛前训练是在系统大运动量训练阶段后到进入比赛之前所专门安排的一个准备性过渡训练周期。

（一）赛前训练的任务

明确参赛性质和意义，制定参赛目标，分析对手近期状况，对比赛中可能遇到的压力和其他情况充分考虑和分析，使运动员从思想上做好准备。

运动员通过专门训练，有节奏地突出强度训练，提高与比赛相关各个环节的能力，技术（包括出发、转身、到边触壁）达到最佳的自动化和经济化。

运动员通过减量训练和恢复等手段，使机体、机能全面恢复，能量物质储备获得超量恢复，神经调节功能得到恢复，以保持良好的肌肉弹性。

针对运动员赛前心理状态特征，对运动员进行心理训练和心理辅导，使其克服心理障碍，重视良性心理活动，稳定情绪，树立信心。

根据运动员生理、生化等监测结果，制订和调整赛前训练计划，通过医学手段和营养物质补充，加速运动员身体恢复，保护好身体。

（二）赛前减量训练的类型

1.重大比赛的减量

赛前减量通常指重大比赛前的阶段性减量训练，减量时间较长，通常为2～6周不等。

2.一般比赛的减量

运动员在一年中可多次参加比赛，在一些并不太重要的比赛或阶段性测验前所作的减量安排即一般比赛的减量，这种赛前减量不需要进行许多专门的训练，通常只做1～7天的短时间降低负荷量和强度，稍做速度练习便可参加比赛。一般比赛的减量安排相对简单，主要通过减少约1/3的训练量，采用有氧练习促使运动员机体恢复，在进行一定数量的速度练习提高兴奋性后，即进入比赛状态。

3.以赛代练的减量

为保证运动员在重大比赛前的训练充分而系统，教练员往往把某些不重要的比赛当成高强度的训练课，作为大运动量训练课的一个组成部分。教练员在不重要的比赛前并不给运动员作专门的减量安排，而是把比赛当作训练计划小、中、大负荷的某一个高峰对待。这种比赛前只需1～2天的减量安排，并且在比赛中还要安排一些训练内容作为强度训练（比赛）的补充，以达到系统性训练的目的。

（三）赛前训练阶段的时间特点

赛前训练时间的长短，主要根据运动员年龄、参赛项目、训练水平、个人习惯及身体状态等因素确定，同时应参考以往成功的赛前训练经验。

1.短距离运动员

短距离运动员在大强度训练阶段的主要训练手段为无氧速度和无氧耐力训

练，强度对机体刺激很深，疲劳程度亦非常深，通常采用4～6周的时间进行减量调整训练，使运动员机体得到充分恢复。安排短距离运动员赛前训练时通常以运动员年龄为依据，年龄较小者赛前训练阶段相对短一些，年龄较大者的赛前训练阶段相对长一些。

2.长距离运动员

长距离运动员平时的训练内容以有氧耐力为主，且承受负荷能力较强，疲劳程度不太深，减量期通常为2～3周时间。

3.训练水平较低或年龄较小的运动员

训练水平较低或年龄较小的运动员因训练基础较差，在训练阶段疲劳程度不深，加之这些运动员身体恢复较快，因此减量期通常安排2～3周较适宜（见表8.8.1）。

表8.8.1　不同类型运动员赛前训练特点及安排时间表

类型	训练情况\特点	时间
短距离	训练以无氧耐力和无氧速度为主，刺激深，疲劳深，恢复慢	4～6周
长距离	负荷能力强，训练以有氧耐力为主，疲劳不深	2～3周
新手	训练基础差，疲劳不深，能吃能睡，恢复快	2～3周

（四）赛前训练阶段运动量的特点及类型

1.赛前训练运动量的特点

游泳训练的最重要任务之一，是不断追寻运动员承受最大负荷能力的临界线和加速恢复的方法，其目的是最大限度地利用超量恢复机制，迅速提高运动员的专项能力和运动成绩。游泳赛前训练就是利用超量恢复的规律进行安排，使运动员在临赛前达到最佳的超量恢复状态而参加比赛。负荷量决定了运动员超量恢复程度和恢复时间的长短。负荷量越大，能量物质消耗越多，则超量恢复的程度越高，但需要的时间也较长；负荷量较小，超量恢复的程度较低，则运动员需要恢复的时间也较短。在赛前训练前的基本期训练，由于连续数周的大运动量、大强度训练，造成运动员机体疲劳程度加深，能量物质大量消耗，运动员的神经系统、机体各器官系统产生疲劳，激素水平、免疫系统能力等方面整体水平的下降，这些器官系统的恢复需时更长。就是说，超量恢复存在异时性，即超量恢复不同步现象。同时，减量过多或减量时间过长，运动员能量物质的超量恢复现象可能会因为过早出现而逐步减退，而运动员的运动技能和有氧耐力素质等素质也会出现消退现象，在安排赛前训练时应引起教练员的注意。教练员根据赛前训练的运动量特点将赛前训练又进行了进一步的延伸，即将赛前训练安排为两次减量训练和提质训练的训练方式。

2.赛前训练运动量安排方法

（1）运动量渐降法。是指运动员在前一阶段大运动量训练的基础上，采用运动量逐渐下降的方法，使运动量由大到中，再由中到小，使积累在运动员体内的疲劳逐渐消除，最后达到超量恢复，继而进入比赛状态。这种训练方法适用于50 m、100 m短距离运动员，年龄较大及疲劳程度极深的运动员。

（2）运动量先降后练法。是指运动员在前一阶段大运动量训练的基础上，教练员安排1～2周减负荷量、减强度的训练，使运动员机体得到恢复，然后再安排一周以主项及有关练习为主、中等或中等偏高强度负荷的训练，再使运动员进入比赛状态。这种方法对中长距离项目和年轻运动员较为适合。

（3）边练边调法。是指运动员在前一阶段训练因身体状况或其他原因导致训练不足时，采用边练边减量的调整方法。边练边调的训练方法较难掌握，需要根据运动员身体状况变化而决定是练还是调、练多少或调多少，直至进入比赛阶段。

（五）赛前训练阶段的典型训练结构

赛前训练减量前，教练员通常给运动员安排3～4周突出强度的大运动量训练阶段，随后进入减量训练。减量过程首先是提炼、集成的过程，称为"提质"，之后再将运动员的专项能力稳定在某一程度上，称为"锁定"，然后再通过恢复手段使机体达到超量恢复的最佳状态，最后安排一个使机体运动技能起动的短暂过程，进而进入比赛。

1.减量期前的大强度训练

赛前训练前的基本期是运动员提高专项能力的重要训练阶段，在此阶段的最后四周，运动员的练习数量、练习强度、水上和陆上总负荷量及专项训练的集中程度，都是运动员在此训练周期内最大的，这一阶段的训练目的是要让运动员练足、练够，但不过量。此阶段特别突出了运动员参加比赛项目所需要的强度练习，即需要完成成绩和高强度练习总量达到较高水平。

2.赛前减量

赛前减量是指运动员进入赛前训练阶段，教练员首先要通过约5～7天减少总负荷量的训练，来消除运动员由于大强度训练所积累的疲劳。减量方法可采用逐步减少训练次数、减少练习数量和降低练习强度等方法。如果运动员恢复状况不佳，可适当延长减量时间。

3.减量提质

减量提质作为赛前训练的重要组成部分，通常时间为1～2周。在减量恢复的基础上，再适当减少运动员水上练习的数量，减少程度大约为大强度训练时的2/3～1/2。同时通过延长间歇时间，提高练习的速度，采用主项、主项的分段距离等与主项关系密切的练习，逐步提高主项练习质量，进一步提炼和集成运动员参赛项目所需的素质和能力。如运动员在提质练习中的完成成绩越接近预期的比赛速度，则在比赛中达到预期目标的可能性就越大。值得教练员和运动员注意的是，提质练习中比赛距离的高强度练习数量不宜过多，次数不宜太密，以免造成运动员疲劳程度过深，无法恢复。但同时又要控制运动员的情绪，不要使运动员在比赛前过于兴奋，过早出现最佳竞技状态，影响比赛发挥。

4.锁定竞技状态

"锁定"是在提质的过程中逐步把运动员比赛所需的技术、技能、素质、机能、能力和状态稳定在一个较高的水平上。教练员通常会给运动员安排一些模拟比赛练习，要求运动员由出发、起动游、途中游、转身、冲刺和到边触壁的整个过程都按比赛技术和速度进行练习，使他们掌握比赛节奏，并达到高度的自动化和技能的节省化。因此在临赛前的3～5天里，应降低应激的刺激程度。在进行模拟比赛练习时，模拟练习的速度应在低于比赛预想成绩10%左右的强度进行，以检验运动员的赛前状态。

5.第二次减量

提质训练后教练员要给安排运动员3～7天的减量放松训练，降低练习强度，主要采用以有氧练习为主的练习方法，加速身体恢复，逐渐达到最佳竞技状态。此外还应安排一些出发练习、转身练习、到边练习、接力交接棒技术练习，以及出发转身后的起动和短冲练习，以适应比赛的需要。

6.临赛起动训练

再次减量后运动员应该处于较好的竞技状态，在临赛前1～2天里应给运动员安排中等负荷的练习，如采用主项距离80%～90%强度的间歇练习和少量速度练习的训练，最后一次调动运动员身体各运动器官和机能，使运动员在到达赛场后感到轻度兴奋，进入临赛状态，这就是我们所说的赛前的起动训练。此外，赛前起动训练还要对运动员进行一些细节技术的适应性练习和有氧放松练习。赛前的起动训练安排不宜过多，应根据运动员状态进行，最多一天一次。

（六）赛前训练阶段的训练内容与方法

1.赛前技术训练

一般在赛前训练阶段运动员的主项技术是定型、自动化的。但如果教练员发现运动员技术动作不合理时也会做轻微纠正，但必须保证技术改进能使运动员有好的感觉，不影响运动员在比赛中的技术发挥。

赛前训练中的技术训练，主要针对比赛项目全程各个环节的衔接进行训练和改进，或着重练习运动员某些薄弱环节，如出发与起动游的衔接练习、出发与长划臂的衔接练习、途中游与转身的衔接练习、到边练习、仰泳转身到边的判断练习、仰泳的反潜练习、混合泳的转身练习、接力交接棒的练习等。运动员在进行减量放松练习中，为使主项肌群得到恢复，可较多地采用副项作为转换练习。

2.赛前陆上力量训练

赛前训练阶段，在陆上专项力量训练的时间、组数、次数上可以适当减少，但无须降低练习强度，以保持足够的强度刺激，应保持陆上力量训练直至比赛前一周左右。赛前训练阶段进行陆上专项力量练习后应进行牵引和放松，或使用按摩及其他物理手段对肌肉进行放松。有些运动员甚至在比赛阶段仍坚持少量的陆上专项力量练习，不过这时的专项力量练习应注意掌握好负荷量和练习强度，以免造成训练过度，难以恢复。

3.赛前战术训练

战术是为了战胜对手而采取的合理有效的计谋与行动。运动员在赛前应充分了解对手的成绩、对手的优势和弱点，以便充分发挥自己的优势，合理利用技术和分配自己的体能，充分发挥自身的竞技能力与竞技水平。

4.比赛场地适应性训练

运动员对赛地和赛场的环境需要一个适应过程，例如泳池的水温、泳池的光线、泳道、转身板、出发台等都应做足够的适应性练习。此外，运动员对当地的气温、室温、时差、气压差等也需要一个全面的适应过程。

5.赛前心理训练

运动员在赛前的心理状态活动最为活跃，也是最容易出现各种不利于比赛的心理问题，因此赛前训练中应更多关注运动员心理训练及赛时心理状态调节。通常情况，赛前阶段运动员心理状态（现象）主要有两种表现：一是运动员良性的心理反应，表现为心情放松、情绪稳定、吃得香、睡得好、精神饱满，对比赛充满信心，赛前沉着、冷静、头脑清醒、思维敏捷，有很强的比赛欲望，喜欢观众多的热闹场面，水上准备活动时水感好，陆上则有轻度的疲乏感。同时运动员体重会有1～2 kg增长。二是赛前焦虑状态，或称为赛前心理障碍，运动员表现为紧张、睡眠质量差、情绪不稳定、容易过度兴奋等，或是恐惧、淡漠、注意力不集中、提不起劲、动作僵硬，甚至会出现发抖、出虚汗、丧失信心等不利于比赛的消极状态。

赛前心理状态的产生是由于运动员对比赛结果的期望和向往，或以往比赛经历和外界给予的压力，所引起运动员的内心产生的心理活动，并因此而引起的一系列生理变化，属正常的赛前心理状态。运动员赛前心理状态的好坏取决于运动员个人心理素质和性格，为建立稳定的心理素质基础，在日常训练及生活中教练员应定期对运动员施加正面影响和心理辅导。

游泳运动员赛前训练阶段，特别是到达赛地后，需要接受各种心理挑战，并要通过自我的心理调整，去化解各种困扰，集中精神，调整好身体和技术状态迎接比赛。这些能力的调整，无疑需要运动员具备自我心理调节的能力，掌握赛前调节心理状态的方法。游泳运动员常用的赛前心理训练及赛时心理状态调节方法有以下几种：

（1）呼吸调节。即有意识地让运动员延长吸和呼的时间，进行慢、深且有节奏的呼吸练习，实现自我调节，缓解压力。呼吸调节是运动员临场处理情绪波动的最有效方法，通过深呼吸可以使运动员情绪快速稳定。其中腹式呼吸优于胸式呼吸，可帮助运动员快速进入放松状态，同时对自主神经系统及心血管系统也有积极影响。呼吸调节练习的要诀为"悠""匀""细""缓"，即呼吸方法一般采用鼻吸口呼，呼吸形式为快吸慢呼，通常情况下呼气时间为吸气时间的2倍。

（2）放松。是指通过诱导运动员由思维引起内环境变化而达到机体恢复的练习手段，是让运动员从思想上的放松而达到肌肉上的放松。目前较常用的放松方法有渐进放松法、自生放松法、静默放松法等。

静默放松练习方法：选择安静且通风条件好的房间，让运动员平躺在垫上，两腿微分，两臂置于身体两侧，做到自然、放松，舌尖轻抵上颚，轻闭双唇，闭目，用合适音量播放节奏慢而轻柔的音乐。指导者用清晰的语言、平静的语气提示运动员按照从头到脚顺序进行练习，每部分重复练习一次，语言采用"放松你的某一部分肌肉"。如指导师先从呼吸开始，"深吸气—慢呼气"，然后由头顶—颈部—面部—整个头部—肩部—上臂—前臂—手—整个臂部—背部—腰部—胸部—腹部—臀部—大腿—小腿—脚—整个腿部。循环结束后，做深吸气，气沉丹田，然后呼出，全身放松，循环若干次。此时运动员已处于半睡眠状态，全身有松麻感觉。这时指导者可根据需要进行其他相关心理辅导，练习结束后让运动员躺卧休息10～15 min。

（3）表象演练。是指导师通过对运动员进行心理诱导，把运动员思维引入一种预先设计好的"理想式比赛"场景和过程，或让运动员回想以往成功比赛经历的一种心理训练方法。模拟训练通常和放松练习结合运用，在放松练习后，用语言描述比赛场景，把运动员的思想引入比赛过程。表象演练有助于运动员加强大脑皮层的痕迹，提高神经中枢的兴奋性，建立良好的内环境。

模拟过程主要包括运动员进入赛场—运动员介绍—脱衣站上出发台—台上的准备—起跳出发—入水和起动—途中游—转身—匀速游—冲刺—到边等的技术细节、用力程度、分段和战术运用等情况，从而使运动员在中枢神经系统建立起一个参赛的模型，并加深这种刺激的"痕迹"作用。

（4）交谈。通常解释为通过指导师的诱导使运动员把自己的心理顾虑表述出来。交谈的方式种类繁多，具有随意性特征，如在训练前后交谈几句，就能收到良好效果；也可以是特别安排的，但这种交谈技巧性较强，如从次要话题入手，在不经意间转入主要话题，效果具有较强的针对性。谈话作为一种心理诱导，是一种有效的心理治疗过程，对于内向的运动员来说，通过交谈，可以舒缓心理压力，也可以诱导他们把对胜负的关注转移到对比赛和技术细节的关注，最终转移到如何通过比赛去学习比赛、如何掌握好比赛的技术环节、如何分配好速度等。

（5）自我谈话与自我暗示。指用语言或默念对自己心理施加影响，调节心境、情绪，使兴奋和抑制过程达到适宜水平。通过运动员的自我控制、自我诱导造成良好的训练和比赛适宜的心理状态。自我谈话和暗示分为动机性和指令性两种，使用的语言必须简单扼要且积极向上。

"默念"是一种较好的暗示方法。默念的内容应是在平时逐步积累的，包括动作要领、用力顺序，或比赛中需要强调的技术重点，以及自我鼓励，用预先编好的简练词句结合要做的动作进行，边默念边做动作，达到强化的目的。默念时要求运动员注意力要高度集中，排除杂念。

（6）注意集中练习。是指人们考虑某些事件的频率以及思考的内容。比赛当中的各种因素都会对运动员的注意力产生影响，游泳临赛时运动员应将注意力集中在比赛的过程上，而非过多考虑比赛的结果。教练员可利用模拟训练、利用暗示语、使用非判断性思维、建立比赛操作程序、制订比赛实施计划、关注当前等方法，帮助运动员掌握提高注意力的方法和技巧。

另外，运动员在临赛前，要通过自我的思想或语言进行自我心理调整，化解某些心理障碍，从而建立良好的内心环境。赛前的心理调整，主要是通过自我解释和化解来自比赛等方面的干扰和压力。运动员要正确认识比赛，正确评估自我，学会如何调动自己的有利因素，尽量减轻劣势造成的影响。运动员参加比赛，不应过于计较输赢，而应集中注意力把自己平时训练水平和能力以最佳的方式在比赛中表现出来。赛前，运动员应对自己有足够的信心，相信自己的技术和体能，不急不躁，不受他人所激，思想集中，清楚地了解教练员的意图和安排，然后想象一下比赛技术细节和体力分配，再放松一下大脑，进入比赛。

（七）游泳临赛准备活动

赛前准备活动是运动员进入临赛状态前的一项活动。由于游泳是在特定介质中进行的周期性体能项目，其赛前准备活动有别于其他竞技体育项目。游泳运动员赛前生理准备活动由陆上练习和水上练习构成，目的是使机体的肌肉和关节充分活动，大脑皮层的兴奋达到适宜水平，有良好的水感。

游泳临赛准备活动从赛前12 h展开，主要包括赛前一晚制定"比赛时间、行为活动程序"—比赛当天早上起床后的热身活动—到达赛场后的陆上活动—临赛前水中准备活动—水中准备活动与比赛间隔—心理准备活动—检录前后的再活动—上出发台前的活动等部分。下面着重介绍其中相对重要的几个部分。

1.陆上准备活动

游泳赛前陆上准备活动通常需要10~30 min，通过慢跑、体操、柔韧性练习，使全身各部分肌肉、韧带及关节得到放松与伸展，达到使身体发热的目的（体温上升1~2℃为宜），通常运动员将微微出汗来判断是否已经活动到位。充分合理的陆上准备活动是整个临赛准备活动的重要组成部分，为即将开始的比赛创造必要的前提。

2.水上准备活动

运动员赛前水上准备活动负荷量通常是平时大运动量课的1/4~1/3。上午或预赛时准备活动时间为30~50 min，游距约为2 000~3 000 m。晚上或决赛时准备活动时间25~35 min，游距约为1 500~2 000 m。短距离运动员的准备活动时间短、运动量少，长距离运动员并不需要因比赛游距长而加长准备活动时间和游距。

游泳临赛前水上准备活动一般包含五个部分：

（1）专项技术部分。主要以熟悉水性、"找水感"为目的，通常以技术游为主，可采用主、副项分解、配合交替，主要负荷为变速游。

（2）生理机能调动部分。目的是使运动员的生理状态从安静状态转变为工作状态，使心血管系统和呼吸系统适应运动状态，并使这一活动状态在身体里留有"痕迹"，即要有一定强度的刺激生理机能和神经系统，运动员通常采用80%～90%强度的主项间歇练习。

（3）绝对强度部分。运动员通过采用100%用力的短冲练习调节神经系统，并将兴奋性调节到适宜的水平，并在短冲练习过程中体会速度感和用力感觉。

（4）技战术部分。运动员在赛前通常要制定并确定比赛的技战术，比赛当天的水上准备活动应围绕已确定的技战术进行，并适当、适量练习出发及启动衔接、转身、到边等细节技术。

（5）放松调整部分。采用一定距离的有氧放松练习，以此结束临赛前水上准备活动，进入比赛前的休息阶段。

3.水上准备活动与比赛的间隔

运动员水上准备活动结束换上干的泳装后，会做一些简单的伸展、牵拉关节和肌肉的活动，也有一些运动员会选择按摩肌肉，这样做的目的是加快恢复水上准备活动时肌肉堆积的疲劳。同时，运动员会选择听音乐来帮助控制、调节情绪。水上准备活动与比赛的间隔时间控制建议为：短距离运动员休息时间40～60 min，其中有些50 m和100 m主项运动员的休息时间超过1h，中长距离运动员休息时间约25～30 min。需要注意的是，比赛距离越长的运动员休息时间应越短。另外，由于个体差异的现象，可根据运动员个人的习惯来安排间隔时间。

4.检录前后的再活动和上出发台前的活动

开始进行第一次检录时（距比赛20 min），运动员会做体操、伸展、牵拉肌肉和关节等活动，使经过休息的身体再次发热，同时让机体和神经系统兴奋水平上升，为即将开始的比赛做进一步的准备。通常运动员在检录后可做肩绕环、搓虎口和耳垂等小动作使身体发热，通过锤拍肌肉、原地连续轻跳等动作提高兴奋度。同时再次运用呼吸调节、注意集中、表象演练、自我谈话等心理准备方法，提醒自己在比赛过程中应该如何去游，并再次梳理已确定的技战术。

运动员上出发台前的特殊活动或特殊动作活动包括击掌、呐喊、轻跳、肩绕环、擦拭出发台和向身体上泼水等，运动员通过这些细微和特殊的活动使自己更加兴奋，提升斗志和气势，同时可间接地起到震慑对手的作用。除身体活动外，运动员会再次提醒自己应该在比赛过程中注意的细节问题。

5.临赛前不下水的准备活动

在一些比赛中，由于缺乏场地和比赛时间靠后等原因，运动员无法在赛前较合适的时间，找到合适的场地进行全面的水上准备活动，这时需采用临赛前不下水准备活动。赛前不下水准备活动的时间要保证在30 min以上，同时运动负荷要达到与水上准备活动相同的强度等级，可以采用运动后即刻心率衡量。不下水准备活动通常采用陆上体操、跑步、柔韧性作为一般准备活动方法，专项练习方法采用更加贴近游泳技术动作的橡皮拉力。水感练习采用沐浴，或让运动员在水盆（桶）中做划水动作，通过手与水的接触获得水感。

（八）赛前训练的监控手段

在赛前训练期间，采用科学的监控手段，对帮助教练员掌握运动量的安排是一项十分重要的措施。最常用的指标有晨脉、运动训练中的恢复脉搏、血色素、血尿素、血乳酸和心肺功能。通过对上述指标和训练状态进行分析，以便发现问题及时调整训练计划。

·········课后思考·········

（1）游泳赛前训练分为哪些阶段？各阶段训练目的是什么？

（2）教练员应如何安排运动员的临赛准备活动？以200 m蝶泳赛前准备活动为例。

（3）请制订一份3～4周的高原训练计划，写明运动员特点、所处训练阶段、高原训练目的等基础条件。

（4）请制订一周赛前减量提质训练计划，写明相关基础条件与情况。

（5）请制订一次以提高乳酸耐受能力为主要目的的课次训练计划，介绍相关背景条件，写清训练的执行细节问题。

第九节　游泳运动员年龄组训练

◆ **本节导言**

　　少年儿童的游泳训练必须根据其生长发育特点进行，确定训练任务，选择训练方法，设计训练负荷，制定参赛目标。因为，在不同年龄阶段、不同生长发育时期，身体各种素质的发展速度是不同的。例如：爆发素质，男性和女性分别在15～17岁、12～14岁发展速度最快；耐力素质，男性和女性分别在13～16岁、11～14岁发展速度快，分别在17～18岁、15～16岁达到高峰；等等。我国将17岁以下的少年儿童分为五个组别，分别是7～8岁组、9～10岁组、11～12岁组、13～14岁组、15～17岁组。不同年龄组游泳运动员在训练任务、训练负荷特点、能量训练比例、训练内容、比赛目标、训练态度及心理训练、技术训练特点等方面均不相同，本节将简单阐述以上问题。通过本节的学习，学生可以对游泳运动员年龄组训练相关理论有一个初步了解，厘清游泳运动员在不同年龄阶段应该重点发展哪方面素质。

◆ **学习内容**

一、少年儿童身体素质发展特点及训练
二、游泳运动员各年龄阶段的训练要点

一、少年儿童身体素质发展特点及训练

　　身体素质指运动员在运动过程中所表现出来的力量、速度、耐力、柔韧、协调和灵敏等能力。少年儿童的身体生长发育使得各项身体素质得到自然发展，然而各项身体素质的发展并不是同时进行，发展速度亦是不均等的。因此，游泳训练应根据少年儿童生长发育与素质发展的特点与关系进行有针对性的训练。即在少年儿童生长发育与素质发展的敏感期进行有针对性的训练可以起到事半功倍的效果。

研究结果表明：男性在15～17岁时爆发素质发展速度最快，而女性是在12～14岁时发展最为迅速。男性在13～16岁时耐力素质发展速度快，到17～18岁达到高峰；而女性是在11～14岁发展速度快，15～16岁达到高峰。男性的柔韧素质高速下降阶段在15～17岁，女性的快速下降阶段是12～14岁。协调素质，包括先天性神经协调能力和后天动作学习协调能力，男性与女性的快速发展时期无差异，通常在11～12岁前发展效果更佳。灵敏素质，是伴随神经系统的发育完善而趋于完善的，其快速发展阶段在10～15岁，且男女差异不大。

（一）力量素质

1.绝对力

11～13岁是男性绝对力量自然增长的敏感期，而后增长速度缓慢，到25岁左右最大。女性在10～13岁绝对力量增长速度最快，13～15岁绝对力量增长速度下降，15～16岁回升，16岁以后再度下降，20岁左右达到最大力量。

2.速度力量

少年儿童的速度力量发展比绝对力量要快且早。7～13岁时是速度力量发展的敏感期，13岁以后男性增长快于女性。

3.力量耐力

其自然发展趋势较稳定，男性7～17岁之间基本处于直线上升趋势，女性13岁以后增长速度放缓，14～15岁可能出现下降。

少年儿童力量训练应以动力性力量练习为主，尽量少用或不用静力性练习。另外，儿童力量训练不应过早强调与专项运动技术的结合，应注重少年儿童身体全面发展的力量训练。7岁以前不进行专门力量训练，一般可以通过水上训练、游戏、球类活动来发展7岁以下儿童的力量素质。

7～12岁阶段的儿童力量训练以发展全身各部位的一般力量练习为主。通过采用各种动力性练习，让肌肉组织在"紧张—放松"的交替运动中通过肌肉组织的内部协调增加力量，同时避免了肌肉组织肥大。静力性练习通常以无氧代谢为基础，此时的运动员无氧代谢能力较差，因此不宜采用。力量训练的开始阶段，以克服自身体重的练习为主要负荷，通过引体向上、俯卧撑、各种跳跃为主要训练方法；逐渐增加负荷较轻、次数较多、速度较快的器械练习，如橡皮拉力、实心球等，或采用负荷较低的多种动作循环训练。

13～17岁，这一阶段是少年儿童生长发育的快速阶段，力量训练可采用橡皮拉力、等动拉力、滑轮拉力、杠铃、联合训练器械等。由于这一时期身体发育，特别是骨骼并未发育完全，因此要保证练习的正确技术，避免受伤。

（二）速度素质

1.反应速度

少年儿童在6～12岁时反应速度提高幅度较大，9～12岁提高更为明显；12岁以后，随着身体的生长发育，反应速度的增长减慢；到16岁时，由于运动员的身体各项机能均有大的提高，反应速度的提高再次出现高峰；20岁以后反应速度的提高将减慢。

2.动作速度

少年儿童在7～17岁时自然增长；13～14岁动作角速度可基本接近成年人水平。

3.移动速度

成年男性在18岁以后移动速度仍然有提高趋势，女性在17岁后移动速度自然提高减慢。

运动员的速度素质受遗传因素影响较大，后天训练提高幅度不大。游泳速度取决于运动员在水中划频和划幅的最佳组合。提高少年儿童游泳运动员的速度，首先要提高动作频率，在全面发展专项力量素质后可增加划幅，完成提高动作效果的目的。

在游泳训练的初始阶段（7岁）就应该发展运动员速度的基础能力，通过短冲、短距离快频率的打腿与划手练习、徒手力量练习、轻重量拉力练习来发展运动员的动作速度，采用出发、游戏等内容发展运动员的反应速度。

（三）耐力素质

少年儿童耐力素质是随着年龄的增长而逐渐提高的。女孩9岁时耐力素质提高的速度较快，12岁时再次提高，14岁起耐力素质水平逐渐下降。男孩在10岁、13岁、16时，耐力素质均有大幅度的提高。

少年儿童耐力训练须以有氧耐力训练为主，从青春发育期开始后再进行无氧耐力训练。耐力训练通常采用小强度、持续时间较长的持续训练法，除水中长游和低强度间歇游外，陆上长跑、球类运动、自行车、游戏、循环练习等也是发展游泳运动员耐力素质的有效方法，同时可避免长游造成厌烦心理。

（四）柔韧素质

柔韧素质对游泳运动员来说非常重要。柔韧素质可直接影响到运动员游进时的动作幅度，对能否发挥力量、速度、协调性、肌肉弹性等方面意义重大。游泳项目对运动员的肩关节、踝关节、躯干、膝关节的柔韧性要求较高。

儿童少年与成年人相比关节面角度大、关节面软骨厚、关节内外的韧带较松弛，因此应在7岁前进行柔韧性练习，力争在12岁前使柔韧素质得到较好的发展。13～16岁之间生长发育较快，身高、体重明显增加，柔韧性随之下降，这时的柔韧性练习主要以保持柔韧素质，不使其退化为主要目的。16岁以后，运动员身体生长发育趋于成熟后，可逐渐加大柔韧性练习的负荷。

少年儿童游泳运动员的柔韧素质练习，肩关节的柔韧性练习以牵拉大肌群为主，踝关节以牵拉韧带为主。在每次训练的课前、课后都应安排柔韧性练习和牵拉伸展练习，课前应多以主动性活动为主，课后应多以被动性牵拉、静态牵拉为主。

（五）协调素质

少年儿童的协调素质包括先天性神经协调能力和后天动作学习协调能力。先天的神经协调能力在后天训练中可塑性极小；后天动作学习协调能力，男性与女性的快速发展时期无差异，通常在11～12岁前发展效果更佳。随着少年儿童身体发育，速度、耐力、力量等素质得到发展后，协调能力将在13～14岁达到生物成熟的年龄。

少年儿童游泳运动员协调素质的水中练习可通过运用不同种类的泳式相互配合等方法进行，如蝶泳手、蛙泳腿练习，蛙泳手、自由泳腿练习，双臂仰泳、蛙泳腿练习，等等。

二、游泳运动员各年龄阶段的训练要点

少年儿童的游泳训练必须根据其生长发育特点进行，并以此为依据，确定训练任务，选择训练方法，设计训练负荷，制定参赛目标。目前国内通常将17岁以下的少年儿童分为5个组别，分别是7～8岁组、9～10岁组、11～12岁组、13～14岁组、15～17岁。下面各个表格介绍了不同年龄组运动员的训练任务、训练负荷、能力训练比例、训练内容、比赛目标、训练态度及心理训练内容。

（一）不同年龄段训练任务（见表8.9.1）

表8.9.1　不同年龄阶段的训练任务

组别	训练任务
7～8岁	熟悉水性，培养水感
	学习四种泳式及出发、转身技术
	发展协调性、柔韧性、关节灵活性和一般耐力
	增强体质，提高健康水平
	培养和提高水中活动能力
9～10岁	提高四种泳式及出发、转身、到边技术
	发展有氧耐力、力量耐力
	全面发展身体素质，注重肌肉群的平衡发展
	发展核心力量，提高身体水中的平衡能力
	发展柔韧性、灵敏与协调性、节奏感及快速动作能力
11～12岁	全面掌握规范的竞技游泳技术
	提高技术动作质量，形成符合自身特点的动作节奏
	全面发展一般身体素质
	发展有氧耐力和速度能力，开始无氧能力训练，发展专项柔韧、协调、控制力
	发展核心力量和速度力量
	加大早发育女运动员的运动负荷
13～14岁	全面掌握规范的竞技游泳技术
	提高技术动作实效性和经济性，形成个人技术风格
	发展专项素质，继续提高柔韧和协调性
	在提高有氧代谢能力的基础上提高无氧代谢能力
15～17岁	完善个人技战术，形成最佳的划频和划幅组合，提高比赛技战术稳定性
	有氧能力达到较高水平，发展无氧能力。女运动员无氧能力达到较高水平
	发展专项力量
	继续保持良好的柔韧性和协调性
	女运动员注意控制体重

（二）不同年龄段训练负荷特点（见表8.9.2）

表8.9.2　不同年龄阶段的训练负荷

年龄	7岁	8岁	9岁	10岁	11岁	12岁	13岁	14岁	15～17岁
周课次/次	3～4	3～6	5～7	5～7	6～9	6～9	6～12	6～12	6～12
课时间/min	60	60～90	90～100	90～100	120	120	120～150	120～150	150～180
课运动量/km	1.5	2	3	4	3～5	4～6	5～7	6～7	6～8
年运动量/km	20	30	40	60	60	80	1 000	1 500	2 000
水陆比	7:3	7:3	7:3	7:3	7:3	7:3	7:3	7:3	7:3
陆时间/min	15～30	15～30	20～30	20～30	30～45	30～45	45～60	45～60	45～60

（三）不同年龄段能量训练比例（见表8.9.3）

表8.9.3　不同年龄阶段的能量训练比例

单位：%

年龄	7～8岁	9～10岁	11～12岁	13～14岁	15～17岁
磷酸肌酸功能	5	5	3～5	3	2～3
糖酵解乳酸耐受	0	0	2～5	5	5～7
最大摄氧量	0	15～20	15～20	15～25	15～25
中强度有氧	30	30	30～35	40～50	45～55
低强度有氧	65	50	40～45	20～25	15～25

（四）不同年龄段训练内容（见表8.9.4）

表8.9.4　不同年龄阶段的训练内容

年龄	7～8岁	9～10岁	11～12岁	13～14岁	15～17岁
训练内容	基本技术基础	基本技术	比赛技术（出发、转身、到边）	各种游速中技术的稳定性	专项力量和爆发力及应用
	有氧耐力	有氧耐力	反映、动作速度	训练方法的适应程度	极限速度训练
	短距离快速打腿	反映、动作速度	规范技术（协同用力、加速度、节奏）	水中专项力量	乳酸耐受和乳酸峰值训练
	腰腹肌、徒手力量	规范技术（划水路线、用力、加速度、节奏）	有氧耐力	爆发力和速度力量	年运动量达到最高点
	柔韧、协调、灵活	游进中保持正确技术	一般力量、速度力量、爆发力	无氧能力	
	游戏	一般（全身）力量		战术和比赛技巧	

（五）不同年龄段比赛目标（见表8.9.5）

表8.9.5 不同年龄阶段的比赛目标

年龄	7～8岁	9～10岁	11～12岁	13～14岁	15～17岁
比赛目标	参加教学比赛	参加区、市等基层比赛	全能比赛	培养比赛技战术意识	建立成功比赛模型
	了解比赛过程	学习比赛技巧，掌握竞赛规则	参加不同距离和项目比赛，积累经验	长距离项目有所突破	熟练运用比赛规则
	培养参赛乐趣和竞争精神	增加比赛次数		连续竞赛的能力	完善比赛技战术、心理能力
		总结比赛经验、教训			

（六）不同年龄段训练态度及心理训练（见表8.9.6）

表8.9.6 不同年龄阶段的训练态度及心理训练内容

年龄	7～8岁	9～10岁	11～12岁	13～14岁	15～17岁
训练态度及心理训练内容	培养对游泳的积极兴趣	培养从事游泳运动的积极性，自觉参加训练	激发积极训练动机，树立训练目标和自信	树立事业心	建立社会责任感，树立为国争光荣誉感
	学习在集体活动中发挥个人积极主动作用和团结合作精神	养成良好的训练习惯	培养顽强的意志品质和自制力，提高自律能力	提高自我控制力和顽强意志品质，自觉执行有关管理规定	培养顽强的意志品质
	培养勇敢顽强的意志品质	加强注意稳定性	培养集体观念和团队精神	坚决拒绝使用兴奋剂	学习参与计划的制订与实施
		初步使用基本运动心理技能（表象演练）	处理好训练、学习、娱乐和生活的关系	培养集体观念和团队精神	良好的性格特征，做到自我负责、帮助他人
			培养社交能力	加强与教练的沟通与合作	提高如职业目标和文化教育等个人素质
			使用运动心理技能（注意控制、心理放松）	提高自身文化修养和文明程度	使用心理技能（调整控制情绪）
				使用心理技能（思维控制）	

（七）不同年龄段技术训练特点（见表8.9.7）

表8.9.7　不同年龄阶段的技术训练

年龄	7～8岁	9～10岁	11～12岁	13～14岁	15～17岁
技术训练	熟悉水性，学习正确的竞技游泳技术	明确动作概念（水下、细节）	明确动作概念（整体、精细、感觉）	在全面提高技术的基础上，加强逐项技术改进，形成个人风格	吸取先进技术，发挥个人特长
	建立正确的动作概念（粗略、轮廓）	掌握各泳式及出发、转身规范技术	提高技术质量，合理、准确用力，保持良好的节奏与动作效果	提高技术效率，注重时效性和经济性	挖掘技术潜力，形成最佳划频与划幅组合
	形成较好身体姿势、身体位置和动作外形	学习和掌握躯干转动和大肌群用力，用力方式和节奏，提高技术动作协调性	提高协调性、控制能力，掌握游进路线	提高技术稳定性及保证疲劳时技术的正确、稳定	根据比赛战术，合理运用技术
	打好腿部技术基础	提高水感和身体控制力，有较好流线型	培养速度感、空间感、比赛技术		
		发展动作频率			

课后思考

（1）不同年龄组游泳运动员的训练任务及训练方法是什么？

（2）如何安排不同年龄组运动员的训练负荷，制定参赛目标？试举一个年龄组说明。

第十节　游泳运动训练计划与周期

◆ 本节导言

科学合理的训练计划是游泳训练得以顺利实施并取得预想效果的中心环节，是提高运动能力，提高运动成绩的基础保障。培养一名运动员，首先要一个总体规划，即多年训练计划，包括基础训练、全面发展、专项提高、达到最佳竞技状态、保持竞技水平等阶段；进而制订某一年或大周期训练计划，包括训练、比赛、恢复三个周期。单纯围绕一次比赛，运动员要经历准备训练期、有氧耐力训练期、无氧耐力训练期、赛前训练期、比赛期、恢复期等周训练计划。进入每次训练课的计划，也要分为准备部分、基本部分、课后总结。本节阐述了多年训练计划、年度及大周期训练计划、周训练计划、课次训练计划的制订原理与方法。通过本节学习，学生可了解划分游泳运动员训练分期的方法，初步掌握如何制订游泳训练计划。

竞技游泳训练工作计划是教练员对未来训练过程预先做出的理论设计，是运动员以现实状态向目标状态迈进的过程。训练计划的合理制定和具体实施是游泳训练过程的中心环节，其目的是通过科学合理的训练计划，提高运动员的运动能力，进而提高其运动成绩。

训练计划的内容不仅涵盖了运动训练本身，还要综合考虑其他与训练相关的因素，因此训练计划的制订，离不开以下几个方面：运动员的基本情况；训练指导思想及目标；运动员现实状态的诊断与分析；训练过程的阶段划分，各训练阶段的主要任务和基本内容；竞赛安排；训练负荷的动态变化趋势；训练方法和手段；各种手段练习的负荷要求；主要训练措施和恢复措施；检查评定训练效果的内容、时间及标准等。

◆ **学习内容**

一、多年训练计划

二、年度及大周期训练计划

三、周训练计划

四、课次训练计划

一、多年训练计划

多年训练计划是对运动员多年训练过程的总体规划。多年训练计划的制订要从整体上、发展上宏观地规划运动员两年以上的训练过程，对于年度、大周期等训练计划具有指导性意义，但对未来较长时间的训练活动所做的预测仅仅是框架性的，而非详尽具体的。多年训练计划通常分为全程性多年训练计划和区间性多年训练计划两种，下面介绍在训练中普遍采用的全程性多年训练计划的制订方法。

全程性多年训练计划，指运动员从开始接受游泳基础训练，到达到个人运动竞技水平高峰，再到停止参加游泳训练活动的整个过程的设计与规划。具体划分如下：

第一阶段：基础训练阶段，时间为2～3年。第一阶段的主要任务是发展运动员的一般运动能力，以全面身体素质和基础技术训练为主，逐渐加大训练负荷。掌握四种泳式及出发、转身、触壁到边技术，有计划地进行混合泳和四种泳式的单项训练，注重发展有氧工作能力，使耐力水平得到提高。发展运动员的动作速率、协调能力和相对力量素质。

第二阶段：全面发展阶段，时间为2～3年。第二阶段的主要任务是全面提高运动员的技能水平，运动负荷在相对稳定的水平上有节奏地增长，负荷强度逐步增大。继续以发展运动员的有氧能力为重点，加入有氧无氧混合供能训练。总体以中低强度负荷练习为主，以中等强度负荷为核心，合理安排高、中、低强度训练的比例，使运动员打好全面的身体素质基础，提高承受大负荷训练的能力。并帮助运动员逐步确立主项，同时训练向发展专项素质方面侧重。

第三阶段：专项提高阶段，时间为3～4年。第三阶段的主要任务是提高专项竞技能力，重点提高有氧无氧混合供能能力，增大专项训练比重，负荷量和负荷强度均可达到较高水平。重视运动员的心理训练，提高心理素质水平。同时增加比赛频率，锻炼运动员的比赛能力，积累比赛经验。

第四阶段：达到最佳竞技状态阶段，时间大约4年。第四阶段的主要任务是在多年系统训练的基础上进行强化训练，使运动员逐步达到最高竞技水平。突出运动员的专项力量素质，尽可能地提高专项运动能力。不断改善运动员心理素质水平，提高自我控制能力。尽可能地增加参赛频率，并使运动员能够在比赛中表现出最佳竞技能力。

第五阶段：保持竞技水平阶段，时间大约3年以上。由于游泳科学训练水平的提高，训练恢复手段的科学化，以及社会保障条件的改善，优秀游泳运动员的运动寿命普遍延长，在达到最佳竞技能力后仍能保持很长一段时间。这一阶段的主要任务是保持运动员身体健康水平和全面身体训练，适当减少运动负荷量，保持或提高负荷强度。保持运动员肌肉与关节柔韧性，进一步加强专项力量素质，保持和进一步完善运动员的基本技术。掌握好训练节奏，控制好身体疲劳程度，做好心理状态调节。

二、年度及大周期训练计划

年度训练计划是在多年训练计划的总体规划基础上，以一年的时间跨度为周期，根据该年度在多年训练计划中的地位和具体任务，对全面训练工作所作的具体安排。年度训练计划的重点在于训练周期的划分，并做出必要的说明，力求简单明了。

根据每个训练年度在多年训练过程中的地位和任务，可以把年度训练计划划分为基础训练阶段的年度训练计划、专项提高阶段的年度训练计划等。其原则在于年度训练计划要服从多年训练计划的阶段划分。

根据一年中重大比赛次数和可能出现竞技状态高峰的频次，年度训练计划可以分为单周期、双周期和多周期三种类型。目前游泳训练的年度周期划分一般为3~4个周期，即多周期型年度训练计划。在全年内所划分的每个大周期的训练都围绕特定的比赛进行，在全年的训练指导思想下，逐步使运动员的竞技状态升级，在最重要的大周期比赛时让运动员达到最佳竞技状态。

在多周期的年度训练计划中，每个大周期都包括训练期、比赛期、恢复期。训练期是为了保证获得竞技状态而尽力提高运动员竞技能力的时期；比赛期是为了保持竞技状态创造条件，并将运动员在前一段训练过程中所提高的能力发挥到比赛中的时期；恢复期是为使运动员长时间承受大负荷训练及参加比赛所积累的疲劳得以恢复的时期，通过降低训练负荷量和负荷强度，进行调整恢复训练，以保证运动员在下一训练周期能够继续承受更高的训练负荷。

年度训练计划的制订取决于比赛制度，也受运动员个人特点的影响，并与教练员的执教理念、风格、习惯直接相关。在制订全年训练计划时应以训练目的、任务等划分训练周期，充分考虑竞技能力提高规律以及竞技状态形成规律。注意训练目的、任务的连续性和阶段性，遵循周期训练计划服从年度训练计划的原则、年度训练计划服从多年训练计划的原则。在周期训练计划中，训练与比赛之间必须有一个最佳的时间匹配关系，以保证运动员在比赛中表现出最佳竞技状态。另外，重视每个训练大周期中的恢复期训练安排，防止训练过度现象对运动员造成伤害。

三、周训练计划

周训练计划是根据大周期训练计划的任务、目标，以及所在时期的训练任务制订的，是组织游泳训练活动的基本单位。周期训练学说中将周训练计划称为小周期训练计划。周训练计划作为游泳训练的具体实施计划，要有节奏地安排每周训练各课次的训练内容、负荷量、负荷强度和密度。另外，小周期计划的结构和内容不仅决定训练过程的方向和性质，更重要的是决定了运动员形成竞技状态的速度和规模。

根据游泳训练周期划分规律和训练任务、内容等因素，周计划可以分为以下六种类型：

（一）准备期周计划

其目的是做好运动员的一般身体准备，改善技术，提高各素质能力，为之后的训练打下良好的身体基础。主要强调结合一般身体训练与专项身体训练，结合基本技术与专项技术，结合基础速度（力量、技术）与一般能力（心血管系统）。训练负荷量逐渐加大，负荷强度以中低强度为主。训练内容的重要性排序为：技术—力量—速度—有氧—无氧。

（二）有氧耐力期周计划

其目的是提高运动员的机体有氧代谢工作能力，其中包括心血管系统和肌肉耐力系统，为之后的专项训练打下扎实的有氧耐力基础。这一阶段的周计划安排，主要特征为加大训练负荷量，直至该阶段最大值，逐步增加负荷强度，以无氧阈水平的有氧耐力训练和有氧无氧混合负荷为重点，一般有氧训练作为辅助。

（三）无氧耐力期周计划

其目的是逐渐增加训练强度负荷，训练更加专项化，重点发展运动员无氧耐力水平。

（四）赛前训练周计划

其主要任务是使运动员机体适应比赛的要求和条件，把之前训练过程中所获得的竞技能力集中到专项所需要的方向，以便运动员在比赛中发挥最佳竞技水平。赛前训练周计划主要通过逐渐减少并将负荷量稳定在适宜的水平上，并逐步突出专项训练负荷强度，合理交替安排训练内容，强化比赛意识，注重比赛速率训练。

（五）比赛期周计划

其主要目的是为运动员在各方面形成最佳竞技状态所做的直接准备和调整恢复。在安排比赛期周计划时应依据超量恢复原理，通过科学设计，使运动员机体各方面负荷后的超量恢复最佳水平出现在同一时间内，使运动员在生理、心理等各个方面均处于最佳状态。

（六）恢复期周计划

恢复期周计划主要通过降低运动负荷，减少专项训练时间，采取多种有效恢复措施，消除运动员疲劳，尽快实现能量物质的再生和储备，为下一训练周期做好准备。通常采用一天一练的宽松训练结构，减少游泳练习时间，增加陆上一般性身体练习。多采用运动员兴趣大，但对机体刺激小的练习，加速调节运动员状态。

四、课次训练计划

课次训练计划是指根据周训练计划制订的、每一次训练课的全部实施内容和具体实施方案。训练课次是运动训练活动的最基本、最基础的组织形式。多年训练目标的实现，依赖于每次训练课给运动员机体的影响及运动员机能系统状态变化的积累。课次训练计划比周计划更具体、更详细，在训练任务、训练内容、训练手段与方法实施方面表现得更加具体，需要明确指出练习量、距离组合、强度搭配、课次密度、顺序、成绩要求、间歇时间等，同时需指出课的组织形式、恢复措施等。制订课次训练计划须根据运动员的个人实际情况进行调控，具有复杂、多变的特点。

根据训练课的主要任务和内容，通常将训练课分为体能课、技术课、综合课、测验课、检查课、比赛课等。

根据训练过程中运动员身体机能状态变化规律，可以将训练课分为准备部分、基本部分和课后总结。准备部分的任务是使运动员机体由安静状态逐渐进入运动工作状态，从生理和心理上做好承受练习负荷的准备。基本部分的任务通过计划安排的内容和手段提高运动员训练水平，完成该次课的主要任务，运动负荷需要通过一次或几次达到高峰。课后总结即整理放松活动，通过逐渐降低练习强度达到加快排出代谢产物，促进机体快速恢复到课前状态。

游泳水上训练课主要有两种类型，分别为综合训练课和选择训练课。综合训练课指通过采用多种适宜的训练手段，同时发展运动员几种素质或能力，如一次课中同时发展有氧耐力和专项速度能力，其内容和形式较为丰富多样，能够降低运动员的心理负担，有助于保持训练水平，在比赛期中较为常用。选择训练课指通过性质相同的练习来发展运动员某一特定的素质或能力，如专门发展速度耐力的训练课、专门发展专项耐力的训练课、着重发展速度或力量素质的训练课等。选择训练课对运动员机体刺激方向集中、痕迹深刻，适用于高水平运动员。

课后思考

（1）如何划分多年训练计划？

（2）根据游泳训练周期划分规律、训练任务和内容等因素，周计划可以分为哪几种类型？请举一例进行说明。

第九章

水中运动康复课程

本章导言

游泳，作为一项古老而又充满活力的运动，不仅能够锻炼我们的身体，提高心肺功能，更能帮助我们舒缓压力，放松心情。而在水中进行的运动康复，则以其独特的优势，为那些身体受伤或需要康复的同学提供了一种安全、有效的康复方式。

水中运动康复是一种结合了医学、体育学、康复学等多学科知识的综合性疗法。它利用水的浮力、阻力、压力等特性，减轻身体负担，缓解关节疼痛，同时又能通过水中运动锻炼肌肉力量，提高身体柔韧性。对于大学生来说，掌握一定的水中运动康复知识，不仅有助于个人身体健康的维护，更能为将来的职业发展和社会生活打下坚实的基础。

在这门课程中，我们将从基础游泳技巧开始，逐步深入到更高级的技术和训练方法，通过理论讲解、示范教学、实践操作等多种方式，帮助大家掌握游泳的基本技能，提高游泳水平。同时，我们还将重点介绍水中运动康复的原理和方法，帮助学习者了解如何利用水的特性进行康复训练，促进身体的康复和健康。

第一节　水中运动康复概述（水疗简介）

◆ **本节导言**

数千年前，人们已经选择了水作为祭祀、沐浴、治疗疾病以及作为休闲或竞技活动中的重要组成部分；与我们日常饮用的水相比，它展现出更高的安全和健康价值，并得到了越来越多人的认同和接纳。由于其独特的生理特性，水受到了广泛的关注。它拥有深厚的历史背景。在过去的数百年中，医疗工作者一直在探索使用水作为治疗和恢复疾病的方法。通过利用水的物理属性，我们可以通过将身体浸入水中来恢复和治疗一系列的运动和生理功能。现阶段，运动员正在从运动水疗的实际应用中受益，这种水疗方法也逐渐受到教练、运动员以及运动康复师的关注，并在运动员的运动疲劳恢复、运动伤害恢复以及运动能力的恢复性训练中起到了关键作用。

虽然水中身体机能恢复与运动训练作为一种创新的物理治疗和运动方法的应用历史相对较短，但它在多个领域都有广泛的应用。这一部分主要对水疗的历史进程进行了回顾，并深入探讨了水的物理属性、其在各个领域中的应用以及水疗的实际情况。

◆ **学习内容**

一、水疗发展史

二、水的物理学特性及其应用

三、水疗在竞技运动中的应用

一、水疗发展史

（一）古代水疗史

水疗的历史可以追溯到公元前2 400年，那时的两河流域包括美索不达米亚文明、古埃及文明、古印度文明和华夏文明。人们在水中沐浴，用水进行宗教仪式，进行社会的复兴或更替，进行治疗和放松等活动。在古代的宗教习俗中，人们使用水中沐浴的方式来净化被尘埃覆盖的身体和消除疾病，这也象征着灵魂的净化和罪恶的洗脱。在公元前1500年，古代印度的人们首次使用水来帮助发高烧的患者降低体温。在中国周朝的历史背景下，香汤浴这一习俗便开始被记载，从那时起，药浴和温泉沐浴一直被视为具有医疗功效的方式。大约在公元前800年，远东地区的居民开始使用长时间浸泡在水中或持续在水中跑步的方式来治疗疾病。在英格兰的某些地方，人们开始使用水沐浴作为疾病恢复的方法。在公元前500年，希腊的人们采用温泉和水中的矿物来治疗各种疾病。公元前400年，古希腊的医学大师希波克拉底，被尊称为"西方医学之父"，他详细描述了使用冷热水浸泡的水疗技术来治疗多种疾病，包括肌肉抽搐、风湿和关节疼痛。古希腊文明最初认识到精神健康与身体健康的紧密联系，因此创立了最初的公共沐浴设施，充分地利用天然河流和温泉进行沐浴或在水中放松身心。

在罗马的时代，古希腊发明的洗浴系统得到了进一步的发展，被命名为"罗马浴"，这与其出色的建筑设计风格相结合。罗马浴采用了各种不同温度的水，以协助运动员和一般大众进行健康保健、休闲活动、娱乐活动以及多种水下训练。在330年的历史中，罗马浴被广泛应用于治疗关节炎、瘫痪以及各类闭合性伤害，其主要的应用方式是将患者被动地浸泡在水中。在中世纪的欧洲社会中，基督教的教条将水的利用视为一种缺乏宗教信仰的活动，因此受到了严格的禁令，导致罗马的水疗中心几乎被遗弃。在15世纪之前，水疗作为一种康复疗法，再次得到了社会的广泛关注和高度重视。

"SPA"这个词与水疗的进步是分不开的。"Solus Por Aqua"这一拉丁文词语最初是用来描述健康是由水构成的。在1326年，位于欧洲比利时阿登地区（Ardennes）的列日市有一个名为"Spau"的小镇。在那里，当地居民发现了一些具有治疗和美容功效的热矿温泉，并将其命名为"Spa"。这一发现与后来在英格兰哈罗盖特（Harrogate）附近发现的硫磺温泉一同赢得了广泛的声誉，从此"Spa"便开始广为传播。

在18世纪初，德国的医生西格蒙德·哈恩和他的孩子提议使用水来治疗腿部的疼痛和瘙痒，这种方法被怀曼和格莱泽命名为水疗（Hydrotherapy）。在17—18世纪期间，欧洲的水疗技术得到了进一步的发展。然而，水疗运动的技术在20世纪初才开始得到广泛的推广和实际应用。

（二）现代水疗史

对于水的治疗效果的认识和应用，在全球文明的演变历程中都有所体现。水在治疗方面的功能已经变成了古代文明多个核心特质中不可或缺的一部分。在这其中，罗马浴场扮演着医疗保健和康复疗养中心的角色，而在欧洲和美国，水疗中心的设立则是为了支持医疗保健和康复工作的进展。

在19世纪的尾声和20世纪的初段，人们开始采用浮力作为工具，为患者提供早期训练。水中运动疗法首次被引入，它与传统的被动水中治疗方式有所不同。在这一阶段，人们开始进行更为主动的水中锻炼，这与早期的水中康复有相似之处。在1924年，洛曼医生在参观位于芝加哥的一所专为残疾儿童设立的学校时，观察到医院工作人员让患有麻痹症的儿童在有水的木桶中活动。回到洛杉矶的矫形医院后，洛曼医生设计了两个用于治疗的水池：一个用于治疗脊髓灰质炎和其他麻痹症患者，另一个则用于用盐水治疗感染患者。洛曼医生还将自己的实践经验写成了文章，并参与了1928年在乔治亚州亚特兰大举办的美国骨科学会会议，吸引了参会人员的广泛关注。在1937年，洛曼医生在《水下运动技术的实践与应用》一书中详细阐述了各种水疗手段，特别是水下运动的多种形式，并据此制定了相应的水中运动指导方针。1932年，在美国理疗学家玛丽·麦克半伦女士的帮助下，中国北京的协和医院建立了国内最早的水疗中心，开展了水疗项目，并公开发表了与水疗相关的文章。在接下来20年的时间里，成功的水中治疗经验已经引起了越来越多客户医生的注意，他们开始采用水疗作为治疗手段，特别是针对关节炎、风湿性疾病、脊髓灰质炎、呼吸系统疾病以及肌肉骨骼问题（例如脊柱疼痛）的患者。在20世纪50年代的中后段，欧洲涌现了巴德格拉茨泳圈治疗技术（Bad Ragaz Ring Method）和哈利维克（Halliwick）的思想，这对水疗领域的进步带来了深远的影响。从1956年开始，欧洲的众多康复中心都设有水疗中心。这些中心主要负责执行面向大众的健康水疗项目，使得水中的运动疗法成为物理治疗的核心部分。1958年，北京小汤山康复医院建立了一个以温泉水疗为核心的医疗康复体系，直到现在，他们仍然保留着明代的温泉池，乾隆、慈禧的浴池遗迹，以及北京市的第一个温泉井，名为"汤泉一号"。

在20世纪70年代的尾声和80年代的初期，水疗的应用开始逐渐复苏。在1978年，Basmajian所著的《治疗性练习》这本书里，有一章专门探讨了水中练习的技巧和其所带来的益处。水中康复技术的进步得益于患者的筛选、治疗方法以及辅助设备的使用，它已经成为物理治疗的一部分，并受到了康复医生的热烈欢迎。人们逐渐开始重视那些有助于减少运动伤害的健康锻炼方法，例如在水中进行的活动。选择在水中进行有氧锻炼而不是高强度的陆地锻炼，这有助于关节炎患者更好地恢复他们的日常生活能力。

在20世纪80年代，水疗的应用又一次达到了巅峰。不只是因为它针对某些特定的疾病进行治疗，更是因为社会对于身体健康的关注度逐渐增强。水的浮力作用使得在水中进行运动时，骨骼和关节能承受更少的压力，同时，水中运动的多样性也能带来娱乐效果，因此运动水疗受到了广泛欢迎。

随着21世纪的到来，水疗经历了迅速的发展，人们对水疗在健康和康复方面的益处有了更深入的了解。尤其是在竞技体育领域，水疗的应用经历了迅猛的增长。在实际应用中，水疗作为一种物理治疗手段已经得到了广泛的认可和推广。它被视为某些运动性伤害的早期康复训练的理想环境，而冷水浸泡或冷热交替则被视为高强度训练后的疲劳恢复策略。水中运动，作为一种创新的训练方式，已经获得了部分高级教练的肯定。它甚至被视为日常训练计划的核心部分，对于提升运动员的表现起到了非常积极的推动作用。在水疗设备的应用上，有些企业积极地使用社区的设施或在治疗中心设置水疗中心，以满足广大民众的需求。针对各种运动队的特定需求，我们设计了专为这些特定目的定制的治疗池，以满足专业运动队在水中进行各种练习的需求，包括但不限于有氧运动和模拟专项训练。由于在水中进行康复和训练具有很高的安全性，这有助于激发运动员对训练的热情，并在提高训练效果上往往能达到事半功倍的成果，因此得到了运动队的热烈欢迎。

（三）水疗设备发展史

古时的人们充分发挥了他们的自然地理优势，例如使用温泉、湖泊和河流作为沐浴的地方。从一方面来看，这是一种个人的身体卫生护理行为；从另一个角度看，这也是一种广为传播的宗教仪式。世界各地陆续发现了一些具有休闲、放松和治疗效果的天然温泉，例如英格兰哈罗盖特附近的硫磺温泉、中国西藏德宗温泉等，这些温泉已经成为人们沐浴和治疗疾病的理想场所。

20世纪初，现代水疗设备开始崭露头角，而到了20世纪80年代，它们经历了迅速的增长。水疗器械可以被分类为单人使用的设备和多人使用的设备。一般来说，单人水疗设备在其设计理念上主要分为气泡浴和涡流浴两大种类，这些设备主要为肢体功能受损、脑瘫、偏瘫、烧伤、共济失调和神经炎等疾病的患者提供服务，其中温热水浴是主要的治疗方式。

康复训练池是一个适用于多人同时在水中接受治疗或进行康复训练的场所。这批水疗池的面积大约在 $10\sim30\ m^2$ 之间，水深范围为 $1.2\sim2\ m$，设计了多个功能训练区，并配备了可调节深度的水池底板，以便调整水的深度。在现代的运动水疗池中，水流被设计成层流模式，其中顺流可以提供助力，而逆流则会产生阻力，可以根据康复训练的目标来调整水流的速度。通过调整水流的速度，我们可以调整水中训练的阻力，这为运动员提供了一个理想的场所，用于治疗伤病、进行康复训练以及进行交互性训练。在当前的市场环境中，大部分的水疗池都配备了喷射设备，这些设备能够直接作用于身体的特定区域，从而实现按摩和放松的效果。水疗池底部可以安装运动跑台（镶嵌式或移动式），跑台的两侧可以配有双杆，水疗池的旁边可以安装可视玻璃窗和摄像机，这些设备可以通过数据线连接到显示器上，用于分析和反馈水中的动作。所有的现代水疗池都配备了自动化的水管理系统，这包括水的循环处理、制冷和加热。这是一个专为热水或冷水浸泡而设计的能量再生恢复池，能够同时容纳多名成员，以满足团队运动员在训练或比赛结束后的能量恢复需求。

二、水的物理学特性及其应用

水疗有着深厚的历史背景，并在古代和现代得到了广泛的实践和应用。水的物理属性作为一种外部刺激，可以改变身体的内部和外部环境，并通过神经和体液的调节机制，导致一系列生物学上的变化。水疗是一种物理疗法。例如：用冷水浸泡可以减轻肿胀和止痛；用温水浸泡可以帮助减轻焦虑情绪；通过热水浸泡，可以在后期缓解肌肉的痉挛和粘连，从而提高关节的活动性；中药浴具有消炎和缓解疼痛的效果。在水中进行体育活动有助于增强肌肉的力量和耐力，同时也能扩大动作的活动范围，提高控制、平衡和协调能力，这样的水环境更有利于损伤后的早期功能恢复。总结来看，水疗的主要物理属性包括温度效应、机械效应和化学效应这三个方面。

（一）温度效应

由于水具有较高的比热和热容量，以及出色的导热能力，它能够通过温度的波动来激活身体的皮肤和肌梭感受器，进而影响神经冲动的传递，从而实现代谢的调节和机体功能的改善。在闭合性软组织损伤后的急性阶段以及手术后的初期，采用冷水浸泡或冰敷的方法可以有效地控制炎症，减少组织液体的外渗，并具有消炎和止痛的效果。在受伤的晚期或疾病功能逐渐恢复的阶段，可以选择使用热水浸泡或温水进行康复治疗和训练。热水具有缓解肌肉抽搐和提高关节活动性的效果；在温水环境中进行康复运动可以有效地增强心肺功能和运动表现，同时也能提升肌肉的力量和耐力。因此，各种水温环境都能满足不同人群的康复运动需求，并充分利用水的优良导热特性。在体育活动中，水作为热导体的特性被广泛应用于控制由身体组织损伤导致的肿胀和炎症，这有助于减轻疲劳并加速运动员功能的恢复，从而实现最优的运动表现。根据水的温度差异，我们可以选择不同的恢复方法，例如冰疗、冷水浸泡、热水浸泡、冷热交替或使用温水浸泡等。不同温度水的用途见表9.1.1。

表9.1.1　不同温度水的用途

用途	冷水 8~14℃	凉水 26~28℃	热中性水 33.5~35.5℃	温水 36~38.5℃	热水 37.5~41℃
剧烈运动比赛后	√				
游泳运动		√			
急性软组织损伤	√				
关节炎			√		
拉伸与放松				√	√
整理活动	√	√			
多发性硬化症		√			
共济失调综合征			√		
心脏康复			√		

（二）机械效应

当水受到静水压、冲击、浮力、阻力、黏滞性等多种因素的作用时，它会在人体表面产生机械效应，并展现出多种形式的助力或阻力效果。这一切都是基于水的静态力学和流体力学的基本原理。

1.静水压

静水的压力与其在水中的渗透深度密切相关。由于静水压对胸部和腹部产生的压力，身体不得不进行强烈的呼吸以抵抗水流的阻碍，这进一步增强了呼吸过程和气体交换，从而调整了呼吸功能。静水压对体表的静脉和淋巴管产生压迫和刺激，这导致体液的回流量上升，从而引发体内体液的重新分配。血液的循环和淋巴的回流有助于缓解水肿现象，同时也促进了血液循环和伤口的愈合过程。当物体在水中移动时，静水的压力会产生三维的阻力，从而增强其运动性能。

2.冲击

采用高压水流冲击技术，例如直喷浴、扇形浴和针状浴，可以通过强烈的机械刺激来引发作用部位的血管扩张和神经兴奋，从而实现身心的愉悦和放松，达到良好的心理调理和安抚效果。

3.浮力

浮力的作用方向与重力的作用方向是相反的，它能够部分或完全中和重力的影响，从而带来显著的医疗效益。对于那些不能在陆地上进行运动的肥胖、慢性疾病和运动伤害患者，他们可以尽早地在水中进行功能性活动，这不仅可以减轻肿胀和疼痛，还能迅速提高他们的心肺功能和运动表现，甚至可能加速伤害的恢复过程。

4.阻力

与陆地运动所面临的阻力相比，水所带来的阻力明显更大。水的动态黏滞性不只是因为水和空气的密度存在差异，还与水本身的密度有关。后者产生了液体内部的摩擦效应，也就是流动时的阻力。当身体或四肢在水中移动时，它们在主观上会受到形状、波浪和摩擦力三方面的阻碍。形状阻力产生的原因是个体在前进的方向上形成了高压力区域，而在其后方则形成了低压力区域，这是由于层流中的水被湍流中的水所替代所导致的阻力。由于形状阻力的增加，更多的水被排放出去，这导致碰撞面积越广，相应产生的形状阻力也就越大。因此，在游泳时，运动员需要维持最理想的流线形状，以产生最大的浮力，从而降低形状阻力带来的不良影响。波浪阻力产生的原因是机体与波浪的碰撞，从而产生前进的推动力或使物体靠近水面，特别是当身体的不同部分上下移动时。摩擦力是当水与人体接触时产生的一种现象。它与形状阻力相似，摩擦力的大小不仅受到面积的影响，还会受到水的黏性、人体皮肤的摩擦系数、头发、泳衣和运动速度等因素的影响。

5.黏滞性

与空气相比，水具有更高的黏性。在水中的活动不仅可以利用静态水压，还可以通过水的黏滞性产生的阻力来进行水中的抗阻训练，从而增强肌肉的力量和耐力，并改善心肺的功能。

在水中进行运动时，会遭遇各种形式的阻力，而运动的速度越快，所产生的阻力也就越大。在运动终止的情况下，阻力将会减少至零，水的黏性能够有效地中和惯性力，因此，在水中进行运动是相对安全的。当病人因疼痛而停止活动，他们所遭遇的阻碍也会迅速减少，确保他们在水中能够在一个舒适的环境中移动。与此相对，当在水中移动的速度更快时，所面临的阻力也会更大。例如，在水中行走，如果运动速度提高了两倍，那么就需要克服相当于水拖曳力的8倍。

众多的科学研究已经证明，通过在水中利用水的阻力进行训练，不仅可以显著增强上肢和下肢的肌肉力量和爆发力，还可以保持或增加最大的摄氧量、能量消耗、呼吸功能和柔韧性，同时还能促进身体成分的变化。

（三）化学效应

水被认为是一种极佳的溶解剂，它能够溶解各种矿物质和化学物质，例如药物或气体。根据人体的不同状态，水中可以加入各种微量元素、矿物质、药物和气体进行治疗。这不仅可以直接利用外用药物，还可以避免药物对胃肠道产生的刺激，实现物理和药物治疗的双重效果。

三、水疗在竞技运动中的应用

在欧美的体育竞技领域中，水疗已经得到了广泛的认可，它已经变成了一种主要的方法，用于加速运动性损伤的恢复、维持心肺功能，并促进人们更快地重新参与运动。众多的竞技队伍都配备了水中的运动设备，并在实践中展现了积极的应用态度。在这些国家中，利用水疗中心进行交互式训练是非常普遍的，这是因为水的黏滞性会增加运动时的阻力并推动力量的增长，同时水的浮力也能减轻关节的压力，从而减少训练过程中的伤害。用冷水浸泡可以帮助运动员预防运动疲劳，改善睡眠质量，促进食欲，减轻肌肉酸痛。用温水浸泡可以帮助运动员放松神经和肌肉，减轻疲劳。

一百年前，全球各地都设有专业的水疗中心，这些中心不仅被广大民众用于休闲放松，还被用于许多慢性疾病患者的恢复和治疗，并逐渐被用于运动员的伤病治疗和康复过程中。在职业运动队中，水疗技术被广泛用于术后运动员的早期功能恢复训练、高强度训练后的能量恢复，以及提高运动员的专业运动能力。在水中进行的康复性训练可以被视为陆地康复训练的有效补充，并在教练员的训练方案中占据了核心位置。在过去的几年中，我国的水中运动康复取得了显著进展，不仅在大众健身领域，也在专业运动员的康复训练上，逐步成为受到广泛关注的焦点。

第二节　水中运动康复的生理学基础

◆ **本节导言**

利用水独特的物理学特性，如水的浮力、静水压、阻力、导热性和化学特性等，在前人广泛研究的基础上，根据水中浸泡或水中康复业产生的效应原理，形成了现代的运动水疗技术。与其他多种康复技术或身体训练技术相比，这种技术更容易得到理论支持。运动水疗不仅在慢性疾病如偏瘫、肥胖、糖尿病和关节炎的积极治疗和康复中得到了广泛应用，而且也逐步被用于竞技运动员在运动后的疲劳恢复和受伤后的恢复治疗中。

　　水中浸泡引起的机体生理学改变涉及呼吸系统、循环系统、运动系统、神经系统、免疫系统、泌尿及内分泌系统等。本节将系统性地回顾人体在水环境中的恢复和运动产生的生理反应，为水疗在康复医学或身体训练和恢复方面提供更系统的理论支持。

◆ **学习内容**

一、呼吸系统

二、循环系统

三、泌尿及内分泌系统

四、运动系统

五、神经系统

六、免疫系统

七、能量代谢系统

一、呼吸系统

　　气体进出肺部的原理是由于空气与肺泡气之间的压力差异。压力差的出现，在某种程度上是驱动气体流动的因素；从另一个角度看，为了实现肺部的通气，我们需要克服阻碍流动的障碍。在自然呼吸的环境中，这种压力差是由于肺部的舒张和收缩导致的内部压力变化所引起的。肺并没有自主的舒张收缩功能，它的舒张收缩是由胸廓的扩张和收缩触发的。而胸廓的扩张和收缩是通过呼吸肌的收缩和舒张来实现的。因此，由呼吸肌的收缩和舒张产生的呼吸动作成为了肺通气的主要驱动力。膈肌和肋间外肌是主要的吸气肌，而肋间内肌和腹肌则是主要的呼气肌。在进行平稳呼吸的过程中，吸气动作主要是由吸气肌膈肌和肋间外肌的收缩来实现的。膈肌位于胸腔与腹腔的中间位置，作为胸腔的底部，当它静止时会向上凸起，其形态类似于一个钟罩；在收缩过程中，隆起部位的中心会向下移动，从而导致胸腔的上下径变大。当肋间外肌开始收缩的时候，肋骨和胸骨会向上抬起，同时肋骨的下缘也会向外侧偏移，这样做会导致胸腔的前后径和左右径都有所增大。胸腔的宽度在上下、前后以及左右方向都有所扩大，这是因为吸气动作导致胸腔和肺的体积增大，使得肺的内部压力低于大气压，从而使得外部的气体进入肺部，完成了吸气过程。在平稳的呼吸过程中，呼气的动作并不是由呼气肌的收缩导致的，而是膈肌与肋间外肌的舒张作用。当膈肌和肋间外肌处于舒张状态时，肺部依赖其固有的回缩能力进行复位，并对胸廓进行牵引，从而导致胸腔和肺的体积缩小，肺内的压力超过大气压，使得肺内的气体被呼出，完成呼气过程。

多个变量如性别、年纪、身高、吸烟历史和健康状况等，都可能对一个人的肺活量产生影响。这一现象的主要原因是水的静水压和运动过程中受到的水阻力，这些因素会影响机体外围血液回流的速度，并增加呼吸肌的工作负荷。人体在水中的浸泡深度、水温和持续时间等因素都可能对呼吸系统的正常功能产生影响。

早期的研究探讨了水中活动对慢性心衰、脊髓损伤和肌肉萎缩症患者呼吸系统的潜在影响。研究发现，呼吸功能不足是导致充血性心衰患者运动能力下降的关键因素。在水中进行运动，可以增强呼吸肌的力量，进而提高这些患者的日常活动效率。呼吸肌的功能增强了，有助于改进肌肉萎缩症患者的总体健康状况，并降低患病的概率。脊髓受损的病人在水中的活动显著地增强了他们的健康状况，这包括了呼气肌的力量、肺活量和残气量的水平。

考虑到水中的体育活动可以有效地增强呼吸系统的功能，这种运动在未来有望成为运动员日常训练的核心部分，并在提升运动表现上起到关键作用。

二、循环系统

血液循环系统是由心脏与血管共同构成的，涵盖了体循环与肺循环两大部分。右心室负责将血液输送到肺循环中，而左心室则负责将血液输送到体循环里。无论是体内的血液循环还是肺部的血液循环，它们都是由心室释放的，并通过动脉、毛细血管和静脉相互连接形成的血管网络，最终流入心房。在体内循环过程中，为各个器官供应的血管之间存在着并行的联系。

（一）水环境对循环系统的影响

静水压对循环系统的影响，如图9.2.1所示。

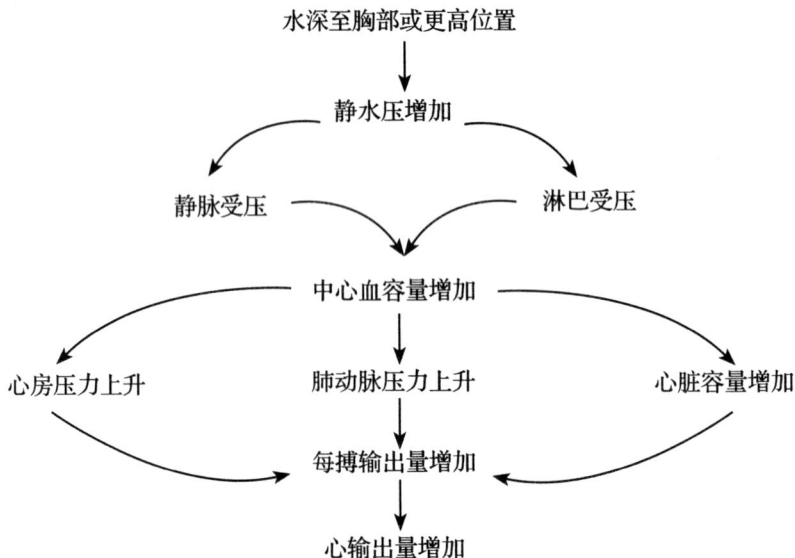

图 9.2.1　水环境对循环系统的影响

（二）水环境对心脏病的康复作用

当处于水中的静息状态时，心脏的每一分射血量与开始有氧运动时的每一分射血量是一致的。因此，在心脏恢复的初始阶段或其他严重衰弱的恢复初期，将其浸泡在水中是一种非常有效的恢复手段。将其浸泡在水中有助于减少外围的阻力，这进一步减少了心脏在运输血液时的工作量，从而提高了心脏的操作效率。上述理论为水中活动作为缺血性心脏疾病患者的恢复性治疗手段提供了支持。将血液浸泡在水中可以帮助血液更好地传输到深层的肌肉组织，从而增强或改进组织的氧气供应，这可能有助于肌肉、骨骼和关节损伤的恢复过程。浸泡在水中可以优化组织的局部血液循环，提高心脏的排血量和脑部的血流量，这不仅可以作为糖尿病和其他自身免疫疾病的康复手段，还有助于提高大脑的功能，如认知和记忆能力，因此对于颅脑损伤和脑卒中的患者来说具有潜在的康复价值。

三、泌尿及内分泌系统

人体每日都在经历复杂的新陈代谢过程，吸收外部物质，并进行分解和合成，以满足身体的代谢需求。同时，身体在新陈代谢过程中产生的各种代谢物也需要被排除，而这些代谢物和有毒物质的排放主要是由肾脏来完成的。因此，肾脏的核心生理作用是维持人体内的液体、电解质以及酸碱的均衡，同时它还拥有内分泌的功能，可以产生肾素、前列腺素、促红细胞生成素和激肽，并在调节血压和促进造血过程中发挥作用。由于水中的浸泡，体液的重新分布可能会对肾脏的血流、调节系统以及内分泌系统带来多种影响。在水中的浸泡有助于体液的回流，从而使大量液体流向肾脏和心脏。

关于水中浸泡对肾脏、自主神经和心血管的影响，已有大量研究，但研究结果存在差异。肾脏生理学的变化在临床上的重要性在于，水的浸泡会导致尿液的增多，这可能会掩盖正常的口渴现象。由水中浸泡导致的体液从外周到中心的转移，可能有助于减少外周的水肿现象。对运动员来说，长时间的水中运动可能会导致其体内脱水，这对运动后的身体恢复是不利的。

四、运动系统

狭义上说，运动系统是由骨骼、骨连接和骨骼肌三部分组成的，大约占据了人体重量的60%，其核心功能是进行运动。身体的各个骨骼通过关节相互连接，形成了完整的骨骼，这有助于支撑体重、守护内部器官并保持身体的姿势。骨骼肌与骨骼紧密相连，并在神经系统的控制下进行收缩和扩张。在收缩过程中，它以关节作为支点，引导骨骼改变其位置，从而产生运动。骨骼和关节构成了运动系统的被动组成部分，而骨骼肌则是该运动系统的主动组成部分。

（一）水环境对骨骼肌的影响

由于静水压导致的压力变化和血管张力的调整，机体在水中浸泡时，中心的排血量会增加，并导致血液重新分配，其中大多数的血液会流向皮肤和骨骼肌。在空气中，静止状态下肌肉的血流量大约是1.8 mL/min/100 g组织，但当达到齐颈深水中静止状态时，这一数值增加到了4.1 mL/min/100 g组织。某些研究表明，长时间坐着不活动的中年参与者在进行了12周的游泳锻炼后，其肌肉的血流量提高了20%。

水中浸泡可以缓解疼痛、减少水肿和关节受压，同时还能增强其灵活性、力量和感知能力。浸泡在水中可以减少血管的收缩阻力，同时也能增加肌肉内部的血流。水的浸泡导致心脏的排血量上升，而增加的血液主要流向了肌肉组织。这有助于缓解肌肉的疲惫感，适用于训练结束和比赛结束后的疲劳恢复。在水中进行浸泡或体育活动的另一个关键作用是减少水肿现象。当人体被浸泡在深度为0.91 m的水中时，产生的压力会超出平均舒张压，这有助于减少水肿和代谢废物的生成。浸泡在水中会受到浮力和静水压的双重作用，这有助于抑制静脉淤血的生成，并促进外围血液的回流，从而减少了局部和全身的水肿现象，特别是运动损伤后可能引发的炎症反应或局部水肿。

利用水的浮力和静水压消肿、减轻疼痛和缓解痉挛的效果，水中浸泡或运动被广泛应用于某些疾病的康复治疗，例如在适宜温度的水中浸泡，可以缓解肌肉的张力和痉挛。运动员经过高强度或大量的训练和比赛后，他们可能会经历延迟性的肌肉酸痛。这种疼痛的产生可能是由于运动导致的肌肉乳酸积累，或是由于过度的离心收缩导致的微小肌肉损伤，以及由急性肌肉无菌性炎症引起的肌肉酸痛，可能导致肌肉变得僵硬、关节活动受限、局部缺血，以及随后肌肉血管渗透性的增加和肌肉肿胀。在专业的运动团队中，采用冷水浸泡或冷热交替的方法经常被视为运动员在激烈运动后的恢复策略，同时也是在训练过程中缓解肌肉疼痛并迅速达到最佳状态的关键策略。科研人员观察到，用冷水浸泡不仅可以减缓肌肉的急性炎症反应，缩短炎症持续的时间，降低肌肉血管的透性，还可能对神经系统造成不良影响，减缓神经信号的传导速度，改变疼痛的阈值，从而实现止痛效果。

（二）水环境对骨骼的影响

不论是在水中进行的水平运动（例如游泳）还是在水中进行的垂直运动（如跑步、行走或跳跃），它们都需要承受相对较小的重量或完全不需要。从生物力学的角度看，水中的运动特性理论上可能对骨骼矿物质的储存产生影响，并可能加剧骨质疏松症患者的健康状况。

对年轻群体来说，随着年纪、体重以及骨骼所承受的重量的逐渐增长，他们的骨矿物质含量也相应上升。年轻人的骨密度会受到不同运动方式的不同影响。经常进行有冲击力的跑步和跳跃活动有助于骨矿物质的储存，而频繁地游泳和骑自行车则不利于骨矿物质含量的增加。然而，与非运动员相比，运动员具有更高的骨矿物质含量，而经常游泳的年轻人相对于不喜欢运动的年轻人具有更高的骨矿物质含量，但这一含量却低于径赛运动员。

对于中老年群体，特别是患有骨质疏松症的女性，水中锻炼的实际价值仍是一个未解之谜，尤其是它对骨密度的潜在影响。虽然在水中进行的运动对于骨密度的增加效果并不明显，但由于水中运动导致的运动伤害的风险非常低，并且可以增强身体的平衡、核心力量、有氧运动和自信，因此，将水中运动视为一种交互性的训练方式，对于运动员和一般的健身爱好者来说是一个很好的练习。

五、神经系统

自主神经系统（ANS）扮演着实现身体多种调节功能的关键自我平衡角色，它是心血管调控活动的核心机制，涵盖了心率和动脉血压的调控。此外，它还负责调控胃肠道的功能和分泌，平衡肾和膀胱的工作、视觉上的调整、体温的管理，以及其他多种心理活动。ANS可以进一步划分为交感神经系统和副交感神经系统。交感神经系统（SNS）的主要职责是管理身体的"战斗或逃离"行为，而副交感神经系统（PNS）则负责调节身体的休息和放松状态。

通过在水中的浸泡，ANS能够为机体带来放松的效果并抑制疼痛的感觉。水的温度变化和静态水压都会对皮肤的感觉神经末端产生作用，这涉及温度、触感、疼痛和压力的感知。对于运动员因剧烈运动导致的肌肉延迟疼痛，冷水浸泡是一个可行的解决方案，因为冷刺激可能会减缓神经传导的速度并改变疼痛的阈值。为了缓解慢性疼痛，可以使用温水浸泡和水的湍流来提高疼痛的阈值，从而达到减轻疼痛的目的。对于患有纤维肌痛的病人，使用温水浸泡可以有效地舒缓神经，减轻疼痛并优化其功能。研究表明，用温水浸泡不仅可以减轻疼痛，还可以提高睡眠的质量。

六、免疫系统

免疫系统由三个主要部分组成：免疫器官、免疫细胞以及免疫活性物质。它们共同构筑了人体的三重防护屏障。皮肤和黏膜是第一道防护屏障，它们阻止病原体进入人体，并且其分泌的物质具有消毒功能。体液中的杀菌成分和吞噬细胞构成了第二道防线，这是人类在其进化历程中逐步形成的自然防护机制。它对多种病原体具有保护作用，被称为非特异性免疫或先天性免疫，能够抵御病原体对身体的攻击。第三道防护屏障主要是由与免疫相关的器官（如胸腺、淋巴结和脾脏）以及与免疫相关的细胞（如淋巴细胞）构成，这被称作特异性免疫或后天性免疫。

关于水中运动如何影响机体免疫系统功能的研究还相对较少。许多学者持有这样的观点：水中的活动与陆地上的活动有许多相似之处，而运动的强度或量是决定身体免疫功能的核心要素。在水中进行的各种健身活动，例如行走和慢跑，都能有效地激活身体的免疫系统，从而提升整体体质。在短时间（2~4 h）的低温环境中，人体会促进抗炎细胞因子的产生，同时减少促炎性细胞因子的释放。

七、能量代谢系统

水中浸泡或运动会影响机体的能量代谢系统，主要影响因素包括水温、浸泡深度、水的流速，以及水中不同的运动形式。通常，研究人员会采用摄氧量（VO_2）来表示不同活动形式的强度水平，间接评价个体的能量代谢水平。VO_2是指机体摄入并被利用的氧气量，与机体的能量消耗呈线性相关。

（一）水的温度

当一个人安静地沉浸在水里时，其体内的能量转换主要受到水温的影响。当身体长时间沉浸在温热的水中，水的导热属性会促进身体的新陈代谢，从而加强浸泡部位的血液循环和汗液的产生。当生物体被置于冷水中，特别是长时间的浸泡，可能会导致浸泡区域的组织温度下降，乃至中心温度下降，为了保持体温在正常范围内，这可能会加快身体的产热速度。对于首次经历冷水浸泡的人来说，他们的身体主要是通过增加能量代谢速度来保持体温，因此更容易出现寒战现象；那些经常进行冬季游泳的人，由于身体已经适应了，即便在冷水中浸泡超过40分钟也不会产生寒战现象，他们体内的能量代谢速度明显低于首次冷水浸泡的人。当运动员在常规运动后进行短时间的冷水浸泡时，他们的皮肤和肌肉温度会显著下降，但核心温度不会下降，也不会产生明显的寒战现象。

（二）水的深度

水的浸泡深度同样会对身体的能量代谢产生影响。经过研究，当速度相同时，在陆地上的跑台、齐踝关节或齐膝深水中行走时，陆地行走的VO_2是最低的，其次是齐踝关节的浅水区域，而齐膝深水中的VO_2是最高的。研究发现，当浸泡在水中的深度增加时，能量的消耗会相应减少，这可能是多个因素共同影响的结果，例如深水区域的静水压上升，导致心血管系统的工作效率降低。在深水环境中，浮力的增加会导致与重力对抗或保持特定姿势的肌肉的神经活动减弱。当身体在水深超过髋部的水中移动时，释放热量到周围环境的难度增加，从而降低了身体的能量损耗。

（三）运动技能与形式

在水中的运动技巧同样会对身体的能量代谢产生影响。Ya maji及其团队已经证明，那些有经验的人在水中活动时，其VO_2和心率的反应都比那些没有经验的人要低。

总体来说，水中的浸泡或体育活动会对人体的能量代谢系统产生影响。首先，运动的量和强度是主要的影响因子，这与陆地上的运动有许多相似之处。此外，水的温度、流速、浸泡深度以及运动的方式和部位都会对其产生影响。最终，由于辅助训练工具（例如浮力背心、阻力挡板、泡沫哑铃或杠铃等）的使用，水中的运动强度可能会发生变化，这也会导致身体能量的不同消耗。

课后总结

当人体沉浸在水里或水中时，可能会对呼吸、循环、泌尿、内分泌、运动、神经和免疫等多个系统的生理功能产生影响。水的特殊性质，如浮力、静水压和流体力学等，使得水中运动成为一种交互式的训练方法。这种方法不仅适用于一般人群的能量代谢和体液分布，还可以作为特殊人群（例如慢性病患者、运动员的康复训练）的重要康复方式。水中的运动环境为人们提供了一个安全且多种多样的康复训练场所。

最近的科学研究表明，无论是在水中浸泡还是进行体育活动，都能对心脏的健康和康复产生积极影响，甚至有可能改善某些患有慢性心脏病的人的身体功能。通过合理地使用水的温度和深度来进行水中的浸泡或活动，可以有效地增强心脏的功能和呼吸肌的力量，从而为肌肉提供更多的血液和氧气，这有助于受损的肌肉和韧带更迅速地恢复到健康状态。将其浸泡在水中可以加速代谢产物的排出，从而促进肾脏的利尿和尿钠的排放，这有助于降低血压。冷水浸泡具有消炎和止痛的相似效果。常规的冷水浸泡可以引起身体的适应性改变，增强免疫系统的功能，并提高对寒冷的抵抗力。而运动员在高强度的训练或比赛结束后，选择短时间的冷水浸泡作为恢复策略，可以有效地减少自我感觉的强度和疲劳感，调整自主神经功能，并保持心脏的稳定状态。用温水浸泡可以作为一种放松心情的方式，有助于舒缓神经，使神经和肌肉更加放松。

随着我国步入老龄化社会，为应对由老龄化引发的各种慢性疾病和常见疾病（例如高血压、慢性心脏病、关节炎、肥胖和亚健康等），制定个性化的水中运动方案以帮助他们恢复健康和功能已经变得越来越普遍。

在国际竞技环境中，运动水疗已经崭露头角，成为一种在伤病康复、体能提升以及运动后疲劳恢复方面非常受欢迎的重要治疗方式。在训练过程中，采用冷水浸泡、温水浸泡、冰浴或冷热交替等不同的水浸泡恢复方法，可以有效降低运动员的疲劳度，预防运动性疲劳的发生，减轻运动引起的肌肉延迟痛，延缓运动后肌肉力量的下降。此外，它还可以帮助消除身体的水肿和局部肌肉的肿胀，减少由运动导致的微小肌肉损伤，并助力身体更快地恢复到训练前的状态。除此之外，水疗方法还有助于减缓细胞死亡和代谢过程，减缓神经信号传导速度，从而提升睡眠品质。目前，运动水疗在竞技体育领域的应用仍然是初级的，需要利用水疗的生理机制，合理选择水温、浸泡深度和运动方式，以促进运动员的力量、耐力、协调性、平衡性、有氧能力的提升。对于遭受运动性伤害的运动员来说，运动水疗是一个非常好的选择，它可以帮助他们尽早开始功能性的训练，从而更快地恢复受伤的身体。

第三节　水疗的方法学（水中运动康复的方法及原则）

◆ **本节导言**

自古以来，人类就意识到水的重要性。在水疗的实践应用过程中，充分利用水的物理学和流体力学特性，并在借鉴陆上治疗手段和康复训练方法的基础上，逐渐形成了许多独特的理念和方法。本节将重点介绍哈利维克（Halliwick）理念、水中太极（Ai Chi）法、水中浸泡法和水中交互训练法等，以帮助读者逐步认识、理解和学习这些理念、内容和动作原理，并探讨水疗方法在特定人群的伤害和疾病治疗以及竞技体育中的应用。这些治疗方法具有广泛的应用领域，不仅适用于特定人群进行康复治疗，也适用于一般患者的功能提升。这些理念和方法同样适用于竞技运动的多个方面，包括但不限于运动性损伤后的治疗和康复训练、运动后的水浸泡恢复以及模拟特定技术动作的训练等。

◆ **学习目标**

一、Halliwick理念

二、Ai Chi法

三、水浸泡疗法

四、水中交互训练

一、Halliwick理念

Halliwick理念旨在教授所有人，尤其那些有运动功能或学习功能障碍的残疾人，学会水中独立活动，最终能够在水中独立运动与游泳的治疗理念。

Halliwick理念以制定方法、解决问题为主导思想，即首先获得水中稳定的姿态控制，通过分析患者的恢复潜力和限制条件，运用系统性干预方案帮助患者提高活动功能和生活的独立性，是一种"心理-感觉-运动"的学习策略，重视平衡控制和核心稳定性的训练。

（一）主要理念

Halliwick理念秉承了大量的基础理念，如机会平等（机会平等是指在水中活动方面，功能障碍者与正常人具有同等的参与机会和权力，包括残疾人在内的所有人都能参与水中活动并从中受益）。通常经过合理的动作指导，大多数患者能在整个学习过程中，不借助浮力设备（如游泳圈、救生圈、漂浮物等），获得独立的水中活动能力。这样做是为了使患者在水中能摆脱外在限制，获得最大程度上的动作自由。Halliwick理念十分强调训练动作的趣味性，在水中治疗过程中经常会使用水中游戏活动，同时注重音乐和韵律教学对运动学习的积极影响，提倡寓教于乐，设计个体化训练方案，以获得最佳治疗效果。

（二）技术简介

现代Halliwick理念主要由两大系统组成，即"十点程序"和"水中特殊治疗"。十点程序主要通过十个渐进的步骤，促进患者逐步掌握游泳的技能。Halliwick理念主要解决患者的平衡控制问题。通过水中教授游泳技能，让患者主动失去平衡（即脱离过程），再重新获得平衡，最终达到独立活动。水的阻力作用可减缓患者主动失去平衡的速度，从而使患者有足够的时间做出反应，重新获得平衡。水的浮力让患者更容易改变姿态，同时抵消重力作用，产生旋转作用力，从而有助于患者对抗身体旋转作用力，增加肌肉力量，整合神经肌肉功能，改善活动能力。水中特殊治疗是"十点程序"的延伸，侧重于治疗患者的身体功能障碍和结构缺陷。

（三）十点程序

教授残疾人游泳的技术方法有10个要点，也称为十点程序。划分为三个学习阶段：心理调适、平衡控制和运动。Halliwick理念中的运动是有效且定向的娴熟活动能力。表9.3.1详细阐述了十点程序与学习目的、活动形式及特殊治疗之间的关系。

表9.3.1　十点程序

十点	学习阶段	活动	预训练
心理调适	心理调适	动态	水中特殊治疗的准备
矢状旋转控制、横向旋转控制、纵向旋转控制、联合旋转控制上浮	平衡控制		
静态平衡	平衡控制	静态	
湍流中滑行	平衡控制	静态	
简单前进	平衡控制	动态	
基本动作	运动		

（选自《综合水疗学》第三版，金盾出版社，2015年）

"十点程序"这一结构化学习进程是整个Halliwick理念的基础与核心。对于紧张的初学者来说，首先需要心理调适，然后进阶到平衡控制阶段，如各种旋转的控制，最后逐渐转移到简单推进，完成特定的基本动作。在具体操作过程中，进阶的顺序是：从仰卧位到俯卧位，由上肢到下肢再到上下肢的结合，由对称动作到不对称动作，逐渐提高动作难度和独立活动的信心与能力。

1.心理调适阶段

心理调适是指患者能够对不同的环境、情景或任务做出反应的能力。患者必须对水中的一切状况独立地、自主地、适当地做出反应。对于任何学习的开始阶段都是重要的，其中呼吸、头部与躯干的姿态控制对于心理的调适尤为重要，例如，呼吸控制要求患者每次都在靠近水面时或没入水下时呼气。一旦掌握了呼吸的控制，患者水中活动的自信心会增强。

2.平衡控制阶段

平衡控制是指在水中可以控制或维持单一方向上运动的能力。在Halliwick

理念中，这一阶段是很多训练的基础。平衡的控制既可以是静态的，也可以是动态的。通过此阶段的训练，患者需逐步掌握自主的控制能力。水中的平衡由重心与浮力中心的力矩决定，任何影响到重心或浮力中心的因素，如水流速度、力臂改变等都会使人容易失去身体的平衡，需要通过身体的旋转用力来获取新的平衡。

（1）矢状旋转控制。是指患者能够控制所有矢状轴（前/后）做出的旋转动作，如转移重心、侧方够远等。

（2）横向旋转控制。是指患者能够控制所有额状轴做出的旋转动作，如转移重心、坐位后躺、下蹲、站起，从俯卧位转移至仰卧位。其关键技术是头部向前、上肢前伸、抓住水面上的物体、吹气、抬起头、屈髋、屈膝。

（3）纵向旋转控制。是指能够控制所有纵轴或中线上做出的旋转动作。如转移重心，站立位旋转，从俯卧位翻转至仰卧位，从仰卧位翻转至俯卧位。

（4）联合旋转控制。是指患者能够控制任何组合旋转的动作。侧向翻转过程中包含矢状和纵向旋转的控制。

（5）上浮。是指患者相信水将会支撑自己，有时也称为"心理反转"（因为患者必须转变观念，意识到自己可以浮起，而不是沉下去），如在水中团身抱膝，水的浮力将会使身体浮至水面上。

（6）静态平衡。是指患者在水中保持不动和放松的状态。这依赖身体和精神的平衡控制，可以采取多种姿势，如仰卧位、俯卧位、垂直位等。一旦达到平衡，其他的活动就会更加轻松地完成。

（7）湍流中前进。是指患者在治疗师或康复师的指导下，浮在水面并顺水漂移，治疗师或康复师与患者之间没有身体接触，推进力唯一依靠治疗师拨动水流产生的拖曳力。患者需要控制不必要的旋转，但并不产生推进活动。

（8）简单前进。是指当患者能够在湍流中滑行控制姿势位置时，治疗师引入推进力，包括最初的双手在水下并靠近骨盆轻轻推动。该动作虽然推进效果不理想，但需要患者在推进过程中能控制自身的头部与躯干位置的平衡。

3.运动阶段

运动是指有作用、有效率且定向娴熟活动的能力，主要包括基本Halliwick动作和水中特殊治疗。

基本Halliwick动作是指患者仅用上肢进行水中推进。动作特点具有对称性，动作范围为肩关节外展0°～120°，而且恢复时相仅双手伸出。

Halliwick水中特殊治疗是"十点程序"的延续和扩展，是Halliwick康复治疗技术的主体。水中特殊治疗中加入了许多实用性治疗技术，更好地利用水环境来改善运动训练效果。为了满足治疗需要，其理念和方法与"十点程序"有所不同。水中特殊治疗会用到许多辅助设备，如游泳圈、漂浮物、脚蹼、障碍物平衡木、平衡板、挡水板等，来进行相应的训练，如持物移动、平衡木行走、越障训练、静态平衡结合上肢及手的移动等。水中特殊治疗更强调"一对一"的个性化训练。从介入治疗的时间来看，水中特殊治疗一般介入较早。此外，水中特殊治疗借鉴了许多其他水疗技术和陆上康复理念，如Bad Ragz泳圈训练法、神经肌肉本体感觉促进技术（PNF）以及运动再学习技术等。

（四）实践应用

Halliwick理念应用较为广泛。进行有针对性的水中运动，可以增强肌力，减轻疼痛和肌肉僵硬，提高耐力，改善关节活动度，纠正姿态和运动控制，增强平衡及协调能力，预防跌倒，提高心肺功能，促进感觉整合。团队小组的训练模式有助于改善患者的心理状态，增强自尊自信，提高学习和社会交流能力。

1.在儿童康复中的应用

大量研究已证实，Halliwick方法对于学龄期儿童脑瘫、唐氏综合征、雷特氏综合征等患者，有明显改善其运动功能、步行能力、自我管理能力，以及平衡和协调功能的作用。

2.在神经康复中的应用

Halliwick理念促进知觉-运动发展，知觉-运动障碍患者可以通过Halliwick技术获得知觉的整合。

3.在骨科康复中的应用

Halliwick理念通过让患者体验早期移动，提高患者的肌肉力量和关节控制能力，通过大量身体旋转活动来减少组织的紧张程度，改善关节活动性，提高核心力量。对于竞技运动员，Halliwick理念能较好地应用于伤病运动员的康复治疗过程，通过水下的越障训练、平衡板、平衡木训练等，尽早改善运动员的关节活动度和平衡能力。在不需要外部支撑的前提下，水中训练能提高核心稳定性，如利用矢状轴旋转控制的原则进行练习，可以改善躯干活动或侧屈控制能力，而利用横向旋转控制可以进行躯干伸展、骨盆与腹肌的离心控制。

二、Ai Chi 法

Ai Chi也被称为"水中太极法"，它融合了太极拳和气功的核心元素，能够单独进行练习。

（一）技术特点

Ai Chi是一种在水中进行的运动方式，该练习方法强调姿势的控制和主动的放松。参与者需站在与肩齐深的水域中，将双膝轻微弯曲，作为太极拳的起始点，在温暖的中性水环境中执行一系列流畅、舒缓、柔美而充实的身体和躯干动作，并与深呼吸相结合。随着在水中进行训练的深入，支撑面逐步缩小，确保呼吸和运动的频率始终保持一致，也就是14～16次/min。

Ai Chi融合了气功和太极拳的核心理念，那就是倾听自己的情感、调节呼吸、放松身心，并将焦点集中在自己，特别是腹部肌肉的放松和收缩上，通过调节呼吸来关心和体验内心的情感。在进行Ai Chi的练习时，人们通常选择腹式呼吸方式，这有助于促进静脉和淋巴的回流，增加心脏的排血量，激活副交感神经，并有助于减少心跳和血压。Ai Chi的动作有助于身体的放松，使呼吸变得更加平稳和有规律。

（二）技术简介

Ai Chi的系列动作主要作用包含姿态控制和组织松解两个方面。其基本动作分为冥思、漂浮、抬升、合拢、折叠、抚慰、聚拢、释放、移位、接纳、优美的接纳与画圈、平衡、画半圆、环绕、包围、培育、流动、反射与悬浮。所有动作在齐肩深水中渐进性进行，水中的姿态控制训练促进神经肌肉功能的改善与提高效果更佳，因此，Ai Chi技术非常适合于体弱多病的老年人或神经疾病患者，可以降低患者摔跤的发生率。

Ai Chi的另一个突出作用是组织放松。充分利用水的温度和有节奏、舒缓的动作更容易牵拉肌肉，放松神经，改善关节活动度。Ai Chi可以每周进行2～3次，每次30～45 min。

（三）动作介绍

Ai Chi是难度递进的系列姿势控制性练习。难度递进性体现在从对称姿态到不对称姿态（上肢或躯干），从静态到动态，手部动作范围由小到大，运动支撑面由大到小，从借助视觉到去除视觉因素。在进行Ai Chi练习时要沉肩，躯干尽量保持在中立位，肩关节和肘关节尽量没入水中，始终保持身体平衡。训练初期主要为对称性动作，包括凝视、漂浮、抬升、合拢和折叠，之后逐渐过渡到躯干、上肢或下肢的不对称动作阶段，动作更具挑战性，如抚慰、聚拢、释放、移位、接纳、画圈、平衡等。不对称动作对身体控制能力要求更高，有助于预防老年人的跌跤。

（四）实践应用

Ai Chi技术特点决定了其可广泛应用于很多伤病患者的康复治疗，包括下背痛、关节炎、肌纤维痛、糖尿病、多发性硬化，或者其他神经和骨科问题的患者等。Ai Chi也可以帮助健康人群增强肌肉力量，放松神经与肌肉，改善关节活动度，提高神经肌肉的控制能力和平衡能力，防止老年人跌跤。

1.提高平衡能力

Ai Chi的每个动作或多或少在矢状轴、额状轴、垂直轴的方向控制上提供了一定的平衡挑战，因此，经常参与Ai Chi练习者能提高姿态的控制能力和平衡能力，能有效地预防跌跤的发生。另外，Ai Chi动作缓慢而饱满，能够改善关节活动度、肌肉力量和下肢动态稳定性，对于一些协调能力较差的运动员或运动性损伤后的运动员来说，Ai Chi是一种不错的康复治疗选择。

2.放松身心

利用水温效应，Ai Chi通过水中舒缓的拉伸动作、有节奏的深呼吸，能够降低肌肉张力和缓解肌肉疼痛。Ai Chi安抚作用能够改变自主神经功能，降低交感神经的兴奋性，加强副交感神经的活动，起到降低心率和血压的作用，使精神得到舒缓和放松，降低焦虑感，促进睡眠。对于存在肌肉、软组织疼痛问题的运动员，通过Ai Chi的练习可放松身心，改善关节的活动度，以及缓解训练或比赛引起的焦虑和不适。

三、水浸泡疗法

人类很早就利用水温变化等物理因子作为治疗和恢复手段。水浸泡疗法作为一种物理治疗方法能帮助特定人群治疗疾病，恢复功能。

（一）冷水浸泡

冷水浸泡（cold water lmmersion，CWI）一般是指人体特定部位或全身浸泡在温度低于15℃的冷水中，持续时间从20 s～45 min不等。

1.作用机理

利用水温的落差对机体产生冷刺激，引起神经肌肉的生理学改变。由于CWI方法简单易行，在运动员中应用较为广泛，常作为运动员大运动量训练和比赛之后疲劳恢复的重要手段，以及骨关节和软组织损伤的一种治疗方式。

2.实践应用

CWI的方式有局部在水中浸泡和全身水中浸泡两种。局部浸泡可以是面部、单一关节浸泡于水中，也可以是上肢、下肢、剑突以下、锁骨以下浸泡于水中。全身浸泡则仅头部露出水面。

（1）在急性损伤中的应用。在遭受急性伤害之后，受伤的部位可能会出现炎症，这种炎症会导致局部红肿、发热和疼痛的症状。CWI可以帮助缓解疼痛和肿胀的症状。对于踝关节的急性扭伤，可以选择将小腿以下的区域浸泡在冷水中，这样可以利用冷刺激和静水压来抑制组织液的渗出，同时促进外周血液和淋巴液的回流，这有助于减少炎性因子的生成，从而缓解组织的肿胀。

（2）在大运动量或高强度训练与比赛后的应用。运动员往往需要进行大量或高强度的专项训练和比赛，尤其是在耐力和对抗性方面，如足球、排球、长跑、自行车等项目，这容易导致身体出现运动性疲劳，表现为肌肉酸痛、厌倦训练和比赛等。如果运动员在日常训练和比赛结束后开始进行短期的CWI训练，利用冷刺激与静水压来促进静脉血液的回流，同时及时补充所需的水分和能量，这将有助于加速身体疲劳的恢复过程，进而减少运动性疲劳的累积，并预防运动性损伤的出现。

（3）在热环境运动中的应用。当运动员在温度超过30℃的湿热高温环境中进行运动或比赛时，他们会承受巨大的热应力，这不仅会妨碍身体的散热功能，还会影响体温的调节，导致血液重新分配，从而影响肌肉的血流量和运动功能。如果机体的核心温度持续上升，可能会引发中暑或热射病，给运动员的身心健康带来严重的损害。因此，无论是运动前、运动中还是运动后，都可以采用冷疗技术来减缓体内核心温度的急剧上升和水分、电解质的流失，从而帮助身体更好地散发体内的热量。在高温天气的训练或比赛开始之前，运动员可以选择间歇性地喝200 ml的冰水或进行短暂的冷水浸泡；在持续的体育活动和比赛期间，可以少量多次地喝冷饮料或用冷毛巾敷在头部和面部；在运动或比赛结束后，进行短时间的CWI，可以迅速地降低核心和肌肉的温度，从而减少疲劳和缓解肌肉的酸痛。

（二）热水浸泡

热水浸泡（hot water lmmersion，HWI）指的是在高于37℃的热水环境中进行浸泡，水温一般是37～41℃，并且需要持续浸泡5～30 min。

1.作用机理

HWI是一种温热治疗方法，其中温度的波动会对组织细胞内的化学反应产生影响，这可以调整酶的功能，提高细胞的氧气摄取能力，进而加速细胞的代谢过程。温热效应有助于提高组织的温度，扩张血管，促进血液循环，增加毛细血管的通透性，这有利于组织细胞的代谢产物、炎症产物和致病物质的排除，从而实现消肿、消炎、止痛的效果，有利于组织损伤的修复。当温热作用在皮肤上时，能够提高软组织的伸展能力，有助于使瘢痕变得柔软，减轻粘连，并优化皮肤的功能。温热的效果有助于减少肌肉的张力，缓和肌肉的痉挛，并缓解由于肌肉紧张导致的疼痛；温热的刺激会导致感觉神经末梢的兴奋性和传导速度下降，从而改变疼痛的阈值，进而减轻疼痛。

尽管HWI的温热效应对一些疾病具有治疗作用，对普通人群也有健康益处，但是HWI在竞技体育中的应用却具有局限性。因为大运动量或高强度训练与比赛会引起肌肉代谢增加、温度升高，甚至核心温度的升高，引起机体水分和电解质的大量消耗和丢失，若在运动后采取HWI措施，会进一步加速水分和电解质的丢失，加重机体脱水，影响到神经肌肉的功能，不利于肌肉温度的下降和核心温度的调节，还会加剧肌肉组织水肿和炎性反应，也不利于代谢产物的排泄。对于运动性损伤的急性期、心血管疾病、有感染风险的患者要禁用HWI方法，运动员在湿热环境下运动后也要避免采用HWI作为恢复方法。

2.实践应用

（1）组织放松。HWI的温热作用有利于软组织放松，增加延展性。对于柔韧性较差的运动员或存在关节活动受限的患者可以采用HWI方法，通常浸泡时间15～20 min，能够放松神经肌肉，促进局部血液循环，提高组织的延展性。对于烫伤后形成的疤痕组织，HWI有助于提高局部温度，软化瘢痕组织，松解粘连，增进牵拉或手法的效果。

（2）在运动性损伤慢性期中的应用。HWI的温热作用可以促进血液循环，增加营养物质的运输以及加速炎性物质的代谢，有利于促进损伤组织的恢复。如慢性的足底肌膜炎、跟腱炎等患者可以进行HWI，有利于缓解疼痛，促进恢复。

（三）冷热水交替疗法

冷热水交替疗法（contrast water thearpy，CWT）是利用冷水浸泡与热水浸泡相互交替的一种恢复方法，常用于运动性疲劳的恢复。CWT通过进一步增加温度差，加剧机体的温度刺激强度，产生更加明显的机体适应性变化。如在26℃室温下交替采用10℃的冷水与39℃的热水浸泡，机体皮肤会感受到29°的温度落差，而单一使用冷水浸泡仅为16°的温度差，因此对机体的刺激强度会不同，引起机体适应性反应也不同。

1.作用机理

CWT方法是结合冷热作用效应，使血管交替舒缩，增加血管弹性和对温差刺激的耐受能力，从而改善机体血液循环和营养状态，致使代谢产物、致病因子、炎症介质以及易于沉积于血管壁和内膜上形成粥样硬化斑块的不良成分随血液灌注排出，还能有效促进组织渗出液的吸收，起到消炎、止痛作用。此外，冷热交替法更能引起机体对冷热刺激产生耐受性，提高机体的免疫功能，还能避免冷疗或热疗引起的慢性烫伤或冻伤。

不过，冷热交替恢复法也存在一定的禁忌，对于运动员运动性损伤的急性期、心血管疾病患者等不宜采用。而作为运动员训练或比赛后的恢复措施，由于采用了热水浸泡，可能会影响到消除疲劳的效果。

2.实践应用

CWT更多用于运动员运动性疲劳的恢复。通常热水温度为37～41℃，冷水温度为10～15℃。冷热交替浸泡的时间比例可以为2：1、3：1和4：1，每次冷水浸泡时间要多于热水浸泡时间，持续时间为15～20 min，并且以冷水浸泡为结束。在使用CWT过程中，依据水疗目标，可以采用局部浸泡或者全身浸泡的方法。

（1）促进运动能力的恢复。与单纯的CWI不同，CWT过程中不会引起肌肉组织温度的明显波动，但对皮肤温度感受器有较强的刺激作用，会引起皮肤毛细血管的强烈舒缩，改变血流的变化，如在冷水浸泡时会减少血流，而在热水浸泡时会增加血流。相对于被动恢复或休息，运动员运动后采用CWT措施可以缓解肌肉酸痛感，较快恢复无氧能力，包括爆发力素质。有关对组织损伤标记物和随后运动表现的研究，证实CWT在改善运动能力上明显优于被动恢复，与慢跑等积极性恢复有类似的效果。

（2）缓解痉挛、控制疼痛。对于运动性慢性炎症（如跟腱炎、髌腱末端病等），CWT有助于增加局部血液循环，松解软组织粘连，抑制炎性因子的分泌，提高组织对温度刺激的耐受能力，从而起到消炎、止痛的效果。

四、水中交互训练

运动水疗对机体的各个组织系统产生了一系列的生物学效应，会影响到机体的生理机能。水中运动具有多样性的特点，逐渐成为教练员和运动康复师训练计划中的一部分，帮助运动员提高运动能力，促进伤病运动员早日康复。如许多研究者认为深水跑（aquatic cross training，ACT）是一种独特的有氧训练形式，能有效维持或提高运动员的有氧能力，降低重力作用对下肢关节负荷的影响，产生良好的心血管适应性，尤其当运动员受到陆上训练限制时（如运动性损伤时），深水跑是一种很好的替代训练方法。

（一）ACT的多样性

ACT能够让运动员以特定的方式运动并达到预期的目的。ACT的内容选择主要依据运动形式、专项性和个性化训练目标，包括需要选择适合运动的水温和水的深度，可以进行水中跑台跑步、骑车、抗阻训练、平衡控制训练等，同时也要考虑运动专项性，如浅水垂直纵跳练习适合排球运动员，而深水挥拍练习适合网球运动员等。

ACT可以提供多种训练形式。进行三维抗阻力量训练，利用辅助器械（如泡沫板、哑铃和杠铃等）进行水中渐进性抗阻训练，能够提高神经肌肉的控制能力，维持肌肉的基础力量。

在水中还可以模拟专项技术训练，如足球守门员可以模拟半蹲位移动练习包括横向和前后移动，模拟陆上的下肢动作技术（如跳跃、单腿跳、折返跑、冲刺与变向）。这些动作受制于水的浮力与黏滞性，做好动作并不容易。深水环境中有氧训练是陆上有氧训练的一种很好的替代形式。水中有氧运动包括深水跑、水中跑台跑步、骑车运动、游泳等。

（二）ACT的优点

（1）与陆上运动一样，ACT会对机体组织系统产生积极性影响，增加肌肉组织血流和安静时的心排血量，降低安静时的心率，加速机体代谢产物的消除，有利于消肿，改善呼吸肌耐力，降低关节负荷，减轻肌肉酸痛。

（2）丰富日常训练计划内容。水中训练的多样性和有效性，为日常科学化训练提供了更多的训练组合与内容。深水跑作为有效的有氧训练方法可以部分替代陆上有氧训练，避免陆上单一形式训练引起的神经肌肉疲劳，能更有效地维持或提高心肺功能。

（3）避免运动性疲劳的发生。长期高强度或大运动量陆上训练，尤其专项训练，会引起局部负担量过大，造成局部疲劳而产生的微细损伤，如表现为肌肉酸痛、厌倦训练等。ACT可以取得同等的训练效果，并通过训练形式的多样性，避免局部负担量过大引起的运动性疲劳。

（4）优化训练模式。水中抗阻训练是三维抗阻训练，表现为全关节活动度的训练。在浮力的作用下，关节的负荷和剪切力会降低。ACT提供更多训练形式的选择，包括模拟专项技术动作的训练。如足球门将的水中训练，可以依据来球的方向，在水中进行冲刺、变向、急停急转、跳跃等不同运动形式的模拟专项训练。

（5）促进伤病后的早期功能恢复和维持心肺功能。运动员发生运动性损伤后需要遵循RICE（rest, ice, compression, elevation，即休息、冰敷、加压包扎、抬高患肢）的原则，不能过早地进行陆上训练。此时，水环境提供了安全又有效的训练环境，如ACL术后康复可以在术后14天就开始水中治疗和康复，又如可以用深水踩水练习来维持机体的有氧能力。

（6）在几乎没有撞击的前提下，水环境提供了一种理想的神经肌肉训练模式：水中运动对运动员的整体性功能要求非常高，具有较高的挑战性，更容易激发运动员的训练热情，增加了技术动作的控制难度，会动用更多神经肌肉的参与，尤其小肌群的参与，更有利于维持关节的控制能力。

（三）实践应用

优秀运动员需要重复高强度或大运动量训练来获得专项技术动作的自动化和运动能力的提高，由此也会诱发过度训练，产生运动性疲劳或运动性损伤。因此，需要科学把握训练量和训练强度，合理地做好周期性训练计划。ACT可以成为日常训练的替代内容，预防过度训练、运动性疲劳和运动性损伤。如长跑运动员可以在每周训练计划中安排1~2次水中ACT训练，可以选择深水跑或骑车运动，每次训练50～90 min。

ACT与陆上训练一样，需要做好训练强度的监控，包括心率、自感用力度、周期、频率等，还要考虑水中运动形式和动作技术。低强度的ACT可以作为积极性恢复措施，合理地安排在训练计划中，有利于机体疲劳的恢复，避免运动性损伤的发生。

1.聚拢

起始姿势：双脚弓步站立，一侧手臂水平前伸，掌心向内；另一侧手臂水平后伸，掌心向外。眼睛注视前方一点。

动作说明：在呼气过程中，后伸侧上肢缓慢做水平屈至身体前方与对侧手臂平行，然后在吸气过程中，运动侧上肢缓慢水平伸回到起始位置。换一侧进行同样练习。

动作目的：在不对称性运动前提下，提高身体的平衡能力。

注意事项：始终保持一侧上肢和身体固定不动，眼睛始终注视前方一点。

2.释放

起始姿势：双脚弓步站立，双手水平前伸，掌心相对，眼睛注视前方。

动作说明：在呼气过程中，躯干向前侧腿一侧做转体，同时前腿侧手臂缓慢做水平后伸活动至最大幅度；在吸气过程中，反向运动回到起始姿势。换侧进行同样练习。

动作目的：在躯干和上肢不对称性运动的前提下，通过改变重心位置来提高身体的平衡能力。

注意事项：眼随手动。

3.位移

起始姿势：双脚平行分开站立，双手水平前伸，掌心相对，眼睛注视前方。

动作说明：在呼气过程中，躯干带动上肢进行左右水平旋转运动，重心在两腿之间移动，可以双手固定不动，也可以双手向两侧水平打开；在吸气过程中，做反向运动回到起始姿势。

动作目的：在不对称性运动前提下，在冠状面内改变重心位置来提高身体的平衡能力。

注意事项：动作舒缓，身体有控制，双脚不能离地。

4.接纳（优美地接纳）

起始姿势：双脚前后弓步站立，双手水平前伸重叠交叉，掌心向下，眼睛注视前方。

动作说明：在呼气过程中，双手臂做外旋、外展和后伸运动至完全打开；在吸气过程中，缓慢回到起始位置。也可以在上肢对称运动的同时，进行下肢的不对称运动。

动作目的：通过对称或不对称运动使得重心在矢状面内移动，提高身体的平衡能力。

注意事项：始终保持躯干挺直和身体重心的稳定性，眼睛注视一点不动。

5.画圈

起始姿势：双脚前后弓步站立，双手臂水平外展，掌心向前，身体稍微后仰，重心在身体后侧，眼睛注视前方。

动作说明：在呼气过程中，伴随躯干前屈，双手臂向前做肩关节前屈和前臂旋前运动至掌心向下，在保持单腿站立稳定的前提下，后退前踢，双手前伸，手指尽量触及脚趾；在吸气过程中，缓慢回到起始位置。

动作目的：通过上下肢的不对称运动，由双腿支撑变为单腿支撑，提高身体的平衡能力。

注意事项：始终保持身体的稳定性，眼睛注视前方一点不动。

6.平衡

起始姿势：单腿站立，一条腿抬起，两手自然放于身体两侧。

动作说明：在呼气过程中，缓慢进行不对称或对称的上肢运动，同时抬起一条腿做向前、向侧方或后方的踢腿动作；在吸气过程中，缓慢回到起始位置，重复练习。

动作目的：在单腿站立前提下，通过下肢的不对称运动和上肢的对称或不对称运动来提高身体的平衡控制能力。

注意事项：始终要保持身体的平衡站立，眼随手动。

───────── 课后总结 ─────────

本节介绍了Halliwick理念、Ai Chi、水浸泡法和ACT等常用的水中治疗、康复训练、机能恢复的理念与方法。这些理念与方法既自成体系，又相互交融。HaUiwick理念的"十点程序"和"水中特殊治疗"主要是解决患者的平衡能力与核心稳定性问题，同时注重心理调适和越障训练。Ai Chi法是一种缓慢的而有节奏感的水中运动形式，类似于陆上的太极拳。主要运动要点是听从内心感受，注重呼吸调整和主动放松活动。临床Ai Chi主要目标是预防老年人跌跤，降低跌跤恐惧感或提高平衡能力。其次是松动结缔组织，缓解慢性疼痛。水中浸泡法主要利用水的温度与浸泡深度，依据恢复目的合理地选择水中浸泡的条件，主要作用是放松神经肌肉，消除肌肉酸痛，缓解运动引起的疲劳感。ACT具有陆上训练类似的训练效果，在很多领域中具有广泛的应用。如竞技体育中，水中有氧训练能够维持或提高运动员的有氧能力，水中力量训练能够维持运动员的力量素质，水中模拟专项训练能够逐步恢复伤病运动员的专项能力。对于运动性损伤的运动员，水环境提供了尽早功能恢复性训练的安全场所，帮助运动员尽早开展治疗和康复训练，早日重返赛场。

不同的水中治疗与康复训练理念与方法，拥有一些共同的目标，如提高机体平衡能力和神经肌肉的稳定性，主动放松，改善柔韧性，恢复机体的功能，等等。同时又存在一定的差异，在服务对象、治疗和康复的侧重点上存在明显的不同。因此，在运用水中治疗与康复方法过程中，需要依据服务对象的具体情况，制订有针对性的治疗或康复计划，渐进性地提高其运动功能，缓解其主要症状，达到预定的康复目标。

第四节　水中力量训练

◆ **本节导言**

水中力量训练和陆上力量训练有许多不同点：水中阻力较大，使水中运动缓慢；水所具有的黏滞性和流动性及由此产生的涡流等特性要求人体具有动态稳定性；在水中所受浮力使人体在垂直面内重力作用减小，关节负荷下降。在进行运动康复实践时，可充分发挥水中运动优势，积极进行有针对性的水中健身运动或者康复运动，主要有阻力训练、抗阻训练、平衡训练、核心力量训练、有氧能力训练等。

本节内容着重介绍了水中力量训练优势、训练要素、基本动作和技术要求，以更好地发挥水中力量训练效果，提高或增强运动员健康水平和运动能力。

◆ 学习内容

一、水中力量训练的生理学特点

二、水中力量训练计划

三、水中力量训练的基本动作

一、水中力量训练的生理学特点

静水压作用可使中央血容量及安静时心排血量显著增加，心率水平下降，呼吸功能改善，其中呼吸肌肌力增强，呼吸系统工作效率提高。某些科学研究表明，当血液被浸泡在与颈部深度相当的水中时，肌肉内的血液循环量有可能提升250%。浸泡在水中或运动可使肾脏循环及尿量增加，并具有加速代谢废物排除的潜在功能。在静水压大于血管压力及淋巴压力的情况下，在水中浸水或活动对消除水肿是有益的。水的浮力可缓解下肢关节与椎体之间的紧张，具有促进损伤组织加速修复的可能功能。在水中做增强式练习，可达到陆上相同强度，但极少造成肌肉酸痛及疲劳累积。水中交互力量训练可成为运动员身体日常训练中的一项内容，帮助修复肌肉微细损伤，保持并提高心肺功能及肌肉耐力。

（一）无或较小撞击力的神经肌肉训练模式

受水中浮力作用，跑跳等水中运动练习对于下肢关节及脊柱的撞击力较小，也不会造成很大的剪切力及扭转力，同时水中流动性也给人体稳定性及平衡性带来较多挑战。由于运动员在水中进行力量训练时总是处于不稳定的状态，他们需要付出额外的努力和精力，以保持身体的正确姿态和平衡。所以，在相同力量练习动作中，水中训练较陆上训练所需活化的肌群介入较多，特别是保持关节稳定的深部小肌群活化幅度将显著增加，因而对提高神经肌肉功能较为有利。其好处有以下几种：

（1）对身体部位直接应力小，如关节、软组织等；

（2）能提供足够的时间恢复陆上训练带来的应激反应；

（3）可以模拟陆上训练形式；

（4）可以获得与陆上训练等效的心肺功能；

（5）可以模拟无撞击环境下的专项技术动作；

（6）提供三维阻力运动，可以在任何训练阶段进行超负荷训练。

（二）多样性的三维抗阻训练模式

水分的黏滞性与流动性使人体在水中运动时会受到来自各个方向的阻力。水中运动形式不受特定姿势影响，能产生许多新颖高效的训练形式，更能提高被试训练积极性。

（三）无肌肉酸痛的抗阻训练模式

水中练习所造成撞击力低，可使肌肉骨骼系统避免受到伤害，降低过劳损伤危险，减少加强式跳跃运动所造成肌肉酸痛。一般水中力量练习多为向心运动，并不产生超负荷离心收缩过程，水超负荷力量练习并没有出现肌肉疲劳累积的主要因素。水中力量练习可通过加大身体浸泡深度与接触面积，加速水流速度与动作速度，从而改善动作过程中阻力负荷以满足超负荷训练的需要，且在整个关节活动度内均受阻力作用且不引起运动疲劳累积。

（四）运动员损伤后早期功能康复模式

运动员作为运动性损伤高危群体，往往因运动性损伤无法参加日常训练及比赛。水环境为运动员提供减重乃至无负重康复治疗环境，患者在手术之后能够更早地进行水中康复治疗及锻炼。水疗设施的合理应用将加速运动员受伤后康复过程，使其尽早回归训练场及赛场。

二、水中力量训练计划

水中力量训练计划与陆上力量训练计划有许多相似之处，它主要涵盖了训练动作的模式、强度、频率、负荷以及预备活动的各个方面。在进行水中力量的训练时，我们同样需要遵循逐步训练、个性化训练以及超负荷训练的基本原则。

（一）动作模式

由于水的流体力学属性，水中的运动始终是在一个相对不稳定的训练环境中进行的。在这种环境下，维持身体姿态的稳定性变得尤为重要，这需要更多的肌肉参与其中。因此，在对运动动作进行分类时，除了根据人体部位进行分类外，还需要考虑训练的目标导向性。从训练目标的角度来看，水中力量训练可以被划分为动作准备、本体-控制性训练、力量训练三部分。

1.动作准备

在进行水中力量的训练之前，就像陆上训练课一样，也需要进行一系列的预备活动，这包括常规的热身、关节的活动度锻炼，以及一些低强度的特定活动。我们的目标是深入理解和体验水中中立位姿势的关键作用，从而有效地提升核心温度，激活神经和肌肉系统，扩展和拉伸关节和肌肉，并激活心肺系统的功能，为未来的水中力量训练做好充分准备。

2.本体-控制性训练

在水中进行运动时，需要具备更高的姿态稳定性，这样才能安全地进行肢体关节和躯干的本体感觉训练。水中本体-控制性训练是一种非常适合运动员在受伤后的早期和中期康复阶段进行的训练方法，它不仅有助于损伤组织的修复和功能的恢复，也非常适合健康人群。更重要的是，它可以作为运动员日常身体训练计划中本体-控制性训练的一个重要组成部分，以增强核心动态稳定性和关节的动态控制能力。

3.力量训练

在水中的力量训练中，根据不同的部位，我们可以将其分类为上肢力量训练、核心力量训练（详细内容请参考下一节课）、下肢力量训练以及模拟专项动作训练（也称为专项力量训练）；根据其效果，运动可以被分类为助力型和抗阻型。每一种力量训练动作都不是孤立或单一的，它需要身体的其他部分保持稳定。在水环境中，关节的相对稳定性难以维持，因此需要更多的肌肉群参与关节周围的稳定性维护，同时也需要局部肌肉群和全身肌肉群的共同参与。在水中进行力量训练时，更加注重动作的协调性、稳定性和整体性，这样可以更好地提升神经肌肉的功能，让更多的小肌群参与其中。例如，在水中肩关节的屈伸运动过程中，会更多地激活肩袖肌群，以维持肩关节的稳定性。

对于遭受运动性伤害的运动员来说，在康复过程的中后阶段，他们需要逐步恢复其专业运动技能，并为帮助患者更快地返回训练场做好前期的准备。这样的准备涵盖了力量、速度、耐力以及特定的动作方式等方面，必须遵循逐步训练和专项训练的原则。水中模拟专项动作训练作为陆地技术训练的一个过渡阶段，已经在运动实践中得到了广泛的应用，并获得了教练和运动员的认可。

（二）训练要素

1.强度

所指的训练强度是指施加在参与运动的肌肉、结缔组织和关节上的总压力，这主要是受到训练方式的影响。测量水中康复训练的强度会受到多种因素的影响，包括水的浸泡深度、水流的速度、辅助设备的接触面积、动作的速度和运动的方向等。在水中进行训练的运动员很难模仿每一个动作，他们的速度只能根据建议的节奏来确定其强度。通过Borg的自感疲劳度量表（RPE）（见表9.4.1），我们可以间接地评估水中训练的强度。

RPE是一种评估和调节运动强度的方法，它基于运动过程中的主观力量和疲劳体验。RPE的理论基础建立在这样一个前提之上：使用从6至20（或1至10）的数值级别来评估运动者全身的施力状况，并通过口头描述来明确指出运动过程中的用力强度。RPE量表在监测水中的运动强度方面已经得到了广泛的应用，它是一种既简便又实用的监测手段。

表9.4.1　Borg的自感疲劳度量表

运动强度	RPE指数	修订后指数
非常非常轻松	6	0
	7	0.5
	8	
非常轻松	9	1
	10	2
相当轻松	11	3
	12	4
有点难	13	5
	14	5
难	15	6
	16	7
非常难	17	8
	18	9
非常非常难	19	10
	20	

2.频率

频率是指每周水中训练的次数，主要依据运动员的周期性训练计划而定，在各个训练阶段，合理地安排水中的训练可以使效率大大提高。水中交互训练作为陆地训练的一种备选方案，能够有效地预防过度训练。例如在长跑项目中，在比赛前的调整阶段，可以进行每周2~3次的水中跑步或游泳活动。这种训练方式可以采用接近陆地的强度，模拟专业训练的效果，同时也能激发运动员的训练热情，预防运动相关的伤害，从而达到事半功倍的效果。

3.周期

水中训练周期要符合运动员的个性化需要和整个比赛周期性计划的具体安排，也要依据运动项目和训练课的训练目标。若作为日常训练计划的有益补充，每周1~2次，每次30~90 min；若需要提高特定的运动能力如心肺功能，可采用深水高强度跑步练习或骑车练习，通常每节训练课时间为60~90 min。训练方法可以采用长时间持续低强度运动，也可以采用高强度间歇训练法。对于更长周期性训练计划，水中训练可以作为整个周期性训练计划的重要组成部分，依据每个小阶段的训练目的，合理安排每节课的训练内容和时间。

4.安全考虑

水环境是一种特殊的训练环境，存在一定的危险性，影响因素包括水质是否符合标准、水温、练习者是否存在恐水症、有无水中运动经历等。因此，需要首先熟练掌握在水中保持正确姿态稳定性的能力，渐进性地参与水中运动。

（1）水环境要求。在运动训练中，通常使用的水温范围是26~28℃，过冷或过热的水温都可能对运动员的运动耐受能力产生不良影响。过度寒冷会导致运动员迅速失去体内热量，从而加速体内能量和物质的消耗。过高的水温可能导致身体大量出汗，这可能会使运动性肌肉感到疲惫，从而影响运动的效果，并降低身体的热耐受性。在运动员进行水中的拉伸和放松动作时，通常的水温范围是30~35℃。由于在高温的水环境中进行拉伸动作，关节的活动性和肌肉的延展性得到了更好的增强。在水中为肌肉提供放松和温暖的环境，可以帮助神经放松，使人感到舒适，进而达到心情放松的效果。

在水中活动时，选择浸泡的深度应基于特定的要求、每个人的特性以及训练的目标来进行合理决策。在浅水环境中，运动员更适合进行跳跃训练；在过渡深度的水中，运动员更适合进行挥拍练习；而在深水环境中，长跑运动员则更适合进行跑步训练。

水质的卫生状况也是不能被轻视的。为了确保室内空气流通畅通，需要对水中的微生物进行有效管理，并定期更换水池里的水，从而为运动员在水中进行运动创造一个安全的训练环境。

（2）预先评估。在开始任何形式的水下活动之前，有必要先全面了解运动员的基础信息，这包括他们是否适合在水中进行训练，是否存在对水的恐惧，以及是否具备游泳的能力等。如果运动员没有在水中进行运动的经验，他们首先需要对水环境有深入的了解，并掌握相关的水上运动技巧。在进行水中活动时，我们应该采取步步为营的策略，逐渐培养出水中运动的自信和维持身体平衡的技巧。针对各种不同类型的伤病患者，必须在开始运动之前进行全面的伤病检查和评估，以消除因水中活动导致的伤害加剧或感染的可能性。

（3）技术动作。水中训练动作要求与陆上训练动作一样，需要运动中保持正确的姿态。如水中蹲跳动作，在屈踝、屈膝、屈髋的过程中始终要保持肩关节在膝关节的正上方。水中运动的最大难度在于水的流动引起身体姿态的不稳定，水中训练是典型的不稳定训练，因此，对核心和关节稳定性提出了更高的挑战。

（4）合理利用辅助设备。水中训练可以利用辅助设备获得助力或阻力。对于患者，需要发挥浮力的助力作用，降低重力作用的影响。对于水中抗阻训练，需要增加足够的阻力负荷，来提高耐力素质和力量素质。

三、水中力量训练的基本动作

（一）上肢力量训练

当水的浮力作用起到助力效果时，可以帮助上肢尽早改善关节活动度，进行上肢肌肉的拉伸，缓解疼痛并防止损伤组织的粘连。对于肌肉柔韧性和关节活动度较差者，利用水的浮力降低重力的拮抗作用，在适宜的温水中改善关节活动度。

1.体前持球接力

辅助设备：药球。

起始姿势：双脚平行站立与肩同宽，呈半蹲姿势。持球侧肩关节外展90°，肘关节伸直，单手持球部分没入水中。

动作说明：在保持半蹲姿势稳定的前提下，持球手贴着水面向身体对侧水平屈至身体正前方，接着换手持球做水平伸至对侧肩关节外展90°位置，然后进行反向胸前持球练习。要求药球始终部分没入水中。

动作目的：改善肩关节呈动水平屈伸活动度。

2.持球体后接力

辅助设备：药球。

起始姿势：双脚平行站立与肩同宽，呈半蹲姿势，单手持球侧平举，肘关节伸直，药球部分没入水中。

动作说明：在保持半蹲姿势稳定的前提下，持球手贴着水面向同侧身体后方水平移动，达到身体的正后方时，换手持球从身体的另一侧回到侧平举位置。然后做反向重复练习，要求药球部分始终没入水中。

动作目的：改善肩关节主动内收、后伸活动度，拉伸胸大肌、三角肌前部等。

3.肩前拉伸（不稳定状态）

辅助设备：泡沫面条。

起始姿势：双腿平行站立与肩同宽，抬头挺胸，双臂后伸，双手正握泡沫面条，保持肘关节伸直位。

动作说明：缓慢屈髋、屈膝做下蹲动作，至最大幅度维持2～3 s，然后缓慢伸髋、伸膝站起，重复以上动作。

动作目的：控制性拉伸三角肌前部、胸大肌。

4.拖物行进

辅助设备：阻力锤。

起始姿势：双脚自然站立，上体稍微前倾，双手握住阻力锤，保持肘关节伸直，肩关节后伸于身后。

动作说明：保持肩关节后伸，阻力锤没入水中，缓慢向前弓步行进，要求始终保持上体姿势固定不动。

动作目的：做肩前肌群的静态拉伸，涉及肌肉主要包括胸大肌、三角肌前部。

（二）下肢力量训练

常见的下肢运动性损伤有肌肉拉伤、韧带损伤、关节扭伤、脱位、骨折等。在体能类项目和球类项目中，下肢损伤很常见，如足球项目运动员下肢损伤占所有运动性损伤的80%以上。对于伤病运动员可以在不同深度的水中进行恢复性训练，来改善关节活动度，提高下肢神经肌肉控制能力，恢复肌力和模拟专项训练。充分利用水的温度、静水压和浮力作用，在水中进行各种拉伸活动，可以减轻大运动量训练或比赛后的肌肉酸痛，明显改善关节活动度，预防组织粘连等。

1.站立位股四头肌牵拉

起始姿势：双脚分开自然站立，躯干挺直，眼睛平视前方。

动作说明：同侧手从后方握着同侧脚踝，尽量向后上拉伸，脚后跟尽量触及臀部，另一侧上肢向上伸展，至两侧大腿保持平行。两侧交替进行拉伸练习。

动作目的：拉伸股四头肌、髂腰肌。

2.抱膝上提

起始姿势：两脚分开与肩同宽站立，躯干挺直，眼睛平视前方。

动作说明：缓慢屈髋、屈膝做下蹲动作至肩关节没入水中，然后双手从一侧膝关节前侧抱住膝关节，缓慢双臂收紧尽量提膝上拉触及胸部，同时支撑腿伸髋、伸膝至完全直立位，维持2～3 s。随后缓慢松开双手，回到起始位置。两侧交替进行。

涉及主要肌群：臀大肌。

3.提篮抱膝

起始姿势：两脚分开与肩同宽，微蹲位站立，两手自然下垂放于身体两侧。

动作说明：屈髋、屈膝做下蹲动作至肩关节没入水中，然后一侧腿抬起做盘腿动作，同侧手从外侧抱住膝关节，对侧手握着踝关节，随着支撑腿伸髋、伸膝，双臂收紧尽量提膝上拉，至支撑腿完全直立位保持2～3 s。接着交替进行。

4.小腿拉伸

动作目的：拉伸臀小肌、臀中肌。

起始姿势：面向池边双脚平行分开站立，双手支持池边。

动作说明：拉伸腿后退一大步，全脚掌落地，保持膝关节伸直位。然后，前侧腿缓慢持续屈髋、屈膝，身体前降低重心至最大幅度，并维持2～3 s。然后缓慢伸髋、伸膝回到起始位置。始终保持后侧脚后跟不能离开地面。

动作目的：拉伸小腿三头肌。

5.侧弓步拉伸

起始姿势：站立位，双脚分开与肩同宽，两手自然下垂放于身体两侧。

动作说明：一侧下肢向外横跨一大步，随着跨出腿缓慢屈髋、屈膝至大腿与水面平行，重心缓慢转移至跨出腿上，膝关节刚好位于踝关节正上方。另一侧下肢始终处于伸直位，双手前平举，并维持2～3 s。然后，缓慢伸髋、伸膝，重心上升，回到起始位置。两侧交替进行。

动作目的：拉伸大收肌、长收肌、短收肌等内收肌群。

6.交叉盘腿蹲

起始姿势：站立位，双脚分开与肩同宽，两手自然下垂放于身体两侧。

动作说明：

向下阶段：一侧下肢向斜后方跨出一步，缓慢屈髋、屈膝做下蹲运动，重心转移至双腿之间，降低重心，拉伸大腿后外侧；同时双手做前平举。

向上阶段：移动腿伸髋、伸膝、收回至起始位置，双手自然放于身体两侧。两侧交替进行。

动作目的：拉伸梨状肌、阔筋膜张肌、髂胫束。

7.转髋练习

起始姿势：双脚分开与肩同宽，垂直站立位，两臂侧平举。

动作说明：一侧下肢抬起向上屈髋、屈膝至大腿与地面平行，小腿与地面垂直。在保持单腿站立姿势下，髋关节做外旋运动至最大幅度，并维持姿势2~3 s，然后缓慢做内旋动作回到起始位置。两侧交替进行。

动作目的：改善髋关节主动内外旋活动度。

8.腘绳肌拉伸

辅助设备：浮力面条或台阶。

起始姿势：站立位，双脚分开与肩同宽，躯干挺直，眼睛平视前方。

动作说明：面向台阶（或浮力面条）站立，一侧下肢抬起放在水中台阶或浮力面条上，另一侧单脚支撑，通过身体前倾来拉伸大腿后侧肌群。

动作目的：被动拉伸腘绳肌。

9.内收肌拉伸

辅助设备：浮力面条或台阶。

起始姿势：站立位，双脚分开与肩同宽，躯干挺直，眼睛平视前方。

动作说明：侧向站立于水中台阶或浮力面条附近，拉伸侧下肢放在水中台阶上或浮力面条上，另一侧下肢支撑。通过降低重心或侧倾身体来拉伸大腿内侧肌群。

动作目的：被动拉伸大腿内收肌群。

（三）本体–控制训练

流体力学显示，水的浮力、流动性和黏滞性对肩关节的稳定性提出了更高的要求。在水中进行上肢关节的本体-控制性训练，可改善关节本体感觉和神经肌肉功能。

1.单臂持球

辅助设备：药球。

起始姿势：双脚平行面向池边站立，持球手把球垂直按入水中，另一侧直臂支撑池壁，两侧均保持肘关节伸直，身体前倾成直线。

动作说明：通过改变肩关节位置来调整球没入水中的位置，可屈伸、内收外展、内外旋转等，始终保持持球侧肩关节固定不动。

进阶：可以由静态变为动态，如肩关节内收外展、前屈后伸，增加控制的难度；也可水下顺时针或逆时针画圈，来增加控制难度；还可增加药球的体积来提高肩关节控制的难度。

动作目的：肩关节保持前屈角度小于90°范围内的神经肌肉控制能力，改善关节本体感觉。涉及主要肌肉有肩袖肌群、三角肌、胸大肌、肱三头肌、肘肌、背阔肌、核心肌群等。

2.支撑摆腿

辅助设备：水下固定栏架。

起始姿势：站于水下栏架一侧，双脚并拢靠近栏架，双手直臂支撑栏架。

动作说明：双臂支撑，缓慢抬起身体，双脚离开池底。在固定上体的前提下，通过躯干带动双下肢进行侧方移动至最大幅度，并维持2～3 s，然后进行反方向运动，重复练习。

动作目的：提高肩关节控制能力，涉及主要肌肉有肱三头肌、斜方肌、菱形肌、背阔肌、三角肌、核心肌群等。

（四）力量训练

部分运动项目的运动员肩关节及上肢损伤非常常见，如游泳、投掷项目、篮球、手球、乒乓球、羽毛球等上肢主导类运动项目的运动员，容易发生肩关节、肘关节和腕关节的损伤。水中上肢力量训练能够帮助伤病运动员和长时间缺乏专项训练的运动员恢复基础力量，也可以作为普通人群日常健身活动形式之一。

1.俯卧撑

强度：中。

起始姿势：双臂伸直，双手支撑在池边或台阶上，双手、双脚分开与肩同宽，身体前倾，保持身体成一条直线。

动作说明：

向下运动阶段：缓慢屈肘，后伸肩关节，躯干向双手靠近。

向上运动阶段：缓慢前屈肩关节和伸肘，控制性向上推动身体回到起始位置。避免脊柱过度伸展，重复练习。

进阶：降低身体倾斜角度或者改成单臂、单脚支撑姿势。

涉及主要肌肉：胸大肌、肱三头肌、三角肌、伸肘肌群等。

2.靠壁双臂推拉练习

强度：中。

辅助设备：浮力板。

起始姿势：在齐腰深水中靠墙壁静蹲，双手直臂握着浮力板，要求阻力板部分没入水中，保持躯干挺直。

动作说明：

向后运动阶段：缓慢屈肘、肩关节后伸水平拉动浮力板水平至胸前。

向前运动阶段：缓慢双臂向前伸展，进行肘关节伸直，肩关节前屈运动，将浮力板水平前推至手臂完全伸直位，重复练习。

进阶：增加运动速度或水流速度，提高训练难度。

涉及主要肌肉：背阔肌、胸大肌、肱二头肌、肱三头肌、三角肌等。

3.身后双臂推拉

强度：高。

辅助器械：浮力板。

起始姿势：两脚分开骑在水中平台上，躯干挺直，双腿夹住平台两侧，肩部没于水中，双手握住浮力板向后伸直，浮力板与水面垂直。

动作说明：

靠近身体运动阶段：缓慢屈肩、屈肘水平拉动浮力板尽量靠近身体，始终保持身体其他部位固定不动。

远离身体运动阶段：缓慢肩关节后伸、伸肘推动浮力板远离身体至起始姿势。始终保持身体其他部位固定不动，重复练习。

进阶：增加动作速度、水流速度或浮力设备的面积等提高训练难度。

涉及主要肌肉：胸大肌、前锯肌、肱二头肌、肱三头肌、肱桡肌、三角肌前部和后部等。

4.半蹲位直臂下压

强度：中。

辅助设备：浮力板。

起始姿势：双脚平行站立与肩同宽，呈半蹲位。单臂前伸，手掌及前臂压在水面的浮力板上，浮力板保持与水面平行。

动作说明：

向下运动阶段：缓慢进行肩关节后伸运动，将浮力板向下压至最大幅度，并维持2～3 s。保持身体其他部位固定不动。

向上运动阶段：控制浮力板缓慢上升至起始位置。保持身体其他部位固定不动，重复练习。

进阶：增加辅助器械的面积或增加水流来提高训练难度。

涉及主要肌肉：三角肌后部、背阔肌等。

5.半蹲位肩关节收展运动

强度：中。

辅助设备：泡沫哑铃。

起始姿势：双脚平行站立与肩同宽，呈半蹲位。双手正握哑铃直臂侧平举，躯干挺直。

动作说明：

向下运动阶段：双臂缓慢对抗水的阻力做肩关节内收运动，至双臂靠近身体两侧。身体其他部位保持固定不动。

向上运动阶段：双臂缓慢对抗水的浮力做外展运动，回到起始姿势。身体其他部位保持固定不动，重复练习。

涉及主要肌肉：三角肌、背阔肌、冈上肌等。

6.弓步胸前击掌

强度：中。

辅助设备：手璞、浮力圆盘。

起始姿势：双脚前后弓步站立，双手套上手璞，两侧腋下分别夹住浮力圆盘，保持肩关节内收位，屈肘90°，手臂向两侧完全打开，抬头挺胸，眼睛平视前方。

动作说明：双手在胸前进行击掌动作，然后回到起始位置。始终保持身体其他部位不动，重复练习。

涉及主要肌肉：肩袖肌群。

（五）下肢控制训练

水的浮力会降低下肢的重力负荷和扭转力，而水的流动性增加了身体的不稳定性，对身体平衡提出了更大的挑战。由于水中运动时，身体的浮力中心和重心常不在同一直线上，会产生旋转应力，增加控制姿势的难度。通过增加水流干扰、人为干扰或增加支撑面积等方法来提高下肢神经肌肉训练的难度，提高下肢控制能力。

1.高抬腿

起始姿势：双手扶着池边，双脚平行站立与肩同宽，抬头挺胸。

动作说明：保持单腿站立的前提下，另一侧下肢屈髋、屈膝至大腿与地面水平，小腿尽量与地面垂直。身体其他部位固定不动。

动作目的：提高单腿控制能力。

2.单腿下压控制练习

辅助设备：浮力板。

起始姿势：单腿站立，一侧下肢屈髋、屈膝，全脚平放在浮力板上。双手放于身体两侧维持姿势的平衡。

动作说明：保持单腿站立姿势，通过缓慢单腿伸髋、伸膝下压和控制浮力板，保持身体固定不动。

动作目的：提高下肢神经肌肉控制能力。

3.后压腿

辅助设备：浮力面条。

起始姿势：单腿站立，一条腿向后勾腿，脚背放于浮力面条上，躯干挺直。

动作说明：保持单腿站立姿势，通过后勾腿缓慢伸膝下压浮力面条，始终保持身体姿态固定不动。

动作目的：提高膝关节的本体感觉和控制能力。

4.盘腿下蹲起

起始姿势：站立位，双脚分开与肩同宽，两手自然下垂放于身体两侧。

动作说明：

向下阶段：一侧屈髋、屈膝、外展、外旋把外踝放在另一侧膝关节上方，形成"4"字支撑。然后双手前平举，支撑腿缓慢屈髋、屈膝做下蹲至大腿与水面平行，同时维持2～3 s。

向上阶段：支撑腿缓慢伸髋、伸膝至起始位置，另一侧髋关节内旋、内收回到起始位置。两侧交替进行。

动作目的：改善髋关节外旋、外展活动度和单腿本体-控制能力。

5.芭蕾举腿

起始姿势：单腿站立，双手在身体两侧维持身体平衡。

动作说明：非支撑腿伸直，踝关节跖屈位，随着支撑腿膝关节的屈伸活动，依次缓慢向前方、侧方和后方抬起，类似芭蕾动作。两侧交替进行。

动作目的：提高单腿本体-控制能力。

（六）抗阻力量训练

水中下肢抗阻力量练习形式多样，充分利用水中三维阻力作用，能够恢复下肢的基础力量、力量耐力素质，尤其适用运动性损伤后的早期功能性恢复，包括神经肌肉控制能力和基础力量素质的恢复。

1.半蹲前后行走

强度：中。

起始姿势：站立位，双脚分开与肩同宽，两手自然放于身体两侧，躯干挺直，眼睛平视前方。

动作说明：两侧同步屈髋、屈膝呈下蹲姿态，上肢屈肘呈自然摆臂姿势。在水中进行前进或后退半蹲走练习，同时两侧交叉摆臂。始终保持躯干中立位固定不动。

进阶：增加水流速度或运动速度，提高训练难度。

涉及主要肌群：臀大肌、股四头肌等。

2.半蹲侧步走

强度：高。

起始姿势：站立位，双脚分开与肩同宽，双手自然放于身体两侧。

动作说明：一侧下肢蹬地向侧方跨出，形成侧弓步，伴随屈髋、屈膝、身体重心向跨出腿转移，同时伴随自然摆臂动作。然后，跨出腿伸髋、伸膝用力蹬地，还原到起始位置。左右交替进行练习。

进阶：增加水流速度或运动速度来提高训练难度。

涉及主要肌群：臀大肌、臀小肌、臀中肌、内收肌群等。

3.提踵练习

强度：低。

起始姿势：面向池壁站立，两脚分开与肩同宽，双手自然放于身体两侧。

动作说明：缓慢向上提踵，踝关节跖屈，身体重心升高至最大幅度，维持2～3 s。然后缓慢降低重心，脚后跟落地，回到起始位置。始终保持身体其他部位固定不动，重复练习。

进阶：可由双腿改成单腿提踵，或者进入浅水中练习。

涉及主要肌群：小腿三头肌。

4.抗阻下压

辅助器械：浮力面条。

起始姿势：单腿站立，一侧脚放在浮力面条的中间部位，保持屈髋、屈膝，大腿与水面平行，双臂外展保持身体平衡。

动作说明：

向下阶段：运动腿快速伸髋、伸膝，将浮力面条向下压至膝关节完成伸直位。身体其他部位保持固定不动。

向上阶段：运动腿缓慢屈髋、屈膝回到起始位置。身体其他部位保持固定不动，重复练习。

涉及主要肌群：臀大肌、股四头肌、小腿三头肌等。

5.坐位踢腿

强度：中。

辅助设备：阻力扇叶。

起始姿势：坐在水中台阶上，两手分别在身体两侧支撑台阶保持身体固定不动，近脚踝上方套上阻力扇叶，躯干挺直，眼睛平视前方。

动作说明：运动侧做抗阻伸膝运动至完全伸直位，随后屈膝回到起始位置。身体其他部位保持固定不动，重复练习。

进阶：增加运动速度来提高训练难度。

涉及主要肌群：腘绳肌、股四头肌。

6.跳深

强度：高。

辅助器械：方凳或水中台阶。

起始姿势：双脚并拢站在水中台阶上或方凳上，两手自然放于身体两侧，抬头挺胸。

动作说明：一只脚抬起、前伸，自由下落，双侧下肢屈髋、屈膝，重心下降，双脚落入池底，同时双臂自然向后摆臂。接着两侧下肢迅速伸髋、伸膝、蹬地，同时双手自然向前摆臂，身体垂直跳起。重复练习。

进阶：增加台阶或跳箱高度或在浅水中进行。

涉及主要肌群：臀大肌、腘绳肌、小腿三头肌、股四头肌等。

（七）模拟专项技术训练

在运动员上肢运动性损伤的康复后期，需要结合专项技术动作训练，帮助运动员恢复专项运动能力，加速运动康复进程。如模拟篮球的跳起投篮动作、高尔夫的挥杆动作、羽毛球的步法练习、足球守门员的移动防守动作等。

1.模拟羽毛球步法练习

强度：中。

辅助设备：羽毛球拍。

起始姿势：站立位，双脚分开与肩同宽，单手握住模拟球拍，躯干挺直。

动作说明：尽可能快速进行羽毛球各方向上的弓步练习，如前弓步、侧弓步等。

涉及主要肌群：髂腰肌、臀大肌、腘绳肌、腓肠肌、股四头肌等。

2.水下模拟足球传球动作

强度：高。

起始姿势：站立位，躯干挺直，双手自然放于身体两侧维持平衡。

动作说明：一侧下肢向前小跨一步，单腿站立，另一侧下肢在髋关节的带动下由屈髋、屈膝跖屈位置，快速进行伸髋、伸膝、跖屈向前摆动做模拟踢球动作。两侧交替进行。

涉及主要肌群：髂腰肌、胫前肌、小腿三头肌、股四头肌等。

3.胸前传球

强度：高。

辅助设备：药球。

起始姿势：面向水流或池壁站立，双脚分开与肩同宽，屈髋、屈膝呈半蹲姿势，双手胸前抱球。

动作说明：双侧上肢完成肩关节前屈、伸肘，双手快速将球推出。然后，肩关节后伸、屈肘，回到起始位置。身体其他部位尽量保持固定不动，重复练习。

涉及主要肌肉：胸大肌、三角肌前部、肱三头肌等。

4.模拟乒乓球击球练习

强度：高。

辅助设备：手蹼。

起始姿势：双脚分开与肩同宽，呈半蹲姿势站立，套上手蹼。

动作说明：在髋关节带动下做转体伴随上体前倾的乒乓球击球动作，动作幅度由小到大。身体其他部位保持固定不动，重复练习。

涉及主要肌肉：转腰肌、肩袖肌群、前臂旋转肌群等。

课后总结

本节介绍了水中力量训练方法，充分利用水的流体力学特性和运动形式多样性的特点，帮助患者和健康人群改善运动功能，提高健康水平，也是陆上力量训练计划的有益补充。水中力量训练的适应性非常广泛，常用于一些无法陆上活动的患者，如关节炎、肥胖、神经损伤或骨关节损伤。水中力量训练能够尽早帮助患者修复组织，改善功能，也能帮助运动员恢复基础力量，提高神经肌肉控制能力。

第五节　水中核心力量训练

◆ 本节导言

在体育运动中，人体核心的作用是稳定身体姿态、提高动作的有效性。近端稳定性是远端灵活性的基础，在这个基础上可以建立从近端向远端的发力模式，并且通过不同运动环节肌群之间的协同作用，使在远端完成动作的同时保护远端关节，避免运动性损伤。

通常，不稳定的抗阻训练能够刺激肌肉产生同步收缩，改善关节的稳定性。与陆上相比，水的浮力与流动性使得水环境具有不稳定性的特征，运动员在水中运动具有更大的挑战性，任何动作都会涉及核心稳定性的要求，因此，水环境是一种理想的核心力量训练场所。健康人群也可以积极开展水中多样性的核心力量训练和稳定性训练，来提高核心力量和耐力，改善静态或动态核心控制能力。对于一些损伤的运动员和普通人群，如腰椎间盘突出症、峡部不连等，可尽早在水中开展核心力量运动，能起到消肿止痛、改善运动功能的作用。

◆ 学习内容

一、核心稳定性

二、水中核心力量训练的特点

三、水中核心力量训练方法

一、核心稳定性

"核心"是指人体的中间部位,它通过胸部和腰髋部向下连接下肢,向上连接上肢和头颈部,涵盖了该区域中所有的肌肉和神经组织。核心肌肉群担负着稳定重心、传导力量的作用,是整体发力的主要环节,对上下肢的活动起着承上启下的枢纽作用。强有力的核心肌群可以稳定身体姿态、提高运动能力、促进专项能力的发挥。

核心稳定性是指为了维持核心的解剖学完整性,能够对抗外界的机械干扰,并能支撑核心乃至整个人体功能性的能力。旁遮普于1992年首次引入了三个相互关联的子系统,如果有受伤或受损的情况,所有系统间能够彼此补偿,这样就形成了脊柱的稳定系统,三个子系统包括被动肌肉骨骼系统、主动肌肉骨骼系统和神经性反馈系统(也称神经控制系统)。被动系统包括椎骨、椎间盘、椎骨关节突关节和脊柱的韧带。主要作用是限制椎体运动的范围和椎体之间的力量传递。虽然被动成分的作用较小,但是被动结构损伤可以造成关节的功能丧失和不稳定。主动成分在核心稳定性中扮演至关重要的角色,不同的肌肉起作用的方式不同。核心肌群可以被分为两种肌肉系统:局部肌肉和全局肌肉。局部肌肉为深层肌,肌肉的起点或止点与椎体相连,其功能是控制脊椎的弯曲度,并提供矢状面和横向上的硬度。主要的局部肌肉包括腹横肌、腰部多裂肌和腹内斜肌的后部纤维、盆底肌、膈肌。与局部肌肉相对应,全局肌肉为大的浅部肌肉组织,并不与脊椎直接相连。全局肌肉的主要作用是产生躯干的运动,平衡来自于外部的负荷并将这些负荷由胸部向髋部传递。膈肌主要通过收缩,增加腹内压,使得腹部肌群保持着一个圆筒状的几何形状,实现稳定作用。保持正确的呼吸模式,对于提高核心稳定性具有不容忽视的作用。盆底肌位于躯干的底部支撑着腹腔和盆腔的脏器,也会对腹内压产生影响。全局肌肉包括竖脊肌、腹内斜肌(但其后部肌纤维除外)、腹外斜肌、腹直肌和腰方肌外侧。虽然局部和全局肌肉的位置和功能不同,但是它们都非常重要,共同维护脊柱的稳定性。主动肌肉系统的张力增加是由腹部肌肉(如腹横肌和腹内斜肌)和脊柱旁肌肉(如多裂肌)提供,其通过增加脊柱的硬度来增加稳定性。神经控制系统通过前反馈和后反馈机制来募集核心肌。前反馈机制是做好活动的准备而提前动员的机制，而后反馈机制常常用于精细的运动计划方案，如技术训练，使得整个运动过程中更加有效。整个核心的稳定性涉及肩关节稳定性、躯干稳定性、骨盆稳定性和髋关节稳定性。

（一）肩关节稳定性

肩关节是人体最灵活的关节。肩带由肱骨、肩胛骨、锁骨及附着在上面的软组织构成。维持肩关节稳定性的主动肌是肩袖肌，而保持肩胛骨正常的解剖位置和稳定性是核心稳定的重要基础。

（二）躯干稳定性

躯干是肩关节和髋关节之间稳定的非常重要的部位，包含了腹直肌、腹横肌、腹内外斜肌、背阔肌、膈肌、盆底肌、竖脊肌和脊柱周围许多的稳定肌群。部分肌肉常由于背部的损伤而停止工作或无法被激活，造成长期的背痛。通常不能通过单一肌群来完成诸多功能性活动，需要渐进性训练来提高肌肉募集能力，让核心肌群变得更强壮和更稳定，这样才会与肩关节和髋关节协调工作。

（三）骨盆稳定性

骨盆是脊柱活动的平台，骨盆的解剖位置和稳定性是核心稳定性的重要基础，保持骨盆的正常形态和功能，是预防下背痛的主要手段。

（四）髋关节稳定性

正确地使用骨盆和髋关节，可以消除多种因素引起的下背痛、膝关节痛和足部损伤。髋关节周围有超过40块肌肉，能产生膝关节的内外旋转运动，可以使下肢向前、向后、向内或者完成组合动作。许多伤病就是由于髋关节紧张和缺乏灵活性造成的。导致不能主动地募集髋关节周围的肌肉纤维，使得过多的负荷施加到其他的区域，如膝关节或踝关节，造成过度代偿和受伤。例如，很多人的下蹲动作是错误的，他们动用的是股四头肌而不是臀部肌肉，造成膝关节前移，大部分臀部肌群没有参与，同时会对膝关节和背部产生不当的压力。

所有运动都是在保持正确姿态的前提下，从臀部肌肉募集开始。许多与跑步相关的损伤是因为髋关节缺少必要的稳定性。因此，一个灵活而稳定性的髋关节，可以有效地储存和释放能量，创造最佳的跑步动作。

二、水中核心力量训练的特点

（一）水环境的不稳定性

不稳定训练常作为运动员的一种功能训练和运动康复模式。不稳定训练形式包括水中训练和康复，利用理疗球、瑞士球的控制性训练，以及目前比较流行的悬吊训练等，逐渐被康复师和体能教练应用到运动员的身体功能训练和伤病康复的过程中，取得了比较好的效果。

水环境的不稳定性特征是由水的物理特性决定的。水的物理特性如浮力、静水压、黏滞性、流动性和表面张力等，为运动员提供了三维平面上的不稳定训练环境，需要克服三维阻力的运动模式。利用水的黏滞性产生的阻力，可以进行水中抗阻训练。通过改变接触面积和力臂长短来改变阻力的大小，而水的表面张力让肢体通过水面时产生更大的阻力。水的流动性产生的涡流会加剧运动的不稳定性，需要激活更多的肌群参与来维持身体姿态的稳定。通过增加浸泡的深度来调节静水压和浮力的大小，降低垂直面上的重力作用，增加水平面上的阻力负荷，增加水中移动的难度，同时促进静脉回流，改善心血管系统的功能，增强呼吸肌的耐力，提高训练效果。在水中由于人体的重心和浮力中心位置的不同，人体在保持正确的身体姿态时需要更多的肌群共同参与和维持。人体在垂直姿势时，浮力中心在胸骨。若在人的后面放置浮力装置会引起身体前倾，前面放置浮力装置会引起身体后倾。因此，在水中运动，会受到重心和浮力中心的双重影响，增加了水中训练的难度，对核心控制能力提出了更大的挑战。

（二）内在肌群的协同性

水中核心力量练习能最大程度地激活核心区肌群，改善核心肌群之间的协同性。通常，运动员会结合专项要求采取陆上高负荷或大运动量的负重训练来获得较大的肌肉围度和爆发力，由此也容易发生运动性损伤。对于核心深层小肌群，如多裂肌，其力量或耐力很难在稳定姿态下获得提高。水环境的不稳定有利于以较低的负荷阻力来激活更多的核心肌肉参与维持姿势的稳定性。即使在不稳定界面上进行非核心力量训练也会改善核心肌群的激活情况。

（三）预防下腰痛

对于健康个体，在不稳定训练时，躯干深部稳定肌的激活要先于表层大肌群产生肌力。在运动员中，躯干肌肉反应的延迟被认为是下腰痛的一项潜在风险。为了腰背部健康，要避免在脊柱上施加过多的负荷。因为腰背部深层的稳定肌-多裂肌可以在30%～40%最大自主收缩时获得功能性改善和提高。因此，康复师采用水中核心力量训练，既可以避免局部负担量过大，又能有效激活躯干深层小肌群的稳定肌，改善椎间关节的本体感觉和控制能力，增加肌群之间的协调性，提高核心控制能力，预防运动性损伤的发生。

（四）水中训练保持中立位姿态的重要性

脊柱中立位是指人体以5种基本体位（站立位、坐位、悬浮位、卧位和跪位）进行抗阻训练时，脊柱能够保持自然生理弯曲时的姿态：颈椎、腰椎前凸，胸椎、骶椎后凸，且弧度适当，即从侧面观，保持收腹、腰背挺直的状态。在各种运动过程中，脊柱保持中立位状态，核心肌群会出现抗屈曲、抗伸、抗侧屈和抗旋转状态，有利于均衡发展脊柱周围肌肉的力量和耐力。因此，保持脊柱中立位的好处：

（1）维持核心稳定性：核心肌群等长收缩，保持稳定性；

（2）力量传导：通过增加核心区的硬度，有利于上下肢产生的力量传递到支点，产生最佳的发力效果；

（3）预防损伤：提高核心肌群力量，有助于保护和预防脊柱损伤。

三、水中核心力量训练方法

水中核心训练可分为静态练习和动态练习。静态练习是在保持静态固定姿态的前提下对抗水的浮力和水流阻力。动态练习是在身体部分部位固定的前提下，通过肢体运动或躯干运动来提高核心力量和姿态控制能力的练习。无论是静态核心练习还是动态核心练习，都可以借助辅助器械，如泡沫哑铃、杠铃、药球、浮力面条、脚蹼、浮力板、踝套、袖套等来改变训练的难度，渐进性地提高训练强度。为了保证水中核心训练的效果，首先，需要进行核心肌群的牵拉或改善躯干活动度的练习，包括垂直面上的屈伸、侧屈和旋转，以及水平面上的屈伸、侧屈和旋转，甚至组合运动；其次，需要渐进性增加训练的难度。

（一）改善核心活动度

正常情况下，人体脊柱前屈活动度约为90°，站位体前屈能够触及自己的脚尖。脊柱后伸活动度约为30°，左右侧屈活动度约为30°，左右旋转活动度约为100°。可利用水的浮力和温热效应，改善躯干的活动度。

1.团身挺拉

起始姿势：双手正握池边扶手，屈髋、屈膝，双脚并拢撑住池边，并与双手在同一水平线上，呈团身状。

动作说明：两侧膝关节缓慢伸直向后挺身至完全伸直位，并维持2～3 s，再缓慢回到起始位置，重复练习。

动作目的：拉伸竖脊肌、腘绳肌等。

2.体侧拉伸

起始姿势：身体侧立在水池边，远侧手臂过头握住池边把手。

动作说明：手足固定，躯干向一侧弯曲至最大幅度，并维持2～3 s，再回到起始位置。换侧站立进行另一侧拉伸练习。

动作目的：拉伸腰方肌、背阔肌、腹肌等。

3.躯干后伸

起始姿势：双脚平行与肩同宽站立于齐腰深的水中，双手臂伸直自然放于身体两侧，眼睛平视前方。

动作说明：随着手臂上举，躯干缓慢向后伸展，眼睛注视双手，头部随躯干后仰，至最大幅度维持2～3 s，然后缓慢回到起始位置。重复练习。

动作目的：拉伸胸大肌、腹直肌、髂腰肌。

4.抗阻转体

辅助设备：阻力扇。

起始姿势：双脚分开稍宽于肩，站立于齐腰深的水中，双手侧平举正握阻力扇，手臂完全伸直。

动作说明：双侧屈髋、屈膝呈下蹲姿势，肩关节刚好没入水中，在髋关节带动下进行躯干左右侧的转体动作至最大幅度，并维持2～3 s，头部随着转向一侧的手臂而转动。两侧交替重复练习。

动作目的：拉伸腹外斜肌、腹内斜肌、臀中肌、臀小肌、腰方肌等。

5.站位四方摸远

起始姿势：单手或双手扶着池边，双脚自然分开站立于水中。

动作说明：在单腿站立的前提下，另一侧下肢在髋关节带动下进行缓慢最大幅度的屈伸、外展内收、旋转运动。始终保持躯干固定不动，两侧交替进行。

动作目的：提高髋关节主动活动度和控制能力。

（二）静态核心力量

1.弓步静态对抗水流

辅助设备：浮力板。

起始姿势：双手持浮力板于身侧，面向或背向水流呈弓步站立，抬头挺胸。

动作说明：对抗水流阻力，保持身体中立位姿态，避免躯干发生扭转或过度屈伸。

难度进阶：增加水流流速或挡板浸没水的深度。

涉及主要肌群：多裂肌、腹横肌、腹内外斜肌、臀中肌、胸大肌等。

2.坐位下压

辅助设备：浮力板。

起始姿势：背靠池壁，呈屈髋、屈膝90°坐姿，两脚分开与肩同宽，双手手掌压在浮力板上，浮力板没入水中。

动作说明：始终保持头部、背部和臀部贴住池壁，躯干呈中立位姿态，避免躯干扭转，双手压住浮力板于水中。

难度进阶：增加面向水流速度或浮力板的面积等，背部离开池壁。

涉及主要肌群：多裂肌、腹横肌、臀大肌、肩部肌群等。

3.坐位前推

辅助设备：浮力板。

起始姿势：两脚分开与肩同宽，背靠池壁半蹲位站立，双侧肩关节内收位、屈肘，双手持住挡板两端，挡板尽量靠近胸部，大部分没入水中。

动作说明：用力缓慢水平前推挡板至最大幅度，并控制2～3 s；然后缓慢水平回拉挡板至起始位置。始终保持背部、臀部贴住池边，双脚不能离开池底。

难度进阶：增加水流速度或挡板面积，或背部离开池壁。

涉及主要肌群：多裂肌、腹横肌等躯干稳定肌。

（三）动态核心力量

1.弓步推拉行进

辅助设备：浮力板。

起始姿势：弓步站立，双手握着挡水板，挡板尽量贴近胸部，大部分浸没水中，眼睛平视前方。

动作说明：双手用力向前水平推动浮力板至最大幅度，然后缓慢水平拉回浮力板至起始位置。始终保持躯干姿势固定不动。

难度进阶：增加水流速度和浮力板的大小。

涉及主要肌群：腹横肌、多裂肌、胸大肌等。

2.站位抗阻转体

辅助设备：浮力板、沙袋。

起始姿势：双腿屈髋、屈膝，手臂伸直，双手夹着浮力板，浮力板竖直浸没水中。若不能稳定站立，可在大腿绑上沙袋。

动作说明：在双脚固定不动的前提下，对抗水流，在髋关节带动下向一侧转体至最大幅度，并维持2～3 s，然后缓慢回到起始位置；再向另一侧转体完成同样动作。重复练习。

难度进阶：增加水流速度和浮力板的大小。

涉及主要肌群：臀大肌、臀中肌、腹外斜肌、腹内斜肌、腰方肌等。

3.胯下击掌行进

起始姿势：抬头挺胸，面向或背向水流垂直站立，双手自然放于身体两侧。

动作说明：抬起一条腿向前正踢后屈膝勾小腿，保持单腿站立姿势下，随着上体稍微前屈，双手在大腿下方击掌，然后上体挺直、伸髋、伸膝向前落地，换侧进行，重复练习。

涉及主要肌群：腹肌、腰背肌、髋部肌群等。

4.悬挂式转体（水流）

起始姿势：双手展开抓住池边把手，上背部贴住池边，双脚并拢，屈髋90°，膝关节尽量保持伸直。

动作说明：保持上体固定的前提下，通过髋部带动下肢转动，分别向两侧缓慢转体至最大幅度，并维持2～3 s。重复练习。

涉及主要肌群：腰方肌、腹内斜肌、腹外斜肌、腹横肌、髂腰肌等。

5.仰卧侧屈

辅助设备：浮力腰带、面条。

起始姿势：仰卧位，双手抓握池边把手，双脚并拢，腰部系上浮力腰带，在双膝下方放置浮力面条，保持身体平躺于水面上成一直线。

动作说明：尽量保持肩带固定的前提下，在侧腰肌群用力下身体由中立位分别向两侧缓慢水平侧屈至最大幅度，保持2～3 s，回到起始位置。重复练习。

难度进阶：增加水流速度。

涉及主要肌群：腰方肌、腹横肌、腹外斜肌、腹内斜肌、腰背肌等。

6.砍柴动作

辅助设备：阻力锤。

起始姿势：双脚分开稍宽于肩，站立于齐腰深的水中，双手持阻力锤头上举。

动作说明：保持双脚固定不动的前提下，双手持阻力锤随着身体向一侧下方转体，做类似"砍柴"动作至最大幅度，然后原路径回到起始位置。向相反方向重复同样动作。始终保持两侧手臂尽量伸直，重复练习。

难度进阶：增加水流流速，加快动作速度。

涉及主要肌群：腹外斜肌、腹内斜肌、腹横肌、多裂肌等。

课后总结

水的物理特性（浮力、黏滞性、湍流、阻力）使得水环境非常适合不同人群进行核心力量训练和平衡训练。在水中通过多样性的训练形式，改变不同的浸泡深度、水流速度和辅助设备的大小、形状，能改变核心训练的难度。任何水中运动都要首先保持身体姿态的稳定，因此，都会激活到一些核心肌群，尤其腰背部的深层肌群。水中核心力量训练分为静态练习和动态练习。水中核心力量训练可以在站立位、坐位、仰卧位、俯卧位，甚至悬浮状态中进行，依据身体支撑点的多少或支撑面积的大小，循序渐进地提高水中核心训练的难度，达到改善核心肌群本体感觉和神经肌肉功能，提高静态和动态核心稳定性的目的。

对于竞技运动员，水中核心力量训练提供了不稳定的训练环境，避免了陆上训练的重力作用对下肢关节的不利影响，降低了运动性损伤的风险。对于一些腰背部损伤的患者，可以尽早开始水中活动度练习和核心力量练习，放松腰背肌肉，松解椎间关节，改善椎旁稳定肌的本体感觉和耐力素质，能起到恢复功能、缓解疼痛的效果。总之，水中核心力量训练具有形式多样性的特点，也需要遵循渐进性的原则，充分利用生物力学原理和流体力学原理，制订适合不同人群的核心力量训练计划，在姿态控制、防治伤病、缓解疼痛，甚至提高运动成绩等方面均有明显效果和促进作用。

第六节 水中有氧运动

◆ **本节导言**

有氧能力是机体心肺功能的外在表现，主要以糖和脂肪作为能源物质进行有氧代谢供能，是提高运动能力的基础。有氧能力与先天遗传因素有关，也可以通过后天科学化训练得到一定程度的改善。通常，有氧能力用最大摄氧量来表示，也可以采用自感用力度量表和心率来评估。对于长时间耐力性运动项目，如马拉松、越野滑雪、长距离游泳等，有氧能力是运动成绩提高的关键。目前，最常见的有氧运动形式是步行、骑车和游泳，尤其游泳运动降低了关节的负荷，安全而舒适，适合于绝大多数人群，包括特殊患者，如心血管疾病、糖尿病、肥胖等患者。患者通过积极开展水中健身活动或康复运动，能够维持或提高健康水平。

水中有氧运动形式多样，可以改善心肺功能，降低体脂，提高肌肉耐力，降低血压，改善睡眠，提高生活质量等。水的物理特性使得水中运动速度较慢，不易发生运动性损伤，普通健身爱好者可以从游泳中获益。水中有氧运动形式分水平面上的游泳、垂直面上的水中跑步、水中健身操、水中太极等，以及水中器械练习，如水中自行车、登山机等。水中有氧运动是受伤运动员维持或提高有氧能力的最佳途径，也可作为健康运动员陆上有氧训练的替代训练方法。本节重点介绍水中有氧运动的特点、水中有氧训练计划的制订，以及常见水中有氧运动方法等。

◆ **学习内容**

一、水中有氧运动的生理学特点

二、水中有氧训练计划

三、水中有氧运动方法

四、水中有氧运动的局限性

一、水中有氧运动的生理学特点

在水环境中，由于受到静水压的作用，呼吸系统受到了较高的挑战，特别是吸气时需要克服水对腹腔与胸廓的压力，这有利于增强呼吸肌的力量，改善胸廓的灵活性，增大胸廓的容量和肺活量，培养正确的呼吸节奏。静水压还能促进肢体末端静脉血和淋巴液的回流，增加心脏的前负荷，提高中心血流量，增加心脏充盈度，提高心排血量和每搏输出量，改善心血管功能。水的浮力作用能降低地面反作用力和水平面上的冲撞力，降低运动性损伤的发生。

（一）无冲击负荷风险，适合人群广泛

水中有氧运动几乎适合所有的人群参与。水的浮力减轻了关节的负荷；水的阻力避免了关节扭转力的作用。除了健康人群，一些运动性损伤或其他健康原因导致无法陆上正常活动的人群，如关节患者、行走不便的老年人、肥胖者、孕妇等，都可以适度地参与水中有氧运动，维持或提高心血管功能和呼吸功能，提高日常生活的健康水平。

（二）改善全身肌肉力量和耐力

水的流动性、黏滞性使得水中运动保持姿态更难，而平衡性姿态的维持需要动用全身肌肉共同参与。相比较陆上有氧运动以下肢大肌群活动为主，水中有氧运动，无论是游泳、水中跑步、健身操、太极还是骑自行车运动，都需要全身肌群的参与，尤其核心区的稳定肌会积极参与维持水中姿态的平衡与稳定。

（三）提高呼吸肌耐力

水中有氧运动，尤其深水跑会明显改善呼吸功能，提高呼吸肌的耐力。与陆上运动相比，水中有氧运动时，对呼吸系统的负荷更大。呼吸肌需要克服静水压对腹腔和胸廓的压力，静水压作用越明显。

（四）作为替代训练，避免运动员过度训练

长期大强度的专项训练会引起局部关节承受过度负荷，这可能会引起运动

员的伤病，而水中有氧运动，如水中跑能减轻关节负荷，又可纠正错误的跑步动作，发挥交互训练的作用，维持或提高运动员的有氧能力。因此，充分考虑运动员所处的训练阶段、训练目的，合理采用水中有氧运动作为日常训练计划中的一部分，会避免运动性疲劳的积累，预防过度训练与伤病。

（五）促进疲劳恢复，缓解肌肉酸痛

水中有氧运动形式常作为运动员整理活动的重要组成部分，发挥缓解肌肉酸痛，预防运动性疲劳的效果。通常，在大运动量或高强度训练后，采用低强度的水中有氧运动，如放松游或深水慢跑，会加速外周血液和淋巴液回流，减轻肌肉组织的水肿，加速机体代谢产物的排出、促进肌肉组织的修复等。已有研究证实，水中训练的肌肉酸痛显著低于陆上训练。水中有氧运动还能恢复植物神经的内在自稳态，放松心情。

二、水中有氧训练计划

水中有氧训练计划包括运动原则、动作模式、训练内容、训练要素、安全性与有效性。其中运动要素主要包括训练形式、强度、持续时间、频率等因素。

（一）运动原则

充分利用水环境的物理学特点，依据不同人群训练的目的，遵循渐进性训练原则，科学地安排有氧训练计划，需要充分考虑水的物理学特性和生物力学原理。

1.水的物理学特性

（1）浮力：浮力与重力作用方向相反，可以利用水的浮力减轻重力作用对关节的影响。

（2）静水压：与水的深度正相关，并且在各个方向上的静水压相同。静水压能促进外围血液和淋巴液回流，改善心血管功能。

（3）阻力：水的黏滞性和阻力为水中有氧运动提供了负荷难度，降低了运动的速度。

（4）水温：由于水的比热约是空气的1 000倍，同等温度条件下，水中运动能量消耗更大。因此，健康人群水中运动的适宜温度为26～28℃，而只能低强度有氧运动的人群最适宜水温为28～30℃。

2.生物力学原理（以水中跑为例）

（1）始终保持头部露出水面，头部位置中立位，避免过度前屈或后伸。

（2）保持身体稍微前倾，脊柱处于中立位。

（3）在肩关节活动的带动下，保持与陆上跑步相同的上肢摆臂动作。

（4）水中需要加大屈髋角度，增加步长。髋关节、膝关节和踝关节始终尽量保持同一平面内，尽量与陆上跑步动作类似。

（二）动作模式

水中有氧训练的动作模式具有多样性特点，包括以下几种：多种形式的行走，如正步走、弓步走、侧弓步、半蹲走、快步走、慢跑、对抗水流斜坡跑等；器械运动，如自行车、跑台、椭圆机、登山机等；悬浮状态的深水跑、踩水运动等。

（三）训练内容

运动员的水中有氧训练计划通常包括准备活动、有氧训练、整理活动三部分。

1.准备活动

准备活动包括适当的温水浸泡、动态拉伸、活动度练习。主要目的是提高身体组织温度，改善关节活动度。

2.有氧训练

水中有氧训练形式可以多样化，对于运动员来说，可以采用游泳、跑步或骑自行车等不同的有氧训练形式。对于普通人群或患者，可以选择悬浮姿态下的踩水运动、深水行走、水中健身操和太极练习。可以采用持续性练习，也可以采用间歇性练习。训练强度循序渐进。

3.整理活动

对于老年人、特定患者等人群，运动后适当的整理活动非常重要。通过缓慢的整理活动，如静态拉伸、改变形式的低强度运动等，可以缓缓减低心率至安静水平。

（四）训练要素

1.强度

在水环境下，准确地量化训练强度是非常困难的。通常，水中有氧运动的强度可以采用心率、自感用力度（RPE）和摄氧量来推测。其中，心率是有氧训练强度的重要指标。当心脏做功在心率储备的30%～85%时，就能改善或提高心血管功能。下面通过心率来推测有氧训练的强度，具体步骤如下：

（1）确定最大心率（maximal heart rate, MHT）。

$$MHT = 220 - 年龄$$

（2）测量安静心率（Resting heart rate, RHR）。

（3）计算心率储备（Heart rate reseve, HRR）。

$$HRR = MHT - RHR$$

（4）计算训练强度（Trainingintensity, TI）。

$$TI = HRR \times \%TI + RHR$$

$$60\%TI = HRR \times 60\% + RHR$$

例如，有氧训练强度通常建议采用60%～85%心率储备，但是老年人、缺乏锻炼者或心肺功能较弱的患者可以在最初几周从30%～50%心率储备的训练强度开始，逐渐增加训练强度。值得注意的是，水下最大运动心率要低于陆上约10 bpm，在设计水下训练计划强度时，要适当降低训练时的心率。

2.持续时间

训练的持续时间主要根据训练强度来确定，通常每次的训练时间建议在20～60 min。如果以85%心率储备的运动强度，持续运动20 min就能产生比较好的训练效果，但是以50%心率储备的运动强度，持续时间可能要超过30 min，才能取得比较好的训练效果。

3.训练频率

通常，水中有氧运动建议每周进行2～3次。对于运动员，水中有氧运动作为陆上有氧训练的有益补充，可以依据不同的阶段合理选择训练频率。例如，在赛季中，每周安排1次有氧运动比较合理；在赛季前和赛季后，可依据运动项目和训练目的，增加水中有氧训练的次数，可以每周2～3次。

（五）安全性与有效性

尽管水中有氧训练不会产生运动性损伤，也不太容易发生运动性疲劳，但是需要预防溺水和考虑运动者的健康状况。而对于有水恐惧症者，要避免水中运动。通常水中运动需要考虑以下因素。

1.健康因素

需要对参与水中有氧运动者提前进行健康方面的评估。对于未经控制或急性心衰患者、急性开放性损伤患者、恐水症患者需要禁止水中运动。对于一些慢性病患者，需要有医生的评估报告，以及水中运动的指导意见等。

2.水环境要求

安全、卫生的环境是开展任何水下训练的基础。专业人员需对水质量进行定期检测和处理，确保水环境安全。对于一些特殊人群，如孕妇、多发性硬化患者等，不适合在通风不好、散热困难的水环境中运动，同时水温的选择也要考虑不同人群的特点。

3.辅助器械的选择

合适的运动装备对于开展水中有氧运动十分重要。选择合适的水中跑步鞋可以防止水中打滑、磨脚等意外情况。另外，可以利用浮力板、脚蹼、通气管、泡沫哑铃等改变训练难度，渐进性地开展多种形式水中运动。

4.运动强度监控

对于一些特殊患者，如心血管疾病患者等，在进行水中运动时要加强动态强度监控，避免运动强度超过了患者的承受能力，并合理安排运动时间。对于优秀运动员，实时监控水中运动强度能提高有氧训练效果，避免运动强度不足导致训练无效。

5.方法选择

选择适当的有氧训练方法要根据运动者个人能力和技术水平。没有水中运动经验者，可以选择一些浅水区域的有氧训练。一旦进入深水区的训练，可能需要一些浮力设备的辅助。如果患者的有氧能力较差，如术后患者可以选择相对强度较低的练习，如水下步行等。

有氧运动方法选择还要根据训练的目的而定。例如，以疲劳放松为主的训练，可以安排水中多样化的低强度有氧训练，来增加训练的趣味性，降低肌肉的张力；如果为了提高有氧能力，则需要符合个性化的原则，在运动中增加训练强度，需控制在个人适宜的有氧强度范围内；如果是以减脂为目的的锻炼，水下有氧训练需要相对较长的持续时间，以达到消耗体脂的目的。

6.身体姿势要求

水中运动需要保持正确的身体姿态和动作。通常，水中有氧运动要保持中立位的姿态，动作的规范性与陆上运动相类似。对于游泳运动员，错误的动作是导致运动性损伤的主要原因，如游泳肩、蛙泳膝等。因此，在水中有氧运动过程中，要避免过度耸肩，防止肘关节过度屈伸，甚至"锁死"。躯干需要保持中立位，当肢体摆动时，躯干相对稳定，腹肌收紧，防止躯干旋转。

三、水中有氧运动方法

水中有氧运动方法包括浅水有氧运动和深水有氧运动，最常见的运动形式是游泳、跑步和骑自行车，水中健身操和太极运动也比较流行。

（一）游泳

游泳是臂、腿与呼吸节奏密切配合的周期性运动项目，也是所有大肌群均衡参与的运动项目。游泳深受健身者喜爱，可以提高肌肉力量、耐力、灵活性和柔韧性素质，能够缓解慢性疼痛和放松心情。游泳大致分为竞技游泳、实用游泳、大众游泳三类（见表9.6.1）。每种运动形式都可以改善心肺功能，提高有氧能力。

表9.6.1　游泳运动分类

分类	名称
竞技游泳	花样游泳、竞技游泳（自由泳、仰泳、蝶泳、蛙泳）、特种竞技游泳（竞速游泳、泳渡、长距离游泳、残疾人游泳）
实用游泳	侧泳、潜泳、反蛙泳、踩水、救护、泅渡
大众游泳	健身游泳、娱乐游泳、体疗游泳

1.训练计划安排

游泳是一种水平面上的活动形式，避免了重力负荷对关节的应力刺激，是最受欢迎的运动形式之一。通常，普通人群有了较好的游泳技术才能开展不同形式的游泳运动。在制订游泳的有氧训练计划时，需要进行评估，依据练习者的评估情况再制订训练计划，并进行相应的指导。

游泳是一项拥有诸多优点的锻炼项目，对有氧能力提高具有较好的效果。在使用游泳作为训练手段之前，需要教授练习者使用正确的技术，而运动强度的实时监控对于训练效果也十分关键，最常用的方法是监控心率。不过，游泳对于非游泳专项运动员来说，技术是制约其能力最主要的因素，在一定程度上限制了游泳技术的应用。

2.最初评估

游泳既可以作为健康者的健身形式，也可以作为患者的康复形式。治疗师在制订游泳训练计划之前，需要充分了解患者的身体机能情况和伤病情况，以及游泳技术动作能力，以便之后制订个性化的训练计划。

3.游泳形式的选择

对游泳形式的选择要根据肌肉的强弱、活动受限的程度、姿势偏离、动作控制的不足等方面进行综合考虑。例如，一些相对心肺功能较弱的患者无法完成蛙泳节奏性呼吸，则可以进行基础的仰泳划水。而在训练计划执行过程中，由于练习者活动范围、力量、协调性和疼痛等问题导致无法完成传统标准的游泳动作时，需要对游泳计划重新进行调整，选择合适的运动形式。

4.游泳训练的进阶要求

在最初评估的基础上，需要康复师或治疗师分别从安全性、心理、身体的适应性、呼吸控制和技术控制能力等方面对练习者进行科学的指导，并遵守相应的进阶要求。患者掌握了基本的游泳安全技术和姿态控制技术之后，就可以开始基础游泳动作训练。

（二）水中跑

水中跑是水中有氧训练的主要方式之一。目前常见的形式有深水跑（deep water running, DWR）、浅水跑（shallow water running, SWR）和水中跑台跑

（aquatic treadmill running, ATM）。水中跑多应用于心肺系统、运动系统有疾病的运动康复，可以改善心肺功能、疼痛程度、力量水平和活动范围，促进疲劳恢复。

1.深水跑

深水跑分为有支撑深水跑和无支撑深水跑，无支撑深水跑又称悬浮跑。有支撑深水跑脚可以接触池底，但是水深要达到或超过运动者的肩部位置；无支撑深水跑通过借助浮力设备垂直悬浮于水中，脚不接触池底。可以根据运动条件和患者的具体需要选择不同形式的深水跑，对于下肢完全不能负重的患者可以采用无支撑深水跑。

2.浅水跑

浅水跑是指在水深低于练习者肩部位置的水中有支撑跑步形式。浅水跑能更好的模拟陆上跑步技术，尤其水深低于腰部的跑步时参与动员的肌肉及用力顺序与陆上跑具有较高的相似性，可产生与陆上跑相类似的神经肌肉募集方式，训练效果也更为接近。

（三）水中健身操

水下健身操是为提高有氧能力而设计的一系列水下韵律操和舞蹈动作，如水中广播体操、水中韵律操、水中芭蕾等。近年来水下有氧健身操由于对场地环境以及练习者的技能水平要求等相对较低，且效果比较明显，获得了越来越多的关注。水下健身操有诸多的优越性，如水池深度只要达到胸部位置即可进行锻炼；只要动作合理，可以不借助任何复杂的设备；不要求练习者掌握熟练的游泳技术等相关技能，因此不会产生恐惧感；进行有氧操练习的同时，还可以提高其他身体素质，如提高肌肉力量、增加关节稳定性等；相较于陆上练习，即使采用跳跃等超等长练习，关节承受的负荷也低得多，不会发生运动性损伤。

（四）主要动作形式

1.悬浮跑

辅助设备：浮力腰带、哑铃。

起始姿势：腰部系上腰带，双手握着哑铃，身体垂直浮于深水中。头部保持中立位，始终露出水面，可正常呼吸。

动作说明：当一侧屈髋屈膝时，另一侧伸髋、伸膝。当髋关节达到最大屈曲时（60°～80°），另一侧下肢处于完全伸直位。保持两侧手臂自然屈肘摆臂动作。

注意事项：保持脊柱中立位，控制手臂运动，避免出现耸肩。

动作目的：提高心肺功能。

2.标准浅水跑

辅助设备：水下运动鞋。

起始姿势：双脚自然分开垂直站立于水中，两手自然放于身体两侧。

动作说明：当一侧腿屈髋、屈膝、背屈向前迈出，另一侧腿伸髋、伸膝、跖屈蹬地，同时对侧手向前摆臂，同侧手向后摆臂，上下肢交替进行。重复练习。

注意事项：确保脊柱在运动过程中，不出现扭转，处于中立位。

动作目的：提高心肺功能和肌肉耐力素质。

3.原地踏步

辅助设备：手蹼。

起始姿势：双手套上手蹼，双臂自然放于身体两侧，双脚平行站立在齐腰深的水中。

动作说明：一侧下肢屈髋、屈膝抬腿，同时对侧上肢进行屈肘向前摆臂动作，而同侧手臂向后伸肘摆臂动作；然后随着下肢伸髋、伸膝落地过程中，上肢做相反摆臂运动，两侧交替进行原地踏步运动。

注意事项：选择适当的节奏，保证双手一直在水下，肘关节在伸直的过程中，避免出现肘关节"锁死"。

动作目的：提高心肺功能和肢体肌肉耐力素质。

4.推面条行走

辅助设备：浮力面条。

起始姿势：双脚平行站立于齐腰深的水中，双手在胸前握着面条并下压没入水中。

动作目的：提高心肺功能和肩关节后伸控制能力。

动作说明：推动面条向前行走，保持面条始终没入水中，躯干挺直，避免耸肩。

5.水下开合跳

起始姿势：站立于齐胸深的水中，两手自然放于身体两侧。

动作说明：快速屈髋、屈膝，身体向上跳起，双脚外展落地，然后接着快速再次向上跳起，双脚内收，回到起始位置。重复练习。

动作目的：提高心肺功能和下肢肌群的耐力素质。

6.水下转髋跳

起始姿势：站立于齐腰深的水中，在两侧大腿处套上迷你弹力带，呈微蹲姿势，双手放于身体两侧维持身体平衡。

动作说明：快速双腿向上跳起，在腾空过程中，身体向一侧旋转；落地后，再次快速向上跳起，身体回到起始姿态。接着向另一侧进行转身跳，重复以上动作。重复练习。

动作目的：提高心肺功能和下肢肌群的耐力素质。

四、水中有氧运动的局限性

（1）对于老年锻炼者，尤其是老年女性，长期水中运动会导致骨骼缺乏纵向应力作用，影响到骨质的正常代谢，会降低骨密度，引起骨质疏松症。

（2）对于专业运动员，水中有氧训练不能完全替代陆上训练，只能作为陆上有氧运动的有益补充。因为水中有氧运动与陆上有氧运动存在技术动作上的明显差异，不利于专项能力的提高。

（3）对于一些疾病患者，如高血压患者、严重心脏病患者等，水中有氧运动要遵从医嘱，并在治疗师或康复师的实时监控与指导下进行，不然会有加重疾病的风险。

（4）水中有氧运动对人体的影响受到诸多因素的制约，如温度、水流速度、浸泡深度、运动形式等。因此，水中有氧运动强度很难精确量化，要想做到实时量化监控，还需进一步深入研究。

━━━━ 课 后 总 结 ━━━━

由于水的物理特性使得水中有氧训练具有诸多的优点，近年来广受关注。游泳、水中跑、水下自行车、水中有氧操等水中有氧运动形式，能提高或改善心肺功能和运动功能。水中有氧训练的益处，主要体现在较低的冲击力避免了下肢运动性损伤的风险；水中有氧运动舒适性较高、适用人群更广；水中有氧训练能锻炼到全身的神经肌肉，提高身体的协调能力和平衡能力；可以作为替代训练维持或提高运动员的有氧能力，避免过度训练引起的损伤；也可以作为运动员训练比赛后疲劳恢复的手段，能发挥物理治疗和积极性恢复的作用。

水中有氧训练计划涉及动作模式、强度、持续时间、频率等因素。训练计划内容包含准备活动、有氧训练、整理活动三部分。强度监控是训练计划中的重要内容，需要足够重视。当采用心率作为强度监控指标时，需了解水中运动的最大心率低于陆上运动，因此，训练时的心率指标需要进行适当调整，水中有氧运动的持续时间也要根据训练强度来确定。

总之，水中有氧运动形式多样，非常适合一些不能陆上运动的人群，可以依据运动目的、运动者的水平、动作技术水平和伤病情况等选择适当的有氧运动形式，制订合理的个性化的有氧训练计划，达到改善心肺功能，提高健康水平的目的。

第七节　肩关节损伤后的水中康复

◆ **本节导言**

肩关节是全身最灵活的关节，属典型的球窝关节，可做屈伸、内收外展、旋转及环转运动。肩关节近端与躯干紧密相连，远端支撑或控制着肘关节、腕关节和指关节的活动。上肢运动都离不开肩关节的参与，要么直接参与运动，要么发挥近端固定的作用。对于过顶类运动项目，如投掷类、挥拍类和游泳等，肩关节在运动中发挥着主导作用。因此，与其他关节相比，肩关节为上肢多样性的运动提供了稳定支撑或更大的活动范围。

　　部分运动项目的运动员肩关节伤病较为常见，如篮球、羽毛球、乒乓球、手球、标枪、游泳、网球、排球等，而对于普通人群，随着年龄的增长，肩关节的慢性疼痛也是常见的症状之一。肩关节损伤分为急性损伤和慢性损伤。急性损伤常见的有肩袖撕裂伤、肩关节脱位、盂唇撕裂等；慢性损伤有肩峰下撞击症、肩峰下滑囊炎、肱二头肌肌腱炎等。据文献研究显示，普通人群慢性肩痛的发生率约为21%，而高水平游泳运动员肩关节运动性损伤的发生率约为45%。

　　在肩关节急性损伤或术后的早期，充分利用水的物理特性，可加速消肿、止痛和改善关节活动度。本节主要阐述肩关节的功能解剖、常见肩关节损伤类型、肩关节水中康复运动方法，以及肩周炎的水疗康复计划的制订。

◆ **学习内容**

一、功能解剖

二、常见肩关节损伤类型

三、肩关节的水中康复方法与原则

四、肩关节水中运动康复练习方法

一、功能解剖

　　肩关节由肱骨、肩胛骨和锁骨，以及连接它们的肌肉、肌腱和韧带共同组成。从解剖学角度，肩关节包含盂肱关节、肩锁关节和胸锁关节；从运动功能角度，肩关节分为盂肱关节和肩胛胸壁关节。这样的结构保证了肩关节最大灵活性和动态稳定性之间的平衡。盂肱关节是由肩胛骨关节盂和肱骨头组成的球窝关节，周围有喙肩韧带、盂肱韧带、喙肱韧带。胸锁关节由锁骨的胸骨端和胸骨的锁切际，以及第一肋软骨的上面组成。肩锁关节由肩峰与锁骨肩峰端关节面构成，周围有喙锁韧带加固。肩胛胸壁关节是肩胛骨与胸壁间的连接，不具有关节结构。肩关节周围主要肌肉有肩袖肌群、三角肌、背阔肌、肱二头肌等。肩袖是由冈上肌、冈下肌、肩胛下肌、小圆肌组成，在肱骨头前、上、后方形成袖套样结构，主要功能是保持肱骨头和肩胛盂的稳定性。

整个肩带的活动度超过了人体任何其他关节的活动度，上肢外展近180°，内、外旋活动范围之和超过150°，肩关节前屈、后伸活动范围之和接近170°。肩关节运动是以盂肱关节和肩胛胸壁关节为主，胸锁关节、肩锁关节、盂肱关节及肩胛骨胸壁关节协调运动为辅的运动模式。维持肩关节的稳定性需要肩带周围功能相反、互为拮抗的肌群的共同维持。

二、常见肩关节损伤类型

（一）肩峰下撞击症

肩峰下撞击症被定义为"与喙肩弓前缘直接接触而产生的肩袖机械性刺激症状"，此时的肩痛起源于肩峰下间隙，是由位于肩峰下间隙中的一种或多种组织结构发生病理改变而产生，同时伴有肩关节功能障碍。过顶运动项目，如游泳、篮球、棒球、排球、网球等的运动员是高发人群，多发于年轻运动员和中年人。

该病的形成与肩关节不稳、肩关节周围肌肉肌力下降造成肩关节在前屈、外展运动过程中，肱骨头脱离盂肱关节中心向近端移位而造成的撞击。主要表现为肩关节周围疼痛及活动受限。疼痛部位常位于肩关节前外侧，可向前臂放射至三角肌附着点处，在肩关节进行前屈、外展时疼痛加重，部分患者会出现夜间静息痛。患臂在上举60°～120°范围内出现疼痛或症状加剧。

（二）肩袖损伤

肩袖是由冈上肌、冈下肌、小圆肌和肩胛下肌四块肌肉的肌腱所组成的彼此相连的肌腱板结构，分别止于肱骨大小结节，与关节囊紧密相连。肩袖的主要作用是加固肱骨头与关节盂的连接，加强肩关节的稳定性。肩袖在解剖结构上与肩峰紧贴，因此，容易受到挤压和发生摩擦，使得肩袖肌腱、韧带和滑囊发生微细损伤和劳损。肩袖损伤按程度可分为挫伤、不完全断裂和完全断裂三类。肩袖断裂伤按照肌腱断裂后裂口方向与肌纤维方向垂直或平行，分为横行断裂和纵行断裂。

肩袖损伤的常见原因有肩部肌力薄弱或准备活动不足、局部负担量过大、在肩部疲劳时做高难度的动作或活动超过正常生理活动范围。过顶运动项目需要肩关节不断重复同样的动作，会对肩带肌肉和盂肱关节造成过度压力，诱发肩袖劳损。主要症状表现为肩关节功能障碍、肩前疼痛和肌肉萎缩。具体包括患侧不能外展、上举，以及上举无力，严重者有肩部不稳感。

（三）盂肱关节不稳和松弛

狭义的肩关节不稳是指盂肱关节不稳。盂肱关节是人体活动度最大的关节，稳定性低，需要关节盂唇、韧带和肩袖以及周围的肌肉提供静态和动态稳定性。盂肱关节不稳是指在肩关节主动活动时，肱骨头相对于关节盂出现异常位置或疼痛症状，而肩关节松弛没有明显症状。

盂肱关节不稳的病理机制可以分为骨性结构异常或软组织异常。骨性结构异常源于先天发育性或外伤性因素，例如，过顶运动项目（游泳、网球、排球等），不断重复牵拉肩关节周围韧带而出现松弛，且韧带松弛后很难维持肩关节的动态稳定性。盂肱关节不稳者容易发生脱位，肩关节脱位占人体关节脱位的50%，运动员肩关节脱位的发生率约为7%。康复运动的主要目的是恢复肩关节活动度，加强肩部肌肉如肱三头肌、肩袖肌群、肱二头肌的肌力，提高肩关节动态控制能力。无论是盂肱关节不稳还是脱位后，均可以在水中进行康复训练，尤其能提高关节的本体-控制能力和肌肉耐力，有利于早期恢复肌肉功能，改善关节活动度。

（四）肱二头肌长头肌腱炎

肱二头肌长头肌腱起于肩胛骨盂上结节，在肱骨结节间沟与横韧带形成的骨纤维管道中通过。当肩关节后伸、内收、内旋时，该肌腱滑向上方；而当肩关节前屈、外展、外旋时则滑向下方。当上肢在外展位屈肘时，肱二头肌长头肌腱容易磨损，长期的摩擦或过度活动可引起腱鞘充血、水肿、增厚，造成腱鞘滑膜层急性水肿或慢性损伤性炎症，从而导致肱二头肌长头肌腱在腱鞘内的滑动功能障碍，称为肱二头肌长头肌腱炎或腱鞘炎，常见于年龄超过40岁的中老年人。

肱二头肌长头肌腱炎多因外伤或劳损后急性发病，是肩痛的常见原因之一，常发生于长期反复重体力劳动者或过顶运动的运动员，多数由于肱二头肌长头肌腱磨损而发生退行性变所致。主要表现为肩部疼痛、压痛明显、肩关节活动受限等。若不及时治疗，可发展成为肩周炎。会突然肩痛，疼痛通常局限于肩关节前部的结节间沟位置，有时会放射到上臂。功能受限表现为屈肘功能减弱。

三、肩关节的水中康复方法与原则

（一）个体化

在制订康复计划之前，需要对肩关节损伤的患者进行个性化评估，了解患者肩关节损伤的类型和严重程度。随后依据患者评估情况，制订合理的康复治疗计划，把水中康复治疗作为整个康复计划的一部分。

（二）循序渐进

肩关节损伤后或术后开展水中康复治疗与运动需要遵循渐进性原则。通常康复计划分为适应期、加强期和保持期三个阶段。适应期的水中康复运动应采用低强度、大肌群参与、接触面积小、阻力臂短的运动形式。动作缓慢而有控制性，始终保持正确的姿态，并在无痛范围内运动。主要以缓解疼痛、改善关节活动度、恢复基本活动功能为主。加强期重点是渐进性提高肌肉力量，加强关节神经肌肉控制能力。保持期更多采用组合型运动，进一步提高肩关节的运动功能，甚至专项运动能力。

（三）实时监控与反馈

患者在水中进行康复治疗需要康复师或治疗师"一对一"监控与指导，要依据患者水中康复治疗与运动后的疼痛反应，对康复计划进行适当调整。若患者水中康复运动后疼痛明显减轻，可以继续运动或增加难度；若患者出现疼痛，则需要改变康复计划，降低运动难度，或提供助力性帮助。

（四）早期功能活动

水的浮力和温热效应适合患者早期开展功能恢复。对于肩关节术后患者，由于受到重力作用，陆上不能过早开展康复运动，而早期水中康复训练是可行的，可以较快地消肿、止痛，预防组织粘连。

（五）肩周炎康复训练原则

肩关节周围炎（简称肩周炎，又称黏连性肩关节炎、冻结肩、五十肩等）是发生于肩周肌肉、肌腱、滑囊和关节囊等软组织的慢性无菌性炎症，属于自愈性疾病。本病的多发年龄在50岁左右，女性发病率略高于男性，多见于体力劳动者。若得不到有效的治疗，有可能严重影响肩关节的功能活动。

具体病因不详，可分为肩部局部因素与肩部之外因素。肩部因素包括局部肩关节软组织退行性变，突然受到风寒侵袭所致；或长期过度劳累、姿势不良；或有外伤史，局部肌肉粘连、萎缩；或急性损伤后治疗不当。肩外因素涉及颈椎病，心、肺、胆道疾病发生的肩部牵涉痛，长期原发病不愈使得肩部肌肉持续性痉挛、缺血而形成炎性病灶等。主要表现为肩部疼痛和活动受限。起初肩部呈阵发性疼痛，多数为慢性发作，以后疼痛逐渐加剧呈现持续性钝痛或刀割样痛，气候变化或劳累后常使疼痛加重，疼痛可向颈项及上肢扩散，当肩部偶然受到碰撞或牵拉时，常可引起撕裂样剧痛。肩痛昼轻夜重为本病一大特点。肩关节向各方向活动均可受限，尤以外展、上举、内旋外旋更为明显。随着病情进展，由于长期废用会引起关节囊及肩周软组织的粘连，肌力逐渐下降，甚至无法梳头、穿衣等日常活动。局部肌肉萎缩、压痛等。

四、肩关节水中运动康复练习方法

水中肩关节的康复运动形式多种多样，可以采取仰卧位、俯卧位、站立位等不同姿势进行肩关节的运动，若考虑到水的深度要求，通常水中仰卧位和俯卧位更加适合肩关节运动。水中肩关节康复运动形式可分为关节活动度练习、本体-控制性练习、力量练习和模拟专项技术训练。

（一）活动度练习

对于肩关节损伤的患者，水环境比陆上能更早地恢复正常的运动模式。水的温热效应能改变肌肉中的胶原蛋白特性，提高软组织的延展性。因此，在水中拉伸能恢复肌肉的生理长度和功能。常见肩关节水中活动度练习见表9.7.1。

表9.7.1　常见肩关节水中活动度练习

动作名称	动作要求	康复目的
钟摆练习	站立位，体前屈，肩关节没入水中，手握负重哑铃，上肢自然下垂做内收外展、前屈后伸，以及环转运动。依据患者情况，运动幅度由小到大	改善肩关节活动度
手臂上浮	站立于齐腰深的水中，患侧手正握哑铃向前或侧方伸直放于水面上；另一侧手臂支撑同侧大腿，保持下肢固定不动。缓慢屈髋、屈膝做下蹲动作，上体前倾，患侧手臂尽可能向前或侧方够远，直至肩关节没入水中	改善肩关节被动前屈、外展活动度
仰卧收展练习	借助浮力背心或泳圈保持水中仰卧位，手握哑铃进行肩关节主动内收与外展活动	改善肩关节主动内收、外展活动度
肩关节外旋	两脚并行站立于齐腰深的水中，腰背挺直，一侧肩关节外展，肘关节屈曲约90°，手正握哑铃放于水面上；另一侧手扶住池边保持身体相对平衡，然后缓慢屈髋屈膝做下蹲至最大幅度	通过拉伸肩关节内旋肌群改善肩关节被动外旋活动度
肩前拉伸	两脚平行站立于齐腰深的水中，双手从身后握住浮力面条，保持躯干挺直，肘关节屈曲。屈髋、屈膝缓慢下蹲，双手向后至肘关节完全伸直，然后缓慢伸髋伸膝回到起始位置	改善肩前肌肉柔韧性
仰浮屈肩	仰浮于水面上，双手过头握着池边把手，肘关节伸直，向远端推动身体，在头部和小腿下面分别放上浮力板和面条，始终保持躯干中立位姿态	拉伸胸大肌、背阔肌，改善肩关节前屈活动度
斜方肌牵伸	侧身站立于池边，近池壁侧手握住池边，高度接近自身腰部位置，然后头颈部缓慢向对侧侧屈	改善斜方肌柔韧性

（二）本体–控制性训练

肩关节损伤后需要恢复关节的本体感觉和神经肌肉控制能力。常见肩关节本体-控制训练方法见表9.7.2。

表9.7.2　常见肩关节本体–控制训练方法

动作名称	动作要求	康复目的
对抗水流	在齐颈深水中面向水流站立，稍微屈髋、屈膝，双手握住浮力板向前伸直肘关节，始终保持肩关节没入水中，对抗水流阻力，维持肩关节固定不动。可改变身体面对水流的方向或辅助器械面积来增加肩关节的控制能力	恢复肩关节本体感觉，加强肩关节周围肌肉的等长收缩和控制能力
单臂控制性下压	两脚平行半蹲位站立，上肢伸直，手和前臂压住浮力板于水中。可改变浮力板放置位置	提高肩关节控制性内收、屈伸能力
水中固定持球	半蹲位站立水中，肩关节没入水中，双手夹紧药球于胸前，保持药球始终没入水中。可增加球的大小和水流速度提高训练难度	提高肩关节的动态控制能力
静态单臂平衡支撑	双脚平行站立，身体前倾成一条直线，头露出水面，单手屈肘或直臂支撑池壁或水中台阶上	提高单侧肩关节控制能力
肩关节旋转控制	半蹲位侧向站立于水中，肩关节没入水中，上臂紧贴身体两侧，屈肘，双侧前臂中立位，套上手璞，对抗水流，保持肩关节固定不动。反方向交换练习	提高肩关节动态控制能力

（三）水中力量训练

肩关节损伤的患者可以利用水的浮力发挥助力作用，积极开展早期功能性运动，增加肌肉耐力。利用浮力设备渐进性增加阻力负荷，改变动作形式、速度和幅度，为肩关节损伤患者提供舒适的抗阻训练环境。肩关节水中力量训练多表现为组合训练形式。

（四）模拟专项动作训练

对于运动员，在康复周期的后期，还要恢复肩关节的专项能力，才能重返训练场。因此，在康复周期的后期，在水中可以进行快速的抗阻训练和增强式训练，以便尽快恢复肩关节周围肌肉的快速力量和爆发力素质，如网球运动员采用模拟水中正手或反手的击球动作训练，高尔夫运动员在水中模拟挥杆动作，排球运动员在水中模拟传球动作，棒球运动员水中击球练习，篮球运动员在水中模拟投篮动作等。

依据肩周炎的病理进程可将康复治疗分为早期、中期和后期。早期重点是缓解疼痛、预防肩关节功能障碍；中期主要是加强功能活动，改善关节活动度；后期则以消除残余症状为主，继续加强功能锻炼，增强肌肉力量，恢复肩关节周围肌肉的弹性与伸展性，以达到全面康复和预防复发的目的。在热水浸泡中间肩关节拉伸或功能运动有助于缓解疼痛，改善肩关节功能障碍，加快肩周炎的康复进程，预防复发。肩周炎的康复计划见表9.7.3。

表9.7.3　肩周炎的康复计划

阶段划分	康复目标
早期（疼痛期）	缓解疼痛，预防肩关节功能障碍，充分休息，在不增加疼痛的情况下，适当进行肩关节运动
中期（冻结期）	以恢复关节运动功能为目的，逐渐增加运动幅度与强度，以达到解除粘连、改善肩关节活动范围、恢复正常关节活动功能的目的
后期（恢复期）	以消除残余症状为主，继续恢复肌肉，加强肌肉力量，以达到全面康复和预防复发的目的

五、肩关节水中康复计划

1.早期

由于肩周炎的早期主要表现为疼痛和活动受限，水疗的重点是缓解疼痛。采取坐位在38.5～40℃热水中浸泡20～30 min，要求肩关节没入水中，或采用热水的冲击疗法，效果会更好。在热水浸泡过程中，还可以进行助力肩关节拉伸活动，以及水中局部按摩治疗。在温水环境中，加大无痛姿态下的活动度练习，如水中钟摆运动、助力运动等。水中钟摆运动首先进行屈伸、内收外展、内外旋运动，接着进行小幅度的环转运动，并逐渐增加活动幅度。助力运动可以利用木棍进行扶棍伸展运动，发挥水的助力作用，改善肩关节上举活动度；或利用毛巾进行背后抓爬运动，改善肩关节内收、内旋、后伸活动度。

2.中期

本阶段主要问题是肩关节功能障碍，软组织粘连。在39℃左右的热水中加强肩关节的活动度练习，逐步加强关节活动的幅度和强度，恢复正常的关节功能。在水中可以采用仰卧位、坐位或俯卧位等不同体位上的肩关节活动度练习，主要包括俯卧位引体向上运动、仰卧位侧上举运动、水中肩关节不同形式的控制性训练等。在改善肩关节活动度的同时，提高肩关节神经肌肉的控制能力。

3.后期

以消除残余症状为主，以继续加强功能锻炼为原则，增强肌肉力量，恢复早期已发生萎缩的肩关节周围肌肉的形态和功能，以达到全面康复和预防复发的目的。本阶段以陆上负重训练为主，水中康复运动是陆上康复的重要补充和过渡，符合渐进性训练原则。水中康复运动以快速、组合型运动为主，注重增强式训练，提高肩关节周围肌肉的速度和爆发力。水中康复方法主要包括持球接力运动、对抗水流快速前推练习（可以手握哑铃、挡水板、药球等）、水中拳击运动、弓步推拉、挥臂抢摆运动、水中动态俯卧撑、各种形式的游泳运动等。

课后总结

肩关节损伤较为常见，且损伤类型多样复杂，合理地运用水疗技术能够促进肩关节伤病的康复。在肩关节损伤后组织修复的不同阶段，都可以有选择性地采用水疗计划，依据康复目的，可以进行站立位、仰卧位、坐位或俯卧位等不同姿态下的水中康复治疗与运动。损伤或术后的早期在康复师或治疗师指导和辅助下进行，避免陆上重力作用和姿态上的限制，能有效地缓解疼痛，改善关节被动活动度和主动活动度，充分发挥水中康复训练的多样性，渐进性地开展关节活动度练习、本体－控制性训练、肌肉力量和耐力训练，以及专项技术动作训练，逐渐提高肩关节的功能能力和专项能力。

本节以肩周炎患者的水疗计划为例，介绍在不同的康复阶段，依据每个阶段的康复目标，充分利用水的浮力、黏滞性、静水压和导热性等物理特性，以临床治疗原则和运动学原理为指导，有针对性地选择水中治疗和康复形式，渐进性开展水中康复运动，促进伤病的早日康复和重返运动场。

第八节　躯干损伤后的水中康复

◆ **本节导言**

躯干作为人体运动动力链的中间环节，在运动过程中起承上启下的作用，是肢体运动的重要"发力源"，躯干的屈伸与旋转能够把肢体运动整合起来，协调统一，因此身体的整体运动依赖于躯干部位的稳定。同时，躯干部位的稳定能够保证运动中能量在运动链上进行有效地传递，减少能量的"泄露"，从而提高肢体协调运动的效率。一旦躯干出现损伤，会严重影响到运动员动作的协调性和有效性，从而阻碍运动能力的正常发挥和提高，甚至会缩短运动寿命。

运动员常见的躯干损伤类型包括腰背肌肉拉伤、椎间关节的紊乱、脊柱侧凸、椎间盘膨出或突出、椎体滑脱及非特异性下腰痛等，其中共同的表现是腰背疼痛。运动员腰背痛十分常见，且有年轻化倾向，主要与长期大运动量、高运动强度训练，以及恢复措施不当有关。水的独有特性为运动性躯干损伤的运动员提供了早期治疗与康复运动的环境。利用水的冷热效应、阻力、浮力和表面张力，在尽可能少的负重或不负重的条件下，对一些陆上无法运动的患者进行水中针对性治疗和康复。本节主要介绍躯干的功能解剖、常见躯干损伤的类型、躯干损伤的水中康复原则与方法，以及特定躯干伤病后的水疗计划的制订。

◆ **学习内容**

一、功能解剖

二、常见躯干损伤的类型

三、躯干损伤的水中康复原则与方法

四、躯干损伤后的水中康复练习方法

五、慢性下腰痛水中康复计划

一、功能解剖

人类脊柱由33块椎骨（包含颈椎7块，胸椎12块，腰椎5块，骶骨、尾骨共9块）借助韧带、关节及椎间盘连接而成。脊柱上端承托颅骨，下连髋骨，中附肋骨，并作为胸廓、腹腔和盆腔的后壁。脊柱具有支持躯干、保护内脏、保护脊髓和进行运动的功能。脊柱内部自上而下形成一条纵行的椎管，内有脊髓。

在运动学上，人们把肩带、躯干和髋关节作为核心功能单位，统称"核心"。目前关于"核心"部位的定义是指人体的中间部位，它通过胸、腰、髋部向下连接下肢，向上连接上肢和头颈部，涵盖了该区域中所有的肌肉和神经组织。躯干是"核心"的主要部分，躯干包括被动成分、主动成分和神经控制成分。

躯干的被动成分包括椎体、韧带、椎间盘、肋骨等，主要作用是限制椎体运动的范围和在椎体之间进行力量传递。躯干的主动成分包括局部肌肉和全局肌肉。局部肌肉包括躯干的深层肌，如腹横肌、多裂肌和腹内斜肌的后部纤维，其功能是控制脊椎的屈伸幅度，提供矢状面和水平面上的硬度。全局肌肉是指躯干的浅层肌肉组织，并不与脊椎直接相连，如竖脊肌、腹内斜肌（后部肌纤维除外）、腹外斜肌、腹直肌和腰方肌外侧，其功能是产生躯干的运动，平衡来自外部的负荷并将这些负荷由胸部向髋部传递。躯干的神经控制成分包括前反馈成分和后反馈成分。前反馈成分是指在运动之前或在躯干施加负荷之前的提前准备措施。当人体受到负面因素（如疼痛）的影响，会破坏前反馈和后反馈系统，甚至造成稳定性和平衡性的缺失。

二、常见躯干损伤的类型

（一）腰背扭伤或肌肉拉伤

急性腰背部扭伤俗称"闪腰"，在临床上较为多见。运动员在运动中也会出现腰背扭伤或肌肉拉伤，容易发生腰部扭伤的运动项目有足球、篮球、皮划艇、曲棍球、链球、羽毛球等。主要原因有准备活动不充分、动作错误、局部负荷过大，以及没有遵循渐进训练原则，或者腰背肌肌力和耐力素质较差等。临床表现有躯干活动受限，处于强迫体位。严重者会出现卧床不起，患侧局部肌肉痉挛使得腰背部生理弯曲改变，触诊呈条索状。腰背部疼痛明显，局部有痛点，甚至出现呼吸痛。通常急性腰背部扭伤或肌肉拉伤，经过合理的治疗和休息能够完全恢复。若未完全恢复就过早地参加专项运动，可能会转变为慢性损伤，易再次发生腰部扭伤，或肌肉拉伤。

（二）运动性脊柱侧弯

运动引起的脊柱侧弯，主要发生在单侧上肢主导类的运动项目，如乒乓球、羽毛球、射击射箭、标枪等。通常脊柱侧弯发生在胸椎或腰椎，分为"C"型侧弯和"S"型侧弯。

长期不对称技术训练和力量训练，加之训练后缺乏放松与拉伸活动，会造成脊柱椎旁一侧肌肉长期处于缩短状态，而另一侧肌肉处于牵拉状态。躯干两侧肌肉形态和基础力量发展不均衡。日常生活中，长时间不良的坐姿或卧姿也是造成脊柱侧弯的重要原因。脊柱侧弯容易造成躯干肌肉痉挛和椎间盘挤压。

（三）运动性腰椎间盘膨出或突出

运动性腰椎间盘膨出是指长期运动，椎间盘承受较大压力或剪切力，造成椎间盘退变松弛，外周纤维环超出椎体终板边缘，在核磁共振成像矢状面上椎间盘向后膨隆高起，超出椎体周边2～3 mm。腰椎间盘膨出或突出多见重复躯干屈伸或旋转，以及长期负重的运动项目，如举重、划船、羽毛球、短跑、铅球等。运动性椎间盘突出症以腰4-5、腰5-骶1发病率最高，约占95%。运动员常见多节椎间盘突出。

从事重复同样动作的不对称用力项目或对抗性项目容易发生腰椎间盘突出症，另外，准备活动和整理活动不足、椎间盘自身结构问题、生活中不良姿势、核心力量和稳定性差等因素，也容易导致腰椎间盘突出症。多数腰椎间盘膨出或突出的患者均表现为坐骨神经痛。典型的坐骨神经痛是从下腰部向臀部、大腿后方、小腿外侧直到足部的放射痛，在打喷嚏和咳嗽等腹压增高的情况下疼痛会加剧。放射痛的肢体多为一侧，仅极少数中央型或中央旁型髓核突出者会出现马尾神经压迫综合征，主要表现为大小便障碍，会阴和肛周围感觉异常。严重者可出现大小便失控及双下肢不完全性瘫痪等症状。

三、躯干损伤的水中康复方法与原则

（一）急性期的处理

无论是腰背急性扭伤或肌肉拉伤，还是腰椎间盘突出的急性发作，均表现为腰背部局部组织水肿、炎症和腰背疼痛，甚至坐骨神经痛症状。在行为上呈现自我保护性体位，躯干屈伸受限。因此，通常需要冰敷10～15 min，适当平躺休息，减少活动，可辅助外敷新伤药，消肿止痛。腰椎间盘膨出或突出、非特异性下腰痛、椎体滑脱的急性发作引起的下腰痛，除了常规消炎止痛之外，可以在热水中浸泡或拉伸，来缓解肌肉的痉挛，也可在水中进行适当的体前屈或拉伸活动，减轻椎间压力。

（二）慢性腰背痛的处理

1.拉伸与牵引

水中拉伸的优点有：温水更能放松脊柱周围的肌肉。水的浮力和黏滞性能够减少重力作用，固定肢体，借助水的浮力可以让拉伸姿势的维持更加容易而有效。水的浮力能降低椎间关节或下肢关节负荷，在拉伸过程中，更容易形成关节腔的负压。水中拉伸可分为被动拉伸和主动拉伸。在拉伸过程中，要采取正确的身体姿态，拉伸过程缓慢可控。

2.核心稳定性训练

核心稳定性是指维持核心在功能解剖上的完整性，能够对抗外界外力干扰，并能支撑核心乃至整个人体的功能性运动的能力。陆上的核心力量训练原则同样适合水中核心力量训练。在水中进行核心稳定性训练，首先要检查和纠正错误的动作或姿态，理解和体会脊柱中立位和骨盆中立位的重要性。

水中运动可以作为躯干损伤的预防措施。对于运动员，多数运动性躯干损伤是在肌体疲劳的情况下继续运动时发生的，因此，需要预防运动性疲劳的积累。在运动或比赛后，可以采用在低于15℃的冷水浸泡或冷热交替浸泡15～20 min来缓解肌肉疲劳，并有改善肌肉延迟痛和睡眠质量的作用。运动后在温水中进行20 min放松游，是一种积极性的恢复措施，作为整理活动会起到事半功倍的作用。

四、躯干损伤后的水中康复练习方法

运动员参与专项训练之前，要重视准备活动，尤其是核心肌群的激活。对于各类躯干损伤的运动员，由于疼痛和功能受限，在陆上很难激活到核心肌群。为了减轻疼痛症状，缓解肌肉痉挛和动作受限，可以在水中激活核心肌群，改善运动员受伤后的功能状态。温水可以放松肌肉，如在温度为35℃的温水中浸泡，并结合水冲击震动疗法，帮助患者缓解腰背部肌肉痉挛和疼痛。利用水的浮力进行水中仰卧位按摩与拉伸，可以减轻椎间关节的压力，而静水压和黏滞性会降低椎体间的剪切力和扭转力。常见躯干活动度练习见表9.8.1。

表9.8.1 常见躯干活动度练习

拉伸形式	目的	姿势要求	注意事项
远固定团身	拉伸腰背部、肩带部肌肉，如背阔肌、竖脊肌等；改善脊柱前屈的活动度	双脚并拢站立，屈髋屈膝，体前屈，双手从膝关节下方环抱双膝，尽量贴近胸部	对于坐骨神经痛患者，动作要缓慢。椎体滑脱、椎间关节紊乱要控制幅度
近固定双膝触胸	拉伸腰背部、肩带部肌肉，如背阔肌、竖脊肌等；改善脊柱前屈的活动度	双手支撑水中跑台两侧的扶手，肘关节伸直，身体直立，屈髋屈膝向胸部靠拢，然后缓慢放下	对于坐骨神经痛患者，动作要缓慢、轻柔。椎体滑脱、椎间关节紊乱要控制幅度
面壁挺腰	拉伸躯干前屈的肌肉，如腹直肌、屈肩肌群等；增加脊柱后伸活动度	双脚稍微远离面向池边站立，双手拉住池边扶手，肘关节伸直，身体后仰，髋部水平向池边靠拢	动作缓慢，要求拉伸过程中收腹；对于椎间盘突出或椎间关节绞索者，要控制好幅度，避免加重疼痛
俯卧挺身	拉伸躯干前屈的肌肉；增加脊柱后伸活动度	俯卧在水池的斜坡上，双手支撑，肘关节伸直，缓慢挺身	对于椎间盘突出或椎间关节紊乱者，要控制好幅度，避免加重疼痛
侧向拉伸	拉伸躯干侧方的屈肌，如腰方肌、腹外斜肌等；改善侧屈活动度	被拉伸侧面向池边站立，同侧上肢支撑池壁，髋部向池边靠拢	动作缓慢，避免对侧椎间关节过度压力
弓步转体	牵拉躯干的旋转肌群，如腹外斜肌、腹内斜肌等	弓步站立，双手前平举，上体和前腿侧手臂向前腿侧转体至最大幅度，头随手动	激活腹肌，避免旋转中出现疼痛
俯卧转体	拉伸腹外斜肌、腹内斜肌、背阔肌等	俯卧支撑台阶，单侧上肢带动上体转向侧上方至双手臂在同一直线上，双脚不离地	双脚不能离地，有控制性地转体

在水中也可以进行旋转拉伸，躯干损伤多数情况下会影响到旋转功能，患者面向池边进行被动旋转练习，一侧手握着池边或扶手，躯干向对侧缓慢旋转，达到最大幅度时控制2～3 s，然后换手支撑，向反方向旋转拉伸。

腰椎间盘膨出或突出和非特异性下腰痛的运动员可以进行水中牵引，进一步拉伸椎间关节，让关节腔形成负压。水中牵引也可以作为放松活动，帮助运动员缓解腰背部肌肉的疲劳。

具体方法：在深水中，在患者腰部和脚踝部位分别系上负重腰带和负重踝套，腋下套上泳圈，保持患者处于垂直悬浮状态，利用浮力作用和重力作用形成脊柱的牵引作用，常见躯干损伤的预防措施见表9.8.2。

表9.8.2　常见躯干损伤的预防措施

动作名称	动作要求	预防目的
悬挂式举腿转体	背靠池边，两侧上肢侧平举固定于池边扶手，双脚并拢，屈髋约90°，膝关节尽量伸直位。保持躯干中立位，躯干带动下肢向一侧缓慢做转体，至最大幅度维持2～3 s，然后回到起始位置，向另一侧重复以上动作	提高腹内斜肌、腹外斜肌、腹直肌、腹横肌、髂腰肌的力量
仰卧提臀	仰卧位浮于水面，双脚勾住池边，腰部系上浮力腰带，双手握着哑铃侧平举，哑铃部分没入水中，在保持身体平衡的前提下，缓慢向上提臀至最大幅度，并维持2～3 s，然后缓慢回到起始位置，重复练习	提高臀部肌肉和腰背部肌力
深水支撑团身	在深水中，双手支撑哑铃于身体两侧，肘关节伸直，双脚并拢，下肢伸直。然后缓慢屈髋屈膝，双膝抬高尽可能靠近胸部，呈团身状，至最大幅度维持2～3 s，然后下肢缓慢回到伸直位，重复练习	提高腹直肌、髂腰肌和盆底肌肉肌力
水下冲浪	双脚站立在浮力板上，处于下蹲姿势，双手在身体两侧维持身体的平衡。缓慢伸髋、伸膝至站立位，随后再缓慢屈髋、屈膝，回到起始位置，重复练习	提高身体平衡性和核心稳定性
半蹲位抗阻转体	双脚分开稍宽于肩，呈半蹲位，双手握着挡水板垂直于水面放在身前正中。缓慢对抗水的阻力向一侧做转体至最大幅度，维持2～3 s，再缓慢回到起始位置，向另一侧重复以上动作	提高腹内斜肌、腹外斜肌、腰方肌和腹横肌肌力
俯卧后踢腿	双手扶住池边栏杆，远离池边站立。在单腿支撑前提下，尽力后踢腿或小幅度快速后踢腿。可以30 s大幅度后踢腿接30 s小幅度快踢腿练习	提高核心稳定性和臀大肌肌力

动作名称	动作要求	预防目的
悬浮举腿收展	套上泳圈悬浮于水中,双脚并拢,屈髋至水平位置,膝关节尽量伸直,躯干挺直。髋关节缓慢对抗水的阻力进行内收、外展活动	提高髋关节内收肌群和外展肌群肌力
深水行走	系上浮力背心,身体悬浮于深水中,抬头挺胸。在深水中进行放松走、正步走、高抬腿走等,始终保持骨盆中立位,自然摆臂动作	提高心肺功能和核心控制能力

五、慢性下腰痛水中康复计划

慢性下腰痛非常常见,约70%以上的人都经历过腰背痛,运动员也是慢性下腰痛的高发人群。下腰痛患者主要表现为腰背疼痛、功能受限。大量的研究结果显示,水疗对于下腰痛患者非常有效,是缓解和治疗慢性下腰痛患者的重要途径。因为水的浮力可抵消重力作用,减轻椎间关节和椎间盘的压力,从而缓解疼痛。对于下腰痛患者,最常用的水疗方式是深水跑。深水跑是一种非常有效的有氧训练方法和核心稳定性训练方法,它能改善患者的灵活性、核心力量和下肢肌力,提高或维持心肺功能。

水中康复要从一般性准备活动开始,包括有或无对抗水流的前后、侧方的行走,同时可伴有肩关节屈伸、内收外展、水平屈伸、内外旋等活动,行走过程中始终保持脊柱的中立位。随后尽可能地让患者改变行走的方向,这种改变会提供维持姿势平衡和核心控制的经验和能力。水中拉伸练习可改善核心肌肉的柔韧性和关节活动度,被拉伸的肌肉包括腘绳肌、臀大肌、腹肌等。

随着患者的疼痛和脊柱活动度的改善,接下来的康复重点是提高患者的运动能力。加强动态控制性训练,具体方法包括仰卧提臀、俯卧支撑(四点变成三点或两点)、正步走、弓步走、高抬腿走、半蹲走等。逐渐利用浮力设备增加阻力和运动速度进行抗阻训练,包括上肢的推拉、下压、抗阻转体砍柴、髋关节屈伸、内收外展等。在抗阻训练的基础上开始加强爆发力练习,如水中的跳跃、踢腿、跨步跳、团身跳、转身跳等,提高在高强度运动过程中保持核心动态稳定性的能力。随着运动能力的提高,患者要回到陆上运动,进行渐进性自由重量练习和更高难度的跑跳运动等。

课 后 总 结

躯干部位涉及的关节多、肌肉群多、结构复杂，是运动时力量传导的中间环节和较薄弱环节。长期过度训练，以及不良的生活习惯与错误的姿态都会引起躯干部位骨骼或软组织的微细损伤，并逐渐发展成各种急慢性损伤，甚至结构器质性伤害，表现为腰背疼痛和功能障碍。

本节对脊柱的功能结构、常见躯干损伤类型，以及康复治疗方法、特定躯干损伤后水疗康复计划的制订等进行了分析和阐述。重点是依据不同伤病自身的特点，充分利用水环境的内在物理特性，学习和掌握水中躯干拉伸、核心稳定性的训练原则和常用方法。在临床医学指导的基础上，选用合适的水中治疗与康复方法帮助特定躯干损伤的患者，改善躯干的活动度，渐进性提高核心稳定性和核心肌群的力量与耐力，减轻或消除腰背痛，突出保持躯干中立位姿态的重要性，避免骨盆的倾斜，是防治躯干损伤的关键。

在躯干各种损伤的康复治疗过程中，依据不同康复阶段和康复目标，有针对性地开展水中康复治疗与运动，遵循临床医学、康复医学和运动学原则，设计科学的水中康复训练计划，帮助患者消除疼痛，改善功能，早日康复。

第九节　膝关节损伤后的水中康复

◆ 本节导言

膝关节是人体最大最复杂的关节，是下肢运动的中间环节。在日常生活和专项运动中，膝关节承受着较大的负荷压力，尤其在跑跳运动中，膝关节承受4～9倍的体重，在中老年人和运动员中膝关节伤病发生率较高。许多运动项目需要在运动中反复进行变速或变向，而变速与变向能力均离不开膝关节的协同作用。长时间的运动会造成膝关节软骨的磨损，过度的扭转会损伤膝关节周围及内部的韧带。膝关节的损伤在很大程度上会影响到运动效果，甚至会造成极大的痛苦和心理负担。

　　运动员的膝关节损伤包括髌骨挫伤、膝关节内外侧副韧带损伤、前后交叉韧带的损伤或断裂、半月板损伤、股骨髁骨折、胫骨髁间棘骨折、髌骨骨折或脱位、髌尖末端病等。膝关节损伤在运动员中非常常见，约占所有损伤的25%，部分运动项目发生率甚至超过60%。多见于跑跳或高对抗性体能类运动项目，如足球、篮球、排球、橄榄球、手球等。膝关节急性损伤直接影响到行走等日常活动，甚至需要手术治疗，恢复周期较长。

　　科学的康复治疗可以减少粘连，避免肌肉萎缩、功能障碍等后遗症，降低膝关节再次损伤的风险。水环境是膝关节损伤康复治疗的最佳环境，可以消除重力作用的影响。对于膝关节软组织闭合性急性损伤，早期可以进行冰敷或冷水浸泡；水中训练作为交互训练形式，运动员可以进行游泳或深水悬浮位踩水、行走等来维持心肺功能，改善有氧能力，是运动员膝关节损伤早期功能性训练的首选方法。本节重点介绍膝关节的功能解剖、常见的损伤类型与康复治疗方法，以及水疗对膝关节伤病的康复效果，举例慢性膝关节炎的水中康复策略与方法。

◆ 学习内容

一、解剖学基础

二、常见膝关节损伤类型

三、膝关节损伤后的水中康复应用

四、慢性膝关节炎的水中康复计划

一、解剖学基础

　　膝关节是由股胫关节和股髌关节组成椭圆屈曲关节。股胫关节是由股骨和胫骨相应的内外髁关节面构成的椭圆关节。股髌关节是由股骨的髌面和髌骨关节面构成的屈曲关节。股胫关节头大，关节窝浅使得两关节面不相适应，关节囊薄而松弛。

　　膝关节是复杂的关节，还有许多辅助结构，发挥着不同的功能。主要辅助结构包括半月板、韧带、滑囊和翼状襞。半月板的作用是加深关节窝，缓冲震动和保护膝关节。韧带有前后交叉韧带、腓侧副韧带、胫侧副韧带和髌韧带。膝关节韧带能加固关节的稳定性，预防关节的异常活动。滑囊包括髌上囊和髌下深囊，位于股四头肌腱与髌面之间。翼状襞在关节腔内，位于髌骨下方的两侧，含有脂肪的皱襞，填充关节腔。

二、常见膝关节损伤类型

（一）膝关节侧副韧带损伤

膝关节侧副韧带损伤在运动员中非常常见，主要临床表现为膝关节肿胀、疼痛、压痛和功能障碍等。多见于对抗性体能类运动项目，最常见于足球和摔跤运动，其次见于滑雪、滑冰、跳高、篮球等运动。

（二）交叉韧带损伤

膝关节交叉韧带损伤是一种较重的运动损伤，多见于扭转、半屈、急停、碰撞较多的运动，如足球、滑雪、篮球等。有身体冲撞或高速度的运动，容易发生前交叉韧带断裂。常见的受伤机制包括屈膝外翻伤、外旋伤、过伸伤等。膝关节后交叉韧带损伤是由于膝关节在过伸和屈曲位时，小腿上端前方受到向后的暴力引起的。

膝关节前交叉韧带损伤后的主要表现为膝关节外伤史，伴有撕裂声和关节错动感，关节内出血，导致关节肿胀、疼痛，伤后多数运动员不能继续从事原来的运动，甚至伸直和过屈活动受限。完全断裂会出现膝关节不稳定。膝关节后交叉韧带完全断裂者会出现后向不稳和侧向旋转不稳。

（三）半月板损伤

膝关节有内、外两个半月形的纤维软骨，位于膝关节股骨髁和胫骨平台之间。膝关节半月板损伤是膝关节运动损伤中最常见的损伤之一。当膝关节屈曲，半月板后移时，股骨髁曲度较大的后部与半月板肥厚的外缘接触。若此时急剧伸膝，如踢球动作，半月板退让不及，会发生挤压伤或破裂。如篮球和足球运动中的变向加速或减速，以及曲线带球过人动作；排球运动中的前后半蹲位移动或横向移动，结合转身动作，都是常见的半月板损伤机制。

半月板在膝关节保持稳定性和缓冲压力过程中具有重要作用。运动员运动中发生急性半月板损伤，会出现膝关节疼痛、关节积液，通常会听到弹响声，出现关节绞索，关节活动受限。

（四）慢性膝关节疼痛

引起膝关节疼痛的原因有很多。对于运动员，最常见的膝痛原因是髌骨疼痛综合征。这通常是由慢性损伤引起的，如髌腱末端病、股四头肌肌腱炎、脂肪垫劳损、创伤性滑膜炎、髌骨软骨软化症、退行性病变等，也可能是由急性损伤治疗不彻底所致，如侧副韧带损伤、半月板损伤等。对于普通人群，膝关节骨关节炎是膝关节慢性疼痛的常见原因。除了膝关节本身以外，各种结构异常或后天姿势异常均可能引起膝关节疼痛。因此，需要医生进行临床检查和鉴别诊断。

主要表现为膝关节的疼痛和运动功能受限。通常发生膝关节疼痛需要适当休息，避免负重和长时间地站立行走。康复治疗的原则是缓解疼痛，在疼痛可以忍受的前提下，恢复膝关节及邻近关节的功能。对于慢性膝关节疼痛的患者，可以在水中积极开展功能性练习和动作纠正。水的浮力和静水压可以很好地减轻膝关节的负荷和疼痛，水的黏滞性提供了有效的阻力，提高了训练的有效性。

三、膝关节损伤后的水中康复应用

运动员膝关节损伤后的主要治疗手段分为保守治疗和手术治疗。无论哪种治疗方法都离不开科学的康复治疗，康复治疗是运动员能否重返赛场的关键环节。运动水疗作为一种物理疗法和运动疗法，在膝关节损伤后的康复过程中能发挥重要的作用。可以利用水浸泡疗法，以不同温度、压力和溶质含量的水，以不同的方式作用于人体来提高康复效果，以达到消肿止痛，恢复关节活动度，加快损伤的恢复进程的目的。而水中康复运动通过恢复功能，改善肌力，帮助恢复关节本体控制能力，模拟专项训练，甚至恢复运动员的专项能力。

（一）消肿作用

膝关节肿胀多发生于急性损伤，如肌腱损伤、交叉韧带损伤、半月板损伤、侧副韧带损伤、关节囊损伤、脂肪垫挤压伤、关节内骨折等，也可出现在膝关节手术后的较长时间内，或长期膝关节慢性损伤反复发作。严重的关节积液需要临床抽取，通常可以采取适当的措施来消肿。

对于急性膝关节损伤，可以采用冰敷或冷水浸泡引起局部毛细血管的收缩，降低局部温度，减少渗出液的渗出、细胞膜的通透性和炎性。冰敷结合绷带包扎，而冷水浸泡是指下肢浸泡于冷水中，利用冲击水流作用于膝关节，严重者可在膝关节周围简单用绷带加压包扎。冷水浸泡每次15～20 min，间隔3～4 h，每天3～5次。

（二）止痛作用

在膝关节损伤和手术后的不同阶段，可采用不同的水温来缓解疼痛。在急性期，需要采用冷水浸泡和局部冰敷的方法。在损伤的慢性期，随着膝关节肿胀的消除，可以采用热水浸泡的方法来安抚神经，缓解紧张感，促进局部血液循环，能减轻慢性膝关节疼痛，随着水中膝关节功能的改善，最终达到放松心情和恢复正常步态的目的。

（三）改善关节活动度

膝关节活动度的恢复，在水中可以较早地进行。利用水的浮力和温度，更容易加快恢复关节活动度。对于急性损伤，可以在24h后，采用冷水浸泡的方法，开始恢复关节活动度。如坐在水池的池边，下肢浸泡在10～14℃的冷水中，同时进行膝关节的屈伸活动，可以在助力下进行，每次15 min。进入慢性期，随着膝关节肿胀的消除，可以在温水中无负重情况下，康复师协助患者利用浮力作用，缓慢地进行关节活动度练习。

（四）提高膝关节控制能力

水中平衡控制性训练方法多种多样，极富挑战性，如水中单腿站立、站立位单腿下压控制练习、控制性蹲起、燕式平衡练习、控制性膝关节屈伸练习和单脚或双脚跳等。

（五）纠正步态

初始在水中跑台上行走，并逐渐增加行走速度，直至慢跑、快速跑，强调步态的对称性。在水中恢复正常步态后，逐渐过渡到陆上的行走、慢跑，并通过下肢力量练习和控制能力的训练，最终达到陆上正常的步态。

（六）提高肌力

水中下肢力量练习可分成三个阶段。第一阶段为无负重功能性力量练习。采用深水悬浮位运动，在患者的腰上套上救生圈或腰部系上浮力腰带，保证身体悬浮在水中。进行下肢交替踩水运动或剪刀腿练习，每次运动15～20 min。第二阶段为较深水中的基础力量练习阶段，在齐胸深的水中进行，运动形式包括深蹲、弓步蹲、靠池蹲、上下台阶、弓步走、侧弓步、侧向交叉步上下台阶等。利用水的三维阻力作用，恢复膝关节周围肌肉的基础力量。第三阶段为快速移动和模拟专项力量练习阶段（在浅水中进行），可以在水中进行原地蹲跳、直腿跳、原地纵跳、侧方跳、旋转跳、抱膝跳等，以及各个方向的快速移动练习。

水下模拟专项训练包括水下模拟跑步练习，滑雪、滑冰练习，羽毛球步法练习，排球的防守，等等，在运动过程中要求注意力高度集中，动作规范有力度。

四、慢性膝关节炎的水中康复计划

（一）慢性膝关节炎

膝关节骨关节炎是一种慢性疾病，发病率随年龄而增加。主要特征是关节内结构的退行性变，包括关节软骨退化、骨增生和滑膜的改变，导致疼痛、功能障碍，使得患者的生活质量严重下降。骨关节炎的发展取决于年龄、遗传因素、损伤史、关节慢性劳损、肌肉萎缩以及肥胖引起的关节应力异常。治疗目的主要是减轻疼痛，恢复关节功能，以及减缓疾病的进程。治疗策略包括药物、非药物治疗、手术和综合治疗。慢性膝关节炎的非药物性保守治疗是最常用的方法，主要依靠长期系统的综合性运动康复，包括动态稳定性训练、力量训练和有氧训练等。目的是减轻患者疼痛，恢复膝关节功能，提高膝关节动态稳定性和缓冲能力。

（二）训练方法

慢性膝关节炎患者适合在30～32℃的水中进行，水中康复计划包括热身、本体-控制性训练、下肢力量训练和心肺功能训练等。具体水中康复运动有：

1.水中热身运动

首先进行下肢大肌群的水中拉伸活动，每个部位拉伸20～30 s，然后在深水或浅水中行走，始终保持躯干挺直，可结合上肢运动。具体水中拉伸方法包括半蹲位腘绳肌拉伸、屈膝盘腿蹲、站立位勾腿后拉等。屈膝盘腿蹲是指背靠池壁，屈膝90°，一侧腿交叉放在另一侧上呈盘腿姿势，保持20 s。

2.本体-控制性训练

对于不能负重的患者可以在深水中进行控制性行走、踩水、剪刀腿练习或使用浮力设备的踢腿或滑雪练习。运动过程中需要保持脊柱中立位，维持正确的身体姿态。单腿控制能力训练包括在浅水中单腿站立，另一侧腿扰动水流，形成湍流，增加患者保持平衡和控制的难度；或单腿站立，另一只脚踩在水中的泡沫面条、浮力板或踢水板上，甚至结合上肢运动，保持单腿的动态控制能力；或坐在水中的平台上，双脚压住浮力板于水中，做膝关节的屈伸运动。

3.下肢力量训练

对于慢性膝关节关节炎患者需要渐进性提高下肢的肌肉力量和耐力，从深水行走、滑雪动作开始，逐渐进行浅水向前、后退或侧向行走、弓步走、高抬腿走、正步走等。力量训练包括等长收缩和等张收缩。等长收缩时，在患者颈部套上颈托，在腰部系上腰带，保持患者处于仰卧位，分别保持踝关节背屈和跖屈位进行股四头肌的静力性收缩，每次6～10 s，10次/组，进行3～5组。

在水中进行多样性的等张力量训练，具体方法包括髋关节的屈伸、内收外展训练、提踵练习和膝关节屈伸练习等。水中下肢抗阻训练可以利用浮力设备或增加接触面积与水流速度来提高训练难度。可以采用仰卧位、站立位或俯卧位进行下肢肌力练习。

4.心肺功能训练

由于受到重力作用，陆上有氧训练会不适合膝关节炎患者。水环境中进行心肺功能训练方法较多，可以进行深水跑、浅水骑车运动、不同泳姿的游泳等。利用水流速度、浮力设备或水的深度选择适合患者的水中有氧训练方法，维持或提高患者的心肺功能。

课后总结

膝关节是人体最复杂的关节，在中老年人和运动员中膝关节伤病发生率较高。本章重点介绍了膝关节的功能解剖、常见的损伤类型、病因与康复治疗方法，并详细阐述了水疗对膝关节伤病的康复效果，以及特定膝关节损伤术后的水中康复策略与方法。充分利用水的物理特性，对膝关节损伤患者进行水中物理治疗和运动疗法，能有效地缓解损伤后早期的肿胀与疼痛，改善被动和主动关节活动度，恢复膝关节的本体-控制能力，以及提高下肢肌肉力量与耐力。水疗计划作为患者康复计划的一部分，能与陆上康复治疗计划有效结合，在不同的康复阶段发挥出更好的康复作用。

水疗在慢性膝痛患者中早有大量的实践应用性研究，可以管理慢性疼痛，改善膝关节的活动功能，提高患者的生活质量。对于特定膝关节术后患者，在遵循临床医学指导下，充分发挥水疗在早期功能活动、改善心肺功能等方面的优势，帮助患者加快伤病的康复进程。在膝关节伤病的水疗过程中，需要康复师或治疗师对患者进行康复治疗前的个性化测试与评估，遵守特定患者的水中运动禁忌，如膝关节前交叉韧带重建术后的水中康复运动不能过早进行后退走练习，以免引起膝关节韧带松弛，不利于韧带的愈合，造成膝关节功能性不稳，不断积极开展对不同类型膝关节伤病患者的水疗康复研究，形成更加科学有效的水疗康复方案，更好地体现水疗的物理治疗和运动治疗价值。

第十节　踝关节及足部损伤后的水中康复

◆ **本节导言**

　　踝关节是人体负重量最大的关节，站立时全身重量均落在踝关节面上，跑步时的负重约为人体体重的3～5倍。人体行走和跳跃等活动，都需要依靠踝关节的背屈、跖屈活动来完成。踝关节的稳定性和灵活性对人的站立、行走、下蹲、跑、跳等动作起着非常重要的作用。

　　踝关节及足部损伤在体育运动中很常见。在所有运动相关的损伤中，踝关节损伤约占25%。踝关节损伤以韧带损伤为主，约占踝关节总损伤率的80%，内翻损伤发生率高于外翻，因此，外踝韧带扭伤最常见。踝关节的损伤不仅会影响运动员的正常训练及比赛，若处理不当还会产生踝关节不稳以及退行性骨关节炎等慢性损伤。从急性期冰敷，到后期热敷理疗、神经肌肉功能锻炼，水疗在踝关节损伤康复中能起到重要作用。科学合理的水中康复治疗与运动可同步训练到踝关节与下肢的肌力和耐力，实现肌力与本体控制能力的协同增长，有效缩短踝关节损伤后的康复周期，更好地恢复踝关节运动功能。本节将重点介绍踝关节及足部功能解剖、常见踝关节损伤类型、病因与机制，以及特定踝关节损伤后的水中康复计划的制订。

◆ 学习内容

一、功能解剖

二、常见的踝关节及足部损伤类型

三、踝关节与足部损伤的水疗康复

四、踝关节扭伤、损伤的水疗计划

一、功能解剖

（一）踝部

踝部的关节是由踝关节、距下关节和距舟关节三部分组成。踝关节的功能主要是额状面内的背屈与跖屈，约70°的活动范围。踝关节背屈时较宽的距骨滑车进入踝穴，此时踝关节较稳定。距下关节由距骨下关节面与跟骨上关节面构成，主要功能是足的内翻和外翻。距舟关节由距骨的舟骨关节面与舟骨的后关节面构成，也有内、外翻的功能。

踝关节周围韧带主要有内侧副韧带、外侧副韧带及下胫腓韧带。内侧副韧带又称三角韧带，强韧，呈三角形，起自内踝尖，其功能是防止足跟外翻、距骨异常外翻及前后错动，还可限制足的背屈。内侧副韧带的纤维比较致密、坚强，故单纯内侧副韧带损伤较少见，若一旦损伤则往往造成内踝撕脱骨折，甚至外踝压缩骨折。外侧副韧带较之内侧副韧带薄弱而分散，而外踝比内踝长（低），使得足的内翻活动比较容易，而外翻活动会受到一定限制，因此，外侧副韧带损伤较常见。下胫腓韧带形成的联合复合体对于保持胫骨远端和腓骨稳定，对抗因轴向应力、旋转应力及平行应力导致的胫腓骨分离有重要作用。

踝部的肌肉群主要有跖屈肌群、背伸肌群、内翻肌群和外翻肌群，踝部周围肌肉维持着关节的动态稳定性。

（二）足部

足部对于下肢功能具有重要的作用。足分为后足（距骨和跟骨），中足（足舟骨、骰骨、三块楔骨），前足（跖骨、趾骨）。

足弓在足的运动中具有让每一步由弹性结构变为刚性结构的能力，这种能力取决于足弓的三个骨性结构、静力性韧带-筋膜的支持以及动力性肌收缩。足弓分为内侧纵弓、外侧纵弓和横弓。内侧足弓最长和最高，它由跟骨、距骨、足舟骨组成；外侧纵弓较低，由跟骨、骰骨和第五跖骨组成；横弓在中跗区和附跖区，从内侧向外侧向上拱起。

足固有肌分为四层结构，并与跖腱膜、足的韧带和腱之间形成广泛的连接，构成了强有力的足踝动力与静力结构复合体。足固有肌可以完成外展、内收、屈趾动作，并在行走和跑步过程中支持着足弓，让足弓极富有弹性，产生并能承受足够的作用力。

二、常见的踝关节及足部损伤类型

踝关节损伤在运动中有着较高的发生率，是最常见损伤之一。踝关节在步态稳定性维持中起着至关重要的作用，协同参与运动过程中的变向动作。踝关节损伤常容易被忽视，若得不到及时、有针对性的治疗，容易转为慢性损伤，导致踝关节功能性不稳和骨性关节炎，甚至发生重复扭伤等，会影响到运动员运动能力的提高。常见的踝关节及足部损伤有踝关节扭伤、踝关节软骨损伤、跟腱损伤、踝关节不稳定、足底筋膜炎等。

（一）踝关节扭伤

踝关节扭伤分为内翻扭伤和外翻扭伤，多由间接外力所致。踝关节的功能解剖特点决定了踝关节在跖屈时比较容易发生内翻、外翻扭伤，且内翻损伤更常见。运动时地面不平整，运动中发生碰撞或因起跳落地时失去平衡，不慎踩在他人脚上，皆可出现踝关节过度内翻、跖屈或外翻造成踝关节损伤。

踝关节急性扭伤的主要表现为疼痛和肿胀，随后出现皮肤淤斑，严重者不能行走。发生外踝扭伤时，被动足内翻会疼痛加剧。内侧韧带损伤时，被动足外翻时会疼痛加剧。经治疗或休息后疼痛和肿胀可能逐渐消失，忽视治疗或治疗不当会出现韧带松弛，导致踝关节不稳，反复扭伤。

（二）踝关节软骨损伤

运动员踝关节软骨损伤较为常见，如职业足球运动员发生率可高达80%，俗称足球踝。其他运动项目，如体操、篮球、滑雪等也可发生。严重者出现患侧踝关节疼痛及功能障碍，甚至出现骨赘。在剧烈运动过程中，踝关节过度背屈、跖屈，并内外翻，造成踝关节软骨急性损伤或慢性损伤。踝关节软骨损伤主要表现为运动时疼痛和活动受限，部分患者会有关节摩擦音，关节轻度肿胀。

（三）跟腱损伤

跟腱是人体最长最强大的肌腱，长约15 cm，起于小腿中部，由上向下逐渐增厚变窄，止于跟骨结节后面的下半部。跟腱的主要功能是在站立时固定踝关节，防止身体前倾，同时对负重、奔跑及跳跃起重要作用。运动性跟腱损伤主要是在自身跟腱病或退行性变的基础上，因直接或间接暴力所致，如突然伸膝、足尖着地或足部强力背屈、跟腱快速收缩时，引起了跟腱损伤。急性开放性跟腱损伤可见裂隙，跟腱断裂处侧方挤压缺乏"坚硬"感，断裂处凹陷。X光、超声以及MRI检查均显示跟腱缺乏连续性。慢性损伤的初期在踝关节后下部有酸、胀或轻微的疼痛感，随着病情的发展，可以变为持续性疼痛，特点是刚开始活动时疼痛感比较明显，活动后明显减轻，而在休息以后病情又加重。

（四）踝关节不稳定

踝关节不稳是指踝关节周围韧带受损后出现力学上的踝关节不稳或功能性不稳。常见症状包括机械性不稳定、疼痛、肿胀、无力、反复扭伤以及功能性不稳定等。慢性踝关节不稳造成的踝关节反复扭伤可引发骨关节炎，严重者可引起关节僵硬和关节畸形，对日常生活造成影响。对于运动员来说，需要针对性的康复训练，提高踝关节的动态控制能力，以免造成更严重的损伤。

（五）足底筋膜炎

足底筋膜炎是足底的肌腱或筋膜发生了无菌性炎症，是运动引起的慢性损伤，疼痛有时放射到足掌前面。最常见的原因是经常长时间行走或跑步，如马拉松、登山健身、徒步旅行等。另外，还与扁平足、高弓足、足跟肌腱过短等畸形有关，并可能与体重过大有一定的关系。最常见症状是脚底与后跟部的疼痛与不适，压痛点常在足底近足跟处，有时压痛明显，且持续存在。晨起时疼痛感觉明显，但在行走一段时间后，足底筋膜张力会降低，随之疼痛症状得到一定的缓解。不过，过度行走时疼痛感又会加剧，严重患者站立休息时也有疼痛感。

三、踝关节与足部损伤的水疗康复

（一）冷水浸泡

踝关节急性组织损伤后会产生一系列的炎性反应，包括红、肿、热、痛和活动受限。冷水浸泡、冰敷等冷冻疗法可以降低局部深层组织温度，影响到组织的微循环，包括组织的氧饱和度、毛细血管后静脉充盈压、毛细血管流量等。短时冷冻疗法会暂时降低局部组织温度，解除冷疗后，组织内血管会由快速收缩继而扩张，有利于改善局部的血液循环。

（二）水中运动

相比于陆上运动，患者在水中可以更早地进行无痛性功能活动，能改善踝关节的活动度、踝关节周围神经肌肉的控制能力、肌肉力量、肌肉耐力和正常步态。

1.活动度练习

踝关节活动度练习包括主动活动度练习和被动活动度练习。对于损伤患者，首先需要改善关节被动活动度，随后进行不负重的主动活动度练习，最后才进行负重的主动活动度练习。陆上一些常规的踝关节周围肌肉的拉伸和动态关节活动度练习，也适合在水中进行，如在水中进行踝关节"8"字运动，能改善踝关节的主动活动度，包括踝关节的背屈、跖屈、内外翻和旋前旋后的活动功能。此外，水中提踵练习、脚尖或脚跟行走等都是改善踝关节屈伸功能的常用方法，具体常见的水中踝关节及足部的活动度练习见表9.10.1。

表9.10.1　常见水中踝关节活动度练习

动作名称	动作说明	康复目的
上弓步拉伸	面向台阶站立，拉伸侧屈髋、屈膝，抬脚踩在水中阶上，躯干挺直，身体逐渐前倾，双手前伸，被拉伸腿尽可能屈髋、屈膝、踝关节背屈，始终保持拉伸侧脚跟不能离地	拉伸腓肠肌和跟腱，改善踝关节背屈活动度
小腿三头肌牵拉	面向水中平台站立，拉伸侧腿前移，前脚掌抵住平台下沿，脚后跟支撑池底，呈踝关节背屈姿态，保持拉伸侧下肢伸直或微屈膝关节，随着后脚脚尖垫起，身体上抬前倾，重心逐渐向前腿转移，明显感到前腿小腿被拉伸感	伸膝位拉伸腓肠肌，屈膝位拉伸比目鱼肌，改善踝关节背屈活动度

续表

动作名称	动作说明	康复目的
胫骨前肌牵拉	双腿前后分开，随着身体前倾，后侧腿完成踝关节跖屈、内翻动作，至腿的前方有牵拉感	拉伸胫骨前肌，改善踝关节跖屈、内翻活动度
踝"8"字练习	踝关节完全没入水中，在水中用脚书写"8"活动	增加踝关节主动活动范围
主动背屈活动度	双脚前后接触呈线性面向池边站立，前脚尖抵住池边，双手握拳屈肘支撑于池壁，后腿踝关节做主动背屈运动	改善踝关节主动背屈活动范围
站立提踵	面向池边，双手可扶着池壁，单脚或双脚站立做主动提踵活动	改善主动跖屈活动度

2.本体-控制性训练

水中踝关节本体-控制性训练方法较多，可以在水流中单脚或双脚站立维持姿态的控制性练习，单腿站立时结合另一侧下肢或上肢的动态活动来维持姿态稳定性练习，以及保持踝关节不同姿态下的控制性训练等，甚至水中变向行走或跑步均会增加踝关节的控制能力，对踝关节有更高的平衡要求。常见的踝关节本体-控制训练方法见表9.10.2。

表9.10.2　常见的踝关节本体-控制训练方法

动作名称	动作说明	康复目的
踝关节背屈、跖屈控制练习	坐在水中平台上，一侧屈髋、屈膝全脚掌压住浮力板于水中，保持踝关节跖屈位或背屈位控制练习，手臂尽量维持身体平衡	提高踝关节跖屈、背屈肌群神经肌肉控制能力
踝关节内外翻控制练习	采用水中坐位或站位，一侧屈髋、屈膝，全脚掌下压浮力板于水中，保持踝关节内翻或外翻控制，双手维持身体平衡	提高踝关节内外翻肌群神经肌肉控制能力
BAPS板上平衡站立	站立于齐胸深的水中，单腿或双腿站在BAPS板上，保持膝关节完全伸直，双手维持身体平衡	提高踝关节的动态控制能力
三步跳-停	站立于齐胸的水中，向前连跳出两步，第三步时停住，并保持身体平衡稳定	提高下肢动态控制能力
上下斜坡控制性站立	在水中斜坡上平行站立，保持踝关节跖屈位或背屈位，身体其他环节固定不动	提高踝关节背屈、跖屈位的控制能力

3.力量练习

由于水的阻力较大，在设计水中踝关节的动作时，若仅通过增加水中运动速度，可能达不到明显的训练效果，但可通过增加表面积或延长力臂来提高阻力负荷，改变训练的难度。例如，在水中行走时可穿上脚蹼或系上阻力扇叶增加踝关节背屈、跖屈时的阻力负荷，提高训练难度。对于踝关节损伤的患者，随着康复进程可逐步由深水运动转向浅水运动，甚至陆上运动，逐渐增加踝关节的负重，最终达到完全康复的目的。常见的踝关节及足部肌肉力量水中训练方法见表9.10.3。

表9.10.3 常见水中踝关节及足部肌肉水中力量练习

动作名称	动作说明	康复目的
踝关节主动屈伸力量练习	坐在水中的平台上，在脚上穿上阻力鞋，进行踝关节背屈、跖屈抗阻练习	增加踝关节跖屈背屈肌力
脚跟或脚尖抗阻行走	双脚平行站立于齐腰深的水中，在小腿近踝处套阻力扇叶，然后进行脚尖或脚后跟落地行走，尽量保持身体平衡	提高踝关节跖屈或背屈肌群的耐力和神经肌肉控制能力
单侧或双侧动态控制性提踵	单脚或双脚直腿站立水中，踝关节缓慢提踵至跖屈最大幅度，然后缓慢降低重心回到起始位置	提高踝关节跖屈离心控制能力
穿上脚蹼行进	在齐腰深的水中，穿上脚蹼，进行行走，甚至变向行走	增加踝关节力量
踝关节旋转控制	站立于齐胸的水中，在双侧脚踝套上迷你弹力带，一侧稳定不动，另一侧做旋后运动，始终保持身体固定不动	提高踝关节旋转肌力
斜坡交叉步横向行走	双脚直立站在水中的斜坡上，做横向的交叉移动练习	提高踝关节背屈、跖屈肌力
水中踝跳	在齐腰深的水中双脚平行站立，微微屈髋、屈膝进行小幅度的踝跳练习，要求前脚掌落地，尽量保持身体平衡	提高踝关节周围肌肉耐力素质

4.步态练习

由于负重的限制与踝关节疼痛等因素的影响，踝关节及足部损伤后会影响到正常的步态，出现跛行，甚至在症状消失后，依然无法恢复到正常对称的步态。随着踝关节损伤后的治疗和康复运动，包括消肿止痛，改善关节活动度和增加踝关节肌力等，基本恢复到正常的关节功能。为了更好地过渡到陆上的正常跑跳运动和专项运动，需要在水中进行动作模式的训练，主要是纠正错误的身体姿态和步态。在水中纠正步态训练的同时，可以进一步改善踝关节的活动功能，包括活动度、本体-控制能力和肌力。常见的水中步态练习见表9.10.4。

表9.10.4　常见的水中步态练习

动作名称	动作要求	康复目的
水中行走	站立于齐腰深以上的水中，采用脚后跟先落地，随后滚动到全脚掌的方式进行步行练习	热身，纠正异常步态，增加关节活动范围
高抬腿走	站立于齐腰深以上的水中，两侧交替屈髋、屈膝、踝关节中立位至大腿与水面平行，然后向下全脚掌落地踏步前行	热身，增加下肢力量与耐力
直腿走（正步走）	站立于齐腰深以上的水中，保持膝关节完全伸直，两侧交替屈髋提腿，脚背绷直向前落地行走	热身，增加下肢力量与耐力
交叉步	站立于齐腰深以上的水中，进行交叉步的练习	热身，增加髋关节活动范围，提高神经肌肉控制能力
足尖/足跟	站立于齐腰深以上的水中，踮起脚尖或仅足跟落地向前行走	热身、提高踝关节肌力与控制能力
弓步走	在齐腰深以上的水中，进行前后或侧向弓步练习	热身，增加下肢关节活动范围和神经肌肉控制能力
穿脚蹼行走	站立于齐腰深以上的水中，套上脚蹼，正常步态行走	热身，增加踝关节的肌力
深水悬浮踩水	在腰部系上腰带，腋下套上泳圈，保持身体垂直悬浮于水中，进行双脚交替踩水活动	提高下肢肌肉耐力和心肺功能

5.注意事项

对于踝关节损伤的运动员，在早期需要加强踝关节的固定与保护，有必要限制多余的活动。运动员患者也要尽量维持或提高心肺功能，可以尽早进行深水跑或游泳等有氧能力训练。在康复后期，可以进行水中自行车或跑台跑步运动，来提高心肺功能。

四、踝关节扭伤、损伤的水疗计划

急性踝关节扭伤是运动中最常见的损伤，通常采取保守治疗。对于运动员，急性踝关节扭伤后的康复周期可分为四个阶段：急性期、恢复期、功能期和专项期。目的是为损伤的韧带组织提供最佳的愈合条件，最终完全恢复踝关节的功能（见表9.10.5）。

表9.10.5　急性踝关节损伤处理的原则

阶段划分	目标	措施
急性期	减轻肿胀、疼痛、出血，并保护损伤软组织，减缓损伤进程	PRICE（保护、休息、冰敷、加压包扎、休息）原则，着重加压包扎、止血，避免负重
康复期	正常和无痛的活动范围，恢复神经控制，恢复本体感觉	关节活动度训练、本体-控制性训练（踝关节周围肌力、足固有肌），从无负重逐渐过渡到负重训练
功能期	恢复正常的神经肌肉功能，加强腓骨长短肌、第三腓骨肌力量	力量训练、本体感觉训练、步行至跑步的训练
专项期	恢复专项运动能力	水中模拟专项动作，以及提高专项训练所需要具备的能力

1.急性期

通常急性期是指损伤后3～5天。本阶段主要康复目的是止血、消肿、止痛，减缓损伤进程，保护损伤组织。采取的措施是PRICE（即保护、休息、冰敷、加压包扎和抬高患肢）原则。保护措施包括充气护具和脚踝支具，也可用绷带包扎固定，防止踝关节内外翻活动。休息是指尽量不负重或少负重，此阶段可以在冷水中开展无痛范围内的关节活动度练习。冰敷和加压包扎的目的是控制炎症，减少组织液的渗出，减轻肿胀。在冷水中浸泡10～15 min有助于利用冷刺激和静水压减轻关节肿胀。抬高患肢有助于血液和淋巴液回流，也起到消肿的作用。在冷水中浸泡就是利用水的浮力作用和静水压作用，消除重力作用，有助于远端体液回流，止痛消肿。

2.恢复期

依据踝关节扭伤程度，通常康复时间为5～21天。本阶段主要康复目的是恢复踝关节的正常功能，包括关节活动度和本体感觉。随着疼痛和肿胀的缓解或消除，在康复池中进行步态练习和本体-控制性练习，如在齐颈深的水中进行足尖或足跟行走，进行小腿肌肉拉伸、踝关节画"8"字等改善关节活动度练习。利用浮力板或平衡板进行本体-控制性训练，并逐渐过渡到较浅的水中进行正常步态练习，可以慢步走、正步走、踢腿走、后退走、侧向走、弓步走、交叉步等。进行水中单脚站立平衡练习，提高踝关节的控制能力，最终过渡到陆上的正常步态练习，增加踝关节周围肌肉静力性力量。

3.功能期

通常损伤后3～5周。本阶段康复重点是加强踝关节肌力和动态稳定性。踝关节基础力量练习可以先在水中进行，水中抗阻训练包括带脚蹼的各个方向上的水中行走，对抗水流阻力、使用多向弹力带来增加训练难度。在齐颈深水中开始双脚跳跃练习，如双侧直腿跳、蹲跳、单腿跳以及跨步跳等，增加踝关节周围肌肉的耐力素质。后期逐渐过渡到陆上力量训练，包括负重提踵、弓步蹲、上下台阶练习等，开始陆上增强式练习，如单腿垂直跳、变向跳等。

4.专项期

对于运动员，Ⅱ度以上的踝关节扭伤可能需要5周以上才能结合专项技术训练。首先进行水中模拟专项技术动作训练，提高损伤踝关节的专项能力。在浅水中进行下肢的快速移动训练，涉及灵敏性、协调性和平衡能力，如羽毛球运动员的步法移动练习，足球守门员的横向移动训练等，提高患者的专项适应性。增加水中变向、快速起动和急停能力，单腿连续跳跃能力等。随后逐渐过渡到陆上的增强式训练，包括短距离冲刺跑、变速跑、急停急转等，并参与专项技术动作训练，如足球运动员可以结合足球的专项训练，有身体接触而对抗性变向运动等，提高踝关节动态稳定性。最终参与正常的日常技战术训练和比赛。

课后总结

踝关节是人体负重最大的关节，容易发生运动性损伤。本章节详细介绍了踝关节及足部的功能解剖、常见的损伤类型、病因与康复治疗方法、水疗在踝关节及足部损伤康复过程中的实践应用，以及特定损伤后的水疗康复计划的制订。依据踝关节不同的损伤类型和严重程度，制订详细的康复计划。在康复计划的不同阶段，可以充分利用水疗技术开展早期功能恢复，包括恢复关节活动度，改善本体-控制能力，提高肌肉力量和耐力，甚至恢复专项能力。在水中运动具有减重和加压作用，能较快地缓解疼痛，消除肿胀，更好地改善关节活动度，促进损伤组织的修复与重建。水中本体-控制性训练能够改善踝关节的本体感觉，提高神经肌肉控制能力，恢复踝关节的功能性稳定。水中模拟专项技术动作训练能够帮助受伤的运动员尽快恢复专项能力，为陆上专项运动提前做好准备，有助于运动员早日重返赛场。

本节以急性踝关节扭伤为例，介绍了不同康复阶段，依据康复目标，制订合理的水中康复计划，尤其在早期的功能运动、消肿止痛、改善关节活动度、提高神经肌肉控制能力方面，发挥着重要的作用。

第十一节　水疗与运动性外周疲劳

◆ **本节导言**

运动员长时间的大运动量或高强度训练会引起机体的运动性疲劳。运动性疲劳有不同的分类形式，根据性质可以分为躯体性疲劳和心理性疲劳，根据部位可以分为全身性疲劳和局部性疲劳，也可以按照器官分为心血管疲劳、骨骼肌疲劳和呼吸系统疲劳。不同性质的疲劳有不同的表现形式，躯体性疲劳主要表现为运动能力下降，心理性疲劳主要表现为行为的改变。躯体性疲劳又分为中枢疲劳和外周疲劳，中枢疲劳是指缺乏动机、中枢神经系统的传递或募集发生改变，外周疲劳是指外周神经肌肉接点传递、肌细胞结构或肌肉收缩活动能力发生改变。

本节主要阐述水疗在运动性外周性疲劳中的应用，分析讨论运动性外周疲劳的原因、机制和主要表现，不同水疗形式对运动能力的影响，探讨水疗对外周组织如骨骼肌等的影响，以及水疗的合理应用建议。

◆ **学习内容**

一、运动性外周疲劳概况

二、运动水疗的实践应用

一、运动性外周疲劳概况

（一）基本概念

运动性疲劳可能发生在两个不同的部位：一是发生在中枢神经系统，中枢神经系统的传递或募集发生改变，缺乏动机，为中枢疲劳；二是发生在外周

（即脊髓运动神经、神经肌肉接点和骨骼肌），外周神经肌肉接点传递、肌细胞结构或肌肉收缩活动能力发生改变，称为外周疲劳。

（二）可能机制

运动性外周疲劳的主要表现是运动能力的下降，即影响到肌肉的收缩功能。影响因素包括：循环系统的因素，如每搏输出量和血氧饱和度下降，影响到氧气的运输功能；肌肉局部环境因素；能源物质的代谢变化；以及肌肉收缩成分的改变。其中能源物质的代谢变化（葡萄糖和糖原浓度下降）是最直接的因素。这些因素会影响到肌肉收缩-舒张周期的每个环节，诱发运动能力的暂时下降。运动引起的外周疲劳经过积极性休息和合理的物理治疗会完成恢复，甚至会超量恢复。

（三）运动性疲劳的表现及常见判断方法

主要表现为运动时肌力下降，严重影响肌肉的快速、协调动作。肌肉会出现僵硬、痉挛、肿胀和疼痛，甚至会出现各种运动性损伤。本体感觉下降，动作协调性改变，如表现为肩关节、踝关节和膝关节动态稳定性下降。呼吸肌疲劳，呼吸变浅变快，气体交换能力下降；心电图发生改变；血液摄取氧气和运输氧气的能力下降等。

1.主观感觉指标

运动时的主观感觉与工作负荷、心功能、耗氧量、代谢产物堆积等多种因素密切相关，故运动时的自我感觉对判断运动性疲劳有一定的客观性（见表9.11.1）。

表9.11.1　主观感觉运动性疲劳程度简易判断标准

内容	轻度疲劳	中度疲劳	极度疲劳
自我感觉	无任何不舒服	疲乏、腿痛、心悸	除疲乏、腿痛、心悸外，尚有头痛、胸痛、恶心甚至呕吐等征象，且这些征象持续相当一段时间
排汗量	不多	较多	非常多，尤其是整个躯干部分
呼吸	中度加快	显著加快	显著加快，并且呼吸表浅有时会出现节律紊乱
动作	步态轻稳	步态摇摆不稳	摇摆现象显著，出现不协调动作
注意力	较好，能正确执行指示	执行口令不准确，会出现错误的技术动作	执行口令缓慢，技术动作出现变形

2.心率监控

心率是评定运动性疲劳最简易、最直接的指标，一般常用基础心率、运动中心率和恢复心率对疲劳进行判断。基础心率反映机体最基本的机能状况，机能正常时基础心率相对稳定，如果大运动负荷训练的基础心率较平时增加10次/min以上，此时可认为有疲劳现象，如连续几天持续增加则表明疲劳累积，应调整运动负荷。运动中心率一般用运动后即刻心率来代替，按照训练适应理论，随着训练水平的提高，完成同样运动负荷时，心率有逐渐减小的趋势，如增加则表示身体机能状态不佳。运动后心率恢复，若运动后心率恢复到以前的状态的时间延长则可认为疲劳。

二、运动水疗的实践应用

水中训练的多样性特点让水中运动逐渐成为运动员科学化训练的重要组成部分，尤其广泛应用于恢复性训练、交互训练和模拟专项训练计划中，帮助运动员预防伤病，提高专项能力。

水中交互训练能降低运动性损伤的风险，避免运动性疲劳的累积，如水中放松游或水中拉伸，能够起到安抚神经、放松肌肉、促进疲劳恢复的作用；深水跑步能够最大程度地提高心肺功能，尤其能改善呼吸肌的耐力；水中核心训练能够提高动作的稳定性，改善肌肉间的协调性，能够在整体上改善动作的控制能力；而水中模拟专项训练对运动员提出了新的挑战，为伤病运动员的尽早康复提供了专项运动形式的选择和安全的康复环境。

（一）运动水疗的特点

运动水疗分为主动形式与被动形式。主动形式有多样性的水中运动训练和主动拉伸。水中运动包括各种形式的抗阻训练，如游泳、骑自行车、跑台运动、核心力量训练、模拟专项训练等。被动形式有不同温度的水中浸泡，如热水浸泡、热中性水浸泡、冷热水交替浸泡和冷水浸泡，以及药物浸泡、涡流浴、桑拿浴、震动盆浴、全身气泡浴等。

（二）水中运动形式

1.放松活动

在运动员的日常训练过程中，合理地安排水中放松训练课，会明显提高运动员的训练热情，达到机体休息调整的目的。如在大运动量训练周中，安排半天水中放松运动，能够明显改善运动员外周性疲劳，尤其是肌肉的疲劳，同时也能放松心情。水中放松形式可以利用热水浸泡结合水中拉伸的方法来改善肌肉的伸展性，降低肌肉的张力，安抚神经，也可在26～28℃的游泳池或康复水池中进行放松游、慢跑或骑自行车。在运动形式选择上可以依据运动员的运动专项，选择合适的放松形式，如跑步运动员可以采用放松自由泳形式，而手球、篮球运动员可以采用水中慢跑形式来消除疲劳。热水浸泡的水温通常为37～41℃，可以依据室外温度而定，若热天时，水温可以低些，而冷天时水温可高些。还可以利用水冲击作用于机体大肌群如股四头肌、腰背肌进行按摩放松，其效果会更佳。

2.力量训练

对于绝大多数以器械和陆上运动为主的运动项目，可以适当采用水中力量训练形式作为交互训练方法，纳入日常训练计划中，既发挥抗阻训练作用，又预防运动性疲劳和损伤的发生。水中力量训练几乎可以训练到全身主要关节肌肉，通过选择不同的辅助器械如泡沫哑铃、杠铃、踢水板、脚蹼等，来增加和减轻阻力，达到不同的训练目的。水中力量训练具有形式多样性，局部负担量较小，可调动更多小肌群的参与维持姿态的稳定性和平衡性，避免了运动性疲劳的积累，能维持和提高运动员的基础力量。

3.核心力量

水中核心力量训练是一种难度和要求均较高的运动形式。对于有躯干损伤的运动员，可以较早地进行水中核心力量训练，不会加重损伤。如有腰椎间盘突出或膨出的运动员，经常专项训练会引起下腰痛，而水中核心力量训练有助于加强躯干周围的肌群力量和耐力，改善腰背部深层肌群的本体感觉，更好地恢复肌肉的功能。同时，水的浮力和温度效应会减轻水肿和疼痛，让运动员更快地恢复，减轻疼痛。

4.模拟专项训练

水中模拟专项动作训练，会更多地刺激神经肌肉之间的联系，更加注重协调性和稳定性，符合整体性运动的要求，是陆上专项训练的有益补充，不会产生运动性疲劳的积累。常见的水中模拟训练方法有篮球、羽毛球、排球的步法练习，高尔夫球的挥杆动作，足球守门员的横向移动等。

5.有氧训练

对于体能类运动项目，如田径、足球、长跑等，尤其是长跑，长时间训练会引起下肢关节负担量过大，关节容易受到扭转力和剪切力的影响，而发生疲劳的积累，甚至会引起运动性损伤，如腘绳肌拉伤、踝关节扭伤等。水的阻力作用增加了胸廓呼吸肌的阻力负荷，能有效提高呼吸肌的耐力，改善心肺功能。同时，水的浮力减轻了下肢关节的负荷，避免了下肢运动性损伤。水中有氧训练方法形式多样，包括深水跑、跑台跑、水下自行车、游泳、水中椭圆机练习、水中高抬腿跑和水中阻力跑等。

（三）水浸泡恢复法

水浸泡恢复法主要运用水的温度、静水压、浮力和黏滞性等物理特性，以及水流速度的变化来影响机体的机能，达到消除疲劳的作用。水浸泡的恢复机制主要与静水压和水温有关。静水压能增加心排血量、肌肉血流和肌肉代谢产物扩散入血，有助于加速运动过程中代谢产物的清除，加速了疲劳肌肉的氧气、营养物质和激素的运输。静水压会限制运动过程中水肿的形成，减轻肌肉的损害，维持氧气运输速率和肌肉的收缩功能。水温通过改变皮肤温度引起一系列的生理学反应。在热水浸泡过程中，皮肤血管舒张，而冷水浸泡引起皮肤血管收缩。冷水浸泡会降低炎症反应，减轻急性软组织损伤引起的肌肉肿胀和疼痛，也会降低神经传导速度。冷水浸泡和冷热交替可以促进训练后的恢复，能降低机体的热储备和核心温度，恢复内稳定。在冷天运动前，通过肌肉预热来增强肌肉的功能和运动能力，而在热天运动前，通过预冷来降低组织温度有助于随后运动能力的发挥。水浸泡恢复法的形式包括冷水浸泡（水温低于15℃）、热水浸泡（水温高于37.5℃）、冷热交替浸泡法（冷水与热水交替进行浸泡）和热中性水浸泡（水温30~36℃）。

1. 冷水浸泡恢复法

训练或比赛后，采用冷水浸泡的方法作为运动员疲劳恢复的手段在专业运动队较为流行。通常，最常用的水温为10～14℃，浸泡持续时间为5～20 min，也可采用1～5 min 短暂重复浸泡，总的浸泡时间不超过20 min。运动员一般采用座位或站立浸泡水中，通常浸泡深度齐腰部到齐肩位置。不过，也可依据运动项目而定，如上肢主导类项目可能仅上臂浸泡水中，下肢主导类项目仅髋关节以下位置浸泡水中。通常多采用被动冷水浸泡。冷水浸泡的时机选择在训练或比赛后30 min内进行。冷水浸泡恢复法主要用于训练或比赛后的运动性疲劳的恢复，通常在大运动量训练或比赛后30 min内，冷水浸泡时间多为10～20 min。适用的运动项目包括自行车、足球、橄榄球、网球、跑步、游泳、篮球等。

2. 热水浸泡恢复法

通常把水温超过36.5℃的水称为热水，运动员通过热疗获得训练和比赛后的身心放松。热水浸泡能够改善全身或局部血液和淋巴循环，降低肌肉韧带的紧张度，以及安抚神经、松解关节。对于慢性运动性损伤引起的组织粘连、关节僵硬和肌肉痉挛，效果明显。

但热疗方法需要结合训练和比赛安排来合理使用，避免热疗引起的不利影响，如比赛后核心温度升高，再进行热水浸泡，会持续保持机体的高消耗，加重脱水和电解质的丢失，反而更加不利于运动性疲劳的恢复，对于第二天需要大强度训练和比赛的运动员会增加运动能力下降的风险，甚至发生运动性损伤。因此，在大运动量训练或比赛之后，尤其在热天环境时，通常不会即刻采用热水浸泡等热疗作为恢复措施。而在小的训练周期后间隙或周期中的调整课，可以采用短时的热水浸泡等热疗方法，来促进机体的恢复。

3. 冷热交替恢复法

冷热交替恢复法是通过重复交替冷水浸泡和热水浸泡的一种恢复方法。通常采用冷水浸泡1 min，热水浸泡1～2 min，交替使用3～7次，累计水浸泡6～15 min。冷热交替恢复法对水疗设施要求较高，需要同时可以进行冷水浸泡和热水浸泡的水池。冷热交替法通过水温的改变，引起血管舒张与收缩如同形成"血管泵"，加快血流，促进恢复。通常训练后首先进行冷水浸泡，再进行热水浸泡，重复使用。利用冷热对机体的温差效应，来改善神经肌肉功能和血管舒张收缩的调节功能。冷热交替恢复有助于运动员身心的放松，更容易在训练或比赛后获得较好的睡眠质量。比赛后的冷热交替恢复练习，通过增加循环血量、清除血乳酸、改善关节活动度、降低炎性反应、缓解疼痛和肌肉僵硬，从而改善了肌肉的功能。

4. 热中性水温浸泡法

热中性水温通常为24～36℃。有研究认为在35℃水中较长时间浸泡不会改变机体的核心温度。通常游泳池水温控制在26～28℃，属于热中性水温，运动员训练或比赛之后，可以在热中性水中进行积极性恢复。最常见的恢复措施包括行走、慢跑、骑自行车、游泳等有氧运动形式，运动时间大约15～30 min。水中有氧放松运动更有利于身心放松，更能体现交互运动效果，更有助于减轻陆上运动负担量过大导致的劳损。

（四）注意事项

正常情况下，运动员科学地采用水疗方法，能缓解运动性疲劳，改善运动功能，促进运动性伤病的恢复，甚至提高专项能力。但是需要牢记水疗的禁忌症，如女性月经期，运动性开放性损伤，骨折、炎症急性期，心功能异常等。

水疗作为训练科学化的重要组成部分，需要合理应用，避免对训练适应性产生负面影响。尽管冷水浸泡会降低肌肉损伤引起的炎症反应，具有短期镇痛效果，抑制肌肉痉挛，但是冷疗也会降低神经传导速度，降低肌肉血流，改变糖原的合成速率，降低肌肉温度，这些作用会抑制肌肉热休克蛋白的作用，从而阻碍训练的适应性。因此，在高强度训练前或力量训练前，不宜采用冷水浸泡；两次训练课之间间隔时间较短，不宜采用冷水浸泡；训练或比赛之后，不宜采用长时间的冷水浸泡作为恢复措施。目的是避免水疗对训练适应性的影响。

水疗作为运动性疲劳防治措施之一，需要与其他恢复措施合理搭配，才能更大地发挥消除疲劳，预防伤病的功效。在大运动量高强度训练或比赛之后，采用冷水浸泡恢复，可以与营养补充相结合，如在冷疗过程中，饮用适量的水、糖分和蛋白质，更有助于运动员机能的恢复，甚至超量恢复。而在训练或比赛后，采用热中性水中有氧运动20～30 min，结合水中的拉伸，可能比单纯的热水浸泡效果更佳。

课后总结

　　对于运动员，运动性外周疲劳是运动训练的必然结果，关键是防止过度疲劳，促进机体的尽快恢复，甚至超量恢复，避免运动性损伤的发生。在高强度或长时间运动后，采用合理的运动水疗可以降低皮肤、关节内和肌肉内温度，降低运动系统的能量代谢，促进机体血液的重新分配，缓解肌肉的酸痛感，降低全身自感疲劳度水平，甚至会增进食欲，改善睡眠，有助于提高后面比赛或训练的能力，预防运动性损伤。不同温度的水浸泡方法对运动员运动能力的影响不同。运动后短时冷水浸泡会降低炎症反应，减轻急性软组织损伤引起的肌肉肿胀和疼痛，延缓运动员比赛后运动能力的下降，包括跳跃能力和冲刺能力等。冷水浸泡和冷热水交替恢复都能降低机体的热储备和热应力负荷，减轻肌肉酸痛感和自感疲劳度水平，恢复机体的内稳态。热水浸泡通常应用于运动前或调整课中，禁止在运动或比赛后长时间使用。热水浸泡能放松肌肉，安抚神经，缓解精神紧张和压力。热中性水中浸泡或运动更多用于调整课，采用低强度的水中有氧运动或放松运动有助于恢复机体的疲劳。因此，在运动训练过程中，需要依据训练或比赛计划，科学地安排水疗的温度、浸泡深度、水疗形式、浸泡时间和应用时机等，才能发挥水疗消除运动性疲劳的作用，避免水疗对机体恢复带来不利的影响。

　　运动性外周疲劳主要表现为运动能力的暂时下降。水中运动是一种积极性恢复措施，能充分体现交互运动效果。例如，自行车运动员可以采用水中放松游的方法，尽快恢复运动性疲劳，防止机体局部负担量过大和疲劳的积累；射击射箭运动员可以采用水中骑车或深水跑来尽快恢复局部肌肉的疲劳，放松心情。总之，结合运动员的运动专项，选择合适的低强度水中有氧训练形式能够缓解肌肉酸痛和水肿，降低机体疲劳感，预防运动性疲劳和运动性损伤的发生。

第十二节　水疗与运动性中枢疲劳

◆ 本节导言

　　运动员需要进行长期高强度、大运动量的训练和比赛，若训练计划安排不合理，会导致过度训练的发生，引起运动性中枢疲劳，表现为睡眠不佳、运动时心情和情绪低落、烦躁、注意力不集中、不想训练和比赛等，最终表现为运动能力的持续下降。

　　不同运动项目运动员运动性疲劳的主要表现形式可能有所不同。体能类运动项目，如足球、排球、篮球、跑步、游泳等，运动员主要表现为外周性疲劳，如肌肉酸痛、运动速度与力量素质等明显下降等；而对于一些技能类运动项目，如射击射箭、乒乓球等，运动员主要表现为中枢疲劳，如厌烦训练、训练或比赛时注意力不够集中、睡眠质量较差等。技能型运动项目的特点是动作相对单一重复，要求注意力高度集中，总体运动能量消耗不大，而运动成绩易受情绪波动的影响。但不论哪种竞技项目，训练或比赛引起的疲劳都或多或少包含外周疲劳和中枢疲劳成分。两者之间可以相互转化，相互影响，多数情况下呈现一种综合性疲劳表现。

　　运动性中枢疲劳属于躯体疲劳范畴，是一种暂时的生理性疲劳现象。通常情况下，通过采取合理有效的恢复措施，能够预防和消除疲劳的发生。预防运动性疲劳的具体措施较多，如休息、充足的睡眠、合理的水疗、物理治疗和营养补充等。本节主要从运动性中枢疲劳的概念，水疗对大脑血流量、核心体温、睡眠的调节作用以及对植物神经功能的影响等方面，来阐述水疗在防治运动性中枢疲劳过程中的实践应用。

◆ 学习内容

一、运动性中枢疲劳概况

二、运动水疗的实践应用

一、运动性中枢疲劳概况

随着对运动性中枢疲劳研究的不断深入，国内学者将运动性中枢疲劳定义为由运动引起的，发生在从大脑到脊髓运动神经元的神经系统的疲劳，即由运动引起的中枢神经系统不能产生和维持足够的冲动给肌肉以满足运动所需的现象。疲劳是高级中枢的一种抑制作用，这种抑制反应的出现可防止产生过度疲劳。

当运动性中枢疲劳发生时，主要表现为大脑皮层机能低下，兴奋-抑制过程平衡失调，如注意力不集中、反应迟钝、情绪激动、难以入眠或失眠等。

二、运动水疗的实践应用

运动水疗包括水中运动和水中浸泡两种形式。有关预防和恢复运动性中枢疲劳的方法很多，包括心理调控与训练、物理治疗、营养补充、积极性运动恢复等，而运动水疗也是一种积极性消除疲劳的有效方法。

水疗预防和改善运动性中枢疲劳，主要体现在对脑血流的影响、对核心体温的影响、对睡眠的影响、对情绪和认知能力的影响等方面。

（一）水疗对脑血流的影响

脑血流量的恒定是维持正常的神经功能和认知能力的关键。运动员大运动量或高强度训练会引起大脑神经递质和能源物质的过度消耗、血氨等代谢产物的堆积、大脑温度的升高等，这都会造成大脑的缺血缺氧，对大脑功能造成不利影响，加快中枢性疲劳进程。脑灌注的急性下降会产生明显不利影响，如注意力不集中、反应迟缓甚至晕厥。有研究显示，在常温环境下进行运动时，受试者的脑部血流量基本维持恒定，而在高温环境下运动时，受试者的脑部血流量下降了18%。

运动水疗能改善脑血流，恢复和改善中枢神经系统功能，预防运动性中枢疲劳的发生。由于不同的水疗形式会对脑血流产生不同的影响，因此，在水疗形式的选择上，既要依据运动员的训练内容、强度和持续时间，还要考虑训练环境。水疗形式依据水温分为热水浸泡、冷水浸泡、热中性水浸泡，也可分为静态浸泡和水中运动形式。水疗效果的主要影响因素是水温和静水压。在热天高强度训练或比赛，运动后要采用短时的冷水浸泡，可降低核心温度和大脑温度，同时配合水分和能源物质的补充；在冬天室外运动或比赛后，需要采用热水浸泡或温水中放松运动来缓解疲劳；在训练周期中，把水中运动作为一种交互训练形式，纳入日常训练计划中，有助于缓解肌肉疲劳，改善大脑血流，预防运动性疲劳的发生。

（二）水疗对核心体温的影响

1.核心体温的概念

核心体温（core body temperature, Tc），是指大脑、心脏和肺等内脏器官的工作温度。通常以食道、胃肠道或直肠等部位的温度表示，各部位温度有较小的差异。核心体温受大脑体温调节中枢的控制。安静状态人体核心体温在37.2～37.6℃，呈现昼夜节律性变化，表现为清晨最低，傍晚最高，这种动态平衡对维持机体内环境稳态具有重要意义。核心体温受到运动或环境温度的影响，如在高温环境下运动可导致机体核心体温升高，而长时间冷水浸泡如冬泳会降低核心温度。

2.运动与核心体温

长时间运动，尤其湿热环境下运动会阻碍机体热辐射、热传导和热对流等散热途径，导致运动中机体产生的热量无法很好地散发出去，继而引起体内热蓄积，核心体温逐渐上升，并伴随脑内温度升高，形成体内高热，甚至中暑。通常在热环境中进行强度训练，每运动5～7 min核心体温会升高约1℃直至人体高温的临界值。核心体温升高到人体的一定限度会加快机体的运动力竭。

3.核心体温异常的危害

运动实践表明，人体在高温高湿环境下运动，强烈的热应力负荷使机体核心温度升高，出现脱水、极易疲劳、运动意志力低下、运动能力显著下降、运动疲劳提前、主观自感用力度增加、输出功率降低等情况。

与热应力作用相反，当人体在冷环境中，如冬泳或冷水浸泡较长时间时，机体的核心温度会下降，表现为体温过低、嘴唇发紫、皮肤血管收缩而呈现

"鸡皮疙瘩"现象、血容量下降、血液携氧能力下降等，会通过机体"寒颤"释放能量来维持核心温度的恒定，并伴有运动异常表现，如肌肉僵硬、动作协调性差等。

关于运动性疲劳的机制研究显示，中枢疲劳与运动引起核心温度升高有关。随着核心温度升高，脑部温度和肌肉温度也会随之升高，造成组织器官的基础代谢增加，能源物质消耗和耗氧量增加。运动时，核心体温过高是运动中枢抑制的一个自我限制的信号。当核心体温达到临界值时会出现中枢疲劳，通过限制机体的心肺功能而抑制运动能力，提前到达运动力竭，而"迫使"运动停止，防止核心体温的进一步升高，来保护机体避免过热状态。

4.冷疗是解决核心体温升高的可靠途径

如何延缓和及时降低运动引起的核心体温的升高是维持运动员运动能力和预防运动性中枢疲劳，甚至中暑的关键问题，而冷疗是最常用和最有效的方法。冷疗的形式主要分为外部冷疗和内部冷疗。外部冷疗包括冷水浸泡、全身冷冻疗法（冷却房）、冰背心、直接作用于皮肤的冷材料，以及它们相结合的一些方法。内部冷疗法是通过服用冰冻饮料，来直接降低食道、胃肠和直肠温度。在冷疗时机的选择上要依据运动项目的特点，尽可能降低冷疗对专项能力的影响。总体上，应用时机分为运动前、运动中和运动后。

运动前对运动员进行预冷，即通过一定的降温措施，如冷水浸泡、内服冷饮等，预先降低运动员运动前或赛前核心温度，增加热储备容量，能够在一定程度上有效抵御高温高湿环境下热应力对运动能力的影响，延缓运动能力的下降，延缓运动性疲劳的发生，继而提高成绩。对于高温湿热环境下的耐力性运动项目，如马拉松、长跑、公路自行车赛、铁人三项等，预冷可以作为运动前的准备活动的一部分，具有重大的现实意义。运动前预冷会提高运动员的耐力素质，降低运动中的代谢水平和心血管系统张力。预冷会降低外周血流而增加脑血流，大脑血流量的增加有助于随后运动能力的发挥，以及预防中枢疲劳。预冷在运动开始就降低了核心体温，会影响运动节奏、中枢神经系统功能、预知能力、肌肉的协同控制能力等，因此，需要考虑运动项目类型进行合理的选择。对于一些耐力性运动项目，预冷措施降低核心体温有助于缓解主观心理应激。

　　运动中对运动员进行降温，主要是让运动员穿上现代降温材料特制的背心马甲，或在两次训练/比赛之间较短时间里，通过冷水浸泡或服用冰浆饮料，来降低核心体温。一些在热天室外运动的耐力性项目如公路自行车赛、长跑、铁人三项赛等，通常采用少量多次的冷饮结合冰冻毛巾外敷，或头部洒冷水等方式来进行降温。而另一些运动项目如足球、橄榄球、棒球、篮球等，存在较短的比赛间歇，也可以采取冷疗的方法来降低核心温度，避免核心温度过高，尤其大脑温度过高对运动能力的影响，在方法的选择上要慎重，不能采用冷水浸泡的方法，因为冷水浸泡会降低肌肉的温度，影响随后运动时神经-肌肉的功能，可以采用内服冰浆饮料结合冰敷头面部的方法。

　　运动后及时对运动员进行降温。运动后即刻进行冷疗非常常见，其中冷水浸泡被认为是最有效的方法，能够快速地降低核心体温，缓解运动员的心理负荷，减轻肌肉酸痛等。冷水浸泡会立即引起体表温度下降，随着水的热传导效应，机体热量大量散发，核心体温逐步下降，从而降低运动引起的热应力，更有助于维持随后的高强度运动。

　　尽管冷水浸泡被认为是预防运动性高热或中暑的最佳干预方法，但是也要严格控制冷水浸泡的时间，避免长时间冷水浸泡引起的体温过度下降。因为过度降低核心体温会对机体产生诸多不利影响，如能量的过度消耗和心肺功能的下降等。

（三）水疗对睡眠的影响

　　当运动员出现运动性中枢疲劳时，睡眠不佳是主要表现之一。睡眠时间和质量会影响运动员的认知过程和代谢功能，有质量的睡眠有利于恢复精力和最佳的身体机能，有助于恢复运动能力。运动的时间、强度和形式会对睡眠质量产生不同的影响。有规律的运动通过提高身体机能，促进食欲，增加精力而能够改善人们的睡眠质量。相反，剧烈运动或热天长时间运动会引起机体的核心体温和大脑温度升高，造成机体过度脱水和能源物质的消耗，从而会影响运动员的食欲和睡眠质量。因此，通常认为运动主要通过改变核心温度、食欲和褪黑素水平而影响睡眠的质量，表现为核心温度和褪黑素浓度升高，食欲下降。

提高睡眠质量是运动员促进运动后疲劳消除的重要手段。运动时机会影响核心体温和褪黑素分泌的昼夜节律，会对睡眠质量产生影响。通常，傍晚时机体核心温度一天中最高，比清晨最低时高1～2℃。有研究发现，傍晚运动会进一步升高核心体温和引起褪黑素分泌增加的时间提前，会对睡眠质量造成不利影响，表现为增加慢速眼球运动睡眠而降低快速眼球运动睡眠。当然，睡前运动对睡眠的影响，也与训练形式和强度有关，低强度的有氧运动习惯会改善睡眠质量，而不习惯的高强度训练会对睡眠质量产生不利影响。通常，还是建议睡前3 h内应避免剧烈运动。

总之，运动引起机体温度的升高，包括核心体温、肌肉温度和皮肤温度。体温升高会提高机体的代谢水平，影响到交感-副交感神经之间的动态平衡。通常，采用14℃的冷水浸泡15 min作为运动后机能恢复的重要手段。冷水浸泡会降低皮肤温度、肌肉温度和核心温度，不会影响到褪黑素的分泌，能减轻肌肉酸痛，促进食欲，因而能改善睡眠时间和质量。

（四）水疗对情绪和认知能力的影响

不同形式的水疗方式会对机体产生不同的生理反应和心理反应。影响水中浸泡效果的因素主要是水的温度与浸泡深度。机体浸泡深度主要通过改变静水压而影响到机体的生理机能，如外周阻力、心率、每搏输出量和心排血量的改变等。由于机体对冷热刺激较为敏感，水温的变化不仅会引起机体的生理学反应，而且还会影响到心理感受。对于运动员，依据训练周期的需要，在不同的时间点采用不同的水疗方式，确保运动员水疗时保持心情愉快。如放松课采用温水浸泡或放松游，利用交互训练特点，纠正错误的运动模式，消除专项训练引起的疲劳积累，提高运动专注度，激发运动兴趣。对于伤病运动员，水中康复治疗会降低运动员的主观应力，包括疼痛感、不安全感、焦虑和恐惧感。通过水中康复运动进行较早的"内在修炼"，较早地唤起和加强精神上的注意力和思想上的创造力，改善运动动作的质量。运动员进行高强度或大运动量训练后及时进行冷水浸泡，会主观上降低运动员的肌肉酸痛感和整体疲劳感，会通过影响自主神经的内在平衡而获得舒适感。

1.运动与自主神经系统

自主神经系统是生物机体内脏功能调节的重要稳态调节和控制系统。其作用主要在于调节心血管、消化、内分泌系统等活动，如控制心血管活动（包括心率和血压），调节胃肠运动、腺体（消化腺、汗腺及部分内分泌腺）分泌等。过度训练引起的中枢疲劳的过程与自主神经系统的功能改变有关。自主神经系统中枢位于脑干、脊髓和下丘脑，分为交感神经和副交感神经两部分。前者具有兴奋作用，如战斗或逃跑状态；后者主要是抑制作用，如放松或休息状态。运动时，尤其剧烈运动，交感神经系统被明显激活，机体明显加强心血管功能、呼吸和内分泌活动，而迷走神经活动则相对受到抑制，从而满足剧烈运动或比赛的需要。另外，自主神经系统与人的情绪密切相关。过度训练或比赛会影响交感迷走神经的平衡，会引起运动员心理疲劳的积累，产生不好的情绪体验，而情绪变化是运动性中枢疲劳的主要表现形式之一。自主神经系统主要通过潜意识对身体机能产生作用，自主神经系统失衡被认为是导致身体疾病的最终共同途径，也是引起运动性中枢疲劳的重要因素。

2.水疗对自主神经的影响

运动水疗通过直接或间接作用于自主神经系统来纠正自主神经系统的失衡。运动员大运动量或高强度训练与比赛之后，及时进行冷水浸泡，目的是抑制交感神经系统的活动，加强迷走神经的活动。运动员进行温水浸泡会直接对周围神经产生安抚作用，通过情绪的变化来影响自主神经系统的平衡。因此，在某种程度上起到防治运动性中枢疲劳的作用。

不同的水温对自主神经系统的内在平衡产生不同的影响。通常将水温分为热水、热中性水和冷水。与较凉水和温水相比，热水浸泡机体心率和核心体温明显升高。热水浸泡后由于核心温度的升高，交感迷走平衡指数也显著升高，而随着水温下降，尤其冷水浸泡后交感迷走神经平衡呈现下降趋势。

总之，就目前的研究结果来看，采用短时（如5 min）冷疗会改善大强度训练后心脏的自我保护能力，主要通过平衡副交感神经和交感神经之间的调节功能来实现，无论是温度效应还是静水压作用，都会提高迷走神经活性，达到抑制运动诱导的交感神经的过度应激，其具体机制还需要进一步研究。

‐ 课后总结 ‐

　　运动水疗作为一种运动性中枢疲劳的防治措施，在专业运动队被广泛应用。水中运动作为交互训练方法，用于预防运动性疲劳，维持或提高运动能力；热水浸泡用于改善大脑血流，恢复身心疲劳，改善心情；冷水浸泡用于降低运动后的核心温度和肌肉温度，降低交感神经活动，缓解全身疲劳感和肌肉酸痛感，甚至能促进食欲，改善睡眠质量。

　　运动水疗预防运动性中枢疲劳的实践应用建议：

　　（1）可采用水中运动作为训练小周期中的调整训练课，共90 min。水中运动内容包括水中拉伸、水中跑台慢跑、功率车、游泳、行走等练习，也可进行水中游戏，通常在26～28℃的游泳池或运动康复池中进行。

　　（2）湿热环境下运动，如公路自行车赛、马拉松、铁人三项或大运动量长时间训练，可采用少量多次内服冰浆饮料或冷毛巾敷头部等措施，防止大脑温度和核心温度过度升高。

　　（3）高强度训练或比赛，如足球、篮球、排球等，训练或比赛之后20 min内进行10～15 min冷水（通常10～14℃）浸泡。通常水温越低，浸泡的时间越短。

　　（4）在冷天环境下，运动员的调整课或小训练周期最后一节训练课之后的整理活动，安排15～20 min的热水浸泡（通常水温37.5～40℃），可结合进行肌肉、关节的拉伸练习。

第十章

游泳健身课程

本章导言

在人类对健康的不断追求中，游泳作为一种古老而高效的运动方式，一直备受青睐。它不仅能锻炼全身肌肉，增强心肺功能，更是一种低冲击力的运动，适合各个年龄段的人群。游泳健身课程是一项全身运动，能够锻炼到身体的各个部位。水的阻力可以有效地增强肌肉力量，水的浮力则能够减轻身体负担，减少对关节的冲击。此外，游泳还能增强心肺功能，提高血液循环效率，对改善心血管疾病、控制体重、增强免疫力等方面都有显著效果。本章课程旨在为广大游泳爱好者提供一个专业、科学、系统的训练平台，帮助大家在水的怀抱中享受健康与快乐。

第一节　游泳陆上健身

◆ **本节导言**

　　游泳是一项全身性的运动，要想在水中更高效地游进，就需要具备较好的力量能力。现代游泳训练也十分重视力量训练，并将陆上的力量训练作为游泳训练的重要内容之一。为什么陆上力量练习如此重要？主要是因为陆上的力量有助于伤病的预防，通过力量训练能够解决力量和协调性的问题，可降低受伤的风险。其次，力量训练能够提高水中的运动表现。游泳时需要耐力和爆发力的平衡，可以通过力量训练来加大划臂和打腿的力度，提升水中的表现，从而提高游泳水平。

◆ **学习内容**

一、游泳陆上健身的定义

二、陆上基础力量练习方法

三、核心稳定性练习方法

陆上力量训练的
重要作用

一、游泳陆上健身的定义

　　游泳陆上健身是指在陆地上进行的，以辅助游泳训练、提高游泳表现、增强身体素质为目的的一系列健身活动。这些活动通常结合力量训练、柔韧性练习、协调性训练以及有氧运动等多种锻炼形式，旨在全面提升游泳者的身体能力，为水中的游泳表现奠定坚实基础。在游泳陆上健身中，力量训练占据重要地位。通过举重、器械练习等方式，可以有效增强肌肉力量和爆发力，从而提升游泳者在水中的推力。同时，柔韧性练习也是不可或缺的一环，它有助于增加关节的活动范围，提高身体的灵活性，减小游泳时的阻力。协调性训练在游泳陆上健身中同样重要。通过进行平衡练习、灵敏性训练等，可以提高游泳者在水中的身体控制能力和动作效率。此外，有氧运动如跑步、跳绳等，也有助于提升游泳者的心肺功能和耐力水平。

总的来说，游泳陆上健身是一种全面、系统的锻炼方式，它结合多种训练手段，旨在提高游泳者的身体素质和游泳表现。通过科学、合理的陆上健身计划，游泳者可以在水中更加游刃有余，享受游泳带来的乐趣与成就感。

二、陆上基础力量练习方法

（一）下肢基础力量训练

1.深蹲练习

练习目的与步骤：训练臀部和下肢肌群的力量，可以使用弹力带或哑铃等重物配合训练，但是刚开始练习时可以不负重。

深蹲练习

（1）站在一条阻力较大的弹力带上，双脚分开，与肩同宽或者略比肩宽。

（2）双手分别抓住弹力带的两端，与肩膀处在同一条水平线上，采用这个姿势时，弹力带应该保持拉紧的状态。

（3）降低身体重心呈深蹲式，双膝弯曲至90°。

（4）双腿用力蹬地，回到起始姿势。

（5）保证脊椎正常弯曲，腰背挺直，膝关节不要超过脚尖。

2.弓箭步练习

练习目的与步骤：训练下肢肌群肌肉力量和核心肌群的稳定性。

弓箭步练习

（1）站立姿势，双脚与肩同宽，右脚向前迈出呈弓箭步。

（2）保持身体向上，弯曲右腿膝部成90°角，右腿膝盖不要超过脚尖，左腿膝盖不要接触地面。

（3）快速蹬直前侧的腿，回到起始姿势。

（4）左脚向前呈弓箭步，重复练习。

动作变化：可以利用自身体重进行训练，不仅可以做前后方向的弓箭步练习，也可以做左右方向的弓箭步练习，如果需要增大阻力，训练时双手可以拿哑铃、弹力带等。

3.提踵练习

练习目的与步骤：提高小腿肌肉的力量，提升打水能力以及起跳和转身蹬伸的力量。

（1）站立姿势，双脚前脚掌站于支撑物上。

（2）脚后跟下压，低于支撑物平面。

提踵练习

（3）利用小腿肌肉的收缩，向上蹬起，抬起脚后跟，用脚尖站立。

（4）保持1～2 s，缓慢回到开始时的姿势。

为了增加阻力，可以采用单腿训练，或者手握哑铃进行训练。

4.单腿硬拉练习

练习目的与步骤：通过针对臀部肌群、腰背部和股后肌群的专门训练，提高核心肌群的力量和稳定性。

（1）站立姿势，双脚与肩同宽，两手前平举，分别握住3～5 kg的健身实心球，保持耳部、肩部、臀部和脚踝成一条直线。

单腿硬拉练习

（2）膝部和臀部稍微弯曲，用左腿保持平衡。

（3）右腿伸直，身体前屈直至上身和右腿与地面平行。双臂和实心球垂直下落。缓慢回到初始位置，依靠臀部肌群完成动作。

也可以通过另一侧手握哑铃代替实心球进行训练（右手握住哑铃，左腿站立）。

5.坐式股后肌群训练

练习目的与步骤：提高股后肌群的力量，即提高后踢力量和臀部的稳定性。

（1）坐在椅子或者长凳上，双膝弯曲成90°角。

（2）将弹力带缠绕在脚踝或者脚后跟上，弹力带另一端

坐式股后肌群训练

系于固定的物体上。椅子的位置要离弹力带系的位置足够远，使双腿伸直的时候弹力带有一个中等强度的拉力。

（3）缓慢弯曲膝部成90°角，保持该姿势，数两个数。

（4）双腿回到初始位置。

（二）上肢基础力量训练

1.斜方肌拉力训练

练习目的与步骤：训练后背部的肌群和有助于稳定肩胛骨的斜方肌。

斜方肌拉力训练

（1）双手抓住弹力带的两端，双脚踩在弹力带上，保证双臂下垂时弹力带仍然紧绷。

（2）收缩肩胛骨，稍稍向后拉动肩膀。

（3）跟随肘关节的方向，向下颌方向拉动双手。保持肘关节指向外侧，仅抬动双手直至上臂与肩膀齐平。

（4）保持该姿势片刻，然后缓慢回到开始时的位置。

2.胸肌前推训练

练习目的与步骤：提高胸肌力量，同时提高核心肌群的稳定性。

胸肌前推训练

（1）将一条弹力带系在栏杆或者其他固定物体上，高度与肩齐平。用手抓住弹力带，背对栏杆。

（2）在与胸部同一条水平线上抓住弹力带，站在距栏杆或者固定物体几步远的地方，使弹力带处于拉紧状态。

（3）收缩核心肌群，通过收缩腹部、腰背部和臀部肌群固定骨盆。

（4）单手向前平推，保持身体稳定，训练过程中不要倚靠或者借助腿部的力量。

（5）缓慢曲臂回到开始的位置。

也可以双臂同时前推进行训练。

3.肱三头肌屈伸练习

练习目的与步骤：提高肱三头肌肌群的力量，加强划臂后程动作的力量。

肱三头肌屈伸练习

（1）脚踩弹力带（也可以手握哑铃代替弹力带进行练习），抓住弹力带的任意端，双手放于头后。

（2）动作开始时，肘关节指向上方，并成90°或者更大的角。

（3）上臂保持不动，伸直肘关节，双手指向上方。

（4）将双手缓慢放回到开始的位置。

4.坐姿下拉练习

练习目的与步骤：训练背阔肌等后背主要肌群。

（1）将一条强力弹力带系在救生椅或者栏杆上。

（2）坐在一个健身球上，双臂伸过头顶，将弹力带拉紧。

（3）收缩两侧肩胛骨，向下拉动弹力带，使手臂与耳朵齐平。保持动作过程中肘关节指向外侧。动作结束时肘关节应该弯曲90°。

坐姿下拉练习

（4）然后回到开始时的姿势。

5.坐式划船练习

练习目的与步骤：训练后背部肌群力量，包括有助于稳定肩胛骨的肩部肌群。

（1）将一条弹力带绕过栏杆，高度与胸齐平。坐在瑞士球上，调整好姿势，双臂前平举时弹力带收紧。

坐式划船练习

（2）保持该姿势，收缩肩胛骨，向胸部拉动双臂，保持肘关节向上，模仿游泳时手臂的姿势。

（3）缓慢将双手回到开始的位置，确保整个动作过程中收紧核心肌群。

也可以采用站立姿势进行该练习。

（三）小肌群肌肉力量训练

1.站姿上臂内旋练习

练习目的与步骤：训练上臂内旋肌肌群，这部分肌群用于在大多数划臂动作中的抓水动作，并产生推动力。

（1）将一条低或中度阻力的弹力带系在栏杆或者其他固定物体上，高度与腰部齐平。

站姿上臂内旋练习

（2）侧立于栏杆旁边站立，右臂在栏杆一侧。

（3）抓住弹力带的任意一端，站在离栏杆几步远的地方，使得肘关节放于身体一侧，前臂前平举时弹力带收紧。

（4）向内旋转肩膀，带动手移动，直至横放于身体前侧，然后有控制地

回到开始时的位置。

2.俯卧划臂练习

练习目的与步骤：训练肩部稳定肌和肩部旋转肌群以及腰背部肌群肌肉力量。

（1）俯卧，双臂沿着头部方向前伸，身体呈流线型。

（2）左手抓住大约为1～2 kg的重物。

（3）将双脚、双腿、头部和上胸部抬离地面，练习过程中保持该姿势。

（4）缓慢将双臂沿圆弧线向身体两侧移动。双臂在移动过程中保持伸直。

（5）将重物从左手由腰背部或者臀部移动到右手。

（6）双臂沿圆弧线缓慢回到流线型的姿势。

（7）在头前方把重物从右手移动到左手，重复该练习。

俯卧划臂练习

3.肩部回缩并外旋练习

练习目的与步骤：加强肩袖的外旋肌和支配肩胛骨的上背部肌肉力量。

（1）站立，双臂置于身体两侧，肘关节成90°角。

（2）双手握住弹力带的两端，弹力带轻微绷紧，同时双手向前。

（3）将两侧肩胛骨收缩到一起并将手臂向外旋转。

（4）保持该姿势，计数到3后恢复到起始位置。

肩部回缩并外旋练习

4.抓水位置外旋练习

练习目的与步骤：加强外旋肩部的肩袖肌群的力量。此项练习更接近于游泳专项练习，因为此练习为模拟自由泳和蝶泳抓水时的肩部动作。

（1）将一条弹力带系在栏杆上，与腰齐平。

（2）面向栏杆，左手持另一端。

（3）向外侧抬起手臂并弯曲肘关节成90°角。在练习开始时弹力带应该轻微绷紧。

（4）固定肩胛骨，旋转肩部，使得左手与前臂指向天花板。

（5）保持该姿势片刻后回到起始位置。

抓水位置外旋练习

（6）换右手重复此动作。

5.踝关节背屈训练

练习目的与步骤：提高小腿前侧肌群的力量，该部分肌群能保持脚踝的稳定性并且提高踢水力量。

（1）将弹力带系于固定物体上，如围栏或者桌腿上。

踝关节背屈训练

（2）坐在泳池边，将弹力带另一端环绕在脚尖上。可在双膝下方放置一块叠好的毛巾，双膝稍稍弯曲，单独训练小腿前侧肌群。

（3）练习开始时，脚尖稍微勾起，可以感到弹力带的拉力。

（4）向胫骨方向勾脚尖，缓慢回到开始时的姿势。

三、核心稳定性练习方法

维持身体在游动过程中的稳定与平衡，保持身体流线型姿态在游泳中是非常关键的。控制好身体可以使游泳者在水中游进时受到的阻力最小，从而提高游进效率。为了达到这个目标，身体核心部位的肌肉必须要有足够的力量，能够很好地控制住身体的平衡与稳定。因此，我们要重视身体核心稳定性的训练。下面介绍几种腰腹力量练习方式。

1.俯卧撑桥式练习

练习目的与步骤：俯卧撑桥练习包括控制核心肌群，保持身体成一条直线，就像在水中游泳时一样。这些练习的重点在于保持脚踝到臀部再到肩部成一条直线，同时保持好前臂和双脚的平衡。即使平衡能力不好，固定肌越来越疲劳，也要坚持进行这个练习。

俯卧撑桥式练习

（1）脚尖或膝盖着地，前臂放在地面上。

（2）固定骨盆，将身体从地面上抬起，只有脚尖和前臂着地。

（3）保持后背挺直，脚踝与肩部成一条直线。

（4）保持该姿势15 s，重复2～3次后，每组休息15 s。

（5）直到每个动作可以保持30～45 s，达到训练耐力的目的。

（6）如果无法保持该姿势，可以膝盖和双臂着地，使练习更容易控制。

2.仰卧撑桥式练习

练习目的与步骤：仰卧撑桥式练习目的在于训练整个核心肌群，训练过程中从肩部经由臀部再到膝部和脚踝要保持一条直线。

仰卧撑桥式练习

（1）平躺在地面上，膝部弯曲，双脚贴近臀部平放在地面上，双臂放在身体两侧。

（2）固定骨盆，运用核心肌群和臀部肌群（不包括大腿前部肌群）向上抬起臀部，肩部和膝部成一条直线，同时向胫骨方向勾脚尖。想象着在用臀部夹紧一个硬币，关注臀部肌肉的收缩状态。

（3）保持该姿势，计数到3，然后放下臀部。

（4）臀部先着地，然后再次抬起。

（5）进行2～3组，每组重复15次，逐步达到每组25次，提高稳定性，每组休息15 s。随着身体不断强壮，该姿势会保持更久的时间，训练的目标是每个动作可以保持计数到10。

3.侧向撑桥式练习

练习目的与步骤：侧向撑桥练习目的是提高核心肌群两侧肌肉的力量。由于这些肌群同样负责控制身体转动，所以提高这部分肌群的力量和稳定性至关重要。

侧向撑桥式练习

（1）左侧侧卧，左臂弯曲90°，并将左臂放于上肢下方。

（2）固定骨盆，收紧核心肌肉，向上抬起臀部，双脚、臀部和头部应该保持一条直线。

（3）保持该姿势15 s，每侧进行2组练习，每组练习休息15 s。

（4）随着肌肉不断强化，增加支撑的时间，最终应达到一次保持30～45 s。

4."猎犬"式练习

练习目的与步骤：本练习旨在提高核心肌群的力量和控制能力，锻炼腰背部的肌肉，同时控制双臂和双腿的运动，可以提高核心肌群稳定性。

"猎犬"式练习

（1）四肢着地。头部和脊椎成一条直线，练习过程中眼睛看下方。

（2）固定骨盆，抬起右臂和左腿直至与地面平行，后背保持挺直。

（3）保持该姿势，计数到3，缓慢回到开始的位置。

（4）抬起左臂和右腿，重复动作。

（5）进行2组，每组重复15次（两侧各15次）。

5.体后屈练习

练习目的与步骤：训练腰背部肌肉，该部位是游泳运动的关键部位。

（1）身体俯卧于健身球上，大腿和腹部接触球体，双脚着地。

体后屈练习

（2）肘关节向外双手抱于头后，或者胸前交叉双臂。

（3）收紧腰背部肌群，抬起身体直至双脚、臀部、肩部和头部成一条直线。

（4）缓慢将上身放回到球体上。

（5）交叉双臂，在胸前握住一个重物，提高训练的难度。

提醒：不要过分伸展后背，脚踝与头部成一条直线时即可。

第二节　游泳水中健身

◆ **本节导言**

游泳水中健身，作为一种集锻炼与娱乐于一体的水上运动方式，已经成为越来越多人追求健康生活的选择。它充分利用了水的浮力、阻力和温度特性，为健身者带来了全新的体验与挑战。在水中游泳，不仅能够全面锻炼身体的各个部位，提高肌肉的力量与耐力，还能通过不断的呼吸练习，增强心肺功能，提升身体的代谢水平。此外，水的浮力可以减轻身体的重量，降低运动对关节的冲击，使得游泳成为一项适合各年龄层人群的运动。游泳水中健身融合了多样化的水中动作和器械，如水中瑜伽、水中器械操等。这些项目不仅能够进一步丰富锻炼内容，还能让人在水中享受宁静与放松，达到身心合一的境界。

◆ 学习内容

一、游泳水中健身的定义

二、游泳水中健身活动分类

三、游泳水中力量素质练习方法

一、游泳水中健身的定义

游泳水中健身是指利用水的浮力、阻力和温度等特性，结合游泳技巧和多样化水中动作，以达到锻炼身体、增强体力、改善心肺功能、塑造身材、放松身心等多重目的的一种水上锻炼方式。在游泳水中健身中，游泳作为基本的运动形式，能够全面锻炼全身肌肉群，提高身体的耐力和柔韧性。而结合各种水中动作和器械，如水中踏步、水中器械操、水中瑜伽等，则能进一步丰富锻炼内容，增加运动的趣味性和挑战性。游泳水中健身不仅有助于塑造健美的身材，还能有效改善心肺功能，提高身体的代谢水平。在水中运动，身体受到水的阻力，需要更多的力量去完成每一个动作，这使得肌肉得到了更深层次的锻炼。同时，水的浮力能够减轻身体的重量，降低运动对关节的冲击，减少运动损伤的风险。此外，游泳水中健身还具有很好的放松效果。在水中运动，人们可以感受到水的温柔拥抱，舒缓紧张的情绪，放松身心。对于工作压力大、生活节奏快的人群来说，游泳水中健身是一种理想的减压方式。

二、游泳水中健身活动分类

现代游泳运动由竞技游泳、实用游泳、大众游泳三部分组成。水中健身活动是大众游泳中的一部分，包括水中健身操、水中康复练习、水中体能训练和其他水中活动等内容。下面主要介绍水中体能训练。

体能是人体在运动时所表现出的能力。体能包括力量、耐力、速度、灵敏度和柔韧性等身体素质。体能水平的提高对于抗疲劳、预防疾病有着重要的意义，水中体能练习对提高以上各种能力有着良好的效果。

水中体能训练是指利用水的物理特性进行合理负荷的动作练习，以发展机体能力的训练过程。进行水中体能练习时，人直立或横卧在水中，借助水的浮力与阻力，通过肢体动作使身体移动或推动水来完成练习，主要采用游泳、游戏、徒手及使用水中练习器械来增加负荷等练习方式。水中体能练习包括单人、双人或多人的水中行走、水中跑步、水中跳跃、水中柔韧与肌肉练习等。

三、游泳水中力量素质练习方法

力量素质是指人体神经肌肉系统在工作时克服或对抗阻力的能力。水中一般力量训练可采用划手掌、脚蹼、浮板、浮力棒、负重带等器材增大负荷，通过抗阻运动来达到发展一般力量的目的。由于水的阻力作用，动作往返时能对称发展参与运动相关肌群的力量。练习的水深一般为1.1～1.3 m。下面介绍一些常见的训练方法。

（一）水中上肢与肩带力量练习方法

1.体侧屈臂上下划水

锻炼肌肉：肱二头肌、肱三头肌、三角肌、肱肌、肘肌、肱桡肌、旋后肌、前臂肌肉、腕部和手指肌群。

2.体侧夹肘上下划水

锻炼肌肉：肱二头肌、肱三头肌、三角肌、肱肌、肘肌、肱桡肌、旋后肌、前臂肌肉、腕部和手指肌群。

3.体侧曲臂左右划水

锻炼肌肉：肱二头肌、肱三头肌、三角肌、胸大肌、背阔肌、肘肌、腕部和手指肌群。

4.胸前屈臂平推水

锻炼肌肉：肱二头肌、肱三头肌、三角肌、胸大肌、胸小肌、背阔肌、肱肌、肘肌、腕部和手指肌群。

5.体前直臂上下划水

锻炼肌肉：三角肌、斜方肌、胸大肌、胸小肌、背阔肌、肩袖（冈上肌、冈下肌、小圆肌、肩胛下肌）。

6.直臂前后划水

锻炼肌肉：三角肌、冈上肌、斜方肌。

（二）水中腹背部力量练习方法

1.水中仰卧起坐

锻炼肌肉：腹直肌、腹外斜肌、腹内斜肌、腹横肌、股直肌、髂腰肌。

2.浮力棒仰卧控体

锻炼肌肉：腹直肌、腹外斜肌、腹内斜肌、腹横肌、股直肌、髂腰肌。

3.池壁半仰卧支撑

锻炼肌肉：腹外斜肌、腹内斜肌、前锯肌、腹直肌、股直肌、臀大肌、臀中肌、股二头肌、半键肌、半膜肌。

4.浮力棒仰卧收腿

锻炼肌肉：腹直肌、腹外斜肌、腹内斜肌、腹横肌、股直肌、髂腰肌。

（三）水中腿部力量练习方法

1.单腿前后摆

锻炼肌肉：髂腰肌、股直肌、缝腱肌、阔筋膜张肌、耻骨肌、臀中肌、臀大肌、大收肌、短收肌、半膜肌、半键肌、股二头肌。

2.单腿侧摆

锻炼肌肉：内收大肌、内收长肌、内收短肌、耻骨肌、股薄肌、腹横肌、腹内斜肌、腹外斜肌。

3.水中提膝

锻炼肌肉：股四头肌、臀大肌、腘绳肌。

第三节　游泳居家健身

◆ **本节导言**

　　游泳居家健身，作为一种新颖且实用的健身方式，正逐渐受到越来越多人的青睐。它巧妙地将游泳的锻炼效果与居家的便利条件相结合，为健身爱好者提供了一种全新的锻炼选择。游泳居家健身的核心理念在于利用有限的空间和资源，模拟游泳的水中运动效果，达到锻炼身体、提升体能的目的。通过一系列精心设计的动作和练习，我们可以有效地锻炼全身肌肉群，增强心肺功能，提高身体的协调性和灵活性。

◆ **学习内容**

一、居家健身的益处

二、居家健身的注意事项

三、居家健身练习方法

一、居家健身的益处

　　生命在于运动，运动是良医。大量的科学研究表明，适当的体育运动具有广泛的健康促进作用。只要方法得当，在家锻炼也能获得益处。

（一）加速热量消耗

　　居家健身可以加速热量消耗。体力活动是消耗额外热量的主要方式。家务劳动、在房间里走动、专门的体育运动都属于体力活动。体力活动消耗能量的多少与运动持续时间的长短和运动强度的大小有关。一般来说，相同强度下，运动持续的时间越长，消耗的热量就越多，但强度过大的长时间运动可能抑制免疫系统，降低机体抵抗力。根据美国运动医学会的研究，普通人每天进行30 min，每周至少进行5天的中等强度运动即可获得较大的健康益处，能够大幅降低慢性疾病的发病率和死亡率。尽可能地保持摄入热量与消耗热量的平衡，以及营养成分的均衡，有助于保持内分泌功能稳定，有益于长期健康。

（二）促进循环系统功能改善

居家健身可以促进循环系统功能。从能量代谢特点的角度可以将运动分为两大类：有氧运动和无氧运动。常见的有氧运动有快走、慢跑、长距离游泳、慢速骑行，而典型的无氧运动有50 m自由泳、举重、100 m跑等。有氧运动的运动强度较低，主要是靠碳水化合物或脂肪酸的有氧氧化供能；持续时间越长的有氧运动，脂肪供能所占比例越高。进行有氧运动时，外周循环血量的增加及运动对血液回心的促进作用，使得长期进行有氧运动后人体心脏结构发生改变。其主要表现是：左心室体积增大，室壁轻度增厚，安静心率降低，心脏每搏输出量增加，泵血效率提高。

（三）强健骨骼与肌肉

肌肉和骨骼在人体维持正常的直立姿态，进行各种形式的体育运动，保持正常的呼吸功能以及保护内脏器官等方面发挥着不可或缺的作用，与人们的日常生活密不可分。越来越多的研究发现，骨骼和骨骼肌在机体代谢调节中也有着关键作用。不论是有氧运动还是无氧运动，都有促进肌肉肥大的作用，但无氧运动的效果会更明显。在保证均衡膳食营养的条件下，系统的或规律的有氧运动和无氧运动均有助于骨矿含量、骨密度的保持。骨矿物质丢失得少，意外骨折的风险就更低，这一点对于处于更年期的女性极为重要。

（四）放松大脑

经常参加运动可以使大脑得到放松。运动使神经系统更加活跃，加强了神经元之间的联系，可促进记忆力和注意力的提升，同时可使大脑在处理复杂任务时的执行功能增强，减少错误。此外，运动在加快血液循环的同时，更多的氧气和营养也被运送到大脑，而一些代谢废物加速排出，使大脑时刻保持旺盛的活力。

二、居家健身的注意事项

居家锻炼时，受环境因素及个体差异性的影响，需要注意以下三方面的问题。

（一）安全第一

居家锻炼可以强身健体，增强免疫力，但务必要注意居家健身的首要原则是"安全第一"，要树立安全意识，注意自我防护。特别是一些长期缺乏锻炼的和年龄偏大的成年人，身体机能会出现一定的退化，如反应速度变慢、灵活性变差、平衡能力减退、肌肉退化、韧带变紧及其导致的关节活动范围受限，这些都在一定程度上限制了运动能力的发挥。居家锻炼应在确保场地安全的前提下，选取与自身健身水平相符的动作，控制运动量和运动强度，一般单次运动时长以30～50 min为宜。

（二）循序渐进

俗话说："冰冻三尺，非一日之寒。"健身亦是如此，居家健身是一个需要长期坚持的过程，应该有计划、有步骤地进行，不宜追求过大的运动量和过高的运动强度，日积月累、长期坚持才能取得良好的成效。进行锻炼时，应注意控制运动量并先从较低的运动强度开始，待身体适应后再逐步增加运动强度和运动量。如果运动时感觉到轻微出汗，运动后身体放松，睡眠质量增加，说明此时的运动量较为适宜，可以保持下去。经过一段适应期后，应循序渐进，逐步增加运动强度和运动量。

（三）营养与睡眠

均衡的营养摄入是维持机体正常运转的基本条件，对于参加健身运动的人来说更是如此。需要每日补充足量的碳水化合物、蛋白质以及各种微量元素（如钙、铁、锌等），注重营养搭配；保持摄入足量的水果和蔬菜，少吃脂肪含量高、热量高的食物。此外，应保证充足的睡眠时间，一般来说，成年人每日睡眠时间以7～8 h为宜。

三、居家健身练习方法

居家练习主要分为肩颈练习、上肢练习、躯干练习和下肢练习，不需要特殊的器械。

（一）肩颈练习

1.招财猫

目标肌群：三角肌。

练习方法：站姿，双脚平行与肩同宽，背部挺直，双臂在身体两侧外展，肘关节弯曲90°，使前臂垂直于地面。向前旋转上臂，直至前臂向前。回到起始姿势。

2.坐姿肩外旋

目标肌群：冈下肌、小圆肌。

练习方法：坐在椅子上，双腿分开与肩同宽，双脚平放在地面，背部挺直，头部面向正前方。双臂置于体侧，肘关节弯曲呈90°，前臂垂直于躯干。上臂向外旋转至极限位置。回到起始姿势。

3.屈肘侧平举

目标肌群：三角肌中束。

练习方法：站姿，双脚平行与肩同宽，背部挺直。双臂屈肘90°，夹于身体两侧且拳心相对。肩关节外展90°，然后回到起始姿势。

4.俯身直臂划水

目标肌群：背阔肌、大圆肌、斜方肌下束、冈下肌、小圆肌。

练习方法：双脚平行，与肩同宽或略宽于肩。屈膝屈髋，俯身至躯干与地面约成45°。双臂伸直置于肩部正下方，拳心向后，背部挺直，双臂紧贴身体两侧向后伸展，同时肩关节外旋，在动作幅度末端时拳心相对。然后回到起始姿势。

（二）上肢练习

1.眼镜蛇肱三头肌伸展

目标肌群：肱三头肌、胸肌。

练习方法：俯卧在垫上，双腿伸直，双臂在躯干两侧弯曲，肘部向后，双手在肩关节两侧掌心向下撑地。胸部及上臂发力伸直手臂，将上半身和髋部撑离地面，膝关节撑地，在此过程中呼气。缓慢弯曲双臂回到起始姿势，同时吸气。

2.臂屈伸

目标肌群：肱三头肌。

练习方法：坐于垫上，双腿平行，屈膝屈髋，脚底和臀部接触地面。躯干挺直，后仰，双臂肘关节屈曲支撑于垫上，头部保持中立位。肘关节伸直，将上半身抬离垫子，然后回到起始姿势。

3.站姿弯举

目标肌群：肱二头肌。

练习方法：站姿，双脚平行与肩同宽。双臂伸直自然垂于躯干两侧，双手各握一个哑铃（可用矿泉水瓶代替），拳心向前。双臂向上弯举，至前臂大约与地面垂直，拳心向后。停留一下，回到起始姿势。

4.上斜窄距俯卧撑

目标肌群：胸大肌、三角肌、肱三头肌。

练习方法：俯卧撑姿势，两臂伸直，双手并拢于胸前，撑在凳子或椅子上，双脚并拢，脚尖撑地。头部、躯干和腿部保持一条直线，屈肘向后，两手臂贴近身体，使身体向下移动，胸部几乎贴近凳子或椅子。快速推起身体，两臂伸直，回到起始姿势。

（三）躯干练习

1.直臂平板支撑

目标肌群：腹直肌、竖脊肌。

练习方法：俯撑姿，双臂伸直略宽于肩，双手撑地，核心收紧，背部挺直，双腿并拢，双脚脚尖撑于地面，保持该姿势。

2.平板支撑转体

目标肌群：腹直肌、腹内斜肌、腹外斜肌。

练习方法：俯撑姿，面朝下，脚尖点地、双臂屈肘成90°，肘部位于肩关节的正下方，核心收紧，背部挺直，两前臂平行。躯干向一侧旋转，并抬起该侧手臂向外伸展，至该手臂垂直于地面，与支撑手臂成一条直线。此时身体整体旋转至与头部方向一致，两腿自然分开，身体平直。回到起始姿势。按照以上步骤，换对侧做相同的动作。在回到起始姿势后交替进行。

3.拥抱收腿

目标肌群：腹直肌。

练习方法：坐于垫上，双腿伸直抬离地面。上半身后仰，与地面约成45°，保持背部挺直，双臂在身体两侧外展。腹肌发力，屈髋屈膝将大腿收至胸前，同时双臂拥抱双腿，然后回到起始姿势。

4.四足游泳

目标肌群：腹直肌、竖脊肌、臀大肌、三角肌

练习方法：俯卧在垫上，双腿伸直与肩同宽，双臂伸直举过头顶。核心收紧，抬起一侧手臂和对侧腿。回到起始姿势，换至对侧重复以上步骤。

5.对角动态支撑

目标肌群：核心肌群。

练习方法：双脚与双手支撑于垫上，手臂伸直置于肩关节正下方，背部挺直。伸膝伸髋，同时抬起右手和左腿至与躯干在同一平面或高于躯干所在平面。换对侧，完成一次完整动作。

（四）下肢练习

1.深蹲

目标肌群：股四头肌、腘绳肌、臀大肌。

练习方法：站姿，双脚平行站立与肩同宽，脚尖朝前，双腿伸直，臀部收紧，挺胸抬头，目视前方，下颌收紧，双臂自然下垂。屈膝屈髋下蹲，直至大腿与地面平行，同时双臂向前伸直，掌心相对。快速站起，回到起始姿势。

2.向前交替弓箭步蹲

目标肌群：股四头肌、臀大肌。

练习方法：站姿，双脚平行与肩同宽，背部挺直，核心收紧，双手自然放在身体两侧。一条腿向前方跨出，然后双腿弯曲，身体下降，直至前侧腿大腿

与地面平行，后侧腿膝盖接近或接触地面。后侧腿发力蹬地，带动身体上升，完成一定的次数或时间后换对侧进行。

3.保加利亚单腿蹲

目标肌群：臀大肌、股四头肌、腓肠肌、比目鱼肌。

练习方法：分腿站姿，躯干直立。前侧脚支撑于地面，后侧脚尖支撑于椅子上，双手握拳举于胸前。屈膝屈髋下蹲至前侧腿大腿与地面平行，然后回到起始姿势。

4.静态臀桥

目标肌群：臀大肌、腘绳肌、核心肌群。

练习方法：仰卧于垫上，双臂自然放于身体两侧，屈膝90°，伸髋，脚尖勾起，臀部收紧，膝、髋和肩成一条直线。

第四节　游泳徒手健身

◆ 本节导言

游泳徒手健身，是一种结合游泳技巧与徒手力量训练的独特健身方式。它无需复杂的器械，只需依靠自身的体重和力量，通过一系列精心设计的动作，全面锻炼身体的各个部位，提升肌肉力量、耐力和柔韧性。在练习中，我们可以借鉴游泳时的动作模式，将其转化为陆地上的徒手练习。例如，模拟游泳时的划水动作，可以锻炼到上肢和背部的肌肉；而模拟游泳时的腿部踢水动作，则可以加强下肢的力量和协调性。同时游泳徒手技术可以结合其他徒手训练动作，如俯卧撑、深蹲、仰卧起坐等，形成一套完整的健身计划。这些动作能够全面锻炼身体的各个肌群，提升整体的运动能力。游泳徒手健身的优势在于其便捷性和高效性，无需前往健身房或购买昂贵的器械，在家中或户外空地即可随时随地进行锻炼。同时，由于游泳徒手健身的动作多样且具有一定的挑战性，能够持续激发身体的潜能，带来更好的锻炼效果。

◆ 学习内容

一、徒手健身的定义

二、徒手健身的特点

三、徒手健身的原则

四、徒手健身练习方法

一、徒手健身的定义

徒手健身，也叫无器械健身或自重训练，顾名思义，就是没有器械，仅利用自身体重进行的健身方式。美国运动医学会也指出，它不是一种新兴的运动，人类数百年来都在抵抗自身重力做一些运动。徒手健身可以促进身体健康、改善形体，提高各器官机能水平和调节心理活动，陶冶情操，改善身体形态。

二、徒手健身的特点

（一）广泛的群众基础

随着社会的发展，人们的物质生活水平逐渐提高，体育对人们日常生活的影响越来越大，涉及的范围越来越广，健身锻炼的人越来越多。徒手健身相比其他健身活动有自己独特的优势，不论男女老少，不论何种职业，都可以参加适当的徒手健身锻炼，使肌体新陈代谢旺盛，各器官功能得以改善，增强体质。

（二）方式方法灵活多样

徒手健身因地制宜、因时制宜、因人制宜，运动不拘形式；种类繁多，方式灵活，可以在户外，也可在家中；锻炼的形式、时间、场地不受限制，也不受气候、环境影响，可以随时随地进行徒手锻炼。它融趣味性、观赏性、娱乐性于一体，人们可以根据自己的实际情况，有针对性地选择不同的锻炼方法，适合不同性别、年龄的人们与学习、生活、业余时间等紧密结合起来进行。

（三）经济负担小

目前，健身热已悄然兴起，健身俱乐部、滑雪场、瑜伽馆等健身场所日益增多，这些场所需要支付一定的费用。而徒手健身不需购买任何健身器械，可在公园、马路、广场、家里进行，不花钱或少花钱就可以打造健康身体。

（四）节省时间

快节奏的生活是现代社会的一大特点，花费较多的时间从事体育锻炼有一定难度。徒手健身在时间要求上灵活性较强，可以利用工作间歇时间，也可以利用饭后零散时间，依据个人可支配时间而定。

三、徒手健身的原则

（一）自觉积极性原则

自觉积极性原则是指进行徒手健身时，出自健身者内在需要和自觉的行动。要将徒手健身当作学习、工作、生活的自觉需要，明确徒手健身的目的，培养长期徒手健身的兴趣，使其成为日常生活中不可缺少的组成部分及健身健美和延年益寿的重要手段，激发健身锻炼的主动性和积极性。

（二）循序渐进原则

参加徒手健身锻炼要有恰当的生理和心理负荷量。徒手健身锻炼的效果如何，很大程度上取决于运动刺激的强度，太弱的刺激不能引起肌体功能的变化，过强的刺激不仅不能增强体质，相反还会损害健康。应当通过由小到大的负荷安排、由易到难的动作学习，逐步达到徒手健身的目标。

（三）持之以恒原则

持之以恒原则是指应该长期、不间断、持久地进行徒手健身锻炼。生命在于运动，运动贵在有恒。只有经常进行徒手健身锻炼，肌体才能得到增强。养成良好的健身习惯，使之成为生活的组成部分，是持之以恒的有效途径。

（四）全面锻炼原则

全面锻炼原则是指徒手健身应全面发展身体的各个部位、各器官系统的机能，各种身体素质和基本活动能力，并且追求身心和谐发展。练习内容和方法要尽可能考虑到身体的全面发展，注意活动全身，不要局限于某一部位，在全面锻炼的基础上，有目的、有意识地加强实用性的徒手健身锻炼，效果更佳。

四、徒手健身练习方法

（一）下肢力量练习

1.开合跳

开合跳主要是让肌肉升温，增加肌肉的延展性与关节灵活度，避免受伤。

吸气，收紧核心肌群，双腿并拢，双手放在身侧。

呼气，双脚打开与肩同宽，双臂向体侧伸展并举高至头顶，手掌对手掌。

2.深蹲

深蹲的重点在于保持背部挺直，腹部收紧，把重心放在骨盆关节和背部下方，不要把重心放在膝盖，上半身不要太前倾，蹲下去时大腿与地面保持平行。双脚打开与肩同宽，脚尖朝前。蹲下时，臀部往后坐，由臀部带动身体。挺胸，向前看，脚跟不能离地。下蹲至大腿与地面平行，保持背部挺直。膝盖朝脚尖方向，切勿内旋或外旋。

3.波比跳

波比跳是一个结合深蹲、跳跃、俯卧撑三个动作的组合动作。身体直立，双脚打开与肩同宽，膝盖微曲。下蹲，双手撑地。双脚往后跳，让身体呈俯卧撑姿势，并快速完成俯卧撑。双手撑地，屈膝收腹，双脚前跳。双手离地，双脚并拢，立即跳起。

4.深蹲跳

这个动作有一定难度，深蹲加跳跃虽累，但效果很好，能强化核心肌肉群，锻炼下半身肌肉力量与爆发力。双脚打开与肩同宽，脚尖朝前。脚跟不要离地，先做一个较浅的深蹲。蹲下时大腿与地面平行，背部挺直。膝盖朝脚尖方向，切勿内旋或外旋。接着下肢关节、肌肉快速蹬伸，用力跳起。跳起来时需要很强的肌肉爆发力。下落时顺势做一个深蹲，然后再跳。

（二）上肢力量练习

1.俯卧撑

俯卧撑一般被认为锻炼的是手臂和胸肌，但在做俯卧撑时，必须使用全身肌肉协调配合才能完成动作。支撑点和位置不同，锻炼的部位有差异。俯卧撑能够练出更结实、更有力和更有线条的手臂。身体俯卧于地面，两臂撑于双肩正下方，收紧腹部和臀部，伸直膝盖，两脚尖支撑地面。曲臂下降躯干至胸部接近地面，大臂和小臂成90°。利用手臂与胸肌，用力将身体向上推起。想象用双手在推地，把身体撑起来，背不能拱，臀部也不能翘起来。

2.钻石俯卧撑

跟普通俯卧撑不同，钻石俯卧撑主要是手型的变化，双手不再分居身体两侧，而是靠近在一起，左右手拇指和食指分别接触，组成一个钻石的形状。双手撑地，双手手掌尽量靠近，用大拇指和食指组成一个钻石般的菱形。身体挺直，屈臂收肘靠近身体两侧，使身体平直下降至肩与肘处于同一水平面，然后将身体平直撑起，恢复至开始姿势为完成1次。

（三）核心力量练习

1.平板支撑

俯卧，双肘弯曲支撑在地面上，肩膀和肘关节垂直于地面，双脚踩地，身体离开地面，躯干伸直，头部、肩部、胯部和踝部保持在同一平面，腹肌收紧，盆底肌收紧，脊椎延长，眼睛看向地面，保持均匀呼吸。肘关节和肩关节与身体保持直角。在地板上进入俯卧姿势，用脚趾和前臂支撑体重。手臂呈弯曲状，并置放在肩膀下。任何时候都保持身体挺直，并尽可能最长时间保持这个姿势。

2.臀桥

屈膝，仰卧在地上，双脚间距略大于肩宽，略向两侧分开。双臂向两侧分开放在地面上。臀部向上发力，以肩和上背为一个支点，双脚为另一个支点，将臀部向上顶起，中下背和大腿也顺带着向上抬起，直到整个躯干从肩部到膝盖基本处在一条直线上，并与小腿大致垂直。

3.俯卧提膝

双手撑地，腹肌发力将一侧腿向前提起。提起时拱起下背部，在顶点稍作停留。提膝时，腹部向内有收缩感，感觉腹肌在贴近脊柱。还原时吸气，提腿时呼气。

4.平板交替伸手抬腿

俯卧地面，屈肘两前臂贴紧支撑地面，两肘位于肩膀正下方。脚趾可以微微弯曲，收紧腹部，使腹部和肚脐处感觉向脊柱拉伸。伸展身体，但保持颈部和脊柱处于中立位。

收紧腹部保持背部挺直。同时抬起右腿，左手向前伸展，保持停顿1 s，另一侧支撑腿保持伸直，腹部始终处在收紧的状态。动作还原后，再抬起刚才支撑侧的手臂和腿，交替反复进行练习。

第五节　游泳固定器械健身

◆ **本节导言**

游泳固定器械健身，作为游泳训练中的重要环节，旨在通过利用专门的器械设备，辅助游泳者进行更有针对性的力量、技巧及体能训练。固定器械的引入，不仅丰富了游泳训练的方式方法，也为游泳者提供了更多元化的锻炼选择。在练习中，各类器械的设计都紧密贴合游泳动作的特点和需求。通过模拟水中的划水、踢腿等动作，固定器械能够帮助游泳者更有效地锻炼相关肌群，提升肌肉力量和耐力。同时，固定器械还可以为游泳者提供稳定的支撑和反馈，帮助他们更好地掌握游泳技巧，提高动作的准确性和效率。此外，游泳固定器械健身还具有很高的安全性。相比于水中的训练，固定器械能够为游泳者提供更加稳定、可控的训练环境，减少因水流、阻力等因素导致的意外风险。这也使得游泳固定器械健身成为一种适合各个年龄段和体能水平的游泳者进行训练的方式。

一、固定器械健身要素

去健身房健身是目前大众进行健身的主流方式之一，因为健身房有较为齐全的健身配套设施，能够对身体各部位肌肉进行更具针对性的锻炼。但是，器械健身需要注意训练组数、休息间歇、动作顺序等要素，这些要素直接影响着锻炼效果。以下讲解利用器械健身需要注意的问题。

（一）组数与次数

组数即一个动作要做多少组；动作的重复次数，即每个动作要重复做多少次。

一般来说，除了大重量的负重训练，对于常规训练来说，动作次数控制在25～50次最好。如果动作较简单、负重小，可以分3组来做，比如总次数为30次，分为3组，每组10次。如果动作较难，可以分多组进行，每组做的次数少一些即可。一般来说，重复次数的常用选择范围有3种：8～10次、10～12次、12～15次。训练者可根据自己水平及锻炼目标，选择合适的范围。

（二）组间隔

组与组的时间间隔，要有一个科学的安排，总体上要求既要让肌肉得到充分刺激，达到锻炼肌肉的目的，又要让肌肉有休息、恢复的时间，保证下一组的动作质量。大负重的训练，需要较长的恢复时间，小负重训练只需要短暂休息。总体上，组与组之间休息的时间范围控制在1～3 min，少数大负重训练需要休息3～5 min。训练者可以根据自己动作的难易程度以及自身的疲劳程度来调节组间隔的时长。

（三）训练总量

对于大负重的训练来说，训练总量的控制是需要掌握的。单次的完整训练时段，除去训练前的热身以及训练完成后的拉伸，所有动作的训练组数加起来最好介于12～25组之间。训练者可以在这个范围内，根据自身的健身水平与肌肉的承受能力来决定训练总量。

（四）周训频率

周训频率即每周的练习次数，总的原则是大于2次，训练后要有足够的时间恢复。在其他的休息时间里，可以适当安排一些有氧训练，加速新陈代谢，及时将体内的代谢废物排出去，巩固健身成果，促进肌肉恢复。

（五）动作的顺序

为了提升训练效果，合理安排动作顺序很重要。动作顺序不同，人体消耗的能量也有所差别。每次训练时，最好先做能量消耗最大的练习，也就是先做需要募集大肌群的练习。然后针对小肌群，再进行低能耗的练习。

二、固定器械练习方法

（一）胸部固定器械练习方法

1.坐姿双向推胸练习

（1）起始姿势：身体呈坐姿，头部和上背部紧贴椅背，挺胸收腹，双脚撑地，双手握紧把手呈竖把位。

（2）训练动作：保持挺胸收腹，胸部发力，双臂前推，至肘关节伸直但不要完全锁死，稍作停顿。双臂后拉恢复至起始姿势。重复规定次数。

2.坐姿上斜推胸练习

（1）身体呈坐姿，头部和上背部紧贴椅背，挺胸收腹，双脚撑地，双手握紧把手呈竖把位。

（2）保持身体稳定，胸部发力，双臂上推至顶点，肘关节不要完全伸直。双臂下落恢复至起始姿势。重复规定次数。

3.绳索下斜夹胸

（1）起始姿势：身体呈弓步姿势站立于拉力器中间位置，略微前倾。双手紧握把手，上臂抬起与肩齐平，双臂屈肘，掌心相对。

（2）训练动作：胸部肌肉发力，双臂向前下方靠拢，感受胸大肌收缩。稍作停顿，恢复至起始姿势。重复规定次数。

（二）背部固定器械练习方法

1.引体向上

（1）起始姿势：双手握杆，双手间距稍宽于肩，双臂伸直，双脚离地，身体自然下垂。

（2）训练动作：肩部下沉，肩胛骨收紧，双臂弯曲，尽可能高地上拉身体，稍作停顿，恢复至起始姿势。重复规定次数。

2.高位下拉

（1）起始姿势：身体呈坐姿，调整器械，双脚踏实，背部挺直。双臂伸直，手握把手，双手间距离略比肩宽。

（2）训练动作：保持躯干挺直，肩胛骨下沉，上身略微后倾，双臂屈肘下拉至最低点，稍作停顿，恢复至起始姿势。重复规定次数。

3.坐姿划船

（1）起始姿势：身体呈坐姿，双腿屈膝，双脚落于踏板上。双臂伸直，手握把手，上身挺直。

（2）训练动作：保持躯干挺直，挺胸收腹。双臂屈肘后拉，至最大限度。动作完成后稍作停顿，恢复至起始姿势。重复规定次数。

（三）肩部固定器械练习方法

1.坐姿肩上推举

（1）起始姿势：身体呈坐姿，躯干挺直，背部紧靠椅背，双脚撑地，双臂屈肘，手握把手，手腕直立，呈竖把位。

（2）训练动作：肩部肌群发力，向上推起把手，稍作停顿，双臂屈肘恢复至起始姿势。重复规定次数。

2.肩部侧平举

（1）起始姿势：身体自然直立，双脚间距离与肩同宽。双手分别持握哑铃，自然下垂于身体两侧。

（2）训练动作：保持身体稳定，双臂同时侧平举至大致与地面平行，稍作停顿，恢复至起始姿势。重复规定次数。动作过程中可能会出现甩动身体的动作，欲借助身体力量进行侧平举。这样会使训练效果大大减弱，因此动作过程中身体务必要保持稳定。

3.双臂交替前平举

（1）起始姿势：身体自然直立，双脚间距离与肩同宽。双手分别持握哑铃，自然下垂于身体前侧，掌心向内。

（2）训练动作：保持身体稳定，双臂交替进行前平举，手臂抬至水平状态即可。重复规定次数。身体不可后仰，双肩放松，不可上耸。双臂保持伸直，注意力集中在三角肌。

（四）手臂固定器械练习方法

1.绳索肱二头肌弯举

（1）起始姿势：身体呈站姿，面向训练器。双脚间距离与肩同宽，双臂伸直，手握把手，掌心向上。

（2）训练动作：保持身体稳定，上臂夹紧，双臂屈肘向上弯举，至手臂极限位置，缓慢恢复至起始姿势。重复规定次数。

2.绳索肱三头肌下压

（1）起始姿势：身体呈站姿，面向器械。双腿微屈，双脚分开略大于肩宽，挺胸收腹，上身略微前倾。双臂屈肘，手握把手，掌心向下。

（2）训练动作：上臂夹紧，肩胛骨下沉，腕关节放松，双臂缓慢下压至手臂完全伸直。稍作停顿，恢复至起始姿势。重复规定次数。动作过程中，避免上臂晃动。上臂保持固定，仅前臂运动。

（五）腿部固定器械练习方法

1.坐姿大腿伸展

（1）起始姿势：身体尽可能向后坐在器械上，臀部以及下背部紧贴训练椅，前方的滚轴要落在脚踝处，大小腿之间成直角，膝盖不要超过脚趾。

（2）训练动作：慢慢抬起双腿至腿部伸直，稍作停顿，恢复至起始姿势。重复规定次数。在抬腿时，注意一定不要使膝盖完全伸直，否则非常容易受伤。

2.坐姿腿后屈

（1）起始姿势：身体呈坐姿，腹部收紧，背部和臀部紧贴训练椅，双腿置于滚轴中间，膝盖顶住上方滚轴。手握把手，保持身体稳定。

（2）训练动作：大腿发力，双腿缓慢下压至最低点。稍作停顿，恢复至起始姿势。重复规定次数。动作过程中，脚尖可向上勾起。发力时，身体不可前倾，保持挺胸收腹。

3.坐姿腿外展

（1）起始姿势：身体呈坐姿，双腿屈膝落于挡板内侧。双手握紧把手，躯干保持挺直。

（2）训练动作：双腿向外推开挡板，感受大腿外侧肌群收缩，稍作停顿，恢复至起始姿势。重复规定次数。

4.坐姿腿内收

（1）起始姿势：身体呈坐姿，双腿屈膝，落于挡板外侧。双手握紧把手，躯干保持挺直。

（2）训练动作：双腿用力向内夹紧，直至挡板相互接触。稍作停顿，缓慢恢复至起始姿势。重复规定次数。

（六）腹部固定器械练习方法

1.跪姿绳索卷腹

（1）起始姿势：身体呈跪姿，双手于肩部上方握紧绳索，上身挺直，略微屈髋。

（2）训练动作：上身下压，下拉绳索。背部弯曲，至最低点，稍作停顿。缓慢向上，恢复至起始姿势。重复规定次数。动作过程始终由腹部发力。

2.支撑举腿

（1）起始姿势：身体呈站姿，双手紧握把手，前臂撑于器械上。身体成一条直线，双脚离地。

（2）训练动作：保持躯干及手臂姿势不变，腹部发力，双腿上抬并屈膝收腿，感受腹部肌肉收缩。稍作停顿，恢复至起始姿势。重复规定次数。动作过程中，身体保持稳定，不可借助身体晃动来完成抬腿动作。

3.哑铃俄罗斯转体

（1）起始姿势：身体呈坐姿，坐在瑜伽垫上。双腿屈膝，双脚离地，臀部支撑身体。下背部挺直，上身微弓，双手分别持握哑铃两端，置于体前。

（2）训练动作：保持身体稳定，将哑铃转到身体一侧，稍作停顿，转正身体，然后转到另一侧。动作完成后恢复至起始姿势。重复规定次数。

第六节 游泳自由重量健身

◆ **本节导言**

游泳自由重量健身，作为游泳训练体系中的重要组成部分，以其独特的训练方式和显著的效果，受到越来越多游泳爱好者的青睐。自由重量健身，顾名思义，是指使用杠铃、哑铃等自由活动的重物进行训练，与固定器械健身形成鲜明对比。在练习中，游泳者可以通过各种动作和组合，全面锻炼身体的各个部位，特别是针对游泳所需的核心肌群和关键肌肉群进行强化。这种训练方式不仅有助于提高游泳者的肌肉力量和爆发力，还能改善身体的协调性和柔韧性，从而在水中更加自如地展现各种游泳技巧。此外，游泳自由重量练习还具有很强的灵活性和个性化特点。游泳者可以根据自己的身体状况、训练目标和喜好，选择合适的重量、动作和训练强度，进行有针对性的训练。这种个性化的训练方式能够更好地满足游泳者的需求，提高训练效果。

◆ **学习内容**

一、游泳自由重量技巧

二、游泳自由重量练习方法

一、游泳自由重量技巧

自由重量抗阻训练有一定的技巧性，所有练习都需要采取合理的身体姿势、动作幅度、速度和呼吸方式。

（一）握法

在抗阻训练中，有两种较常见的抓握方式：①正握，掌心向下，指关节向上，也叫作高手握法或全握；②反握，掌心向上，指关节向下，也叫作低手握法。这两种握法可以变化为中立握，也叫作相对握或对握，掌心相对，指关节朝向侧面，就像握手。

正确的抓握方式还包括保持正确的双手距离，即抓握宽度或握距。常见握距分为正常距、宽距和窄距3种。对于多数练习，握距与肩同宽即可。双手位置、杠铃位置都要对称。

（二）身体和四肢的稳定姿势

无论使用的是杠铃还是哑铃，无论动作是推还是拉，无论进行的是自由重量还是固定器械练习，建立稳定的姿势对于安全性和最佳操作都是至关重要的。稳定的姿势可以使练习者在练习过程中保持合适的身体排列，使肌肉和关节受到适当的压力。

站立位的练习通常要求双脚分开且距离略大于髋部，脚后跟和脚尖接触地面，全脚掌踩地。在使用器械的练习中要将座位、阻力臂调节至合适，系紧安全带，确保身体稳定。

在训练凳上进行的坐位或仰卧（面部朝上）练习，对姿势有特殊的要求。练习者需要使用身体五点接触姿势：

（1）头部需要稳固地靠在训练凳或靠背上；

（2）肩部和上背部要稳固地贴在训练凳或靠背上；

（3）臀部要稳固地坐在训练凳或靠背上；

（4）右脚要平放在地面上；

（5）左脚要平放在地面上。

（三）动作幅度和速度

如果一项练习的动作幅度覆盖了整个关节活动度，该练习的价值就达到了最大，同时可以保持或提高柔韧性。有控制地、缓慢地进行每一次重复练习，可增加幅度活动。

（四）呼吸因素

一次重复动作中最费力的时候通常是从离心收缩阶段转换到向心收缩阶段之后不久，这个时刻或位置叫黏滞点。应该指导练习者在黏滞点的过程中呼气，在压力较小的阶段吸气。例如，在肱二头肌弯举练习中，黏滞点发生在向上屈肘过程的中间阶段（向心屈肘），这时应该呼气；在杠铃下降至起始位置时吸气。大部分抗阻训练使用这种呼吸技巧。

二、自由重量练习方法

（一）胸部抗阻练习技术

1.杠铃平板卧推

主要发展的肌群：胸大肌、三角肌前束、肱三头肌。

起始位置：仰卧在训练凳上，呈身体五点接触姿势。身体在训练凳上时，眼睛在杠铃下方，双手使用闭握正握的方式抓握杠铃，握距比肩略宽。示意协助者将杠铃从杠铃架上取下。把杠铃置于胸部上方，肘关节完全伸直。每次动作都从这个位置开始。

向下运动阶段：降低杠铃至触及胸部，接近乳头的水平位置。保持手腕稳定，两侧前臂平行且与地面垂直，保持身体五点接触姿势。

向上运动阶段：向上并轻微向后方推杠铃，直到肘关节完全伸直。保持手腕稳定，两侧前臂彼此平行且与地面垂直，保持身体五点接触姿势。不要拱背或挺胸迎杠。完成一组练习后，示意协助者帮助放回杠铃。直到杠铃放回杠铃架后，才能松手。

2.上斜哑铃卧推

主要发展的肌群：胸大肌、三角肌前束、肱三头肌。

起始位置：双手使用闭握正握的方式握住哑铃。仰卧在上斜训练椅上，呈身体五点接触姿势。双臂同时向上推举哑铃至肘关节完全伸直，此时双臂平行且位于头部上方。每次动作都从这个位置开始。

向下运动阶段：降低哑铃，并且轻微向外，到腋窝附近，与胸部上方1/3处成一条线（在锁骨和乳头之间）。保持手腕稳定且在肘关节正上方，两只哑铃的手柄彼此对齐。保持身体五点接触姿势。不要拱背或挺胸迎向哑铃。

向上运动阶段：匀速向上推起哑铃，两只哑铃可以轻微接近，直到肘关节完全伸直。保持手腕稳定且在肘部正上方。两只哑铃的手柄彼此对齐，保持身体五点接触姿势。

3.水平哑铃飞鸟

主要发展的肌群：胸大肌、三角肌前束。

起始位置：双手使用闭握中立握的方式握住哑铃。仰卧在训练凳上，呈身体五点接触姿势。示意协助者帮助将哑铃移动到动作起始位置。双臂同时向上推举哑铃至肘关节完全伸直，且哑铃在胸部上方。关节微屈并指向外侧，每次动作都从这个位置开始。

向下运动阶段：哑铃沿着大弧圈轨迹向下运动，直到与肩部或胸部同高。肘关节向下运动，保持哑铃手柄彼此平行。保持手腕稳定且肘关节微屈。保持手、手腕、前臂、肘关节、上臂和肩部在同一垂直平面内。保持身体五点接触姿势。

向上运动阶段：沿着大弧圈轨迹向上推举哑铃至起始位置，保持手、手腕、前臂、肘关节、上臂和肩部在同一垂直平面内。保持身体五点接触姿势。

（二）背部抗阻练习技术

1.俯身划船

主要发展的肌群：背阔肌、大圆肌、斜方肌中束、菱形肌、三角肌后束。

起始位置：开始之前双手使用闭握正握的方式抓握杠铃。握距稍稍超过肩宽。用硬拉姿势提起杠铃，双手保持正握，不要用正反握。双脚与肩同宽，膝关节微屈。屈髋，躯干接近与地面平行。脊柱保持在中立位。眼睛看脚前方地面肘关节完全伸直，杠铃悬垂。每次动作都从这个位置开始。

向上运动阶段：向躯干方向提拉杠铃。保持躯干挺直，背部在中立位，膝关节微屈。躯干不要向上晃动。杠铃触下胸部或上腹部。

向下运动阶段：下放杠铃至起始位置。保持脊柱在中立位且躯干与膝关节不动。完成一组练习后，屈髋屈膝，把杠铃放回地面后站立。

2.单臂哑铃划船

主要发展的肌群：背阔肌、大圆肌、斜方肌中束、菱形肌、三角肌后束。

起始位置：双脚站距与肩同宽，膝关节微屈。屈髋，躯干接近与地面平行。脊柱保持在中立位。单手使用团握中立握的方式握住哑铃。对侧手放在训练凳上支撑身体。肘关节完全伸直，哑铃悬垂。每次动作都从这个位置开始。

向上运动阶段：向躯干方向提拉哑铃。保持躯干挺直，背部在中立位，膝关节微屈，哑铃触及同侧躯干。

向下运动阶段：下放哑铃至起始位置。保持脊柱在中立位且躯干不动，膝关节微屈。

（三）腿部抗阻练习技术

1.颈后深蹲船

主要发展的肌群：臀大肌、半膜肌、半腱肌、股二头肌、股外侧肌、骨中间肌、股内侧肌、股直肌。

起始位置：双手使用闭握正握的方式握住杠铃（实际宽度取决于杠铃杆的位置）。站在杠铃下方，双脚平行。肘部上抬，利用上背部和肩部肌群形成的"架子"来支撑杠铃。胸部挺起并打开。头部轻微抬起，伸展髋关节和膝关节，举起杠铃。向后退1～2步。双脚与肩同宽（或更宽），脚尖微微向外。每次动作都从这个位置开始。

向下运动阶段：保持背部挺直，肘关节高抬，胸部挺起并打开。在躯干与地面角度固定情况下，慢慢屈曲髋关节和膝关节。保持脚后跟一直在地面并且膝关节和脚尖的方向一致。继续屈髋屈膝，直到大腿与地面平行，这时躯干会拱起或前倾，或者出现脚后跟离开地面的情况。

向上运动阶段：保持脊柱在中立位，肘部抬高，胸部挺起并打开。以稳定的速度伸髋、伸膝（保持躯干和地面的角度）。保持脚后跟一直在地面上，并且膝关节和脚尖的方向一致。不要向前屈曲躯干或拱背。继续伸髋、伸膝至起始位置。完成一组练习后，朝杠铃架迈步。将杠铃放回杠铃架后，下蹲撤出。

2.杠铃弓箭步

主要发展的肌群：臀大肌、半膜肌、半腱肌、股二头肌、股外侧肌、骨中间肌、股内侧肌、股直肌、髂腰肌。

起始位置：站在杠铃下方，双脚平行。双手使用闭握正握的方式抓握杠铃。将杠铃平衡地置于颈根处三角肌后束上方的上背部和肩部上，双手的握距稍大于肩宽，肘部上抬，利用上背部和肩部肌群形成的"架子"来支撑杠铃。胸部挺起并打开。头部轻微抬起。固定位置后，示意协助者帮助从杠铃架上取下杠铃。伸髋、伸膝，举起杠铃。向后退2~3步，每次动作都从这个位置开始。

向前运动阶段：一侧腿（导向腿）向前迈一大步。在导向腿向前移动和落到地面的过程中，保持躯干挺直。保持后侧脚在起始位置，但后侧腿的膝关节可以微屈。导向脚平放在地面，指向正前方，或者微微向内。慢慢屈曲导向腿一侧的髋关节和膝关节。保持导向腿的膝关节始终在脚尖正上方，继续屈曲后侧腿的膝关节至距离地面3~5 cm。在后侧腿和导向腿之间平均分配重量，用"后坐"的方式保持躯干始终垂直于地面。

向后运动阶段：通过伸展导向腿的髋关节和膝关节，用力推离地面。保持躯干挺直，不要向后晃动上身，带动导向腿向后回到后侧腿旁边，不要向后滑步。在起始位置站直，停顿，然后换另一侧，重复上述步骤。完成一组练习后，迈向杠铃架，并放回杠铃。

3.硬拉

主要发展的肌群：臀大肌、半膜肌、半腱肌、股二头肌、股外侧肌、股中间肌、股直肌。

起始位置：双脚平行，站距在髋部宽度与肩部宽度之间，脚尖微微向外。下蹲，臀部低于肩部，双手使用闭握正握的方式抓握杠铃。肘关节于膝关节外侧完全伸直，双手在杠铃杆上的握距比肩略宽。双脚平放在地面，杠铃杆在脚背上方，距离胫骨约3 cm调整身体姿势：背部平直或微弓；肩胛骨向下、向后缩胸部挺起并打开；头部与脊柱成一条直线，或者轻微后伸；脚后跟接触地面；肩部在杠铃上方或稍微偏前；眼睛注视正前方或稍微向上。每次动作都从这个位置开始。

向上运动阶段：伸髋，伸膝，提起杠铃。保持躯干和地面的角度恒定，不要在抬高肩部之前抬高髋部。保持脊柱在中立位。保持肘关节安全伸直，肩部在杠铃杠上方或微微偏前。拉起杠铃时尽量保持其贴近小腿。当拉起杠铃至超过膝关节时保持肩部在杠铃上方并伸髋，以保持杠铃贴近身体。继续伸髋、伸膝，直到躯干完全挺直。

向下运动阶段：慢慢屈曲髋关节和膝关节，将杠铃下放到地面。保持脊柱在中立位，躯干不要向前屈曲。

（四）肩部、手臂抗阻练习技术

1.坐姿杠铃肩上推举

主要发展的肌群：三角肌前束和中束、肱三头肌。

起始位置：坐在垂直的肩上推举训练椅上，躯干向后倾斜呈身体五点接触姿势，双手使用闭握正握的方式抓握杠铃。握距比肩略宽。示意协助者帮助从杠铃架上取下杠铃。向上推起杠铃，直到肘关节完全伸直。每次动作都从这个位置开始。

向下运动阶段：慢慢屈曲肘关节，使杠铃下降。保持手腕稳定，前臂彼此平行。颈部微微伸展，让杠铃从面前下降，触及锁骨和三角肌前束，保持身体五点接触姿势。

向上运动阶段：向上推起杠铃，直到肘关节完全伸直。颈部微微伸展，让杠铃杆从面前上升。

保持手腕稳定，前臂彼此平行。保持身体五点接触姿势。不要拱背或抬离座椅。完成一组练习后，示意协助者帮助把杠铃放回杠铃架。保持握住杠铃直到将其放回杠铃架。

2.侧平举

主要发展的肌群：三角肌。

起始位置：双手使用闭握中立握的方式握住两只哑铃。双脚与肩或与髋同宽，膝关节微屈，躯干挺直，肩胛骨向下、向后缩，目视前方。把哑铃置于双腿前方，掌心相对。在整个练习过程中，肘关节微屈，并始终保持这个角度。

向上运动阶段：双手向上、向外举起哑铃。肘部和上臂应该与前臂、手和哑铃同步向上运动。保持上身挺直，膝关节微屈，双脚平放在地面上。不要猛拉晃动身体或者把哑铃向上摇摆。继续抬高哑铃，直到手臂接近与地面平行，或者接近肩部高度。

向下运动阶段：让哑铃慢慢下降到起始位置。保持躯干和膝关节在相同位置。

3.杠铃肱二头肌弯举

主要发展的肌群：肱二头肌、肱肌、肱桡肌。

起始位置：双手采用闭握反握的方式抓握杠铃。握距与肩同宽，手臂紧贴躯干。双脚站距与肩同宽，膝关节微屈。将杠铃置于大腿前方，肘关节完全伸直。每次动作都从这个位置开始。

向上运动阶段：肘关节屈曲，至杠铃接近三角肌前束。保持躯干挺直，臂不动，不要晃动身体或把杠铃向上摇摆。

向下运动阶段：下放杠铃至肘关节完全伸直。保持躯干和膝关节在相同位置。两次动作之间不要让杠铃在大腿上弹起。

4.哑铃锤式弯举

主要发展的肌群：肱二头肌、肱肌、肱桡肌。

起始位置：双手使用闭握中立握的方式握住哑铃。双脚站距与肩同宽，膝关节微屈。将哑铃置于大腿两侧，肘关节完全伸直。每次动作都从这个位置开始。

向上运动阶段：双手保持中立握握法，一侧手臂屈肘至哑铃接近三角肌前束，另一侧手臂保持不动。保持躯干挺直，上臂不动。不要晃动身体或把杠铃向上摇摆。

向下运动阶段：下放哑铃至肘关节完全伸直。双手保持中立握握法。保持躯干和膝关节在相同位置。两侧手臂交替重复向上和向下运动。

5.肱三头肌下压

发展的肌群：肱三头肌。

起始位置：双手使用闭握正握的方式握住手柄，握距约15～30 cm。站直，双脚站距与肩同宽，膝关节微屈。在起始位置，身体要接近器械，足够让绳索拉直。双手下拉手柄，上臂置于躯干两侧。屈肘，前臂平行或者略高于地面，每次动作都从这个位置开始。

向下运动阶段：下压手柄，直到肘关节完全伸直。保持躯干挺直，上臂不动。不要过于用力锁肘。

向上运动阶段：慢慢屈曲肘关节，回到起始位置。保持躯干、上臂和膝关节在相同位置。完成一组练习后，把手柄放回原位。

参 考 文 献

[1] 劳动和社会保障部培训就业司，劳动和社会保障部职业技能鉴定中心. 国家职业技能鉴定教程[M]. 北京：现代教育出版社，2009.

[2] 国家体育总局职业技能鉴定指导中心. 社会体育指导员职业培训教材：中高级[M]. 北京：高等教育出版社，2005.

[3] 国家体育总局职业技能鉴定指导中心. 游泳[M]. 修订版. 北京：高等教育出版社，2011.

[4] 国家体育总局职业技能鉴定指导中心，中国救生协会. 游泳救生员（游泳池救生）[M]. 2版. 北京：高等教育出版社，2020.

[5] 陆一帆，方子龙，张亚东. 游泳运动科学训练与监控[M]. 北京：北京体育大学出版社，2007.

[6] 冯世连，张漓. 优秀运动员训练中的生理生化监控实用指南[M]. 北京：人民体育出版社，2007.

[7] 马启伟，张力为. 体育运动心理学[M]. 杭州：浙江教育出版社，1998.

[8] 杨桦，李宗浩，池建. 运动训练学导论[M]. 北京：北京体育大学出版社，2007.

[9] 宋耀伟. 优秀游泳运动员赛前准备活动模式及相关因素研究[D]. 西安：西安电子科技大学，2009.

[10] 曹志发，孟昭琴，姚为俊. 新编运动生理学[M]. 北京：人民体育出版社，2004.

[11] 田麦久. 运动训练学词解[M]. 北京：北京体育大学出版社，2002.

[12] 布茄克司. 运动生理学[M]. 杨锡让，译. 北京：北京体育学院出版社，1988.

[13] 全国体育院校教材委员会. 游泳运动[M]. 北京：人民体育出版社，2001.

[14] 罗希尧. 中学体育教材教法[M]. 北京：高等教育出版社，2000.

[15] 陆一帆，方子龙，张亚东. 游泳运动训练生理生化及运动医学的理论与实践[M]. 北京：北京体育大学出版社，2005.

[16] 全国体育院校教材委员会. 运动生理学[M]. 北京：人民体育出版社，2002.

[17] 戴育三. 体育科研理论与方法[M]. 西安：西安地图出版社，2006.

[18] 程燕，许琦. 游泳运动训练科学化理论及方法的研究[M]. 北京：北京体育大学出版社，2006.

[19] 郑旗. 体育科学研究方法[M]. 北京：人民体育出版社，2007.

[20] 温宇红. 游泳规则双语教程[M]. 北京：北京体育大学出版社，2009.

[21] 野村武男. 水中健身运动[M]. 章耀远，译. 北京：人民体育出版社，2002.

[22] 戴维斯. 48小时快易通：游泳[M]. 蒋晓伟，译. 西安：西安地图出版社，2002.

[23] 丛宁丽. 水中游戏189例[M]. 北京：人民体育出版社，2010.

[24] 张铭，赵春英. 公开水域游泳运动[M]. 北京：北京体育大学出版社，2011.

[25] 田麦久. 运动训练学词解[M]. 北京：北京体育大学出版社，2002.

[26] 张忠秋. 优秀运动员心理训练实用指南[M]. 北京：人民体育出版社，2007.

[27] 游泳运动教程编写组. 游泳运动教程[M]. 北京：北京体育大学出版社，2014.

[28] 高捷. 游泳池救生教程[M]. 北京：北京体育大学出版社，2014.

[29] 温宇红. 水中健身理论与实践[M]. 北京：北京体育大学出版社，2018.

[30] 冯妙苑，安庆海，吴河海，等. 游泳大辞典[M]. 北京：人民体育出版社，1999.

[31] 中国游泳协会冬泳委员会. 冬泳：全民健身体育百花中的一支奇葩[M]. 北京：金城出版社，2004.

[32] 里甘. 如居水中：婴幼儿水上教育[M]. 龙格亲子游泳俱乐部，编译. 北京：中国劳动社会保障出版社，2015.

[33] 麦克劳德. 游泳运动系统训练[M]. 朱敬先，译. 北京：人民邮电出版社，2015.

[34] 陶米娜. 游泳突破：提速秘诀[M]. 潘蔚琳，梁晓军，译. 北京：人民邮电出版社，2018.

[35] 陶米娜. 游泳突破：精准训练[M]. 张濯清，译. 北京：人民邮电出版社，2018.

[36] 陶米娜. 游泳突破：精进技术[M]. 潘蔚琳，鱼艇，译. 北京：人民邮电出版社，2019.

[37] 穆伦. 游泳科学：优化水中运动表现的技术、体能、营养和康复指导[M]. 王雄，韩照岐，周超彦，译. 北京：人民邮电出版社，2020.

[38] 科斯蒂尔，马格利索，理查德森. 运动医学与科学手册：游泳[M]. 温宇红，译. 北京：人民体育出版社，2002.

[39] MAGLISCHO E W. 游得最快：游泳技术、训练及计划设计宝典[M]. 温宇红，等译. 袁守龙，审译. 北京：北京体育大学出版社，2016.

[40] OLBRECHT J. The Science of Winning-Planning, Periodizing and Optimizing Swim Training[M]. Merksem: F&G Partners, 2007.

[41] THOMAS D G. Swimming Steps to Success [M]. Champaign: Human Kinetics, 2005.

[42] GUZMAN R J. The Swimming Drill Book [M]. Champaign: Human Kinetics, 2017.

[43] DALAND P. The History of Olympic Swimming Vol1:1986-1936 [M]. Springs: USA Swimming, 2009.

[44] HINES E. Fitness Swimming[M]. Champaign: Human Kinetics, 2008.

[45] COUNSILMAN J E. Competitive Swimming Manual for Coaches and Swimmers[M]. Bloomington: Counsilman CO., inc., 1977.

[46] MARTENS R. Successful Coaching[M]. Champaign: Human Kinetics, 2012.

[47] KATZ J. Swimming for Total Fitness[M]. New York: Random House, 1993.

[48] SWEETENHAM B. Championship Swim Training[M]. Champaign: Human Kinetics, 2003.

[50] THORNTON N, HANNULA D .The Swim Coaching Bible[M]. Champaign: Human Kinetics, 2001.